普通高等教育财政与税收专业重点规划

创业税收实务

应小陆 李 艳 ◎ 主编

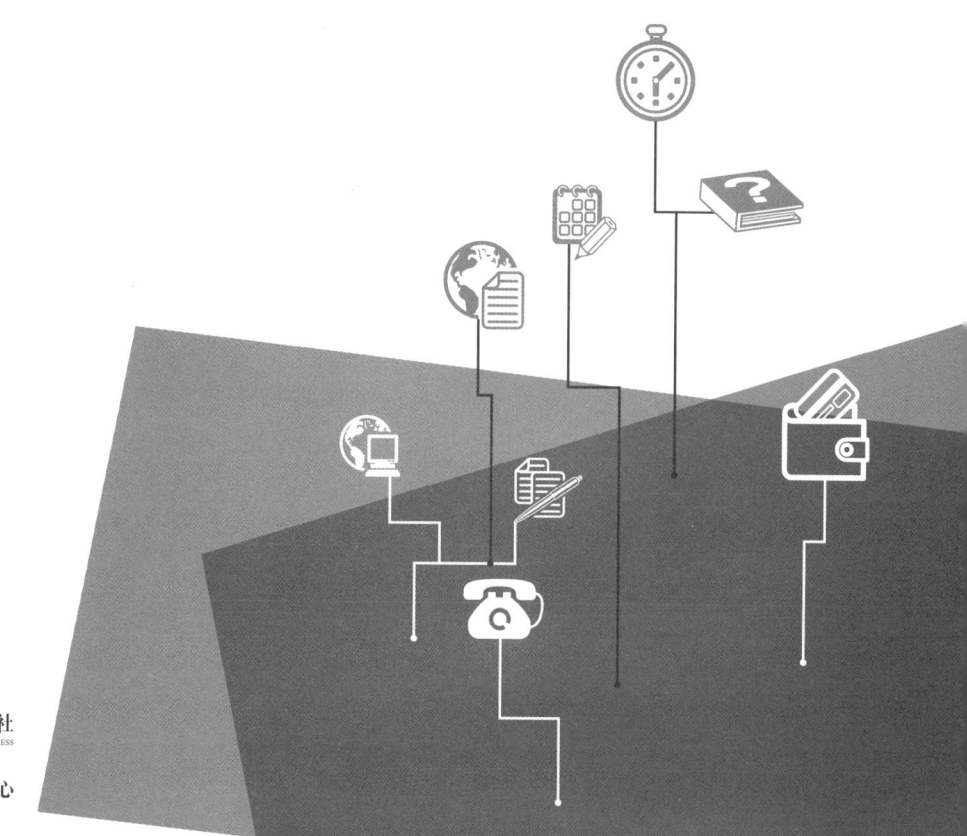

上海财经大学出版社
上海学术·经济学出版中心

图书在版编目(CIP)数据

创业税收实务/应小陆,李艳主编. —上海:上海财经大学出版社,2023.11
普通高等教育财政与税收专业重点规划教材
ISBN 978-7-5642-4245-9/F·4245

Ⅰ.①创… Ⅱ.①应…②李… Ⅲ.①企业管理-税收管理-中国-高等学校-教材 Ⅳ.①F812.423

中国国家版本馆CIP数据核字(2023)第169285号

□ 责任编辑　李嘉毅
□ 封面设计　贺加贝

创业税收实务

应小陆　李　艳　主编

上海财经大学出版社出版发行
(上海市中山北一路369号　邮编200083)
网　　址:http://www.sufep.com
电子邮箱:webmaster@sufep.com
全国新华书店经销
上海叶大印务发展有限公司印刷装订
2023年11月第1版　2023年11月第1次印刷

787mm×1092mm　1/16　19印张　486千字
定价:56.00元

前　言

《中华人民共和国宪法》规定，中华人民共和国公民有依照法律纳税的义务。当你创业时，就与"税收"结下了不解之缘，创业是发展经济的原动力，创业者在创造财富的同时，也在为国家税收提供来源。国家鼓励创业者、支持创业者、赞美创业者，因为创业者在成就自己的同时造福社会，创造税收是创业者成功的一个标志。税收又是调节经济的一种重要经济杠杆，营造良好的创业环境，服务有梦想、有意愿、有能力的各类市场主体创业发展，是各级政府部门的重要责任，税务部门作为国家重要的经济管理部门，支持创业者创业责无旁贷。党的二十大报告提出"坚持和完善社会主义基本经济制度，毫不动摇巩固和发展公有制经济，毫不动摇鼓励、支持、引导非公有制经济发展，充分发挥市场在资源配置中的决定性作用，更好发挥政府作用。……优化税制结构，支持中小微企业发展"。作为联系政府与市场的纽带，税收应满足高水平社会主义市场经济体制对政府和市场的定位要求，更加尊重市场经济一般规律，进一步减少对市场资源的直接配置和对微观经济活动的直接干预，提高生产要素的市场效率，同时加大税收调节力度，促进分配公平。

"大众创业、万众创新"是党中央国务院在经济新常态下推动经济发展的重要战略部署，已经成为助推我国经济增长的重要引擎。鼓励大众创业，以创业带动就业也是当下实现"六稳六保"的重要路径。近年来，国家为鼓励创业，出台了一系列税收优惠政策，这些政策有利于激发创业者创业，促进创业发展，也有利于帮助创业者针对自身条件选准一个国家支持的并可以享受税收优惠的行业或项目，增加创业成功的可能性，降低创业成本，获得更大的收益。为助力创业者更清晰地了解并充分享受税收优惠政策的红利，我们组织编写了《创业税收实务》，围绕创业涉及的税收问题做了较为详尽的介绍，以期为创业者在创业的道路上提供税收政策与实务指引。

本书由应小陆、李艳担任主编，负责章节设计和总纂定稿，唐善永、徐军担任副主编。本书共分为八章，各章编写分工如下：第一章、第二章、第四章、第六章由李艳编写，第三章、第五章由应小陆编写，第七章由徐军编写，第八章由唐善永编写。

在本书编写中,我们通过多途径尽量搜集我国最新税收政策、税制征收管理的法律法规,以及国家税务总局网站2023年发布的《支持小微企业和个体工商户发展税费优惠政策指引(1.0)》《研发费用加计扣除政策执行指引(2.0版)》等政策指引,也参考了部分国内最新出版的税法方面教材,但囿于编者学习和理解的水平,书中难免存在疏漏与不妥之处,敬请广大读者不吝赐教。

编　者

2023年9月

目　录

第一章　创业:涉税基础知识/001
　第一节　税收与税收制度/001
　第二节　税收制度构成要素/010
　第三节　创业者的税收权利与义务/016
　　本章小结/022
　　复习思考题/022

第二章　创业:涉税管理事项/023
　第一节　税务登记管理/023
　第二节　账簿凭证管理/027
　第三节　发票使用管理/028
　第四节　纳税申报管理/033
　第五节　税款征收/036
　第六节　税收法律责任/043
　　本章小结/050
　　复习思考题/051

第三章　创业:涉税优惠政策/052
　第一节　创业初创期税收优惠/052
　第二节　创业成长期税收优惠/059
　第三节　创业成熟期税收优惠/062
　　本章小结/064
　　复习思考题/064

第四章　创业:货物服务税类涉税实务/065
　第一节　增值税/065
　第二节　消费税/109
　第三节　关税/130

本章小结/149
复习思考题/149

第五章　创业:所得税类涉税实务/150
第一节　企业所得税/150
第二节　个人所得税/183
本章小结/219
复习思考题/220

第六章　创业:财产行为税类涉税实务/221
第一节　房产税/221
第二节　车船税/227
第三节　契税/233
第四节　印花税/238
本章小结/244
复习思考题/244

第七章　创业:资源税类涉税实务/245
第一节　土地增值税/245
第二节　城镇土地使用税/254
第三节　烟叶税/260
第四节　资源税/262
本章小结/269
复习思考题/270

第八章　创业:特定目的税类涉税实务/271
第一节　耕地占用税/271
第二节　车辆购置税/275
第三节　环境保护税/279
第四节　城市维护建设税/294
本章小结/297
复习思考题/297

参考文献/298

第一章 创业:涉税基础知识

本章导读

税收就在我们身边。创业者自开始创立就与"税收"结下了不解之缘,依法纳税是创业者应尽的法律义务。从税收角度来讲,创业是税收永不枯竭的源泉,创业创造税收。本章主要介绍创业涉税基础知识。通过学习,理解和掌握税收的定义与特征、税收制度结构,掌握税收制度的构成要素,知晓创业者的税收权利与义务,进而在纳税过程中维护自身的合法权益。

第一节 税收与税收制度

一、税收的定义与特征

(一)税收的定义

对于什么是税收,古今中外不同的学者给出了自己的定义,这些定义的表述并不相同,其中的原因,除了学者们对税收理解的角度不同和表述方面的文字差异外,更主要的是税收本身就是一个发展的概念。因此,不同时期的学者对税收的认识和理解自然有差异,这种差异在很大程度上反映了税收的发展过程。例如,亚当·斯密认为税收是"人民拿出自己一部分私人收入给君主或国家,作为一笔公共收入"[1],并强调国家经费的大部分必须取自各种税收。这一定义除了说明税收的纳税主体是"人民"外,还侧重反映了税收是一种"公共收入",以满足国家经费之需。日本学者井手文雄指出,税收是凭借"财政权"征收的,而且其论述角度从纳税主体转向征税主体,认为,"所谓租税,就是国家依据其主权(财政权),无代价地、强制地获得的收入"[2]。显然,这里的"财政权"所指的是区别于"财产权"的行政权力。英国学者西蒙·詹姆斯和克里斯托弗·诺布斯将税收的无偿性纳入定义,认为"税收是由政权机构实行的不直接偿还的强制性征收"[3]。我国自改革开放以来,对税收理论的研究十分活跃,在对税收定义的认识方面,在吸收西方税收理论成果的基础上,进一步强调了税收的法律特征。至此,对税收的定义虽然在文字表述上仍有出入,理解的角度也存在差异,但对税收定义的认

---

[1] 亚当·斯密.国民财富的性质和原因的研究(下卷)[M].郭大力,王亚南,译.北京:商务印书馆,1997:383.
[2] 井手文雄.日本现代财政学[M].陈秉良,译.北京:中国财政经济出版社,1990:254.
[3] 西蒙·詹姆斯,克里斯托弗·诺布斯.税收经济学[M].罗晓林,译.北京:中国财政经济出版社,2004:10.

识已基本达成以下共识：一是税收的征收主体是国家，征收客体是单位和个人；二是税收的征收目的是满足国家实现其职能的需要；三是税收征收的依据是法律，凭借的是政治权力，而不是财产权利，征税体现了强制性特征；四是征税的过程是物质财富从私人部门单向地、无偿地转给国家；五是从税收征收的直接结果看，国家以税收方式取得了财政收入。

综合上述分析，我们给出税收的定义：税收是国家为实现其职能的需要，凭借政治权力，按法律预先规定的标准，参与单位和个人的财富分配，强制、无偿地取得财政收入的一种形式。

需要说明的是，在不少税收著作中，税收被定义为国家参与国民收入或社会剩余产品分配的一种活动。我们认为，国民收入或社会剩余产品只是税收在宏观意义上的分配对象，但税收首先是一个微观概念，即对于一个具体的纳税人，或在某个具体纳税环节，税收所分配的对象就不一定限于剩余产品。我们在分析税收的本质，制定税收的宏观政策时，理应重视税收在宏观意义上的分配对象，但作为税收概念，则应直观地反映税收活动的基本特征；否则，对于诸如流转税的征收，以剩余产品为分配对象的税收定义就难以解释亏损企业没有剩余产品但仍需缴纳流转税的现象。

思政知识窗

在"六个坚持"引领下推进中国特色税收现代化的理论建设和实践要求

党的二十大报告强调，学习习近平新时代中国特色社会主义思想的世界观与方法论，"必须坚持人民至上""必须坚持自信自立""必须坚持守正创新""必须坚持问题导向""必须坚持系统观念""必须坚持胸怀天下"。这"六个坚持"密切联系、内在统一，体现了鲜明的政治立场、精神特质、理论品格、方式方法和胸襟眼界，为我们在新征程上推进中国特色税收现代化提供了重要遵循。

"坚持人民至上"是马克思主义政党最根本的政治立场，也必然是党领导下的中国特色税收现代化的本质要求。自步入新时代以来，我国税收现代化始终坚持以人民为中心，在关乎人民利益的堵点、难点、痛点问题中展现税收作为，税制改革、政策调整、税收服务也以纳税人、缴费人的期盼为立足点，在税收实践中始终坚持人民至上这一根本价值取向。笔者紧跟这一进程，反复强调"人民税收"理念在中国特色社会主义税收理论体系中的重要地位，深入诠释"人民税收"的基本内涵，为"人民税收"理念根植于税收现代化贡献了力量。当前在新征程中推进中国特色税收现代化，必须继续坚持"人民至上"，坚定体现税收站稳人民立场、顺应人民期盼、汇集人民智慧的显著优势与中国特色。

"坚持自信自立"和"坚持胸怀天下"是我们党在独立自主的探索实践中解决中国问题和人类问题的重要特质，两者可以结合起来理解。"坚持自信自立"强调的是坚持中国特色社会主义道路的主体性，"坚持胸怀天下"强调的是我们不仅要回答中国之问、人民之问，而且要针对全球发展的普遍问题，回答世界之问、时代之问。两者的结合就是要在中国特色社会主义的道路自信、理论自信、制度自信、文化自信的基础上，在与资本主义制度的并存和竞争中持续凸显社会主义制度优势。立足这一判断,推进中国特色税收现代化,既要立足中国国情,保持走中国特色税收现代化道路的自信自立;又要拓展世界眼光,在胸怀天下中用中国特色税收现代化道路为人类税收文明新形态做出贡献。

"坚持守正创新"强调的是"变"与"不变"的辩证统一。在推进中国特色社会主义事业中,"守正"确保了方向道路、基本路线的一以贯之,"创新"则确保了方式方法、应对策略的与时俱进,两者相辅相成、缺一不可。自步入新时代以来,我国税收工作始终践行守正创新理念,在"变"与"不变"的结合中推进税收现代化。当前面对百年未有之大变局,我国税收所处的环境条件、发展战略、时代要求都将面临新挑战。推进中国特色税收现代化,就要在新征程上找准改革和完善现代税制的立足点。这个立足点就是坚持中国特色社会主义方向,坚持服务中国式现代化,坚持构建高水平社会主义市场经济体制。在守住社会主义方向不动摇的基础上,还要结合发展现实与时代要求,适当调整税率结构、税种组合等,不断在改革、发展、创新中赋予中国特色税收现代化生机与活力。

"坚持问题导向"与"坚持系统观念"强调的是方法论,为推动中国特色税收现代化提供了行动遵循。增强问题意识,坚持问题导向,就能有针对性地对改革发展的深层次问题提供税收解决思路;善于把握全局,坚持系统观念,就能在全局性谋划中增强税收工作的主动性和预见性。推进中国特色税收现代化,就要在解决新问题过程中推进税收制度的自我完善和发展,就要在协调好税收制度与其他制度体系之间的内在联系中推进税收现代化进程。

资料来源:邓力平.税收现代化服务中国式现代化的内涵思考与实践途径[J].税务研究,2023(4):5—14.

(二)税收的特征

从税收的定义中可以初步看出税收所具有的强制性、无偿性和固定性的基本特征。税收的特征反映了税收与其他财政收入形式的区别,从中可以理解税收为什么能成为财政收入最主要的形式。

1.税收的强制性

税收的强制性是指税收参与社会产品的分配是依据国家的政治权力,而不是财产权利,即与生产资料的占有没有关系。税收的强制性具体表现在税收是以国家法律的形式规定的,税收法律作为国家法律的组成部分,对不同的所有者都是普遍适用的,任何单位和个人都必须遵守,不依法纳税者要受到法律的制裁。税收的强制性说明,依法纳税是人们不应回避的法律义务。《中华人民共和国宪法》明确规定,中华人民共和国公民有依照法律纳税的义务。正因为税收具有强制性的特点,所以它是国家取得财政收入的最普遍、最可靠的一种形式。

2.税收的无偿性

税收的无偿性是指国家征税既不需要向纳税人付出任何报酬和任何代价,也不需要偿还。税收的无偿性是相对的,对具体的单个纳税人而言,其纳税后并未获得任何报酬,从这个意义上说,税收不具有偿还性或返还性;但就纳税人整体来看,税收是对政府提供公共产品和公共服务的成本的补偿,特别在社会主义条件下,税收具有马克思所说的"从一个处于私人地位的生产者身上扣除的一切,又会直接或间接地用来为处于私人地位的生产者谋福利"[①]的性质,即"取之于民,用之于民"。当然,就某一具体的纳税人来说,他所缴纳的税款与他从公共产品或劳务的消费中所得到的利益并非一一对应。

3. 税收的固定性

税收的固定性是指课税对象及每一单位课税对象的征收比例或征收数额是相对固定的,而且是以法律形式事先规定的,只能按预定标准征收,而不能无限度地征收。纳税人取得了应纳税的收入或发生了应纳税的行为,就必须按预定标准如数纳税,而不能改变这个标准。当然,对税收的固定性也不能绝对化,认为标准一旦确定,就永远不能改变。事实是,随着社会经济条件的变化,具体的征税标准是可以改变的。比如,国家可以修订税法,提高或降低税率等,但这只是变动征收标准,而不是取消征收标准,所以,这与税收的固定性并不矛盾。

上述税收的三个特征是互相联系、缺一不可的,同时具备这三个特征的才叫税收,税收的特征反映了不同社会形态下税收的共性。税收的强制性决定了征收的无偿性,无偿性与纳税人的经济利益关系极大,因而要求征收的固定性,这样对纳税人来说比较容易接受,对国家来说可以保证财政收入的稳定。税收的特征是税收区别于其他财政收入形式如国有资产收益、国债收入、规费收入、罚没收入等的基本标志。

思政知识窗

服务中国式现代化的税收职能与作用

党的二十大提出,从现在起,中国共产党的中心任务就是团结带领全国各族人民全面建成社会主义现代化强国,实现第二个百年奋斗目标,以中国式现代化全面推进中华民族伟大复兴。中国式现代化,必将从更高层次和更宽领域赋予税收新的使命任务。只有深入研究、准确把握与中国式现代化相匹配的税收职能与作用,税收改革发展才能跟上时代步伐,才能在党和国家发展大局中找准定位,才能更好地服务中国式现代化。

一、中国式现代化进程中的税收职能

税收职能是税收本身所具有的满足国家需要的能力,是上层建筑的一部分,既由经济基础决定,又反作用于经济基础。随着经济社会的发展、政府职能的拓展,税收职能也逐步深化拓展。在中国式现代化进程中,税收在充分发挥收入、调节、分配、监督等基本职能的基础上,要着力拓展和实现以下职能:

(一)保障职能

筹集财政收入并保障国家机器的运行是税收的天然职能。中国式现代化是人口规模巨大的现代化,解决人民日益增长的美好生活需要和不平衡不充分的发展之间的社会主要矛盾,满足人民对医疗、养老、教育、基础设施等公共产品的需求,需要进一步强化税收的保障职能,使各级政府在履行公共职能中有稳定可靠的财力支撑。传统的"收入职能"是税收征收结

---

① 马克思恩格斯全集(第三卷)[M].北京:人民出版社,2009:433.

果的直接体现,在新发展阶段,税收不仅要组织收入,而且要能动地组织高质量的收入,从而保障政府按照其职责及发展规划有序运转。

(二)发展职能

高质量发展是新时代经济社会发展的主题。在服务高质量发展中,税收具有明显的职能优势。正确的税收政策,有利于促进投资、消费、进出口的增长。在经济周期性波动时,税收可以通过"跨周期""逆周期"调节,熨平经济波动,促进经济稳定。对经济发展中的"堵点"问题,比如科技创新,税收能够通过优惠政策,激励资金、人才等向这一领域聚集;又如高能耗、高污染产业,税收能够通过提高行业的税收负担来抑制其发展。在当前世界经济增长乏力、国内经济增长压力加大的情况下,大规模退税减税降费政策的实施对稳住经济大盘、推动高质量发展具有直接的支持作用。

(三)民生职能

共同富裕是中国特色社会主义的本质要求。税收通过参与社会财富的分配,可以有效平衡效率与公平的关系,从而为促进共同富裕、增进民生福祉提供制度性支持。共同富裕可以从两个方面理解:一方面是"做大蛋糕",即税收通过调节资源配置,促进经济可持续发展,不断增加社会财富。另一方面是"切好蛋糕",即通过减税降费等政策,促进提高劳动报酬在初次分配中的比重;通过设立差异化税率和不同的税收优惠,对高收入者多征税、对低收入者少征税或者不征税,促进收入再分配的公平化;通过加大税收激励的力度,引导、支持企业、社会组织和个人积极参与公益慈善事业,构建第三次收入分配新格局。

(四)治理职能

习近平总书记指出:"科学的财税体制是优化资源配置、维护市场统一、促进社会公平、实现国家长治久安的制度保障。"税收作为兴国安邦、治国理政的重要手段,既连接宏观、中观和微观,又贯通改革、发展和稳定,对深化"五位一体"总体布局,推进"四个全面"战略布局,持续优化政府治理、市场治理和社会治理具有重要制度保障作用。税收从满足公共需要拓展为满足国家治理的需要,这是中国式现代化赋予税收的新使命,也是税收在服务中国式现代化进程中需要着力强化的新职能。

二、中国式现代化进程中的税收作用

党的十八大以来,税收法治、制度、征管、服务、国际合作等层面改革逐步展开,税收现代化建设持续推进,税收在国家治理中的基础性、支柱性、保障性作用日益凸显。在中国式现代化进程中,税收要立足保障、发展、民生、治理职能,着力发挥好以下作用:

(一)经济建设的"调控阀"作用

构建高水平的社会主义市场经济体制,需要税收充分发挥调控作用。这一作用表现为两个方面:一方面,税收涉及生产、流通、分配、消费的各个领域,对经济活动反应灵敏、感知准确,是宏观经济决策的"晴雨表",有利于政府及时调整经济调控手段,从而维护经济持续健康发展。另一方面,税收具有"内在稳定"和"相机抉择"的功能,确定稳定合理的税负水平可以引导社会资源合理配置,保障市场经济平稳健康运行;科学完善的税收治理可以有效弥补市场失灵,推动有效市场和有为政府的有机结合,稳定宏观经济大盘。在当前需求收缩、供给冲击、预期转弱的"三重压力"下,适度降低税费负担可以直接减轻市场主体的经营负担、有效激发市场主体的活力。

(二)政治建设的"稳定器"作用

坚持走中国特色社会主义政治发展道路,坚持党的领导、人民当家作主、依法治国有机统一,基本建成法治国家、法治政府、法治社会,是中国式现代化的重要目标。税收在中国特色社会主义政治建设中具有多重作用:一是通过坚定执行党的政治路线,推动实现党和国家的政治目标和政治策略;二是通过筹集满足国家治理需要的财政资金,为国家安全、政治安全提供财力保障;三是通过税收法治,推进法治国家、法治政府建设,为法治社会建设发挥示范引领作用;四是通过严厉打击涉税违法犯罪行为,维护社会公平正义,维护纳税人、缴费人的合法权益。

(三)文化建设的"催化剂"作用

没有高度的文化自信,就没有文化的繁荣兴盛,也就没有中华民族伟大复兴。发展文化事业和文化产业,是中国特色社会主义文化建设的重要任务,需要包括税收在内的政策工具予以支持。从目前情况看,对文化事业和文化产业的税收支持涵盖了增值税、企业所得税、房产税、文化事业建设费等多个税(费)种,辐射了文化建设的多个领域,促进了资金、资源向文化领域集聚,对文化事业和文化产业发展起到催化、孵化作用。党的二十大提出"完善文化经济政策",税收政策也将随之持续完善,其对文化建设的促进作用将进一步得到强化。

(四)社会建设的"校正仪"作用

坚持人民至上,聚焦人民最关心、最直接、最现实的利益问题,着力保障和改善民生,不断实现人民对美好生活的向往,是中国式现代化的应有之义。解决好社会建设、民生保障上的突出问题,税收能够有效地发挥"校正仪"作用:一是在完善分配制度上,税收制度特别是个人所得税制度能够规范收入分配秩序、规范财富积累机制;二是在实施就业优先战略上,税收政策特别是税收优惠政策有利于健全就业促进机制,推进创业带动就业;三是在健全社会保障体系上,税务部门及时、足额征收社会保险费,是织密人民生活安全网的坚实基础;四是在推进健康中国建设上,自2020年以来实施的退税减税降费政策,特别是新的组合式税费支持政策,对于推动"新冠"疫情防控发挥了重要作用,积累了有益的工作经验。

(五)生态文明建设的"护航舰"作用

绿水青山就是金山银山。协同推进降碳、减污、扩绿、增长,推进生态优先、节约集约、绿色低碳发展,是中国式现代化的内在要求。自党的十八大以来,由环境保护税、资源税、车辆购置税、耕地占用税等组成的绿色税制体系在不断完善,有力促进了节能减排、循环经济、低碳绿色发展,推动了耕地保护并提高了资源开发利用效率。党的二十大提出,完善支持绿色发展的财税、金融、投资、价格政策和标准体系。可以预见,随着税收制度的进一步完善,税收在推动发展方式绿色转型、推进环境污染防治等方面将发挥更加精准的外部效应,为生态文明建设护航。

资料来源:许光烈.中国式现代化背景下税收现代化的若干问题[J].税务研究,2023(2):31—36.

二、税收制度

(一)税收制度的概念

税收制度简称"税制",是指国家以法律形式规定的各种税收法律、法规的总称,或者说是国家以法律形式确定的各种课税制度的总和。税收制度是取得税收收入的载体,主要包括国家的税收法律和税收管理体制等。从纳税人的角度来说,税收制度是纳税人履行纳税义务的行为规范;从征税机关的角度来说,税收制度是征税的法律依据和工作规程。国家要征税,纳税人要纳税,双方形成一种征纳关系,这种征纳关系必须用法律或制度的形式加以规定,以便双方在征纳过程中共同遵守。

(二)税收制度的特征

与国家其他制度相比,税收制度具有如下特征:

1. 税收制度是正式的制度

税收制度是由国家以法律的形式正式颁布实施,所有社会成员都必须遵守的制度。税收制度的正式性是由税收法定主义规定的,税收法定主义要求税收制度在具体立法、执法过程中必须依据正式的国家法律。由于税收制度是正式的制度,因此,其在变迁过程中一般体现为强制性变迁。

2. 税收制度是外在的制度

税收制度是由国家制定并且被自上而下地强加和执行的。税收制度设有惩罚措施,这些惩罚措施以各种正式的方式强加给社会并依靠法律权力的运用来保证实施。

3. 税收制度是具有约束力的制度

税收制度的内容是有关国家税收的征收和缴纳,目的是减少经济行为主体在纳税方面的机会主义行为,降低税收成本。税收制度使纳税人在经营过程中对自己的税收义务、税收程序更具有预见性,从而妥善安排自己的生产经营活动。税收制度对征纳双方都具有制约作用,可以防止税务工作人员在征税过程中因随意性行为而侵犯纳税人的合法利益,也可以减少纳税人偷逃税行为的发生,降低税收征收管理过程中的机会成本。

4. 税收制度安排是国家的一种再分配方式

这里的再分配包括两个方面:一是事先的再分配——获取收入机会的重新安排,二是事后的再分配——由生产和交换的经济过程产生的收入或财富的再分配。现实中这两种再分配很难区分,因为某种政策措施可能对另一种再分配产生影响,但两者都与公平有密切关系。比较常用的再分配手段就是税收,当税收以法律形式固定下来后就成为税收制度。

(三)税收制度的内容

税收制度的内容主要有三个层次:一是不同的要素构成税种。税收要素主要包括纳税人、征税对象、税目、税率、纳税环节、纳税期限、减免税规定等。二是不同的税种构成税收制度。税种一般包括所得税(如企业所得税、个人所得税)、流转税(如增值税、消费税)和其他税种(如房产税、关税)。三是规范税款征收程序的法律法规(比如税收征收管理法等)。税收制度的核心是税法,税法是指国家制定的、用以调整国家与纳税人之间在征纳税方面权利与义务关系的法律规范的总称,具有统一性、权威性和严肃性,是国家财政收入的保障,也是国家对市场经济进行宏观调控的重要杠杆。

三、税收制度结构

(一)税收制度结构的概念

税收制度结构简称"税制结构",是指根据特定的社会经济条件和发展要求,一个国家的税收制度中不同税类(或税系)之间以及不同税种之间的相互配合、相互制约,具有一定功能的税收体系。它体现了一个国家税收制度的整体布局和内部构造,反映了不同税系和不同税种在整个税收体系中的地位和作用。税制结构是税收理论研究中的一个重要问题,也是一国税制建设中着力解决的问题,它直接影响一个国家税收宏观调控功能的发挥程度,决定着税收作用的广度和深度。研究不同国家或同一国家不同时期的税制结构,可以准确分析税收负担的分配情况,以及各税种在税制结构中的功能、作用及其对社会经济发展和宏观经济运行的影响程度。

建立合理的税制结构,是实现税收职能和相关税收政策目标的基本前提。一般来说,税制结构包括三个层次的内容:一是税类的地位、配置及其相互制约、相互协调的构成体系和格局。二是税类中各税种的地位、配置及其相互制约、相互协调的构成体系和格局。三是税种本身各个要素的配置及其相互联系与协调的构成体系和格局。

(二)税制结构的分类

1. 以税种数量分类

以税制中的税种数量多少为标准,税制结构可以分为单一税制结构和复合税制结构。

(1)单一税制结构。它是指一个国家只设置一种税的税制结构。由于单一税制构想在理论上违背国民收入及其税收分配的一般规律,在财政上难以保证国家税收收入,在税收负担上有悖于公平合理的原则,因此,这种构想一直处于讨论和设想的状态,未能真正付诸实践。

(2)复合税制结构。它是指一个国家设置多种税,且主次有序、互相配合、相辅相成的税制结构。由于复合税制避免了单一税制存在的根本缺陷,具有经济上的适应性、功能上的全面性、财政上的保证性和负担上的合理性,因此被世界各国广泛采用。

2. 以在税制中的地位分类

以在税制中的地位不同为标准,税制结构可以分为以流转税为主体的税制结构、以所得税为主体的税制结构、以资源税为主体的税制结构、货物服务税和所得税双主体的税制结构。

(1)以流转税为主体的税制结构。在这种税制结构中,商品税或消费税居于主导地位,它在保证国家税收的均衡性、稳定性以及体现国家的生产与消费政策等方面有着特殊的作用。

(2)以所得税为主体的税制结构。在这种税制结构中,各种所得税起主导作用,这种作用尤其体现在调节收入分配、贯彻弹性负担原则和稳定经济运行等方面。

(3)以资源税为主体的税制结构。这种税制结构在理论上有保证收入的刚性和调节级差收入、鼓励竞争等特点,但若用于实践,则税源过窄,缺乏弹性。

(4)货物服务税和所得税双主体的税制结构。这种税制结构的优点是能够兼顾两者的长处,但在如何衔接两者功能方面仍有一些需要深入探讨的问题。

3. 以税收管理的权限分类

以税收管理的权限不同为标准,税制结构可以分为中央税制结构和地方税制结构。

(1)中央税制结构。它主要是指中央税制内不同税种之间相互关系的总体形式,包括中央主体税与中央辅助税之间的关系,以及主体税种之间、辅助税种之间的结合方式。

(2)地方税制结构。它的核心也涉及上述关键问题。例如,在美国税制结构中,联邦税以所得税为主体并辅以遗产税、赠与税和社会保险税,组成直接税体系;地方(含州和地方两级)税则以某几种间接税或销售税为主体,辅以其他税种,组成地方两级税制结构。合理设计我国的中央、地方税制结构,特别是地方税制结构,是分税制改革所要解决的重大问题之一。

4. 以税收职能在税制中的地位分类

以税收职能在税制中的地位不同为标准,税制结构可以分为财政型税制结构、经济调节型税制结构、财政和经济职能并重型税制结构。

(1)财政型税制结构。它是指各类税种的配置以取得财政收入为主要目的,如封建国家实行的就是财政型税制结构。

(2)经济调节型税制结构。这种税制结构的基本功能是体现国家政策,但在税收财政职能尚未被其他更理想的分配形式取代之前,它很难付诸实践。

(3)财政和经济职能并重型税制结构。这种税制结构已被大多数国家采用,但在不同领域、不同时期又有所侧重。

(三)我国现行税制结构的形成

新中国成立以来,为了适应不同时期社会政治经济条件的发展变化,我国的税收制度经历了多次重大改革,但税制结构中流转税居于主导地位的特点始终没有改变。中国税制结构的发展演变具体经历了三个阶段。

第一阶段:新中国成立初期到党的十一届三中全会。在这一阶段,我国税制实行以流转税为主体的"多种税、多次征"的税制模式,当时流转税收入占整体税收收入的80%以上。在国有企业占绝对比重、以利润上缴形式为主的计划经济背景下,这种税制结构虽然可以基本满足政府的财政需要,但是排斥了税收发挥调节经济的作用。

第二阶段:党的十一届三中全会到1994年税制改革。我国经济体制改革使国有经济"一枝独秀"的局面逐步改变,为适应税源格局的变化,我国政府于1983年和1984年分两步进行了"利改税"的改革,首次对国营企业开征所得税,并改革了原工商税制。"利改税"以后,我国所得税占工商税收收入的比重迅速上升,1985年,所得税比重达到34.3%,基本形成了一套以流转税为主、所得税为辅、其他税种相互配合的复合税制体系。

第三阶段:1994年税制改革以后。我国现行税制是在1994年工商税制改革的基础上形成的,那次改革侧重税制结构的调整和优化,在普遍开征增值税的基础上,建立了以增值税为主体,消费税、营业税彼此配合的流转税体系;颁布并实施了统一的内、外资企业所得税法和统一的个人所得税法。1994年税制改革以后,我国的税种由32个减少到18个,税制结构得到了简化,并趋于合理,形成了流转税和所得税并重、其他税种相互配合的复合税制体系。

第二节　税收制度构成要素

税收制度构成要素简称"税制要素",是指构成税收制度的基本因素。一个完整的税收制度,其构成要素主要包括纳税人、征税对象、税率、纳税环节、纳税期限、减免税和违章处理等。

一、纳税人

(一)纳税人的概念

纳税人又称"纳税义务人"或"纳税主体",是指税法中规定的直接负有纳税义务的单位和个人。无论什么税,总是要由纳税人来承担,因此,纳税人是税收制度的基本要素。

纳税人可以是法人,也可以是自然人。法人是指依法成立并能独立地行使法定权利和承担法定义务的社会组织,包括企业法人、事业法人、行政法人和社会团体法人等。自然人是指依法享有民事权利并承担民事义务的个人,包括中国公民、外籍人员和个体工商户等。

(二)与纳税人有关的概念

与纳税人有关的概念有扣缴义务人和负税人。

1. 扣缴义务人

扣缴义务人是指法律、行政法规规定负有代扣代缴、代收代缴税款义务的单位和个人。扣缴义务人并不是纳税义务人,但是,为了加强税收的源泉控制,防止税款的流失,保证财政收入的取得,简化征税手续,有的税种需要规定扣缴义务人。

2. 负税人

负税人是指最终负担国家征收的税款的单位和个人。如果说纳税人是法律上的纳税主体,负税人就是经济上的纳税主体。纳税人是由国家税法规定的,而负税人是在社会经济活动中形成的。

二、征税对象

(一)征税对象的概念

征税对象又称"课税对象"或"课税客体",是指对什么征税。它是一种税区别于另一种税的主要标志,体现不同税种的界限,决定不同税种名称的由来。例如,消费税的征税对象为应税消费品。征税对象是税收制度最基本的要素,其他要素的内容一般是以征税对象为基础确定的。

(二)与征税对象有关的概念

与征税对象有关的概念包括税目、计税依据、税源和税本等。

1. 税目

税目是征税对象的具体化,反映了具体的征税范围,代表征税的广度。设置税目的方法有两种:一是列举法,即按照每种商品的经营项目或收入项目分别设置税目,必要时还可以在税目之下划出若干个子目。列举法适用于税源大、界限清楚的征税对象。二是概括法,即按照商品大类或行业设置税目,适用于品种类别繁多、界限不易划分的征税对象。

2.计税依据

计税依据又称"税基",是指据以计算各税种应纳税款的依据或者标准,它是征税对象在量上的具体化。计税依据有两种形式:一是价值形式,即以征税对象的价值量(如销售额、所得额)为计税依据;二是实物形式,即以征税对象的实物量(如数量、重量、容量、面积)为计税依据。

3.税源

税源是税收收入的来源,即各种税收收入的最终出处。

4.税本

税本是产生税源的物质要素和基础条件。生产资料和劳动力的总和概括起来就是税本。有税本才有税源,有税源才有税收。

三、税率

税率是指应纳税额与征税对象之间的比例,是计算应纳税额的尺度,体现征税的深度。税率的设计直接反映国家的有关经济政策,直接关系国家财政收入的多少和纳税人税收负担的轻重,因此,税率是税收制度的核心要素。我国现行税率有以下几种形式:

(一)比例税率

比例税率是指同一征税对象不论数额大小,都按同一比例征税的税率。这是一种应用最广泛、最常见的税率形式。这种税率一般适用于对流转额的征税。

在具体运用上,比例税率可以采取不同的形式:(1)统一比例税率,即一个税种只规定一个比例税率,所有纳税人都按同一税率纳税。(2)产品差别比例税率,即按具体产品或大类产品设计不同的比例税率。(3)行业差别比例税率,即对相同行业采用相同的比例税率,对不同行业采用不同的比例税率。(4)地区差别比例税率,即对同一征税对象按照其所在地区分别设计不同的税率,具有调节地区之间收入的作用。(5)幅度比例税率,即在税法规定的统一比例幅度内,由地方政府根据本地具体情况确定具体的适用税率。

(二)累进税率

累进税率是指按征税对象数额的大小,划分若干等级,不同等级规定高低不同的税率。征税对象数额越大,税率越高;征税对象数额越小,税率越低。这种税率适用于对所得额的征税。

按照累进依据和累进方式的不同,累进税率可以分为全额累进税率、超额累进税率、全率累进税率和超率累进税率等具体形式。我国现行累进税率仅有超额累进税率和超率累进税率两种具体形式。表1-1为五级超额累进税率表。

表1-1　　　　　　　　　　　五级超额累进税率表

级数	所得额级距	税率(%)	速算扣除数(元)
1	全年所得额在1 000元以下(含)	10	0
2	全年所得额在1 000元~3 000元(含)	20	100
3	全年所得额在3 000元~5 000元(含)	30	400

续表

级数	所得额级距	税率(%)	速算扣除数(元)
4	全年所得额在5 000元~7 000元(含)	40	900
5	全年所得额在7 000元以上	50	1 600

1. 全额累进税率

全额累进税率是指征税对象的全部数额都按其所适用等级的税率计算应纳税额的累进税率。

【例1—1】 假定甲纳税人全年应纳税所得额为7 000元，乙纳税人全年应纳税所得额为7 001元，则甲纳税人和乙纳税人的应纳税额计算如下：

甲应纳税额 = 7 000 × 40%
       = 2 800(元)

乙应纳税额 = 7 001 × 50%
       = 3 500.5(元)

由此可见，全额累进税率的优点是计算简便，缺点是在两个级距的临界点处会出现税额增加超过征税对象数额增加的不合理现象。如本例中，乙纳税人的所得只比甲纳税人的所得多1元，应纳税额却增加了700.5元(3 500.5 − 2 800)。这个结果显然不能被纳税人所接受，不利于鼓励纳税人增加收入。所以，我国已不采用这种税率。

2. 超额累进税率

超额累进税率是指把征税对象按数额大小分成若干个等级，每个等级规定一个税率，税率依次提高，每个纳税人的征税对象依所属等级同时适用几个等级的税率分别计算，将计算结果相加后得出应纳税额。我国目前个人所得税采用这种税率。

【例1—2】 假定甲纳税人全年应纳税所得额为7 000元，乙纳税人全年应纳税所得额为7 001元，按超额累进税率的方法计算甲、乙纳税人的应纳税额如下：

甲应纳税额 = 1 000 × 10% + (3 000 − 1 000) × 20% + (5 000 − 3 000) × 30%
       + (7 000 − 5 000) × 40%
       = 1 900(元)

乙应纳税额 = 1 000 × 10% + (3 000 − 1 000) × 20% + (5 000 − 3 000) × 30%
       + (7 000 − 5 000) × 40% + (7 001 − 7 000) × 50%
       = 1 900.5(元)

从上面的例题可以看出，全额累进税率与超额累进税率相比较，各自具有不同的优缺点。一是在名义税率相同的情况下，全额累进税率的累进程度高、税负重，而超额累进税率的累进程度低、税负轻。二是在所得额级距临界点附近，全额累进会出现税负增加超过所得额增加的不合理现象，超额累进则不存在这个问题。三是在计算上，全额累进计算简便，而超额累进计算复杂。世界上许多国家采用超额累进税率形式。

在实际工作中，超额累进税率计税的复杂性可以通过"速算扣除数"得到简化，即按下面的公式计算：

超额累进的应纳税额＝全额累进的应纳税额－速算扣除数

沿用上例,甲、乙纳税人可用"速算扣除数"计算应纳税额如下:

甲应纳税额＝7 000×40％－900
　　　　　＝1 900(元)

乙应纳税额＝7 001×50％－1 600
　　　　　＝1 900.5(元)

所谓"速算扣除数",就是按全额累进方法计算的税额减去按超额累进方法计算的税额,用公式表示如下:

速算扣除数＝按全额累进方法计算的应纳税额－按超额累进方法计算的应纳税额

或

本级速算扣除数＝上级征税对象的最高数额×(本级税率－上级税率)＋上级速算扣除数

仍以上述甲、乙纳税人为例:

第一级速算扣除数＝1 000×10％－(1 000－0)×10％
　　　　　　　　＝0(元)
　　　　　　或＝(10％－0)×0＋0
　　　　　　　＝0(元)

第二级速算扣除数＝3 000×20％－[(1 000－0)×10％＋(3 000－1 000)×20％]
　　　　　　　　＝100(元)
　　　　　　或＝(20％－10％)×1 000＋0
　　　　　　　＝100(元)

其余各级的速算扣除数,以此类推。

全率累进税率与全额累进税率的原理相同,只是税率累进的依据不同:全额累进税率的依据是征税对象的数额;而全率累进税率的依据是征税对象的某种比率,如销售利润率、资金利润率或土地增值率等。超率累进税率与超额累进税率的原理相同,只是超率累进税率的税率累进依据不是征税对象的数额,而是征税对象的某种比率。

(三)定额税率

定额税率也称"固定税额",是按征税对象的一定计量单位直接规定一个固定的应纳税额,而不是规定征收比例,一般适用于从量计征的税种。

定额税率在具体运用上分为地区差别税额、幅度税额和分类分级税额三种。地区差别税额是为了照顾不同地区的自然资源、生产力水平和盈利水平的差别,对不同地区规定征收不同的税额。幅度税额是指一个税种只规定一个税额幅度,由各地根据本地区实际情况,在规定的幅度内确定一个执行税额。分类分级税额是把征税对象划分为若干个类别和等级,对各类、各级分别规定不同的税额。

定额税率的优点:一方面,税额不因征税对象价值量的增加而增加,有利于鼓励企业提高产品质量和改进包装;另一方面,计算简便,税额不受征税对象价格变化的影响,负担相对稳定。

定额税率的缺点:其应纳税额与征税对象的价值量无关,不能使国家财政收入随国民收入的增长而同步增长。

四、纳税环节

纳税环节是指征税对象从生产到消费的流转过程中应当缴纳税款的环节。商品从生产到消费,要经过多个流转环节,包括工业生产、商品批发和商品零售等环节。任何一种税都要确定纳税环节,有的税种纳税环节比较明确、固定,有的税种则需要在许多流转环节中选择和确定适当的纳税环节。比如对一种商品,在生产、批发、零售环节中,可以选择只在生产环节征税,称为"一次课征制"(如消费税);也可以选择在两个环节征税,称为"两次课征制";还可以实行在所有流转环节都征税,称为"多次课征制"(如增值税)。

五、纳税期限

(一)纳税期限的概念

纳税期限是指税法规定的纳税人向国家缴纳税款的期限。各个税种都需要明确规定纳税期限,这是税收的固定性和强制性在时间上的体现。

(二)纳税期限的形式

我国现行税法规定的纳税期限主要有以下几种形式:

1. 按期纳税

按期纳税是以1日、3日、5日、10日、15日、一个月和一个季度为纳税期限,如现行增值税、消费税等。

2. 按次纳税

按次纳税是以纳税人发生纳税行为的次数确定纳税期限,如现行契税、印花税和个人所得税中偶然所得的纳税等。

3. 按年纳税

按年纳税是以一个年度为纳税期限,如现行企业所得税实行按年计算,分月或分季预缴,年终汇算清缴,多退少补。

六、减免税

减税、免税,简称"减免税",是指国家对特定纳税人或征税对象给予减轻或者免除税收负担的一种税收优惠措施。减税是减免部分税款,免税是免征全部税款。减免税是一种特殊的调节手段,必须严格按照税收法律法规的范围和权限办事,任何单位和部门都不得任意扩大范围和超越权限擅自减免税。

减免税具体可分为以下三种形式:

(一)税基式减免

税基式减免,是通过直接缩小计税依据的方式实现的减免税,包括起征点、免征额、项目扣除和跨期结转等。

1. 起征点

起征点是指征税对象达到一定数额开始征税的起点。征税对象数额未达到起征点的,不征税;达到或超过起征点的,应就全部数额征税。

2.免征额

免征额是指在征税对象的全部数额中免于征税的数额。未达到免征额的,不征税;达到免征额的,仅就超过免征额的部分征税。

起征点和免征额同为征税与否的界限,对纳税人来说,在其收入没有达到起征点或没有超过免征额的情况下,两者是一样的。但是它们又有明显的区别:一是当纳税人的收入正好达到起征点时就要征税,而当纳税人的收入正好与免征额相同时不用征税;二是当纳税人收入达到或超过起征点时就要对收入全额征税,而当纳税人收入超过免征额时只就超过的部分征税,两者相比,享受免征额的纳税人的税负要比享受同额起征点的纳税人的税负轻;三是起征点只能照顾一部分纳税人,而免征额可以照顾适用范围内的所有纳税人。

3.项目扣除

项目扣除是指在征税对象总额中扣除某些项目的金额后,以其余额为计税依据计算应纳税额。

4.跨期结转

跨期结转是指将某些费用或损失向后或向前结转,抵消一部分收益,以缩小税基而实现的减免税,如企业所得税中的亏损弥补等规定。

(二)税率式减免

税率式减免是指通过直接降低税率的方式实现的减免税,包括重新确定税率、选用其他税率和规定零税率等。

(三)税额式减免

税额式减免是指通过直接减少应纳税额的方式实现的减免税,包括全部免征、减半征收、核定减征率以及核定减征税额等。

七、违章处理

违章处理是指税务机关对纳税人违反税法的行为采取的处罚性措施。它是税收强制性在税法中的具体体现。

(一)违反税法的行为

1.违反日常税收管理的行为

这类行为具体包括:(1)未按规定办理税务登记;(2)未按规定办理纳税申报;(3)未按规定设置和保管账簿及有关凭证;(4)未按规定报送财务会计制度、财务会计处理办法、会计核算软件;(5)未按规定向税务机关报告银行账号;(6)拒绝接受税务机关的监督检查;等等。

2.直接妨害税款征收的行为

这类行为具体包括:(1)欠税,是指纳税人或扣缴义务人逾期未缴纳税款的行为;(2)逃避缴纳税款,是指纳税义务人、扣缴义务人故意违反税收法规,采取欺骗、隐瞒手段,虚假纳税申报或不申报而逃避缴纳税款、不缴或少缴已扣、已收税款的行为;(3)抗税,是指纳税人或扣缴义务人以暴力威胁方式拒绝缴纳税款的行为;(4)骗税,是指纳税人故意违反税收法规,采取假报出口或者其他欺骗手段,骗取国家出口退税款的行为。

3. 违反发票管理规定的行为

这类行为具体包括：(1)未按规定印制发票或者未按规定生产发票防伪专用品；(2)未按规定领购发票；(3)未按规定开具发票；(4)未按规定取得发票；(5)未按规定保管发票；等等。

(二)对违反税法行为的处罚

1. 行政处罚

(1)加收滞纳金。滞纳金是税务机关对不按规定而逾期缴纳税款的纳税人给予经济处罚的一种措施。根据税法的规定，对逾期未缴税款者，税务机关除责令限期照章补缴滞纳税款外，从滞纳之日起，按日加收滞纳税款5‰的滞纳金。

(2)罚款。这是对纳税人违章行为处以一定数额罚款的经济制裁，具体有两种形式：一种是处以应纳税款的倍数罚款，另一种是按一定数额罚款。

(3)其他行政处罚。除加收滞纳金、罚款外，税务机关对税务违章行为还可以采取没收财产和违法所得、停止出口退税、吊销营业执照等措施。

2. 刑事处罚

对逃避缴纳税款、抗税、骗税、违反增值税专用发票管理规定等构成犯罪的，除按税收法律规定补缴税款并处以罚金外，对有关责任人员还应移送司法机关依法追究其刑事责任。刑事处罚的主刑包括管制、拘役、有期徒刑、无期徒刑和死刑。

第三节　创业者的税收权利与义务

一、创业者的税收权利

创业者的税收权利是指创业者(以下简称"纳税人")在依法履行纳税义务时，由法律确认、保障与尊重的权益，以及当纳税人的合法权益受到侵犯时，纳税人所应获得的救助与补偿权利。为了方便纳税人了解纳税过程中所享有的权利和应尽的义务，帮助纳税人及时、准确地完成纳税事宜，促进纳税人与税务机关在税收征纳过程中的合作，2009年11月，国家税务总局专门下发了《国家税务总局关于纳税人权利与义务的公告》，对纳税人应该享有的权利和应尽的义务进行公告。按照我国现行税法的规定，纳税人的权利主要包括以下几个方面：

(一)知情权

纳税人有权向税务机关了解国家税收法律、行政法规的规定以及与纳税程序有关的情况，享有被告知与自身纳税义务有关信息的权利。纳税人有权获知的相关信息主要包括：现行税收法律、行政法规和税收政策的规定；办理税收事项的时间、方式、步骤以及需要提交的资料；应纳税额核定及其他税务行政处理决定的法律依据、事实依据和计算方法；在税务机关征税、处罚和采取强制执行措施时，与其发生争议或纠纷，纳税人可以采取的法律救济途径及需要满足的条件。

(二)保密权

纳税人有权要求税务机关对其商业秘密及个人隐私保密，包括纳税人的技术信息、经营信息,以及纳税人、主要投资人和经营者不愿公开的个人事项。上述事项,如无法律、行政法规明确规定或者纳税人的许可,税务机关将不会向其他部门、社会公众和其他个人提供;但根据法律规定,税收违法行为信息不属于保密范围。

(三)税收监督权

纳税人有权控告和检举税务机关、税务人员的违法违纪行为,如索贿受贿、徇私舞弊、玩忽职守、不征或者少征应征税款、滥用职权多征税款或者故意刁难纳税人等。纳税人也有权检举其他纳税人的税收违法行为。

(四)纳税申报方式选择权

纳税人可以直接到办税服务厅办理纳税申报或者报送代扣代缴、代收代缴税款报告表,也可以按照规定采取邮寄、数据电文或者其他方式办理上述申报、报送事项;但采取邮寄或数据电文方式办理上述申报、报送事项的,需经主管税务机关批准。

纳税人如采取邮寄方式办理纳税申报,则应当使用统一的纳税申报专用信封,并以邮政部门收据作为申报凭据。邮寄申报以寄出的邮戳日期为实际申报日期。

数据电文方式是指税务机关确定的电话语音、电子数据交换和网络传输等电子方式。纳税人如采用电子方式办理纳税申报,则应当按照税务机关规定的期限和要求保存有关资料,并定期书面报送给主管税务机关。

(五)申请延期申报权

纳税人不能按期办理纳税申报或者报送代扣代缴、代收代缴税款报告表的,应当在规定的期限内向税务机关提出书面延期申请,经核准,可在核准的期限内办理。经核准延期办理申报、报送事项的,应当在税法规定的纳税期内按照上一期实际缴纳的税额或者税务机关核定的税额预缴税款,并在核准的延长期限内办理税款结算。

(六)申请延期缴纳税款权

纳税人因有特殊困难,不能按期缴纳税款的,经省、自治区、直辖市税务局批准,可以延期缴纳税款,但是最长不得超过3个月。这里所说的特殊困难,主要是指:(1)因不可抗力,导致纳税人发生较大损失,正常生产经营活动受到较大影响的;(2)当期货币资金在扣除应付职工工资、社会保险费后,不足以缴纳税款的。纳税人满足以上任何一个条件,就可以申请延期缴纳税款,税务机关应当自收到申请延期缴纳税款报告之日起20日内做出批准或者不予批准的决定;不予批准的,从缴纳税款期限届满之日起加收滞纳金。

(七)申请退还多缴税款权

纳税人超过应纳税额缴纳的税款,税务机关发现后应当立即退还;纳税人自结算缴纳税款之日起3年内发现的,可以向税务机关要求退还多缴的税款并加算银行同期存款利息,税务机关及时查实后应当立即退还;涉及从国库中退库的,依照法律、行政法规有关国库管理的规定退还。税务机关发现纳税人多缴纳税款的,应当自发现之日起10日内办理退库;纳税人发现多缴税款的,税务机关应当自接到纳税人的退还申请之日起30日内查实并办理退库手续。

(八)依法享受税收优惠权

纳税人依法享有申请减税、免税、退税的权利,即纳税人拥有根据法律、行政法规的规定向税务机关申请享受税收优惠的权利,但必须按照法定程序进行申请、审批。减免税期满,纳税人应当自期满次日起恢复纳税。减免税条件发生变化的,应当自发生变化之日起15日内向税务机关报告;不再符合减免税条件的,应当依法履行纳税义务。

纳税人享受的税收优惠需要备案的,应当按照税收法律、行政法规和有关政策的规定,及时办理事前或事后备案。

(九)委托税务代理权

纳税人可以委托税务代理人代为办理以下事项:办理、变更或者注销税务登记、除增值税专用发票外的发票领购手续、纳税申报或扣缴税款报告、税款缴纳和申请退税、制作涉税文书、审查纳税情况、建账建制、办理财务、税务咨询、申请税务行政复议、提起税务行政诉讼以及国家税务总局规定的其他业务。按规定必须由纳税人自行办理的税务事宜,税务代理人不得办理。

(十)陈述与申辩权

纳税人对税务机关做出的行政处罚决定享有陈述权、申辩权。

陈述权是指纳税人对税务机关做出的决定所享有的陈述自己意见的权利。申辩权是指纳税人对税务机关做出的决定所主张的事实、理由和依据享有申诉和解释说明的权利。如果纳税人有充分的证据证明自己的行为合法,税务机关就无权对其实行行政处罚,即使纳税人的陈述或申辩不充分合理,税务机关也应当解释其行政处罚行为的原因,并将纳税人的陈述内容和申辩理由记录在案,以便在行政复议或司法审查过程中有所依凭。

(十一)拒绝检查权

纳税人在接受税务检查时,有权要求检查人员出示税务检查证和税务检查通知书;对于未出示税务检查证和税务检查通知书的,纳税人有权拒绝检查。

(十二)税收法律救济权

纳税人对税务机关做出的决定,依法享有申请行政复议、提起行政诉讼、请求国家赔偿等权利。

纳税人、纳税担保人与税务机关在纳税上发生争议时,必须先依照税务机关的纳税决定缴纳或者解缴税款及滞纳金或者提供相应的担保,然后可以依法申请行政复议;对行政复议决定不服的,可以依法向人民法院起诉。如对处罚决定、强制执行措施或者税收保全措施不服的,则可以依法申请行政复议,也可以依法向人民法院起诉。

当税务机关的职务违法行为给纳税人和其他税务当事人的合法权益造成侵害时,纳税人和其他税务当事人可以要求税务行政赔偿,主要包括:一是纳税人在规定期限内已缴纳税款,税务机关未立即解除税收保全措施,使纳税人的合法权益遭受损失的;二是税务机关滥用职权违法采取税收保全措施、强制执行措施或者采取税收保全措施、强制执行措施不当,使纳税人或者纳税担保人的合法权益遭受损失的。

(十三)依法要求听证权

在对纳税人做出规定金额以上罚款的行政处罚之前,税务机关会向纳税人送达"税务行政处罚事项告知书",告知纳税人已经查明的违法事实、证据、行政处罚的法律依据和拟给予的行政处罚。对此,纳税人有权要求举行听证,税务机关应组织听证。如纳税人认为税务机关指定的听证主持人与本案有直接利害关系,则有权申请主持人回避。

对应当进行听证的案件,税务机关不组织听证的,行政处罚决定不能成立;但纳税人放弃听证权或者被正当取消听证权的除外。

(十四)索取有关税收凭证的权利

税务机关征收税款时,必须给纳税人开具完税凭证。扣缴义务人代扣代收税款,纳税人要求扣缴义务人开具代扣代收税款凭证时,扣缴义务人应当开具。

税务机关扣押商品、货物或者其他财产时,必须开付收据;查封商品、货物或者其他财产时,必须开付清单。

思政知识窗

坚持人民至上,发挥税收调节职能,助力推进共同富裕

党的二十大强调,前进道路上必须牢牢把握"坚持以人民为中心的发展思想"的重大原则,"实现好、维护好、发展好最广大人民根本利益,采取更多惠民生、暖民心举措,着力解决好人民群众急难愁盼问题"。以人民为中心的发展思想深刻阐述了"我是谁、为了谁、依靠谁"的内在逻辑,为税收现代化指明了方向。社会主义税收的本质是"取之于民,用之于民",以人民为中心的发展思想要求税务机关在推进税收现代化进程中把人民群众最根本的利益作为一切工作的出发点和落脚点。在税制改革中,坚持人民立场,突出强化税收调节作用,聚焦民生改善,推动高质量发展,提升人民的获得感和幸福感;在税收法治化进程中,聚焦社会公平正义,充分保障与维护纳税人、缴费人的合法权益;在征管与服务制度的设计中,致力于解决纳税人急难愁盼的问题,打通堵点、连接断点、破解卡点,降低征纳成本,提高税法遵从度与社会满意度;在技术创新升级中,秉持"向善""向下",更多地帮助弱势群体、服务广大农村,让技术创新的成果惠及所有纳税人、缴费人。

分配制度是促进共同富裕的基础性制度。税收作为收入分配最主要、最规范的方式,对调节居民收入与社会财富分配发挥着重要作用,在推进共同富裕中扮演着重要角色。

个人所得税是重要的再分配工具,其具有平抑收入差距的作用,被认为是所有税种中最体现公平的"良税"。继续完善和健全综合与分类相结合的个人所得税制度,进一步调整优化劳动所得与资本所得的税率;探索对网络直播、视频营销、平台经济等新业态的税收治理,促进新业态健康有序发展;科学设计慈善捐赠税收优惠,鼓励先富帮助后富,改善收入和财富分配格局。

把支持农业、农村、农民发展放在突出位置,税收政策重心要从助力脱贫攻坚转移到乡村振兴,研究农产品深加工精加工、绿色农业、新型农业、现代农业服务业、农民就业创业等领域的税收优惠政策,推动农业转型升级、农村生态文明建设,推进城乡融合和区域协调发展。

社会保险体系是社会公平的底线,使人们获得了基本的生存保障,也是人类实现共同富裕的基本手段之一。坚持"税费皆重",进一步规范社会保险费和非税收入征收,优化部门协同机制,优化缴费服务,拓宽缴费渠道,提升缴费便捷度;继续完善社会保险费降费的相关政

策,发挥社会保险费降费的就业促进效应。通过让人民群众享受更充分的就业、更健全的社会保障,让中国式现代化的发展成果普惠人民。

资料来源:李东.关于税收现代化服务中国式现代化的思考[J].税务研究,2023(5):128—132.

二、创业者的税收义务

创业者的税收义务是指创业者依照宪法、法律、行政法规的规定,在税收征纳各环节中应承担的义务。按照我国现行税法的规定,纳税人的义务主要包括以下几个方面:

(一)依法进行税务登记的义务

纳税人应当自领取营业执照之日起30日内,持有关证件,向税务机关申报办理税务登记。税务登记主要包括领取营业执照后的设立登记,税务登记内容发生变化后的变更登记,依法申请停业、复业登记,依法终止纳税义务的注销登记等。

在各类税务登记管理中,纳税人应该根据税务机关的规定分别提交相关资料,及时办理;同时,纳税人应当按照税务机关的规定使用税务登记证件。税务登记证件不得转借、涂改、损毁、买卖或者伪造。

(二)依法设置账簿、保管账簿和有关资料以及依法开具、使用、取得和保管发票的义务

纳税人应当按照有关法律、行政法规和国务院财政、税务主管部门的规定设置账簿,根据合法、有效的凭证记账,进行核算;从事生产经营的,必须按照国务院财政、税务主管部门规定的保管期限保管账簿、记账凭证、完税凭证及其他有关资料;不得伪造、变造或者擅自损毁账簿、记账凭证、完税凭证及其他有关资料。

此外,纳税人在购销商品、提供或者接受经营服务以及从事其他经营活动中,应当依法开具、使用、取得和保管发票。

(三)财务会计制度和会计核算软件备案的义务

纳税人的财务会计制度或者财务会计处理办法和会计核算软件,应当报送税务机关备案。纳税人的财务会计制度或者财务会计处理办法与国务院或者国务院财政、税务主管部门有关税收的规定相抵触的,应依照国务院或者国务院财政、税务主管部门有关税收的规定计算应纳税款、代扣代缴和代收代缴税款。

(四)按照规定安装、使用税控装置的义务

国家根据税收征收管理的需要,积极推广使用税控装置。纳税人应当按照规定安装、使用税控装置,不得损毁或者擅自改动税控装置。如纳税人未按规定安装、使用税控装置,或者损毁、擅自改动税控装置的,税务机关将责令纳税人限期改正,并可根据情节轻重处以规定数额内的罚款。

(五)按时、如实申报的义务

纳税人必须依照法律、行政法规的规定或者税务机关依照法律、行政法规的规定确定的申报期限、申报内容如实办理纳税申报,报送纳税申报表、财务会计报告以及税务机关根据实际需要要求纳税人报送的其他纳税资料。

扣缴义务人必须依照法律、行政法规的规定或者税务机关依照法律、行政法规的规定确定的申报期限、申报内容如实报送代扣代缴、代收代缴税款报告表以及税务机关根据实际需

要要求扣缴义务人报送的其他有关资料。

纳税人即使在纳税期内没有应纳税款,也应当按照规定办理纳税申报。享受减免税待遇的,在减免税期间应当按照规定办理纳税申报。

(六)按时缴纳税款的义务

纳税人应当按照法律、行政法规的规定或者税务机关依照法律、行政法规的规定确定的期限,缴纳或者解缴税款。

未按照规定期限缴纳税款或者未按照规定期限解缴税款的,税务机关除责令限期缴纳外,从滞纳税款之日起,按日加收滞纳税款5‰的滞纳金。

(七)代扣代收税款的义务

法律、行政法规规定负有代扣代缴、代收代缴税款义务的扣缴义务人,必须依照法律、行政法规的规定履行代扣代收税款的义务。扣缴义务人依法履行代扣代收税款义务时,纳税人不得拒绝;纳税人拒绝的,扣缴义务人应当及时报告税务机关予以处理。

(八)接受依法检查的义务

纳税人、扣缴义务人有接受税务机关依法进行税务检查的义务,应主动配合税务机关按法定程序进行税务检查,如实向税务机关反映自己的生产经营情况和执行财务制度的情况,并按有关规定提供报表和资料,不得隐瞒和弄虚作假,不得阻挠、刁难税务机关及其工作人员的检查和监督。

(九)及时提供信息的义务

纳税人除通过税务登记和纳税申报向税务机关提供与纳税有关的信息外,还应及时提供其他信息。比如纳税人有歇业、经营情况变化、遭受灾害等特殊情况的,应及时向税务机关说明,以便税务机关依法妥善处理。

(十)报告其他涉税信息的义务

为了保障国家税收及时、足额征收入库,税收法律还规定了纳税人有义务向税务机关报告如下涉税信息:

第一,纳税人有义务就与关联企业之间的业务往来向当地税务机关提供有关的价格、费用标准等资料。

第二,纳税人有欠税情形而以财产设定抵押、质押的,应当向抵押权人、质权人说明欠税情况。

第三,企业合并、分立的报告义务。纳税人有合并、分立情形的,应当向税务机关报告,并依法缴清税款。合并时未缴清税款的,应当由合并后的纳税人继续履行未履行的纳税义务;分立时未缴清税款的,分立后的纳税人对未履行的纳税义务应当承担连带责任。

第四,报告全部账号的义务。比如纳税人从事生产经营,应当按照国家有关规定,持税务登记证件,在银行或者其他金融机构开立基本存款账户和其他存款账户,并自开立基本存款账户或者其他存款账户之日起15日内,向主管税务机关书面报告全部账号;发生变化的,应当自变化之日起15日内,向主管税务机关书面报告。

第五,处分大额财产报告的义务。比如纳税人的欠缴税款数额在5万元以上,在处分不动产或者大额资产之前,应当向税务机关报告。

本章小结

税收是国家为实现其职能的需要,凭借政治权力,按法律预先规定的标准,参与单位和个人的财富分配,强制、无偿地取得财政收入的一种形式。税收具有强制性、无偿性和固定性三个形式特征。

从纳税人的角度来说,税收制度是纳税人履行纳税义务的行为规范;从征税机关的角度来说,税收制度是征税的法律依据和工作规程。国家要征税,纳税人要纳税,双方形成一种征纳关系,这种征纳关系必须用法律或制度的形式加以规定,以便双方在征纳过程中共同遵守。税制结构的科学与否直接影响一个国家税收宏观调控功能的发挥程度,决定税收作用的广度和深度。我国目前实行的是以流转税和所得税为双主体的复合税制结构。

税收制度的构成要素主要包括征税对象、纳税人、税率、纳税环节、纳税期限、减免税和违章处理等。其中,征税对象、纳税人和税率是最基本的税收制度构成要素。

为帮助纳税人及时、准确地完成纳税事宜,促进纳税人与税务机关在税收征纳过程中的合作,国家税务总局对纳税人应享有的权利和应承担的义务进行公告,明确了纳税人的14项税收权利和10项税收义务。

复习思考题

1. 简述税收的基本特征。
2. 税收制度的构成要素有哪些?
3. 减免税具体可分为哪几种形式?
4. 简述创业者的税收权利。
5. 简述创业者的税收义务。

第二章　创业：涉税管理事项

本章导读

创业者必须按照《中华人民共和国税收征收管理法》(以下简称《税收征收管理法》)的规定办理税务登记，对生产经营活动通过设置账簿和凭证进行账务处理，规范使用增值税专用发票等票证，按时进行纳税申报等。通过学习，了解税务登记、纳税申报、税收法律责任的基本内含；掌握办理税务登记的操作流程、发票使用管理的具体要求、纳税申报种类及相关规定、税款征收方式及相关制度保障、税收法律责任的具体内容。

第一节　税务登记管理

税务登记是税务机关根据税法规定对纳税人的生产经营活动进行登记管理的一项基本制度，也是纳税人被纳入税务机关监督管理的一项证明。税务登记对于纳税人依法纳税和税务机关依法征税都有重要意义。

一、税务登记的办理

税务登记主要有设立登记，变更登记，停业、复业登记，注销登记和外出经营报验登记五种。

(一)设立登记

企业、企业在外地设立的分支机构和从事生产经营的场所、个体工商户和从事生产经营的事业单位(以下统称"从事生产经营的纳税人")，向生产经营所在地税务机关申报办理税务登记：

(1)从事生产经营的纳税人领取工商营业执照(含临时工商营业执照)的，应当自领取工商营业执照之日起30日内申报办理税务登记。

(2)从事生产经营的纳税人未办理工商营业执照但经有关部门批准设立的，应当自有关部门批准设立之日起30日内申报办理税务登记。

(3)从事生产经营的纳税人未办理工商营业执照也未经有关部门批准设立的，应当自纳税义务发生之日起30日内申报办理税务登记。

(4)有独立的生产经营权、在财务上独立核算并定期向发包人或者出租人上缴承包费或租金的承包承租人,应当自承包承租合同签订之日起 30 日内,向其承包承租业务发生地税务机关申报办理税务登记。

(5)境外企业在中国境内承包建筑、安装、装配、勘探工程和提供劳务的,应当自项目合同或协议签订之日起 30 日内,向项目所在地税务机关申报办理税务登记。

(6)除国家机关、个人和无固定生产经营场所的流动性农村小商贩外,其他纳税人均应当自纳税义务发生之日起 30 日内,向纳税义务发生地税务机关申报办理税务登记。

纳税人在申报办理税务登记时,应当根据不同情况向税务机关如实提供以下证件和资料:加载统一社会信用代码的营业执照或其他核准执业证件;有关合同、章程、协议书;法定代表人或负责人的居民身份证、护照或者其他证明身份的合法证件。

(7)已办理税务登记的扣缴义务人应当自扣缴义务发生之日起 30 日内,向税务登记地税务机关申报办理扣缴税款登记。税务机关在其税务登记证件上登记扣缴税款事项,税务机关不再发放扣缴税款登记证件。

根据税收法律、行政法规的规定可不办理税务登记的扣缴义务人,应当自扣缴义务发生之日起 30 日内,向机构所在地税务机关申报办理扣缴税款登记。税务机关发放扣缴税款登记证件。

税务登记实行属地管理,纳税人应当到生产经营所在地或者纳税义务发生地的主管税务机关申报办理税务登记。非独立核算的分支机构应按照规定分别向生产经营所在地税务机关办理税务信息确认。税务机关对纳税人税务登记地点发生争议的,由其共同的上级税务机关指定管辖。

根据《国务院办公厅关于加快推进"多证合一"改革的指导意见》的要求,"多证合一、一照一码"登记制度实施后,首次办理税务登记的纳税人,可以不用单独办理税务代码,统一使用标注统一社会信用代码的营业执照。按照"多证合一、一照一码"登记制度新设立的纳税人,首次到税务机关办理业务时,应进行补充信息采集,凭加载统一社会信用代码的营业执照办理涉税事项,税务机关不再核发税务登记证。

(二)变更登记

变更登记是指纳税人的税务登记内容发生重大变化时向原税务登记机关申报办理的税务登记手续。

纳税人已在市场监督管理部门办理变更登记的,应当自市场监督管理部门变更登记之日起 30 日内,向原税务登记机关申报办理变更税务登记,并如实提供下列证件、资料:工商登记变更表及工商营业执照;纳税人变更登记内容的有关证明文件;税务机关发放的原税务登记证件(登记证正、副本和登记表等);其他有关资料。

纳税人按照规定不需要在市场监督管理部门办理变更登记,或者其变更登记的内容与工商登记内容无关的,应当自税务登记内容实际发生变化之日起 30 日内,或者自有关机关批准或者宣布变更之日起 30 日内,持下列证件到原税务登记机关申报办理变更税务登记:纳税人变更登记内容的有关证明文件;税务机关发放的原税务登记证件(登记证正、副本和税务登记表等);其他有关资料。

税务机关应当于受理当日办理变更税务登记。纳税人税务登记表和税务登记证中的内容都发生变更的,税务机关按变更后的内容重新发放税务登记证件;纳税人税务登记表中的内容发生变更而税务登记证中的内容未发生变更的,税务机关不需要重新发放税务登记证件。

(三)停业、复业登记

停业、复业登记是指实行定期定额征收方式的纳税人,因自身经营的需要而暂停经营或者恢复经营,向主管税务机关申请办理的税务登记手续。

实行定期定额征收方式的个体工商户需要停业的,应当在停业前向税务机关申报办理停业登记。纳税人的停业期限不得超过1年。

纳税人在申报办理停业登记时,应如实填写"停业复业报告书",说明停业理由、停业期限、停业前的纳税情况和发票的领、用、存情况,并结清应纳税款、滞纳金、罚款。税务机关应收存其税务登记证件及副本、发票领购簿、未使用完的发票和其他税务证件。

纳税人在停业期间发生纳税义务的,应当按照税收法律、行政法规的规定申报缴纳税款。

纳税人应当于恢复生产经营前,向税务机关申报办理复业登记,如实填写"停业复业报告书",领回并启用税务登记证件、发票领购簿及其停业前领购的发票。

纳税人停业期满不能及时恢复生产经营的,应当在停业期满前到税务机关办理延长停业登记,并如实填写"停业复业报告书"。

(四)注销登记

注销登记是指纳税人的税务登记内容发生根本性变化,需要终止履行纳税义务时,向税务机关申请办理的税务登记手续。

纳税人发生解散、破产、撤销以及其他情形,依法终止纳税义务的,应当在向市场监督管理部门或者其他机关办理注销登记前,持有关证件和资料向原税务登记机关申报办理注销税务登记;按规定不需要在市场监督管理部门或者其他机关办理注销登记的,应当自有关机关批准或者宣告终止之日起15日内,持有关证件和资料向原税务登记机关申报办理注销税务登记。

纳税人被市场监督管理部门吊销营业执照或者被其他机关撤销登记的,应当自营业执照被吊销或者被撤销登记之日起15日内,向原税务登记机关申报办理注销税务登记。

纳税人因住所、经营地点变动,涉及改变税务登记机关的,应当在向市场监督管理部门或者其他机关申请办理变更、注销登记前,或者住所、经营地点变动前,持有关证件和资料,向原税务登记机关申报办理注销税务登记,并自注销税务登记之日起30日内,向迁达地税务机关申报办理税务登记。

境外企业在中国境内承包建筑、安装、装配、勘探工程和提供劳务的,应当在项目完工、离开中国前15日内,持有关证件和资料,向原税务登记机关申报办理注销税务登记。

纳税人办理注销税务登记前,应当向税务机关提交相关证明文件和资料,结清应纳税款、多退(免)税款、滞纳金和罚款,缴销发票、税务登记证件和其他税务证件,经税务机关核准后,办理注销税务登记手续。

实行"多证合一、一照一码"登记制度的企业,在向登记管理机关办理注销登记前,应向税务机关进行清税申报,申请开具清税证明。

(五)外出经营报验登记

纳税人到外县(市)临时从事生产经营活动的,应当在外出从事生产经营活动前,持税务登记证到主管税务机关开具"外出经营活动税收管理证明"(以下简称"外管证")。

税务机关按照"一地一证"的原则发放外管证,外管证的有效期限一般为30日,最长不得超过180日。

纳税人应当在外管证注明地进行生产经营前向当地税务机关报验登记,并提交税务登记证件副本和外管证。

纳税人在外管证注明地销售货物的,除提交以上证件、资料外,应如实填写"外出经营货物报验单",申报查验货物。

纳税人外出经营活动结束,应向经营地税务机关填报"外出经营活动情况申报表",并结清税款、缴销发票。

纳税人应当在外管证有效期届满后10日内,持外管证回原税务登记地税务机关办理外管证缴销手续。

二、税务登记证的使用和管理

(一)税务登记证的使用

除按照规定不需要发给税务登记证件的以外,纳税人办理下列业务必须持税务登记证件:(1)开立银行账户;(2)申请减税、免税、退税;(3)申请办理延期申报、延期缴纳税款;(4)领购发票;(5)申请开具外出经营活动税收管理证明;(6)办理停业、歇业;(7)其他有关税务事项。

(二)税务登记证的管理

税务机关对税务登记证件实行定期验证和换证制度。纳税人应当在规定的期限内持有关证件到主管税务机关办理验证或者换证手续。税务机关应当加强对税务登记证件的管理,采取实地调查、上门验证等方法,或者结合税务部门与市场监督管理部门之间、税务局(分局)之间的信息交换比对进行税务登记证件的管理。

纳税人应当将税务登记证件正本在其生产经营场所或者办公场所公开悬挂,接受税务机关检查。

从事生产经营的纳税人到外县(市)临时从事生产经营活动的,应当持税务登记证副本和所在地税务机关填开的外管证,向营业地税务机关报验登记,接受税务管理。

税务登记证式样改变,需统一换发税务登记证的,由国家税务总局确定。税务登记证件不得转借、涂改、损毁、买卖或者伪造。

纳税人、扣缴义务人遗失税务登记证件的,应当自遗失税务登记证件之日起15日内,书面报告主管税务机关,如实填写"税务登记证件遗失报告表",并将纳税人的名称、税务登记证件名称、税务登记证件号码、税务登记证件有效期、发证机关名称在税务机关认可的报刊上做遗失声明,凭报刊上刊登的遗失声明到主管税务机关补办税务登记证件。

实行"多证合一、一照一码"登记制度后,新设立企业、农民专业合作社、个体工商户(以下统称"企业")领取由市场监督管理部门核发加载法人和其他组织统一社会信用代码的营业执照后,无须再次进行税务登记,不再领取税务登记证。企业办理涉税事宜时,在完成补充信息采集后,加载统一代码的营业执照可代替税务登记证使用。

第二节 账簿凭证管理

账簿和凭证是记录和反映纳税人经营活动的基本材料之一,也是税务机关对纳税人、扣缴义务人计征税款以及确认其是否正确履行纳税义务的重要依据。

一、设置账簿的规定

纳税人、扣缴义务人按照有关法律、行政法规和国务院财政、税务主管部门的规定设置账簿,根据合法、有效的凭证记账,进行核算。

从事生产经营的纳税人应当自领取营业执照或者发生纳税义务之日起 15 日内,按照国家有关规定设置总账、明细账、日记账以及其他辅助性账簿。

生产经营规模小又确无建账能力的纳税人,可以聘请经批准从事代理记账业务的专业机构或者财会人员代为建账和处理账务。

扣缴义务人应当自税收法律、行政法规规定的扣缴义务发生之日起 10 日内,按照所代扣代收的税种,分别设置代扣代缴、代收代缴税款账簿。

二、对会计核算的要求

所有纳税人和扣缴义务人都必须根据合法、有效的凭证进行账务处理。

纳税人建立的会计电算化系统应当符合国家的有关规定,并能正确、完整地核算其收入或所得。

纳税人使用计算机记账的,应当在使用前将会计电算化系统的会计核算软件、使用说明书及有关资料报送主管税务机关备案。

纳税人、扣缴义务人的会计制度健全,能够通过计算机正确、完整地计算其收入和所得或者代扣代缴、代收代缴税款情况的,其计算机输出的完整的书面会计记录可视同会计账簿。

纳税人、扣缴义务人的会计制度不健全,不能通过计算机正确、完整地计算其收入和所得或者代扣代缴、代收代缴税款情况的,应当建立总账及与纳税或者代扣代缴、代收代缴税款有关的其他账簿。

账簿、会计凭证和报表应当使用中文,民族自治地方可以同时使用当地通用的一种民族文字,外商投资企业和外国企业可以同时使用一种外国文字。

三、财务会计制度的管理

从事生产经营的纳税人应当自领取税务登记证件之日起 15 日内,将其财务会计制度或者财务会计处理办法报送主管税务机关备案。

纳税人、扣缴义务人的财务会计制度或者财务会计处理办法与国务院或者国务院财政、税务主管部门有关税收的规定相抵触的,依照国务院或者国务院财政、税务主管部门有关税收的规定计算应纳税款、代扣代缴和代收代缴税款。

四、账簿和凭证的保存与管理

从事生产经营的纳税人、扣缴义务人必须按照国务院财政、税务主管部门规定的保管期限保管账簿、记账凭证、完税凭证及其他有关资料。不得伪造、变造或者擅自损毁账簿、记账凭证、完税凭证及其他有关资料。

账簿、记账凭证、报表、完税凭证、发票、出口凭证以及其他有关涉税资料应当保存10年；但是，法律、行政法规另有规定的除外。

第三节 发票使用管理

发票是指在购销商品、提供或者接受服务以及从事其他经营活动中，开具、收取的收付款凭证。发票包括纸质发票和电子发票。电子发票和纸质发票具有同等法律效力。国家积极推广使用电子发票。

国务院税务主管部门统一负责全国的发票管理工作。财政、审计、市场监督管理、公安等有关部门在各自的职责范围内，配合税务机关做好发票管理工作。发票管理工作应当坚持和加强党的领导，为经济社会发展服务。根据发票作用、内容及使用范围的不同，发票分为普通发票和增值税专用发票两大类。

一、普通发票管理

（一）普通发票的印制

普通发票，按照国务院税务主管部门的规定，由省、自治区、直辖市税务机关确定的企业印制。发票应当使用中文印制。民族自治地方的发票，可以加印当地一种通用的民族文字；有实际需要的，也可以同时使用中外两种文字印制。禁止私自印制、伪造、变造发票。

印制发票应当使用国务院税务主管部门确定的全国统一的发票防伪专用品。禁止非法制造发票防伪专用品。

发票应当套印全国统一发票监制章。全国统一发票监制章的式样和发票版面印刷的要求，由国务院税务主管部门规定。发票监制章由省、自治区、直辖市税务机关制作。禁止伪造发票监制章。发票实行不定期换版制度。

税务机关应当按照政府采购有关规定确定印制发票的企业，印制发票的企业必须按照税务机关确定的式样和数量印制发票。印制发票的企业按照税务机关的统一规定，建立发票印制管理制度和保管措施。发票监制章和发票防伪专用品的使用和管理实行专人负责制度。

各省、自治区、直辖市内的单位和个人使用的发票，除增值税专用发票外，应当在本省、自治区、直辖市内印制；确有必要到外省、自治区、直辖市印制的，应当由省、自治区、直辖市税务机关经印制地省、自治区、直辖市税务机关同意后确定印制发票的企业。禁止在境外印制发票。

（二）普通发票的领用

需要领用发票的单位和个人，应当持设立登记证件或者税务登记证件，以及经办人身份证明,向主管税务机关办理发票领用手续。领用纸质发票的,还应当提供按照国务院税务主管部门规定式样制作的发票专用章的印模。主管税务机关根据领用单位和个人的经营范围、规模和风险等级,在5个工作日内确认领用发票的种类、数量以及领用方式。

单位和个人领用发票时,应当按照税务机关的规定报告发票使用情况,税务机关应当按照规定进行查验。禁止非法代开发票。

需要临时使用发票的单位和个人,可以凭购销商品、提供或者接受服务以及从事其他经营活动的书面证明、经办人身份证明,直接向经营地税务机关申请代开发票。依照税收法律、行政法规的规定应当缴纳税款的,税务机关应当先征收税款,再开具发票。税务机关根据发票管理的需要,可以按照国务院税务主管部门的规定委托其他单位代开发票。

临时到本省、自治区、直辖市以外从事经营活动的单位或者个人,应当凭所在地税务机关的证明,向经营地税务机关领用经营地的发票。

临时在本省、自治区、直辖市以内跨市、县从事经营活动领用发票的办法,由省、自治区、直辖市税务机关规定。

(三)普通发票的开具

销售商品、提供服务以及从事其他经营活动的单位和个人,对外发生经营业务收取款项,收款方应当向付款方开具发票;特殊情况下,由付款方向收款方开具发票。

所有单位和从事生产、经营活动的个人在购买商品、接受服务以及从事其他经营活动支付款项时,应当向收款方取得发票。取得发票时,不得要求变更品名和金额。

开具发票应当按照规定的时限、顺序、栏目,全部联次一次性如实开具,开具纸质发票应当加盖发票专用章。任何单位和个人不得有下列虚开发票行为:为他人、为自己开具与实际经营业务情况不符的发票;让他人为自己开具与实际经营业务情况不符的发票;介绍他人开具与实际经营业务情况不符的发票。

安装税控装置的单位和个人,应当按照规定使用税控装置开具发票,并按期向主管税务机关报送开具发票的数据。

使用非税控电子器具开具发票的,应当将非税控电子器具使用的软件程序说明资料报主管税务机关备案,并按照规定保存、报送开具发票的数据。

单位和个人开发电子发票信息系统自用或者为他人提供电子发票服务的,应当遵守国务院税务主管部门的规定。

除国务院税务主管部门规定的特殊情形外,纸质发票限于领用单位和个人在本省、自治区、直辖市内开具。省、自治区、直辖市税务机关可以规定跨市、县开具纸质发票的办法。

(四)普通发票的使用与保管

任何单位和个人都应当按照发票管理规定使用发票,不得有下列行为:转借、转让、介绍他人转让发票、发票监制章和发票防伪专用品;知道或者应当知道是私自印制、伪造、变造、非法取得或者废止的发票而受让、开具、存放、携带、邮寄、运输;拆本使用发票;扩大发票使用范围;以其他凭证代替发票使用;窃取、截留、篡改、出售、泄露发票数据。

除国务院税务主管部门规定的特殊情形外,任何单位和个人都不得跨规定的使用区域携带、邮寄、运输空白发票。禁止携带、邮寄或者运输空白发票出入境。

开具发票的单位和个人应当建立发票使用登记制度,配合税务机关进行身份验证,并定期向主管税务机关报告发票使用情况。

开具发票的单位和个人应当在办理变更或者注销税务登记的同时,办理发票的变更、缴销手续。

开具发票的单位和个人应当按照国家有关规定存放和保管发票,不得擅自损毁。已经开具的发票存根联,应当保存5年。

二、增值税专用发票管理

增值税专用发票是增值税一般纳税人销售货物或者提供加工、修理修配劳务,销售服务、无形资产、不动产开具的发票,是购买方支付增值税税额并可以按照增值税有关规定据以抵扣增值税进项税额的凭证。

一般纳税人应通过增值税防伪税控系统使用增值税专用发票。使用,包括领购、开具、缴销、认证纸质增值税专用发票及其相应的数据电文。

上述所称"防伪税控系统",是指经国务院同意推行的,使用专用设备和通用设备、运用数字密码和电子存储技术管理增值税专用发票的计算机管理系统。"专用设备"是指金税卡、IC卡、读卡器和其他设备。"通用设备"是指计算机、打印机、扫描器具和其他设备。

(一)增值税专用发票的联次

增值税专用发票由基本联次或者基本联次附加其他联次构成。基本联次为三联:发票联、抵扣联和记账联。发票联,作为购买方核算采购成本和增值税进项税额的记账凭证;抵扣联,作为购买方报送主管税务机关认证和留存备查的凭证;记账联,作为销售方核算销售收入和增值税销项税额的记账凭证。其他联次的用途由一般纳税人自行确定。

(二)增值税专用发票的开票限额

增值税专用发票实行最高开票限额管理。最高开票限额是指单份增值税专用发票开具的销售额合计数不得达到的上限额度。

最高开票限额由一般纳税人申请,税务机关依法审批。最高开票限额为10万元及以下的,由区县级税务机关审批;最高开票限额为100万元的,由地市级税务机关审批;最高开票限额为1 000万元及以上的,由省级税务机关审批。防伪税控系统的具体发行工作由区县级税务机关负责。

税务机关审批最高开票限额应进行实地核查。批准使用最高开票限额为10万元及以下的,由区县级税务机关派人实地核查;批准使用最高开票限额为100万元的,由地市级税务机关派人实地核查;批准使用最高开票限额为1 000万元及以上的,由地市级税务机关派人实地核查后将核查资料报省级税务机关审核。

(三)增值税专用发票领购使用的范围

一般纳税人凭发票领购簿、IC卡和经办人身份证明领购增值税专用发票。

一般纳税人有下列情形之一的,不得领购、开具增值税专用发票:(1)会计核算不健全,不能向税务机关准确提供增值税销项税额、进项税额、应纳税额及其他有关增值税税务资料。"其他有关增值税税务资料"的内容由省、自治区、直辖市和计划单列市税务局确定。(2)有

《税收征收管理法》规定的税收违法行为,拒不接受税务机关处理。(3)有虚开增值税专用发票、私自印制增值税专用发票、向税务机关以外的单位和个人购买增值税专用发票、借用他人的增值税专用发票、未按规定开具增值税专用发票、未按规定保管增值税专用发票和专用设备、未按规定申请办理防伪税控系统变更、未按规定接受税务机关检查等行为,经税务机关责令限期改正而仍未改正。有上述情形的,如已领购增值税专用发票,则主管税务机关应暂扣其结存的增值税专用发票和IC卡。

(四)增值税专用发票开具的范围

一般纳税人销售货物或者提供应税劳务,应向购买方开具增值税专用发票。

商业企业一般纳税人零售的烟、酒、食品、服装、鞋帽(不包括劳保专用部分)、化妆品等消费品,不得开具增值税专用发票。

销售免税货物不得开具增值税专用发票,法律、法规及国家税务总局另有规定的除外。

增值税小规模纳税人(其他个人除外)发生增值税应税行为,需要开具增值税专用发票的,可以自愿使用增值税发票管理系统自行开具。选择自行开具增值税专用发票的小规模纳税人,税务机关不再为其代开增值税专用发票。

自愿选择自行开具增值税专用发票的小规模纳税人销售其取得的不动产,需要开具增值税专用发票的,税务机关不再为其代开。

货物运输业小规模纳税人可以根据自愿原则选择自行开具增值税专用发票;未选择自行开具增值税专用发票的纳税人,按照《国家税务总局关于发布〈货物运输业小规模纳税人申请代开增值税专用发票管理办法〉的公告》的相关规定,向税务机关申请代开。

(五)增值税专用发票开具的要求

增值税专用发票应按下列要求开具:(1)项目齐全,与实际交易相符;(2)字迹清楚,不得压线、错格;(3)发票联和抵扣联加盖财务专用章或者发票专用章;(4)按照增值税纳税义务的发生时间开具。对不符合上述要求的增值税专用发票,购买方有权拒收。

一般纳税人销售货物或者提供应税劳务,可以汇总开具增值税专用发票。汇总开具增值税专用发票的,同时使用防伪税控系统开具"销售货物或者提供应税劳务清单",并加盖财务专用章或者发票专用章。

(六)开具增值税专用发票后发生退货或开票有误的处理

1.增值税一般纳税人的相关处理

增值税一般纳税人开具增值税专用发票后,发生销售退回、销售折让以及开票有误等情况,需要开具红字增值税专用发票的,视不同情况分别按以下办法处理:

(1)增值税专用发票抵扣联、发票联均无法认证的,由购买方填报开具红字增值税专用发票申请单,并在申请单上填写具体原因以及相对应的蓝字增值税专用发票的信息,主管税务机关审核后出具开具红字增值税专用发票通知单。购买方不做进项税额转出处理。

(2)购买方所购货物不属于增值税扣税项目范围,取得的增值税专用发票未经认证的,由购买方填报开具红字增值税专用发票申请单,并在申请单上填写具体原因以及相对应的蓝字增值税专用发票的信息,主管税务机关审核后出具开具红字增值税专用发票通知单。购买方不做进项税额转出处理。

(3)因开票有误,购买方拒收增值税专用发票的,销售方须在增值税专用发票认证期限内向主管税务机关填报开具红字增值税专用发票申请单,并在申请单上填写具体原因以及相对应的蓝字增值税专用发票的信息,同时提供由购买方出具的写明拒收理由、具体错误项目以及正确内容的书面材料,主管税务机关审核确认后出具开具红字增值税专用发票通知单。销售方凭通知单开具红字增值税专用发票。

(4)因开票有误等尚未将增值税专用发票交付购买方的,销售方须在开具有误增值税专用发票的次月内向主管税务机关填报开具红字增值税专用发票申请单,并在申请单上填写具体原因以及相对应的蓝字增值税专用发票的信息,同时提供由销售方出具的写明具体理由、具体错误项目以及正确内容的书面材料,主管税务机关审核确认后出具开具红字增值税专用发票通知单。销售方凭通知单开具红字增值税专用发票。

(5)发生销货退回或销售折让的,除按照规定进行处理外,销售方还应在开具红字增值税专用发票后将该笔业务的相应记账凭证复印件报送主管税务机关备案。

2.小规模纳税人的相关处理

税务机关为小规模纳税人代开增值税专用发票需要开具红字增值税专用发票的,比照一般纳税人开具红字增值税专用发票的处理办法,通知单第二联交代开税务机关。

(七)增值税专用发票不得抵扣进项税额的规定

1.不得作为增值税进项税额抵扣凭证的情形

经认证,有下列情形之一的,不得作为增值税进项税额的抵扣凭证,税务机关退还原件,购买方可要求销售方重新开具增值税专用发票:

(1)无法认证,即增值税专用发票所列密文或者明文不能辨认,无法产生认证结果。

(2)纳税人识别号认证不符,即增值税专用发票所列购买方纳税人识别号有误。

(3)代码、号码认证不符,即增值税专用发票所列密文解译后与明文的代码或者号码不一致。

2.暂不得作为增值税进项税额抵扣凭证的情形

经认证,有下列情形之一的,暂不得作为增值税进项税额的抵扣凭证,税务机关扣留原件,查明原因,分别情况进行处理:

(1)重复认证,即已经认证相符的同一张增值税专用发票再次认证。

(2)密文有误,即增值税专用发票所列密文无法解译。

(3)认证不符,即纳税人识别号有误,或者增值税专用发票所列密文解译后与明文不一致。本项所称"认证不符"不含第一种情况下的第(2)项、第(3)项所列情形。

(4)列为失控增值税专用发票,即认证时的增值税专用发票已被登记为失控增值税专用发票。

3.对丢失已开具增值税专用发票的发票联和抵扣联的处理

(1)一般纳税人丢失已开具增值税专用发票的发票联和抵扣联,如果丢失前已认证相符,则购买方凭销售方提供的相应增值税专用发票记账联复印件及销售方所在地主管税务机关出具的丢失增值税专用发票已报税证明单,经购买方主管税务机关审核同意后,可作为增值税进项税额的抵扣凭证。

（2）一般纳税人丢失已开具增值税专用发票的发票联和抵扣联，如果丢失前未认证，则购买方凭销售方提供的相应增值税专用发票记账联复印件到主管税务机关进行认证，认证相符的，凭该增值税专用发票记账联复印件及销售方所在地主管税务机关出具的丢失增值税专用发票已报税证明单，经购买方主管税务机关审核同意后，可作为增值税进项税额的抵扣凭证。

（3）一般纳税人丢失已开具增值税专用发票的抵扣联，如果丢失前已认证相符，则可以使用增值税专用发票发票联的复印件留存备查。

（4）一般纳税人丢失已开具增值税专用发票的抵扣联，如果丢失前未认证，则可以使用增值税专用发票的发票联到主管税务机关认证，增值税专用发票发票联的复印件留存备查。

（5）一般纳税人丢失已开具增值税专用发票的发票联，可以将增值税专用发票的抵扣联作为记账凭证，抵扣联的复印件留存备查。

第四节　纳税申报管理

纳税申报是指纳税人按照法律、行政法规规定的期限和内容，向税务机关提交有关纳税事项书面报告的法律行为。它既是纳税人履行纳税义务的法定程序，又是税务机关核定应征税款和开具纳税凭证的主要依据。

一、纳税申报的对象

在税收征收管理过程中，需要办理纳税申报的对象为纳税人和扣缴义务人。

（一）纳税人

纳税人必须依照法律、行政法规的规定或者税务机关依照法律、行政法规的规定确定的申报期限、申报内容如实办理纳税申报，报送纳税申报表、财务会计报告以及税务机关根据实际需要要求纳税人报送的其他纳税资料。

纳税人在纳税期内没有应纳税款的，也应当按照规定办理纳税申报。

纳税人享受减免税待遇的，在减免税期间应当按照规定办理纳税申报。

（二）扣缴义务人

扣缴义务人必须依照法律、行政法规的规定或者税务机关依照法律、行政法规的规定确定的申报期限、申报内容，如实报送代扣代缴、代收代缴税款报告表，以及税务机关根据实际需要要求扣缴义务人报送的其他有关资料。

二、纳税申报的内容

纳税申报的内容主要在各税种的纳税申报表和代扣代缴、代收代缴税款报告表中体现，还有的是在随纳税申报表附报的财务报表和有关纳税资料中体现。纳税人、扣缴义务人的纳税申报或者代扣代缴、代收代缴税款报告表的主要内容包括税种，税目，应纳税项目或者应代扣代缴、代收代缴税款项目，计税依据，扣除项目及标准，适用税率或者单位税额，应退税项目及税额，应减免税项目及税额，应纳税额或者应代扣代缴、代收代缴税额，税款所属期限，延期缴纳税款，欠税，滞纳金等。

三、纳税申报的期限

纳税人和扣缴义务人都必须按照法定的期限办理纳税申报。纳税申报的期限有两种：一种是法律、行政法规明确规定的；另一种是税务机关按照法律、行政法规的原则规定，结合纳税人生产经营的实际情况及其应缴纳的税种等相关条件予以确定的。两种期限具有同等的法律效力。

纳税申报期限的最后一日是法定休假日的，以法定休假日期满的次日为期限的最后一日；在期限内有连续3日以上法定休假日的，按法定休假日天数顺延。

纳税人未按照规定的期限办理纳税申报和报送纳税资料的，或者扣缴义务人未按规定的期限向税务机关报送代扣代缴、代收代缴税款报告表和有关资料的，由税务机关责令限期改正，可以处2 000元以下的罚款；情节严重的，可以处2 000元以上10 000元以下的罚款。

四、纳税申报的要求

纳税人办理纳税申报时，应当如实填写纳税申报表，并根据不同情况相应报送下列有关证件、资料：财务会计报告及其说明材料；与纳税有关的合同、协议书及凭证；税控装置的电子报税资料；外出经营活动税收管理证明和异地完税凭证；境内或者境外公证机构出具的有关证明文件；税务机关规定应当报送的其他有关证件、资料。

扣缴义务人办理代扣代缴、代收代缴税款申报时，应当如实填写代扣代缴、代收代缴税款报告表，并报送代扣代缴、代收代缴税款的合法凭证以及税务机关规定的其他有关证件、资料。

五、纳税申报的方式

纳税人、扣缴义务人可以直接到税务机关办理纳税申报或者报送代扣代缴、代收代缴税款报告表，也可以按照规定采取邮寄、数据电文或者其他方式办理上述申报、报送事项。

（一）直接申报

直接申报是指纳税人、扣缴义务人依法在法定申报期限内，直接到主管税务机关办理纳税申报或报送代扣代缴、代收代缴税款报告表，经税务机关核实后，填开纳税缴款书，限期缴纳税款。

（二）邮寄申报

邮寄申报是指纳税人到税务机关申报确有困难，经税务机关批准，可以采用邮寄方式进行纳税申报。采取邮寄申报的纳税人应当在邮寄纳税申报表的同时，汇寄应纳税款。税务机关在收到纳税申报表和税款后，必须向纳税人开具完税凭证，办理税款缴库手续。

纳税人采取邮寄方式办理纳税申报的，应当使用统一的纳税申报专用信封，并以邮政部门收据作为申报凭据。邮寄申报以寄出的邮戳日期为实际申报日期。

（三）数据电文申报

数据电文申报是指以税务机关确定的电话语音、电子数据交换和网络传输等电子方式办理纳税申报。

纳税人采用电子方式办理纳税申报的,应当按照税务机关规定的期限和要求保存有关资料,并定期书面报送主管税务机关。

(四)委托代理申报

委托代理申报是指由委托人出具委托书,通过代理人进行纳税申报的方式。

在邮寄和数据电文申报中,税务代理人的作用只是咨询,而委托代理才是税务代理人主要从事的代理申报业务。

(五)其他方式申报

除上述方式外,实行定期定额缴纳税款的纳税人,还可以实行简易申报和简并征期两种申报纳税方式。

1. 简易申报

简易申报是指纳税人按照税务机关核定的税额和期限缴清税款,就视为已纳税申报的一种纳税申报方式。

2. 简并征期

月纳税额较少的定期定额征收的纳税人,可以按季度或半年合并征收税款,并在季度终了或者半年之后的10日内缴纳税款的一种纳税申报方式。

六、延期申报管理

延期申报是指纳税人、扣缴义务人不能按照税法规定的期限办理纳税申报或扣缴税款报告。

纳税人、扣缴义务人按照规定的期限办理纳税申报或者报送代扣代缴、代收代缴税款报告表确有困难,需要延期的,应当在规定的期限内向税务机关提出书面延期申请,经税务机关核准,在核准的期限内办理。

纳税人、扣缴义务人因不可抗力,不能按期办理纳税申报或者报送代扣代缴、代收代缴税款报告表的,可以延期办理;但是,应当在不可抗力情形消除后立即向税务机关报告。税务机关应当查明事实,予以核准。

经核准延期办理纳税申报的,应当在纳税期内按照上一期实际缴纳的税额或者税务机关核定的税额预缴税款,并在核准的延期内办理纳税结算。

思政知识窗

以数字化升级优化税费征管 服务于中国式现代化

党的二十大报告在财政体制、科教兴国、绿色发展和共同富裕等多方面论述中强调了要发挥税收的作用。面向未来的税费征管现代化,要坚持中国共产党的领导,坚持中国特色社会主义道路,坚持以人民为中心等新时代核心价值定位,围绕构建"严密规范的税费征管体系"目标,运用系统思维、辩证思维、创新思维、战略思维等,在深化征管改革的实践探索中持续完善税费征管体制机制,提升法治化水平,增强征管能力,确保其与中国式现代化同频共振,不断夯实财政根基,促进经济社会高质量发展,助力中国式现代化行稳致远。

以数字化升级优化税费征管模式,匹配经济社会发展方式,落实协同化要求。共同富裕是渐进式长期目标,需要分阶段、分区域、分领域,以先富带动后富、物质富裕促进精神富裕的方式实现。税费征管现代化必须贯彻落实新发展理念、新发展阶段、新发展格局的要求,匹配经济社会发展方式,分步骤、分区域、分领域协同推进实施。当前,必须充分发挥数据驱动作用,按照原则性与灵活性相结合的理念,动态优化税费征管模式,使征管主体权责更明晰,征管对象管理更精准,征管规则设计更科学。一要针对征管主体共治化发展,动态优化征管权责设置,使税务部门与其他政府部门的职责清晰,跨部门征管合作机制更加顺畅高效;针对征管对象多样化发展,动态优化征管流程设计,形成科学、细化、便捷的征管流程。二要以数字化转型适应数字经济发展趋势,充分运用大数据、云计算、人工智能、移动互联网等现代信息技术,着力推进内部与外部数据汇聚联通、线上线下有机贯通,驱动税费监管、执法、服务等制度创新和业务变革;通过高效公平的税费征管发挥好税费政策的调节作用,减轻市场经济主体与社会成员的税费负担,引导市场经济主体选择优势行业、科学配置资源、创新发展、绿色发展,最大限度地解放和激发生产要素活力。三要将数字化的税费征管手段与财政、金融、法律等其他政府宏观调控工具统筹使用,构建跨部门、跨区域、多方参与的常态化、长效化协作机制,打造党政领导、税务主责、部门协作、社会协同、公众参与的共建共享税收治理新局面;加强智能化税收大数据分析,不断强化税收大数据在经济运行研判和社会管理等领域的深层次应用,为各级政府提高公共治理能力贡献税收智慧;支持国家重大发展战略,共同破解深层次矛盾与问题,促进经济、政治、文化、社会、生态的协同发展,促进经济可持续发展、基本公共服务均等化、民生保障有力、区域发展更加平衡、社会和谐有序文明、美丽中国建设。四要以数字化转型加强国际税收征管合作,依托"一带一路"征管合作机制、区域全面经济伙伴关系协定(RCEP)等国际合作平台,深化务实合作,加强安全保障,优化营商环境,促进共同发展;应对国际税收竞争,有效防止税基侵蚀和利润转移,深度参与国际税收规则制定,推动二十国集团(G20)等发挥国际经济合作功能,增强参与全球税收治理的能力,协同推进高水平对外开放,走和平发展道路。

资料来源:刘峰,赵强,李佳怡.税费征管现代化服务中国式现代化的思考[J].税务研究,2023(4):29—35.

第五节 税款征收

一、税款征收方式

税款征收方式是指税务机关根据各税种的不同特点、征纳双方的具体条件而确定的计算征收税款的方法和形式。税款征收方式主要有以下几种:

(一)查账征收

查账征收是指由税务机关在规定的期限内,依法对纳税主体报送的纳税申报表和有关财务报表、资料等进行审核,填开税收缴款书,并由纳税人自行缴纳税款的征收方式。这种方式一般适用于财务会计制度健全、能够认真履行纳税义务的纳税人。

(二)查定征收

查定征收是指税务机关根据纳税人的从业人员、生产设备、耗用原材料等情况,对其产制的应税产品查实核定产量、销售额并据以征收税款的方式。这种方式一般适用于生产规模较小、账册不够健全,但是能够控制原材料或进销货的纳税人。

(三)查验征收

查验征收是指税务机关到纳税人的生产经营场所进行实地查验,通过查验数量来确定其真实的计税依据和应纳税额,并由纳税人据此缴纳税款的方式。这种方式一般适用于财务会计制度不够健全,经营品种比较单一,经营地点、生产周期不固定或临时经营的纳税人。

(四)定期定额征收

定期定额征收是指税务机关通过典型调查,逐户确定营业额和所得额,根据纳税人生产经营等方面的具体情况,定期对纳税人的应纳税额予以核定,并定期进行相关税种合并征收的一种征税方式。这种方式一般适用于账册不健全或暂缓建账,其生产经营收入难以查实的个体工商户。

(五)委托代征

委托代征税款是指税务机关根据《中华人民共和国税收征收管理法实施细则》中有利于税收管控和方便纳税的要求,按照双方自愿、简便征收、强化管理、依法委托的原则和国家有关规定,委托有关单位和人员代征零星、分散和异地缴纳的税款的行为。这种方式一般适用于征收零星、分散税源和异地缴纳的税款。

税务机关不得将法律、行政法规已确定的代扣代缴、代收代缴税款委托他人代征,代征人不得将其受托代征税款事项再行委托其他单位、组织或人员办理。

因代征人责任而未征或少征税款的,税务机关应向纳税人追缴税款,并可按"委托代征协议书"的约定向代征人按日加收未征、少征税款数5‰的违约金;但代征人将纳税人拒绝缴纳等情况自纳税人拒绝之时起24小时内报告税务机关的除外。代征人违规多征税款的,由税务机关承担相应的法律责任,并责令代征人立即退还;税款已入库的,由税务机关按规定办理退库手续。代征人违规多征税款致使纳税人合法权益受到损害的,由税务机关赔偿,税务机关拥有事后向代征人追偿的权利。

代征人未按规定期限解缴税款的,由税务机关责令限期解缴,并可从税款滞纳之日起按日加收未解缴税款数5‰的违约金。

(六)邮寄纳税

邮寄纳税是一种新的纳税方式。这种方式主要适用于那些有能力按期纳税,但采用其他方式纳税不方便的纳税人。

(七)其他方式

其他税款缴纳方式包括利用网络申报、用IC卡纳税等。

二、税款征收制度

(一)代扣代缴、代收代缴税款制度

扣缴义务人依照法律、行政法规的规定履行代扣代收税款的义务。对法律、行政法规没有规定负有代扣代收税款义务的单位和个人,税务机关不得要求其履行代扣代收税款义务。

税法规定的扣缴义务人必须依法履行代扣代收税款义务,如果不履行义务,就要承担法律责任,除按《税收征收管理法》及其实施细则的规定给予处罚外,还应当责成扣缴义务人限期补扣或补收应扣未扣、应收未收的税款。

扣缴义务人依法履行代扣代收税款义务时,纳税人不得拒绝;纳税人拒绝的,扣缴义务人应当及时报告主管税务机关进行处理。不及时向主管税务机关报告的,扣缴义务人应承担应扣未扣、应收未收税款的责任。

扣缴义务人代扣代收税款,只限于法律、行政法规规定的范围,并依照法律、行政法规规定的征收标准执行。对法律、行政法规没有规定代扣代收的,扣缴义务人不能超越范围代扣代收税款,也不得提高或降低标准代扣代收税款。

税务机关按照规定付给扣缴义务人代扣代收手续费。

(二)延期缴纳税款制度

纳税人、扣缴义务人按照法律、行政法规的规定或者税务机关依照法律、行政法规的规定确定的期限缴纳或者解缴税款。

纳税人因有特殊困难,不能按期缴纳税款的,经省、自治区、直辖市税务局批准,可以延期缴纳税款,但是最长不得超过3个月。

纳税人有下列情形之一的,属于有特殊困难:(1)因不可抗力导致纳税人发生较大损失,正常生产经营活动受到较大影响的;(2)当期货币资金在扣除应付职工工资、社会保险费后,不足以缴纳税款的。

纳税人需要延期缴纳税款的,应当在缴纳税款期限届满前提出申请,并报送下列材料:申请延期缴纳税款报告、当期货币资金余额情况及所有银行存款账户的对账单、资产负债表、应付职工工资和社会保险费等税务机关要求提供的支出预算。

(三)税收滞纳金征收制度

纳税人未按照规定期限缴纳税款的,扣缴义务人未按照规定期限解缴税款的,税务机关除责令限期缴纳外,从滞纳税款之日起,按日加收滞纳税款 5‰ 的滞纳金。

税务机关应当自收到申请延期缴纳税款报告之日起 20 日内做出批准或者不予批准的决定;不予批准的,从缴纳税款期限届满之日起加收滞纳金。

加收滞纳金的起止时间为法律、行政法规规定或者税务机关依照法律、行政法规的规定确定的税款缴纳期限届满次日起至纳税人、扣缴义务人实际缴纳或者解缴税款之日。

(四)税额核定制度

纳税人有下列情形之一的,税务机关有权核定其应纳税额:(1)依照法律、行政法规的规定可以不设置账簿的;(2)依照法律、行政法规的规定应当设置账簿但未设置的;(3)擅自销毁账簿或者拒不提供纳税资料的;(4)虽设置账簿,但账目混乱或者成本资料、收入凭证、费用凭证残缺不全,难以查账的;(5)发生纳税义务,未按照规定的期限办理纳税申报,经税务机关责令限期申报,逾期仍不申报的;(6)纳税人申报的计税依据明显偏低,又无正当理由的。

对未按照规定办理税务登记的从事生产经营的纳税人以及临时从事经营的纳税人,由税务机关核定其应纳税额,责令缴纳。

税务机关核定税额的方法主要有以下四种：(1)参照当地同类行业或者类似行业中，经营规模和收入水平相近的纳税人的收入额和利润率核定；(2)按照营业收入或者成本加合理费用和利润的方法核定；(3)按照耗用的原材料、燃料、动力等推算或者测算核定；(4)按照其他合理的方法核定。

采用以上一种方法不足以正确核定应纳税额时，可以同时采用两种以上的方法核定。

纳税人对税务机关采取规定的方法核定的应纳税额有异议的，应当提供相关证据，经税务机关认定后，调整应纳税额。

(五)税收调整制度

税收调整制度主要是指关联企业的税收调整制度。《税收征收管理法》规定，企业或者外国企业在中国境内设立的从事生产经营的机构、场所与其关联企业之间的业务往来，应当按照独立企业之间的业务往来收取或者支付价款、费用；不按照独立企业之间的业务往来收取或者支付价款、费用而减少其应纳税的收入或者所得额的，税务机关有权进行合理调整。

所称"关联企业"，是指有下列关系之一的公司、企业和其他经济组织：(1)在资金、经营、购销等方面存在直接或者间接的拥有或者控制关系；(2)直接或者间接地同为第三者所拥有或者控制；(3)在利益上具有相关联的其他关系。

纳税人与其关联企业之间的业务往来有下列情形之一的，税务机关可以调整其应纳税额：(1)购销业务未按照独立企业之间的业务往来作价；(2)融通资金所支付或者收取的利息超过或者低于没有关联关系的企业之间所能同意的数额，或者利率超过或者低于同类业务的正常利率；(3)提供劳务，未按照独立企业之间的业务往来收取或者支付劳务费用；(4)转让财产、提供财产使用权等业务往来未按照独立企业之间的业务往来作价或者收取、支付费用；(5)未按照独立企业之间业务往来作价的其他情形。

纳税人有上述所列情形之一的，税务机关可以按照下列方法调整计税收入或者所得额：(1)按照独立企业之间相同或者类似业务活动的价格；(2)按照再销售给无关联关系的第三者的价格所应取得的收入和利润水平；(3)按照成本加合理的费用和利润；(4)按照其他合理的方法。

按照规定，纳税人与其关联企业未按照独立企业之间的业务往来支付价款、费用的，税务机关自该业务往来发生的纳税年度起3年内进行调整；有特殊情况的，可以自该业务往来发生的纳税年度起10年内进行调整。

(六)税收扣押制度

对未按照规定办理税务登记的从事生产经营的纳税人以及临时从事经营的纳税人，由税务机关核定其应纳税额，责令缴纳；不缴纳的，税务机关可以扣押其价值相当于应纳税款的商品、货物。扣押后缴纳应纳税款的，税务机关必须立即解除扣押，并归还所扣押的商品、货物；扣押后仍不缴纳应纳税款的，经县以上税务局(分局)局长批准，依法拍卖或者变卖所扣押的商品、货物，以拍卖或者变卖所得抵缴税款。

税务机关依照规定，扣押纳税人商品、货物的，纳税人应当自扣押之日起15日内缴纳税款。对扣押的鲜活、易腐烂变质或者易失效的商品、货物，税务机关根据被扣押物品的保质期，可以缩短规定的扣押期限。

(七)纳税担保和税收保全制度

税务机关有根据认为从事生产经营的纳税人有逃避纳税义务的行为的,可以在规定的纳税期之前,责令其限期缴纳应纳税款;在限期内发现纳税人有明显的转移、隐匿其应纳税的商品、货物以及其他财产或者应纳税的收入的迹象的,税务机关可以责成纳税人提供纳税担保。如果纳税人不能提供纳税担保,则经县以上税务局(分局)局长批准,税务机关可以采取税收保全措施。

1. 纳税担保

纳税担保是指经税务机关认可的纳税保证人为纳税人提供的纳税保证,以及纳税人或者第三人以其未设置或者未全部设置担保物权的财产提供的担保。

纳税保证人是指在中国境内具有纳税担保能力的自然人、法人或者其他经济组织。法律、行政法规规定的没有担保资格的单位和个人,不得作为纳税担保人。

纳税担保人同意为纳税人提供纳税担保的,应当填写纳税担保书,写明担保对象、担保范围、担保期限、担保责任以及其他有关事项。担保书须经纳税人、纳税担保人签字盖章并经税务机关同意,方有效。

纳税人或者第三人以其财产提供纳税担保的,应当填写财产清单,并写明财产价值以及其他有关事项。纳税担保财产清单须经纳税人、第三人签字盖章并经税务机关确认,方有效。

2. 税收保全措施

税收保全措施是指税务机关对可能由于纳税人的行为或者某种客观原因,致使以后税款的征收不能保证或者难以保证而采取限制纳税人处理或转移商品、货物或其他财产的措施。按照规定,税务机关可以采取以下税收保全措施:(1)书面通知纳税人的开户银行或者其他金融机构冻结纳税人的金额相当于应纳税款的存款;(2)扣押、查封纳税人的价值相当于应纳税额的商品、货物或者其他财产。其他财产,包括纳税人的房地产、现金、有价证券等不动产和动产。

纳税人在税务机关采取税收保全措施后,按照税务机关规定的期限缴纳税款的,税务机关应当自收到税款或者银行转回的完税凭证之日起1日内解除税收保全措施;限期期满仍未缴纳税款的,经县以上税务局(分局)局长批准,税务机关可以书面通知纳税人的开户银行或者其他金融机构从其冻结的存款中扣缴税款,或者依法拍卖或者变卖所扣押、查封的商品、货物或者其他财产,以拍卖或者变卖所得抵缴税款。

税务机关采取税收保全措施的期限一般不得超过6个月;重大案件需要延长的,应当报国家税务总局批准。

税务机关滥用职权违法采取税收保全措施,或者采取税收保全措施不当,以及纳税人在限期内已缴纳税款,税务机关未立即解除税收保全措施,使纳税人的合法利益遭受损失的,税务机关应当承担赔偿责任。

税务机关将扣押、查封的商品、货物或者其他财产变价抵缴税款时,应当交由依法成立的拍卖机构拍卖;无法委托拍卖或者不适于拍卖的,可以交由当地商业企业代为销售,也可以责令纳税人限期处理;无法委托商业企业销售,纳税人也无法处理的,可以由税务机关变价处理,具体办法由国家税务总局规定。禁止自由买卖的商品,应当交由有关单位按照国家规定的价格收购。

拍卖或者变卖所得抵缴税款、滞纳金、罚款以及拍卖、变卖等费用后,剩余部分应当在3日内退还被执行人。

个人及其所扶养家属维持生活必需的住房和用品,不在税收保全措施的范围之内。个人所扶养家属,是指与纳税人共同居住生活的配偶、直系亲属以及无生活来源并由纳税人扶养的其他亲属。生活必需的住房和用品不包括机动车辆、金银饰品、古玩字画、豪华住宅或者一处以外的住房。

税务机关对单价5 000元以下的其他生活用品,不采取税收保全措施和强制执行措施。

(八)税收强制执行制度

税收强制执行是指当事人不履行税收法律、行政法规规定的义务,税务机关采用法定的强制手段,强迫当事人履行义务的措施。

从事生产经营的纳税人、扣缴义务人未按照规定的期限缴纳或者解缴税款,纳税担保人未按照规定的期限缴纳所担保的税款,由税务机关责令限期缴纳,逾期仍未缴纳的,经县以上税务局(分局)局长批准,税务机关可以采取下列强制执行措施:(1)书面通知其开户银行或者其他金融机构从其存款中扣缴税款;(2)扣押、查封、依法拍卖或者变卖其价值相当于应纳税款的商品、货物或者其他财产,以拍卖或者变卖所得抵缴税款。

税务机关采取强制执行措施时,对纳税人、扣缴义务人、纳税担保人未缴纳的滞纳金同时强制执行。

个人及其所扶养家属维持生活必需的住房和用品,不在强制执行措施的范围之内。

采取税收强制执行措施的权力,不得由法定的税务机关以外的单位和个人行使。

税务机关采取税收强制执行措施,必须依照法定权限和法定程序,不得查封、扣押纳税人个人及其家属维持生活必需的住房和用品。

税务机关滥用职权违法采取税收强制执行措施,或者采取税收强制执行措施不当,使纳税人、扣缴义务人或者纳税担保人的合法权益遭受损害的,应当依法承担赔偿责任。

税务机关扣押商品、货物或者其他财产时,必须开付收据;查封商品、货物或者其他财产时,必须开付清单。

(九)欠税清缴制度

欠税是指纳税人未按照规定期限缴纳税款、扣缴义务人未按照规定期限解缴税款的行为。

1.阻止出境规定

欠缴税款的纳税人或者其法定代表人需要出境的,应当在出境前向税务机关结清应纳税款、滞纳金或者提供担保;未结清税款、滞纳金,又不提供担保的,税务机关可以通知出境管理机关阻止其出境。

2.连带履行义务规定

纳税人有合并、分立情形的,应当向税务机关报告,并依法缴清税款。纳税人合并时未缴清税款的,应当由合并后的纳税人继续履行未履行的纳税义务;纳税人分立时未缴清税款的,分立后的纳税人对未履行的纳税义务应当承担连带责任。

3.大额欠税处分财产报告制度

欠缴税款数额在 5 万元以上的纳税人,在处分其不动产或者大额资产之前,应当向税务机关报告。

4.行使代位权和撤销权

欠缴税款的纳税人因怠于行使到期债权,或者放弃到期债权,或者无偿转让财产,或者以明显不合理的低价转让财产,受让人知道该情形,对国家税收造成损害的,税务机关可以依照合同法律的规定行使代位权、撤销权。

税务机关依照规定行使代位权、撤销权的,不免除欠缴税款的纳税人尚未履行的纳税义务和应承担的法律责任。

5.欠税公告制度

县级以上各级税务机关应当将纳税人的欠税情况在办税场所或者广播、电视、报纸、期刊、网络等新闻媒体上定期公告。

6.限期缴税时限

从事生产经营的纳税人、扣缴义务人未按照规定的期限缴纳或者解缴税款的,纳税担保人未按照规定的期限缴纳所担保的税款的,由税务机关发出限期缴纳税款通知书,责令缴纳或者解缴税款的最长期限不得超过 15 日。

(十)税款退还和追征制度

1.税款退还

纳税人超过应纳税额缴纳的税款,税务机关发现后应当立即退还;纳税人自结算缴纳税款之日起 3 年内发现的,可以向税务机关要求退还多缴的税款并加算银行同期存款利息,税务机关及时查实后应当立即退还;涉及从国库中退库的,依照法律、行政法规有关国库管理的规定退还。

加算银行同期存款利息的多缴税款退税,不包括依法预缴税款形成的结算退税、出口退税和各种减免退税。

退税利息按照税务机关办理退税手续当天中国人民银行规定的活期存款利率计算。

税务机关发现纳税人多缴税款的,应当自发现之日起 10 日内办理退还手续;纳税人发现多缴税款,要求退还的,税务机关应当自接到纳税人的退还申请之日起 30 日内查实并办理退还手续。

2.税款追征

因税务机关的责任,致使纳税人、扣缴义务人未缴或者少缴税款的,税务机关在 3 年内可以要求纳税人、扣缴义务人补缴税款,但是不得加收滞纳金。

因纳税人、扣缴义务人计算错误等失误,未缴或者少缴税款的,税务机关在 3 年内可以追征税款、滞纳金;对纳税人或者扣缴义务人因计算错误等失误,未缴或者少缴、未扣或者少扣、未收或者少收税款,累计数额在 10 万元以上的,追征期可以延长到 5 年。

对逃避缴纳税款、抗税、骗税的,税务机关追征其未缴或者少缴的税款、滞纳金或者所骗取的税款,不受上述期限的限制。

(十一)税款入库制度

税务局应当按照国家规定的税收征收管理范围和税款入库预算级次,将征收的税款缴入国库。

审计机关、财政机关依法进行审计、检查时,对税务机关的税收违法行为做出的决定,税务机关应当执行;发现被审计、检查单位有税收违法行为的,向被审计、检查单位下达决定、意见书,责成被审计、检查单位向税务机关缴纳应当缴纳的税款、滞纳金。税务机关应当根据有关机关的决定、意见书,依照税收法律、行政法规的规定,将应收的税款、滞纳金按照国家规定的税收征收管理范围和税款入库预算级次缴入国库。

税务机关应当自收到审计机关、财政机关的决定、意见书之日起30日内将执行情况书面回复审计机关、财政机关。

有关机关不得将其履行职责过程中发现的税款、滞纳金自行征收入库或者以其他款项的名义自行处理、占压。

第六节 税收法律责任

税收法律责任是指税收法律关系主体因违反税法义务、实施税收违法行为所应承担的法律后果。在税收法律关系中,违法主体所需承担的责任主要是税收行政法律责任和税收刑事法律责任。

一、税收行政法律责任

税收行政法律责任是指税收法律关系主体违反税收法律规定,尚不构成犯罪的,由税务机关依行政程序所给予的税收行政制裁。

(一)纳税人的行政法律责任

1.纳税人违反税收管理行为的法律责任

(1)纳税人有下列行为之一的,由税务机关责令其限期改正,可以处2 000元以下的罚款;情节严重的,处2 000元以上1万元以下的罚款:①未按照规定的期限申报办理税务登记、变更或者注销登记的;②未按照规定设置、保管账簿或者未按照规定保管记账凭证和有关资料的;③未按照规定将财务会计制度或者财务会计处理办法和会计核算软件报税务机关备查的;④未按照规定将其全部银行账号向税务机关报告的;⑤未按照规定安装、使用税控装置,损毁或者擅自改动税控装置的。

(2)纳税人不办理税务登记的,由税务机关责令其限期改正;逾期不改正的,经税务机关提请,由工商行政管理机关吊销其营业执照。

(3)纳税人未按照规定使用税务登记证件,或者转借、涂改、损毁、买卖、伪造税务登记证件的,处2 000元以上1万元以下的罚款;情节严重的,处1万元以上5万元以下的罚款。

(4)纳税人未按照规定办理税务登记证件验证或者换证手续的,由税务机关责令限期改正,可以处2 000元以下的罚款;情节严重的,处2 000元以上1万元以下的罚款。

(5)非法印制、转借、倒卖、变造或者伪造完税凭证的,由税务机关责令改正,处2 000元以上1万元以下的罚款;情节严重的,处1万元以上5万元以下的罚款;构成犯罪的,依法追究刑事责任。

（6）扣缴义务人未按照规定设置、保管代扣代缴、代收代缴税款账簿或者未按照规定保管代扣代缴、代收代缴税款记账凭证及有关资料的，由税务机关责令其限期改正，可以处2 000元以下的罚款；情节严重的，处2 000元以上5 000元以下的罚款。

（7）纳税人、扣缴义务人在规定期限内不缴或者少缴应纳或者应解缴的税款，经税务机关责令限期缴纳，逾期仍未缴纳的，税务机关除依照规定采取强制执行措施追缴其不缴或者少缴的税款外，可以处不缴或者少缴税款50%以上5倍以下的罚款。

（8）纳税人拒绝代扣代收税款的，扣缴义务人应当向税务机关报告，由税务机关直接向纳税人追缴税款、滞纳金；纳税人拒不缴纳的，可以处不缴税款50%以上5倍以下的罚款。

（9）纳税人、扣缴义务人有下列情形之一的，由税务机关责令改正，可以处1万元以下的罚款；情节严重的，处1万元以上5万元以下的罚款：①提供虚假资料，不如实反映情况，或者拒绝提供有关资料的；②拒绝或者阻止税务机关记录、录音、录像、照相和复制与案件有关的情况和资料的；③在检查期间，纳税人、扣缴义务人转移、隐匿、销毁有关资料的；④有不依法接受税务检查的其他情形的。

2.纳税人违反纳税申报规定行为的法律责任

纳税人未按照规定的期限办理纳税申报和报送纳税资料的，或者扣缴义务人未按照规定的期限向税务机关报送代扣代缴、代收代缴税款报告表和有关资料的，由税务机关责令其限期改正，可以处2 000元以下的罚款；情节严重的，可以处2 000元以上1万元以下的罚款。

扣缴义务人应扣未扣、应收而不收税款的，由税务机关向纳税人追缴税款，对扣缴义务人处应扣未扣、应收未收税款50%以上3倍以下的罚款。

3.纳税人逃避缴纳税款行为的法律责任

纳税人伪造、变造、隐匿、擅自销毁账簿、记账凭证，或者在账簿上多列支出或者不列、少列收入，或者经税务机关通知申报而拒不申报，或者进行虚假的纳税申报，不缴或者少缴应纳税款的，属于逃避缴纳税款。对纳税人逃避缴纳税款的，由税务机关追缴其不缴或者少缴的税款、滞纳金，并处不缴或者少缴税款50%以上5倍以下的罚款；构成犯罪的，依法追究刑事责任。

扣缴义务人采取上述手段，不缴或者少缴已扣、已收税款，由税务机关追缴其不缴或者少缴的税款、滞纳金，并处不缴或者少缴税款50%以上5倍以下的罚款；构成犯罪的，依法追究刑事责任。

纳税人、扣缴义务人编造虚假计税依据的，由税务机关责令其限期改正，并处5万元以下的罚款。

纳税人不进行纳税申报，不缴或者少缴应纳税款的，由税务机关追缴其不缴或者少缴的税款、滞纳金，并处不缴或者少缴税款50%以上5倍以下的罚款。

4.纳税人逃避追缴欠税行为的法律责任

纳税人欠缴应纳税款，采取转移或者隐匿财产的手段，妨碍税务机关追缴欠缴的税款的，由税务机关追缴欠缴的税款、滞纳金，并处欠缴税款50%以上5倍以下的罚款；构成犯罪的，依法追究刑事责任。

5.纳税人骗取出口退税行为的法律责任

以假报出口或者其他欺骗手段,骗取国家出口退税款的,由税务机关追缴其骗取的退税款,并处骗取退税款1倍以上5倍以下的罚款;构成犯罪的,依法追究刑事责任。

对骗取国家出口退税款的,税务机关可以在规定期间内停止为其办理出口退税。

6.纳税人抗税行为的法律责任

以暴力、威胁方法拒不缴纳税款的,属于抗税行为,除由税务机关追缴其拒缴的税款、滞纳金外,还应依法追究其刑事责任;情节轻微、未构成犯罪的,由税务机关追缴其拒缴的税款、滞纳金,并处拒缴税款1倍以上5倍以下的罚款。

纳税人、扣缴义务人逃避、拒绝或者以其他方式阻挠税务机关检查的,由税务机关责令改正,并处1万元以下的罚款;情节严重的,处1万元以上5万元以下的罚款。

7.纳税人非法印制发票行为的法律责任

对纳税人非法印制发票,由税务机关销毁非法印制的发票,没收违法所得和作案工具,并处1万元以上5万元以下的罚款;构成犯罪的,依法追究刑事责任。

(二)税务代理人的行政法律责任

税务代理人违反税收法律、行政法规,造成纳税人未缴或者少缴税款的,除由纳税人缴纳或者补缴应纳税款、滞纳金外,对税务代理人处纳税人未缴或者少缴税款50%以上3倍以下的罚款。

(三)其他当事人的行政法律责任

1.税务机关依照《税收征收管理法》的规定,到车站、码头、机场、邮政企业及其分支机构检查纳税人有关情况时,有关单位拒绝的,由税务机关责令改正,可以处1万元以下的罚款;情节严重的,处1万元以上5万元以下的罚款。

2.纳税人、扣缴义务人的开户银行或者其他金融机构拒绝接受税务机关依法检查纳税人、扣缴义务人存款账户,或者拒绝执行税务机关做出的冻结存款或者扣缴税款的决定,或者在接到税务机关的书面通知后帮助纳税人、扣缴义务人转移存款,造成税款流失的,由税务机关处10万元以上50万元以下的罚款,对直接负责的主管人员和其他直接责任人员处1 000元以上1万元以下的罚款。

3.银行和其他金融机构未依照《税收征收管理法》的规定在从事生产经营的纳税人的账户中登录税务登记证件号码,或者未按规定在税务登记证件中登录从事生产经营的纳税人的账户账号的,由税务机关责令其限期改正,处2 000元以上2万元以下的罚款;情节严重的,处2万元以上5万元以下的罚款。

4.为纳税人、扣缴义务人非法提供银行账户、发票、证明或者其他方便,导致未缴、少缴税款或者骗取国家出口退税款的,税务机关除没收其违法所得外,可以处未缴、少缴或者骗取税款1倍以下的罚款。

5.税务人员在征收税款或者查处税收违法案件时,未按照规定进行回避的,对直接负责的主管人员和其他直接责任人员依法给予行政处分。

6.未按照规定为纳税人、扣缴义务人、检举人保密的,对直接负责的主管人员和其他直接责任人员,由所在单位或者有关单位依法给予行政处分。

(四)税务人员的行政法律责任

1. 税务人员与纳税人、扣缴义务人勾结,唆使或者协助纳税人、扣缴义务人实施《税收征收管理法》第六十三条、第六十五条、第六十六条规定的行为,构成犯罪的,依法追究刑事责任;尚不构成犯罪的,依法给予行政处分。

2. 税务人员私分扣押、查封的商品、货物或者其他财产,情节严重,构成犯罪的,依法追究刑事责任;尚不构成犯罪的,依法给予行政处分。

3. 税务人员利用职务上的便利,收受或者索取纳税人、扣缴义务人财物或者谋取其他不正当利益,构成犯罪的,依法追究刑事责任;尚不构成犯罪的,依法给予行政处分。

4. 税务人员徇私舞弊或者玩忽职守,不征或者少征应征税款,致使国家税收遭受重大损失,构成犯罪的,依法追究刑事责任;尚不构成犯罪的,依法给予行政处分。

税务人员滥用职权,故意刁难纳税人、扣缴义务人的,调离税收工作岗位,并依法给予行政处分。

税务人员对控告、检举税收违法违纪行为的纳税人、扣缴义务人以及其他检举人进行打击报复的,依法给予行政处分;构成犯罪的,依法追究刑事责任。

5. 违反法律、行政法规的规定提前征收、延缓征收或者摊派税款的,由其上级机关或者行政监察机关责令改正,对直接负责的主管人员和其他直接责任人员依法给予行政处分。

6. 违反法律、行政法规的规定,擅自做出税收的开征、停征或者减税、免税、退税、补税以及其他与税收法律、行政法规相抵触的决定的,除依照《税收征收管理法》的规定撤销其擅自做出的决定外,补征应征未征税款,退还不应征收而征收的税款,并由上级机关追究直接负责的主管人员和其他直接责任人员的行政责任;构成犯罪的,依法追究刑事责任。

二、税收刑事法律责任

税收刑事法律责任是指税收主体违反税收法律规定,情节严重,构成犯罪的,由国家司法机关对其进行的刑事制裁。

(一)逃避缴纳税款罪

逃避缴纳税款罪,是指纳税义务人、扣缴义务人故意违反税收法规,采取欺骗、隐瞒手段,虚假纳税申报或不申报而逃避缴纳税款,不缴或少缴已扣、已收税款,数额较大且情节严重的行为。

逃避缴纳税款,逃税数额较大且占应纳税额10%以上的,处3年以下有期徒刑或拘役,并处罚金;数额巨大并且占应纳税额30%以上的,处3年以上7年以下有期徒刑,并处罚金。单位犯逃避缴纳税款罪的,双罚。在执行罚金、没收财产刑罚之前,先追缴税款和骗取的出口退税款。

有逃避缴纳税款行为,经下达追缴通知后,补缴应纳税款,缴纳滞纳金,已受行政处罚的,不追究刑事责任;但5年内因逃避缴纳税款受过刑事处罚或被税务机关给予两次以上行政处罚的除外。

(二)抗税罪

抗税罪,是指纳税义务人、扣缴义务人以暴力、威胁手段拒不缴纳税款的行为。其构成特征如下:(1)侵犯的客体是复杂客体,即国家的税收管理制度和执行征税职务活动的税务人员的人身权利;(2)客观方面表现为违反税收法规,以暴力、威胁方法拒不缴纳税款的行为;(3)本罪的主体为特殊主体,负有纳税义务和扣缴税款义务的人;(4)主观方面为直接故意。

逃避缴纳税款罪与抗税罪的区别有以下几点:一是主体不同,逃避缴纳税款罪的主体为个人和单位,而抗税罪的主体为个人;二是侵犯客体不同,逃避缴纳税款罪侵犯的是国家税收管理秩序,而抗税罪侵犯的是复杂客体,既侵犯了国家税收管理秩序,又侵犯了他人的人身权利;三是客观表现不同,逃避缴纳税款罪表现为采取虚假手段,欺骗税务机关,使税务机关认为税款已全部缴纳,抗税罪则是在税务机关向其依法征税时使用暴力、威胁手段拒不缴纳税款。

抗税罪处3年以下有期徒刑或者拘役,并处拒缴税款1倍以上5倍以下罚金;情节严重的,处3年以上7年以下有期徒刑,并处拒缴税款1倍以上5倍以下罚金。以暴力手段抗税,致人重伤或者死亡,构成伤害罪或杀人罪的,依法律规定,应择一重罪处罚。

(三)逃避追缴欠税款罪

逃避追缴欠税款罪,是指纳税人故意违反税收法规,欠缴应纳税款,并采取转移或者隐匿财产的手段,致使税务机关无法追缴税款,数额较大的行为。

逃避追缴欠税款罪与逃避缴纳税款罪的区分:逃避缴纳税款罪是指纳税人采取非法手段,向税务机关隐匿其应纳税数额,使税务机关不知其应纳税额;逃避追缴欠税款罪则是纳税人欠缴税款已被税务机关掌握,纳税人也承认,但隐瞒其纳税能力,并转移、隐匿财产,致使税务机关客观上无法追缴其所欠税款。

逃避追缴欠税款使税务机关无法追缴欠缴的税款,数额在1万元以上不满10万元的,处3年以下有期徒刑或者拘役,并处或单处欠缴税款1倍以上5倍以下罚金;数额在10万元以上的,处3年以上7年以下有期徒刑,并处欠缴税款1倍以上5倍以下罚金。单位犯逃避追缴欠税款罪的,对单位判处罚金,并对其直接负责的主管人员和其他直接责任人员依照上述规定处罚。被判处罚金的,在执行前,应当先由税务机关追缴税款。

(四)骗取出口退税罪

骗取出口退税罪,是指故意违反税收法规,采取假报出口或者其他欺骗手段,骗取国家出口退税款,数额较大的行为。

以假报出口或者其他欺骗手段,骗取国家出口退税款,数额较大的,处5年以下有期徒刑或者拘役,并处骗取税款1倍以上5倍以下罚金;数额巨大或者有其他严重情节的,处5年以上10年以下有期徒刑,并处骗取税款1倍以上5倍以下罚金;数额特别巨大或者有其他特别严重情节的,处10年以上有期徒刑或者无期徒刑,并处骗取税款1倍以上5倍以下罚金或者没收财产。

纳税人缴纳税款后,采取上述欺骗方法,骗取所缴纳的税款的,依逃避缴纳税款罪处罚,骗取税款超过所缴纳税款的部分,依照本罪的规定处罚。

单位犯骗取出口退税罪的,对单位判处罚金,并对其直接负责的主管人员和其他直接责任人员,依照上述规定处罚。

被判处罚金、没收财产的,在执行前,应当先由税务机关追缴其所骗取的出口退税款。

(五)虚开增值税专用发票罪

虚开增值税专用发票构成虚开增值税专用发票罪。虚开增值税专用发票的具体行为方式有以下四种:

1. 为他人虚开增值税专用发票

为他人虚开增值税专用发票,是指合法拥有增值税专用发票的单位或者个人,明知他人没有货物购销或者没有提供或接受应税劳务而为其开具增值税专用发票,或者即使有货物购销或者提供了应税劳务但为其开具数量或者金额不实的增值税专用发票或用于骗取出口退税、抵扣税款的其他发票的行为。

2. 为自己虚开增值税专用发票

为自己虚开增值税专用发票,是指合法拥有增值税专用发票的单位和个人,在本身没有货物购销或者没有提供或接受应税劳务的情况下为自己开具增值税专用发票,或者即使有货物购销或者提供或接受应税劳务但为自己开具数量或者金额不实的增值税专用发票的行为。

3. 让他人为自己虚开增值税专用发票

让他人为自己虚开增值税专用发票,是指没有货物购销或者没有提供或接受应税劳务的单位或者个人要求合法拥有增值税专用发票的单位或者个人为其开具增值税专用发票,或者即使有货物购销或者提供或接受了应税劳务但要求他人开具数量或者金额不实的增值税专用发票,或者进行了实际经营活动但让他人为自己代开增值税专用发票的行为。

4. 介绍他人虚开增值税专用发票

介绍他人虚开增值税专用发票,是指在合法拥有增值税专用发票的单位或者个人与要求虚开增值税专用发票的单位或者个人之间沟通联系、牵线搭桥的行为。

虚开的税款数额在5万元以上的,以虚开增值税专用发票罪处3年以下有期徒刑或者拘役,并处2万元以上20万元以下罚金;虚开的税款数额在50万元以上或者有其他严重情节的,处3年以上10年以下有期徒刑,并处5万元以上50万元以下罚金;虚开的税款数额在250万元以上或者有其他特别严重情节的,处10年以上有期徒刑或者无期徒刑,并处5万元以上50万元以下罚金或者没收财产。

虚开增值税专用发票罪的主体包括个人和单位,除行为人为自己虚开增值税专用发票外,为他人虚开、让他人为自己虚开、介绍他人虚开增值税专用发票的犯罪主体是二人以上共同犯罪。

单位犯虚开增值税专用发票罪的,对单位判处罚金,并对其直接负责的主管人员和其他直接责任人员处3年以下有期徒刑或者拘役;虚开的税款数额较大或者有其他严重情节的,处3年以上10年以下有期徒刑;虚开的税款数额巨大或者有其他特别严重情节的,处10年以上有期徒刑或者无期徒刑。

虚开用于骗取出口退税、抵扣税款的其他发票的,构成虚开增值税专用发票罪,依照上述规定进行处罚。

(六)伪造、出售伪造的增值税专用发票罪

伪造、出售伪造的增值税专用发票罪,是指个人或单位违反国家发票管理法规,伪造、出售伪造的增值税专用发票的行为。

伪造或者出售伪造的增值税专用发票,处 3 年以下有期徒刑、拘役或者管制,并处 2 万元以上 20 万元以下罚金;数额较大或者有其他严重情节的,处 3 年以上 10 年以下有期徒刑,并处 5 万元以上 50 万元以下罚金;数额巨大或者有其他特别严重情节的,处 10 年以上有期徒刑或者无期徒刑,并处 5 万元以上 50 万元以下罚金或者没收财产;伪造并出售伪造的增值税专用发票,数额特别巨大,情节特别严重,严重破坏经济秩序的,处无期徒刑,并没收财产。

单位犯伪造、出售伪造的增值税专用发票罪的,对单位判处罚金,并对其直接负责的主管人员和其他直接责任人员处 3 年以下有期徒刑、拘役或者管制;数额较大或者有其他严重情节的,处 3 年以上 10 年以下有期徒刑;数额巨大或者有其他特别严重情节的,处 10 年以上有期徒刑或者无期徒刑。

变造增值税专用发票的,按照伪造增值税专用发票行为处理。

(七)非法出售增值税专用发票罪

非法出售增值税专用发票罪,是指违反国家发票管理法规,非法出售增值税专用发票的行为。

非法出售增值税专用发票,处 3 年以下有期徒刑、拘役或者管制,并处 2 万元以上 20 万元以下罚金;数额较大的,处 3 年以上 10 年以下有期徒刑,并处 5 万元以上 50 万元以下罚金;数额巨大的,处 10 年以上有期徒刑或者无期徒刑,并处 5 万元以上 50 万元以下罚金或者没收财产。

单位犯非法出售增值税专用发票罪的,对单位判处罚金,并对其直接负责的主管人员和其他直接责任人员按上述规定处罚。

(八)非法购买增值税专用发票、购买伪造的增值税专用发票罪

非法购买增值税专用发票、购买伪造的增值税专用发票罪,是指违反发票管理法规,以支付一定价款的方式取得他人提供的增值税专用发票,或者取得他人提供的伪造的增值税专用发票的行为。

非法购买增值税专用发票或者购买伪造的增值税专用发票,处 5 年以下有期徒刑或者拘役,并处或者单处 2 万元以上 20 万元以下罚金。

单位犯非法购买增值税专用发票、购买伪造的增值税专用发票罪的,对单位判处罚金,并对其直接负责的主管人员和其他直接责任人员,依照上述规定处罚。

非法购买增值税专用发票或者购买伪造的增值税专用发票又虚开或者出售的,分别依虚开增值税专用发票罪,伪造、出售伪造的增值税专用发票罪,非法出售增值税专用发票罪的规定定罪处罚。

(九)非法制造、出售非法制造的用于骗取出口退税、抵扣税款发票罪

非法制造、出售非法制造的用于骗取出口退税、抵扣税款发票罪,是指伪造、擅自制造或者出售伪造、擅自制造的可以用于骗取出口退税、抵扣税款的发票的行为。

伪造、擅自制造或者出售伪造、擅自制造的可以用于骗取出口退税、抵扣税款的发票,处 3 年以下有期徒刑、拘役或者管制,并处 2 万元以上 20 万元以下罚金;数额巨大的,处 3 年以上 7 年以下有期徒刑,并处 5 万元以上 50 万元以下罚金;数额特别巨大的,处 7 年以上有期徒刑,并处 5 万元以上 50 万元以下罚金或者没收财产。

单位犯非法制造、出售非法制造的用于骗取出口退税、抵扣税款发票罪的,对单位判处罚金,并对其直接负责的主管人员和其他直接责任人员,依照上述规定处罚。

(十)非法制造、出售非法制造的发票罪

非法制造、出售非法制造的发票罪,是指伪造、擅自制造或者出售伪造、擅自制造的其他发票的行为。

伪造、擅自制造或者出售伪造、擅自制造的其他发票,处 2 年以下有期徒刑、拘役或者管制,并处或者单处 1 万元以上 5 万元以下罚金;情节严重的,处 2 年以上 7 年以下有期徒刑,并处 5 万元以上 50 万元以下罚金。

无权出售发票的人,违反有关发票管理法规,通过各种方式将发票提供给他人,并收取一定价款的,依上述规定处罚。

单位犯非法制造、出售非法制造的发票罪的,对单位判处罚金,并对其直接负责的主管人员和其他直接责任人员,依照上述规定处罚。

(十一)非法出售用于骗取出口退税、抵扣税款的其他发票罪

非法出售用于骗取出口退税、抵扣税款的其他发票罪,是指非法出售可以用于骗取出口退税、抵扣税款的增值税专用发票以外的其他发票的行为。

非法出售可以用于骗取出口退税、抵扣税款的其他发票,处 3 年以下有期徒刑、拘役或者管制,并处 2 万元以上 20 万元以下罚金;数额巨大的,处 3 年以上 7 年以下有期徒刑,并处 5 万元以上 50 万元以下罚金;数额特别巨大的,处 7 年以上有期徒刑,并处 5 万元以上 50 万元以下罚金或者没收财产。

单位犯非法出售用于骗取出口退税、抵扣税款的其他发票罪的,对单位判处罚金,并对其直接负责的主管人员和其他直接责任人员,依照上述规定处罚。

(十二)持有伪造的发票罪

持有伪造的发票罪,是指明知是伪造的发票而持有且数额较大的行为。

持有伪造的发票,处 2 年以下有期徒刑、拘役或者管制,并处罚金;数量巨大的,处 2 年以上 7 年以下有期徒刑,并处罚金。

单位犯持有伪造的发票罪的,对单位判处罚金,并对其直接负责的主管人员和其他直接责任人员,依照上述规定处罚。

另外,《中华人民共和国刑法》对税务机关工作人员职务犯罪做了规定。税务机关工作人员徇私舞弊,不征、少征税款,致使国家税收遭受重大损失的,处 5 年以下有期徒刑或者拘役;造成特别重大损失的,处 5 年以上有期徒刑。税务机关工作人员违反法律、行政法规的规定,在办理出售发票、抵扣税款、出口退税工作中,徇私舞弊,致使国家利益遭受重大损失的,处 5 年以下有期徒刑或者拘役;致使国家利益遭受特别重大损失的,处 5 年以上有期徒刑。

本章小结

税务登记是税务机关根据税法规定对纳税人的生产经营活动进行登记管理的一项基本制度,也是纳税人已经纳入税务机关监督管理的一项证明。税务登记对于纳税人依法纳税和

税务机关依法征税都有重要意义。《税收征收管理法》对税务登记的范围和种类做出了规定。

账簿、凭证是记录和反映纳税人经营活动的基本材料之一,也是税务机关对纳税人、扣缴义务人计征税款以及确认其是否正确履行纳税义务的重要依据。《税收征收管理法》对账簿设置的范围和发票的管理做出了规定。

纳税申报是指纳税人就计算缴纳税款的有关事项向税务机关提出书面报告,是税务管理的一项重要制度。它既是纳税人履行纳税义务的法定程序,又是税务机关核定应征税款和开具纳税凭证的主要依据。《税收征收管理法》对纳税申报的对象、内容、期限、方式做出了规定。

税款征收方式有查账征收、查定征收、查验征收、定期定额征收、委托代征、邮寄纳税等。

税款征收制度包括代扣代缴和代收代缴税款制度、延期缴纳税款制度、税收滞纳金征收制度、税额核定制度、税收调整制度、税收扣押制度、税收保全措施、税收强制执行措施、欠税清缴制度、税款的退还和追征制度、税款入库制度等。

税收法律责任是税收法律关系主体因违反税法义务、实施税收违法行为所应承担的不利法律后果。在税收法律关系中,违法主体所需承担的责任主要是税收行政法律责任和税收刑事法律责任。

复习思考题

1. 简述税务登记的种类。如何办理创业企业的设立登记?
2. 办理纳税申报应提供哪些文件资料?
3. 如何加强增值税专用发票的管理?
4. 税收征收的措施有哪些?
5. 简述税收保全措施和强制执行措施的基本内容。

第三章 创业:涉税优惠政策

本章导读

营造良好的创业环境,服务有梦想、有意愿、有能力的各类市场主体创业发展,是各级政府部门的重要责任。近年来,国家为鼓励创新创业出台了一系列税收优惠政策。创业者应充分运用税收优惠政策,选准国家支持的并可以享受税收优惠的行业或者项目,增加创业成功的可能性。通过学习,全面掌握并能灵活运用创业初创期、成长期和成熟期三个阶段的税收优惠政策。

第一节 创业初创期税收优惠

税收优惠是一国政府为了实现某种特定的社会、经济或政治目标而在税收法规中规定的给予纳税人免除或减轻负担的特殊照顾和鼓励安排。

创业初创期,除了普惠式的税收优惠,重点行业的小微企业购置固定资产,特殊群体创业或者吸纳特殊群体就业(高校毕业生、失业人员、退役士兵、军转干部、随军家属、残疾人、回国服务的在外留学人员、长期来华定居专家等)还能享受特殊的税收优惠。国家还对扶持企业成长的科技企业孵化器、国家大学科技园等创新创业平台、进行非货币性资产投资的创投企业、金融机构和个人等给予税收优惠,帮助创业者在创业初期聚集资金。

一、增值税小规模纳税人税收优惠

(一)增值税起征点的规定

按月纳税的,每月销售额5 000～20 000元;按次纳税的,每次(日)销售额300～500元。未达到起征点的,免征增值税。

此项税收优惠政策仅适用于按照小规模纳税人纳税的个体工商户和其他个人。

(二)增值税小规模纳税人免征增值税的规定

小规模纳税人发生增值税应税销售行为,合计月销售额未超过10万元(以一个季度为一个纳税期的,季度销售额未超过30万元)的,免征增值税。

小规模纳税人发生增值税应税销售行为,合计月销售额超过10万元,但扣除本期发生的销售不动产的销售额后未超过10万元的,其销售货物、劳务、服务、无形资产取得的销售额免征增值税。

适用增值税差额征税政策的小规模纳税人,以差额后的销售额确定是否享受免征增值税政策。

其他个人采取一次性收取租金形式出租不动产取得的租金收入,可在对应的租赁期内平均分摊,分摊后的月租金收入未超过10万元的,免征增值税。

按照规定应当预缴增值税税款的小规模纳税人,凡在预缴地实现的月销售额未超过10万元的,当期无须预缴税款。在预缴地实现的月销售额超过10万元的,适用3%预征率的预缴增值税项目,减按1%预征率预缴增值税。

(三)普惠性地方税费减免

对增值税小规模纳税人减半征收资源税(不含水资源税)、城市维护建设税、房产税、城镇土地使用税、印花税(不含证券交易印花税)、耕地占用税、教育费附加和地方教育附加。

增值税小规模纳税人已依法享受资源税、城市维护建设税、房产税、城镇土地使用税、印花税、耕地占用税、教育费附加、地方教育附加的其他优惠政策的,可叠加享受上述规定的优惠政策。

增值税小规模纳税人中月销售额不超过2万元(按季纳税6万元)的企业和非企业性单位提供的应税服务,免征文化事业建设费。

二、小型微利企业税收优惠

(一)小型微利企业减免企业所得税

对小型微利企业年应纳税所得额不超过100万元的部分,减按25%计入应纳税所得额,按20%的税率缴纳企业所得税;对年应纳税所得额超过100万元但不超过300万元的部分,减按25%计入应纳税所得额,按20%的税率缴纳企业所得税。小型微利企业无论是按查账征收方式还是按核定征收方式缴纳企业所得税,均可享受上述优惠政策。

(二)普惠性地方税费减免

对小型微利企业减半征收资源税(不含水资源税)、城市维护建设税、房产税、城镇土地使用税、印花税(不含证券交易印花税)、耕地占用税、教育费附加和地方教育附加。

小型微利企业已依法享受资源税、城市维护建设税、房产税、城镇土地使用税、印花税、耕地占用税、教育费附加、地方教育附加的其他优惠政策的,可叠加享受上述规定的优惠政策。

(三)签订借款合同免征印花税

对小型企业、微型企业与金融机构签订的借款合同,免征印花税。

三、个体工商户税收优惠

(一)个体工商户减免企业所得税

对个体工商户经营所得中年应纳税所得额不超过200万元的部分,在现行个人所得税优惠政策基础上,减半征收个人所得税。个体工商户不区分征收方式,均可享受该优惠政策。

个体工商户在预缴税款时即可享受该优惠政策,其年应纳税所得额暂按截至当期申报所属期末的情况进行判断,并在年度汇算清缴时按年计算,多退少补。若个体工商户从两处以上取得经营所得,则需在办理年度汇总纳税申报时,合并个体工商户经营所得年应纳税所得额,重新计算减免税额,多退少补。

(二)普惠性地方税费减免

对个体工商户减半征收资源税(不含水资源税)、城市维护建设税、房产税、城镇土地使用税、印花税(不含证券交易印花税)、耕地占用税、教育费附加和地方教育附加。

个体工商户已依法享受资源税、城市维护建设税、房产税、城镇土地使用税、印花税、耕地占用税、教育费附加、地方教育附加的其他优惠政策的,可叠加享受上述规定的优惠政策。

四、重点群体创业税费优惠

(一)重点群体创业税费扣减

对脱贫人口(含防止返贫监测对象)、持就业创业证(注明"自主创业税收政策"或"毕业年度内自主创业税收政策")或就业失业登记证(注明"自主创业税收政策")的人员①,从事个体经营的,自办理个体工商户登记当月起,在3年(36个月,下同)内以每户每年20 000元为限额依次扣减其当年实际应缴纳的增值税、城市维护建设税、教育费附加、地方教育附加和个人所得税。限额标准最高可上浮20%,各省、自治区、直辖市人民政府可根据本地区实际情况在此幅度内确定具体限额标准。

(二)吸纳重点群体就业税费扣减

企业招用脱贫人口,以及在人力资源和社会保障部门公共就业服务机构登记失业半年以上且持就业创业证或就业失业登记证(注明"企业吸纳税收政策")的人员,与其签订1年以上期限劳动合同并依法缴纳社会保险费的,自签订劳动合同并缴纳社会保险当月起,在3年内按实际招用人数给予定额依次扣减增值税、城市维护建设税、教育费附加、地方教育附加和企业所得税的优惠。定额标准为每人每年6 000元,最高可上浮30%,各省、自治区、直辖市人民政府可根据本地区实际情况在此幅度内确定具体定额标准。城市维护建设税、教育费附加、地方教育附加的计税依据是享受本项税收优惠政策前的增值税应纳税额。

按上述标准计算的税收扣减额应在企业当年实际应缴纳的增值税、城市维护建设税、教育费附加、地方教育附加和企业所得税税额中扣减;当年扣减不完的,不得结转下年使用。

(三)退役士兵创业税费扣减

自主就业退役士兵从事个体经营的,自办理个体工商户登记当月起,在3年内以每户每年20 000元为限额依次扣减其当年实际应缴纳的增值税、城市维护建设税、教育费附加、地方教育附加和个人所得税。限额标准最高可上浮20%,各省、自治区、直辖市人民政府可根据本地区实际情况在此幅度内确定具体限额标准。纳税人年度应缴纳税款小于上述扣减限额的,减免税额以其实际缴纳的税款为限;大于上述扣减限额的,以上述扣减限额为限。

(四)吸纳退役士兵就业企业的税费扣减

企业招用自主就业退役士兵,与其签订1年以上期限劳动合同并依法缴纳社会保险费

---

① 上述人员具体包括:(1)纳入全国防止返贫监测和衔接推进乡村振兴信息系统的脱贫人口;(2)在人力资源和社会保障部门公共就业服务机构登记失业半年以上的人员;(3)零就业家庭、享受城市居民最低生活保障家庭劳动年龄内的登记失业人员;(4)毕业年度内高校毕业生。高校毕业生,是指实施高等学历教育的普通高等学校、成人高等学校应届毕业的学生;毕业年度,是指毕业所在自然年,即1月1日至12月31日。

的,自签订劳动合同并缴纳社会保险当月起,在 3 年内按实际招用人数给予定额依次扣减增值税、城市维护建设税、教育费附加、地方教育附加和企业所得税的优惠。定额标准为每人每年 6 000 元,最高可上浮 50%,各省、自治区、直辖市人民政府可根据本地区实际情况在此幅度内确定具体定额标准。

企业按招用人数和签订的劳动合同时间核算企业减免税总额,在核算的减免税总额内每月依次扣减增值税、城市维护建设税、教育费附加和地方教育附加。企业实际应缴纳的增值税、城市维护建设税、教育费附加和地方教育附加小于核算的减免税总额的,以实际应缴纳的增值税、城市维护建设税、教育费附加和地方教育附加为限;实际应缴纳的增值税、城市维护建设税、教育费附加和地方教育附加大于核算的减免税总额的,以核算的减免税总额为限。

纳税年度终了,如果企业实际减免的增值税、城市维护建设税、教育费附加和地方教育附加小于核算减免税总额,企业在企业所得税汇算清缴时就以差额部分扣减企业所得税;当年扣减不完的,不再结转以后年度扣减。

(五)随军家属创业免征增值税

从事个体经营的随军家属,自办理税务登记事项之日起,其提供的应税服务 3 年内免征增值税。

(六)随军家属创业免征个人所得税

随军家属从事个体经营,自领取税务登记证之日起,3 年内免征个人所得税。

(七)安置随军家属就业的企业免征增值税

为安置随军家属就业而新开办的企业,自领取税务登记证之日起,其提供的应税服务 3 年内免征增值税。

(八)军队转业干部创业免征增值税

从事个体经营的军队转业干部,自领取税务登记证之日起,其提供的应税服务 3 年内免征增值税。

(九)自主择业的军队转业干部免征个人所得税

自主择业的军队转业干部从事个体经营,自领取税务登记证之日起,3 年内免征个人所得税。

(十)安置军队转业干部就业的企业免征增值税

为安置自主择业的军队转业干部就业而新开办的企业,自领取税务登记证之日起,其提供的应税服务 3 年内免征增值税。

(十一)残疾人创业免征增值税

残疾人个人提供的加工、修理修配劳务,为社会提供的应税服务,免征增值税。

残疾人,是指在法定劳动年龄内,持有"中华人民共和国残疾人证"或者"中华人民共和国残疾军人证(1 至 8 级)"的自然人,包括具有劳动条件和劳动意愿的精神残疾人。

(十二)安置残疾人就业的单位和个体工商户的增值税即征即退

对安置残疾人的单位和个体工商户(以下简称"纳税人"),实行由税务机关按纳税人安置残疾人的人数,限额即征即退增值税。每月可退还的增值税具体限额由县级以上税务机关根据纳税人所在区县(含县级市、旗)适用的经省(含自治区、直辖市、计划单列市)人民政府批准的月最低工资标准的 4 倍确定。

一个纳税期已缴增值税税额不足以退还的,可用以前纳税期已缴增值税税额扣除已退增值税税额的余额退还;仍不足以退还的,可结转至以后纳税期退还,但不得结转至以后年度退还。纳税期限不为按月的,只能对符合条件的月份退还增值税。

(十三)特殊教育学校举办的企业安置残疾人就业的增值税即征即退

对安置残疾人的特殊教育学校举办的企业,实行由税务机关按纳税人安置残疾人的人数,限额即征即退增值税。每月可退还的增值税具体限额由县级以上税务机关根据纳税人所在区县(含县级市、旗)适用的经省(含自治区、直辖市、计划单列市)人民政府批准的月最低工资标准的 4 倍确定。

在计算残疾人人数时,可将在企业上岗工作的特殊教育学校的全日制在校学生计算在内;在计算企业在职职工人数时,也要将上述学生计算在内。

(十四)安置残疾人就业企业的残疾人工资加计扣除

企业安置残疾人员的,在按照支付给残疾职工工资据实扣除的基础上,可以在计算应纳税所得额时按照支付给残疾职工工资的 100% 加计扣除。

(十五)安置残疾人就业的单位减免城镇土地使用税

对在一个纳税年度内月平均实际安置残疾人就业人数占单位在职职工总数的比例高于 25%(含 25%)且实际安置残疾人人数大于 10 人(含 10 人)的单位,可减征或免征其该年度的城镇土地使用税,具体减免税比例及管理办法由省、自治区、直辖市财税主管部门确定。

五、科技企业孵化器和众创空间税收优惠

(一)科技企业孵化器和众创空间免征增值税

对国家级、省级科技企业孵化器和国家备案众创空间向在孵对象提供孵化服务[①]取得的收入,免征增值税。

(二)科技企业孵化器和众创空间免征房产税

对国家级、省级科技企业孵化器和国家备案众创空间自用以及无偿或通过出租等方式提供给在孵对象使用的房产,免征房产税。

(三)科技企业孵化器和众创空间免征城镇土地使用税

对国家级、省级科技企业孵化器和国家备案众创空间自用以及无偿或通过出租等方式提供给在孵对象使用的土地,免征城镇土地使用税。

六、大学科技园税收优惠

(一)大学科技园免征增值税

对国家级、省级大学科技园向在孵对象提供孵化服务取得的收入,免征增值税。

(二)大学科技园免征房产税

对国家级、省级大学科技园自用以及无偿或通过出租等方式提供给在孵对象使用的房

---

① 在孵对象,是指符合国家有关认定和管理办法规定的孵化企业、创业团队和个人;孵化服务,是指为在孵对象提供的经纪代理、经营租赁、研发技术、信息技术、鉴证咨询服务。

产,免征房产税。

(三)大学科技园免征城镇土地使用税

对国家级、省级大学科技园自用以及无偿或通过出租等方式提供给在孵对象使用的土地,免征城镇土地使用税。

七、企业投入基础研究税收优惠

对企业出资给非营利性科研机构、高等学校和政府性自然科学基金用于基础研究的支出,在计算应纳税所得额时,可按实际发生额在税前扣除,并可按100%在税前加计扣除。

对非营利性科研机构、高等学校接收的企业、个人和其他组织机构的基础研究资金收入,免征企业所得税。

八、创业投资企业税收优惠

(一)投资高新技术企业所得税政策

创业投资企业采取股权投资方式投资于未上市的中小高新技术企业2年(24个月)以上,凡符合以下条件的,可以按照其对中小高新技术企业投资额的70%,在股权持有满2年的当年抵扣该创业投资企业的应纳税所得额;当年不足以抵扣的,可以在以后纳税年度结转抵扣。

(二)投资高新技术企业法人合伙人所得税政策

有限合伙制创业投资企业采取股权投资方式投资于未上市的中小高新技术企业满2年(24个月,下同)的,其法人合伙人可按照对未上市中小高新技术企业投资额的70%抵扣该法人合伙人从该有限合伙制创业投资企业分得的应纳税所得额;当年不足抵扣的,可以在以后纳税年度结转抵扣。

如果法人合伙人投资于多家符合条件的有限合伙制创业投资企业,则可以合并计算其可抵扣的投资额和应分得的应纳税所得额。当年不足以抵扣的,可以结转以后纳税年度继续抵扣;当年抵扣后有结余的,应按照企业所得税法的规定计算缴纳企业所得税。

有限合伙制创业投资企业的法人合伙人对未上市中小高新技术企业的投资额,按照有限合伙制创业投资企业对中小高新技术企业的投资额和合伙协议约定的法人合伙人占有限合伙制创业投资企业的出资比例计算确定。其中,有限合伙制创业投资企业对中小高新技术企业的投资额按实缴投资额计算;法人合伙人占有限合伙制创业投资企业的出资比例按法人合伙人对有限合伙制创业投资企业的实缴出资额占该有限合伙制创业投资企业的全部实缴出资额的比例计算。

(三)投资初创科技型企业所得税政策

公司制创业投资企业采取股权投资方式直接投资于种子期、初创期科技型企业(以下简称"初创科技型企业")满2年的,可以按照投资额的70%在股权持有满2年的当年抵扣该公司制创业投资企业的应纳税所得额;当年不足以抵扣的,可以在以后纳税年度结转抵扣。

有限合伙制创业投资企业采取股权投资方式直接投资于初创科技型企业满2年的,该有限合伙制创业投资企业的合伙人分别按以下方式处理:(1)法人合伙人可以按照对初创科技型企业投资额的70%抵扣法人合伙人从有限合伙制创业投资企业分得的所得;当年不足以抵扣的,可以在以后纳税年度结转抵扣。(2)个人合伙人可以按照对初创科技型企业投资额的70%抵扣个人合伙人从有限合伙制创业投资企业分得的经营所得;当年不足以抵扣的,可以在以后纳税年度结转抵扣。

(四)天使投资个人所得税政策

天使投资个人采取股权投资方式直接投资于初创科技型企业满2年的,可以按照投资额的70%抵扣转让该初创科技型企业股权取得的应纳税所得额;当期不足以抵扣的,可以在以后取得转让该初创科技型企业股权的应纳税所得额时结转抵扣。

天使投资个人投资多个初创科技型企业的,对其中办理注销清算的初创科技型企业,天使投资个人对其投资额的70%尚未抵扣完的,可自注销清算之日起36个月内抵扣天使投资个人转让其他初创科技型企业股权取得的应纳税所得额。

(五)创业投资企业个人合伙人所得税政策

创业投资企业可以选择按单一投资基金核算或者按创业投资企业年度所得整体核算两种方式之一,对其个人合伙人来源于创业投资企业的所得计算个人所得税应纳税额。

创业投资企业选择按单一投资基金核算的,其个人合伙人从该基金应分得的股权转让所得和股息红利所得,按照20%的税率计算缴纳个人所得税。

创业投资企业选择按年度所得整体核算的,其个人合伙人应从创业投资企业取得的所得,按照"经营所得"项目、5%~35%的超额累进税率计算缴纳个人所得税。

思政知识窗

构建中国化时代化"人民税收观"

党的二十大报告立足新的历史方位,进一步强调了"人民至上"理念的关键作用。我们应构建中国化时代化"人民税收观",真正实现税收以人民为中心,始终捍卫广大人民群众的根本利益。

"人民税收观"是党在税收实践中凝练出的思想结晶。新民主主义革命时期,中共中央发表的《中国共产党对于时局的主张》就有关于中国式税收问题的探讨,并首次提出要废除苛捐杂税,减轻农民税收负担,征收累进税,保护农民和工人阶级利益。社会主义计划经济时期,党领导的全国税收事业坚持以人民为中心,主张减轻农民税负,平衡城乡税负,建立统一、全新的税制体系,从而在中华人民共和国成立前期有效保障国家经济与社会建设。社会主义市场经济建设初期,党从人民的根本利益出发,推行"利改税"、工商税制改革等系列改革以服务市场经济建设,为我国经济腾飞和人民生活改善提供良好的税收保障。近年来,为更好解决人民日益增长的美好生活需要和不平衡不充分的发展之间的矛盾,我国实施了减税降费等系列税收改革,是"人民税收观"的一次有效实践。

"人民至上"理念是新时代中国式现代化建设的价值取向和精神之源,既是"人民税收观"的出发点,也是"人民税收观"的落脚点。"人民税收观"是"人民至上"理念在税收领域的延伸

与扩展,具有以下时代特征:

第一,以助力高质量发展为第一要义,增强人民群众的获得感。"人民税收观"的第一要义是助力高质量发展。党的二十大报告强调,要推动经济实现质的有效提升和量的合理增长。基于"人民至上"理念,"人民税收观"要求税收更好地发挥职能作用,切实服务于经济高质量发展,增强人民群众的获得感。

第二,以共同富裕为本质目标,增强人民群众的幸福感。"人民税收观"的本质目标是助力实现共同富裕。党的二十大报告强调,中国式现代化是全体人民共同富裕的现代化。实现共同富裕需要增加低收入者的收入,扩大中等收入群体,调节高收入者的收入,提高人民群众的整体富裕水平。税收是国家在取得财政收入过程中与人民之间形成的一种特定分配关系。因此,基于"人民至上"理念,"人民税收观"要求税收助力实现人民共同富裕,增强人民群众的幸福感。

第三,以税收治理现代化为内在要求,增强人民群众的认同感。"人民税收观"的内在要求是税收治理现代化,实现与税收相关的多元主体共同治理。税收体现了国家和人民之间的一种合作与互动关系。征税是国家基于政治权力合法取得纳税人的部分私有财产。征税权并不是国家天然拥有的,而是人民为获得公共产品与服务赋予的。传统的税收关系强调国家权力,导致国家与人民之间形成管理者与被管理者的关系。而"人民税收观"重构国家与人民之间的税收关系,人民不再是被动履行义务,而是平等、主动参与。

资料来源:郭月梅,厉晓.构建中国化时代化"人民税收观"[J].税务研究,2023(2):21—25.

第二节　创业成长期税收优惠

一、研发费用的加计扣除

企业开展研发活动中实际发生的研发费用,未形成无形资产计入当期损益的,在按规定据实扣除的基础上,自2023年1月1日起,再按照实际发生额的100%在税前加计扣除;形成无形资产的,自2023年1月1日起,按照无形资产成本的200%在税前摊销。

集成电路企业和工业母机企业开展研发活动中实际发生的研发费用,未形成无形资产计入当期损益的,在按规定据实扣除的基础上,在2023年1月1日至2027年12月31日期间,再按照实际发生额的120%在税前扣除;形成无形资产的,在上述期间按照无形资产成本的220%在税前摊销。

委托境外进行研发活动所发生的费用,按照费用实际发生额的80%计入委托方的委托境外研发费用。委托境外研发费用不超过境内符合条件的研发费用2/3的部分,可以按规定在企业所得税前加计扣除。

企业合作开发的项目,由合作各方就自身实际承担的研发费用分别计算加计扣除。

企业集团根据生产经营和科技开发的实际情况,对技术要求高、投资数额大、需要集中研发的项目,其实际发生的研发费用,可以按照权利和义务相一致、费用支出和收益分享相配比的原则,合理确定研发费用的分摊方法,在受益成员企业间进行分摊,由相关成员企业分别计算加计扣除。

二、固定资产的税前扣除

企业在 2024 年 1 月 1 日至 2027 年 12 月 31 日期间新购进的设备、器具,单位价值不超过 500 万元的,允许一次性计入当期成本费用在计算应纳税所得额时扣除,不再分年度计算折旧;单位价值超过 500 万元的,可缩短折旧年限或采取加速折旧的方法。缩短折旧年限的,最低折旧年限不得低于《中华人民共和国企业所得税法实施条例》第六十条规定折旧年限的 60%;采取加速折旧方法的,可采取双倍余额递减法或者年数总和法。

制造业以及信息传输、软件和信息技术服务业新购进的固定资产,可按规定折旧年限的 60% 缩短折旧年限,或者选择采取加速折旧方法。

对所有行业企业持有的单位价值不超过 5 000 元的固定资产,在计算应纳税所得额时,允许一次性扣除当期成本,折旧不再按年度计算。

中小微企业新购置的设备、器具,单位价值在 500 万元以上的,按照单位价值的一定比例自愿选择在企业所得税前扣除。其中,《中华人民共和国企业所得税法实施条例》规定最低折旧年限为 3 年的设备、器具,单位价值的 100% 可在当年一次性税前扣除;最低折旧年限为 4 年、5 年、10 年的,单位价值的 50% 可在当年一次性税前扣除,其余 50% 按规定在剩余年度计算折旧进行税前扣除。企业选择适用上述政策,当年不足以扣除形成的亏损,可在以后 5 个纳税年度结转弥补;享受其他延长亏损结转年限政策的企业,可按现行规定执行。

三、购买符合条件的设备的税收优惠

(一)重大技术装备进口免征增值税

从事开发、生产国家支持发展的重大技术装备或产品的制造企业,在城市轨道交通、核电等领域承担重大技术装备自主化依托项目的业主以及开发自用生产设备的企业,为生产《国家支持发展的重大技术装备和产品目录》所列装备或产品而确有必要进口《重大技术装备和产品进口关键零部件、原材料商品目录》所列商品,免征关税和进口环节增值税。

(二)科研机构、技术开发机构、学校等单位进口符合条件的商品免征进口增值税、消费税

对科研机构、技术开发机构、学校、党校(行政学院)、图书馆进口国内不能生产或性能不能满足需求的科学研究、科技开发和教学用品,免征进口关税和进口环节的增值税、消费税。

对出版物进口单位为科研院所、学校、党校(行政学院)、图书馆进口用于科研、教学的图书、资料等,免征进口环节增值税。

四、科技成果转化税收优惠

(一)技术转让、技术开发和与之相关的技术咨询、技术服务免征增值税

提供技术转让、技术开发和与之相关的技术咨询、技术服务的纳税人提供技术转让、技术开发和与之相关的技术咨询、技术服务取得的收入,免征增值税。

(二)技术转让所得减免企业所得税

技术转让的居民企业,在一个纳税年度内,其技术转让所得不超过 500 万元的部分,免征

企业所得税;超过500万元的部分,减半征收企业所得税。

五、科研机构创新人才税收优惠

(一)科研机构、高等学校的股权奖励延期缴纳个人所得税

科研机构、高等学校转化职务科技成果以股份或出资比例等股权形式给予个人奖励,获奖人在取得股份、出资比例时,暂不缴纳个人所得税;取得按股份、出资比例的分红或转让股权、出资比例的所得时,应依法缴纳个人所得税。

(二)高新技术企业技术人员的股权奖励分期缴纳个人所得税

高新技术企业转化科技成果,给予本企业相关技术人员的股权奖励,个人一次缴纳税款有困难的,可根据实际情况自行制定分期缴税计划,在不超过5个公历年度内(含)分期缴纳,并将有关资料报主管税务机关备案。

(三)中小高新技术企业个人股东分期缴纳个人所得税

中小高新技术企业以未分配利润、盈余公积、资本公积向个人股东转增股本时,个人股东一次缴纳个人所得税确有困难的,可根据实际情况自行制订分期缴税计划,在不超过5个公历年度内(含)分期缴纳。

(四)获得非上市公司股票期权、股权期权、限制性股票和股权奖励递延缴纳个人所得税

获得非上市公司的股票期权、股权期权、限制性股票和股权奖励的员工,符合规定条件的,向主管税务机关备案,可实行递延纳税政策,即员工在取得股权激励时可暂不纳税,递延至转让该股权时纳税;股权转让时,按照股权转让收入减除股权取得成本以及合理税费后的差额,适用"财产转让所得"项目,按照20%的税率计算缴纳个人所得税。

(五)获得上市公司股票期权、限制性股票和股权奖励适当延长纳税期限

获得上市公司授予股票期权、限制性股票和股权奖励的个人,经向主管税务机关备案,可自股票期权行权、限制性股票解禁或取得股权奖励之日起,在不超过12个月的期限内缴纳个人所得税。

(六)企业以及个人以技术成果投资入股递延缴纳所得税

企业或个人以技术成果投资入股境内居民企业,被投资企业支付的对价全部为股票(权)的,投资入股当期可暂不纳税,允许递延至转让股权时,按股权转让收入减去技术成果原值和合理税费后的差额计算缴纳所得税。

(七)省部级以上颁发的科技奖金免征个人所得税

省级人民政府、国务院部委、中国人民解放军军以上单位,以及外国组织、国际组织颁发的科学、技术方面的奖金,免征个人所得税。

(八)职务科技成果转化的现金奖励减免个人所得税

依法批准设立的非营利性研究开发机构和高等学校根据《中华人民共和国促进科技成果转化法》规定,从职务科技成果转化收入中给予科技人员的现金奖励,可减按50%计入科技人员当月"工资、薪金所得"项目,依法缴纳个人所得税。

第三节　创业成熟期税收优惠

一、高新技术企业税收优惠

(一)按15%的税率征收企业所得税

国家重点扶持的高新技术企业减按15%的税率征收企业所得税。

高新技术企业,是指在国家重点支持的高新技术领域内持续进行研究开发与技术成果转化,形成企业核心自主知识产权,并以此为基础开展经营活动,在中国境内(不包括港澳台地区)注册的居民企业。

经认定的技术先进型服务企业,减按15%的税率征收企业所得税。

(二)企业职工教育经费税前扣除

高新技术企业发生的职工教育经费支出,不超过工资、薪金总额8%的部分,准予在计算企业所得税应纳税所得额时扣除;超过部分,准予在以后纳税年度结转扣除。

认定的技术先进型服务企业,发生的职工教育经费支出,不超过工资、薪金总额8%的部分,准予在计算应纳税所得额时扣除;超过部分,准予在以后纳税年度结转扣除。

(三)高新技术企业和科技中小企业亏损弥补

自2018年1月1日起,当年具备高新技术企业或科技型中小企业资格的企业,其具备资格年度之前5个年度发生的尚未弥补完的亏损,准予结转以后年度弥补,最长结转年限由5年延长至10年。

二、软件企业税收优惠

(一)软件产品增值税超税负即征即退

增值税一般纳税人销售其自行开发生产的软件产品(包括将进口软件产品进行本地化改造后对外销售),按13%的税率征收增值税后,对其增值税实际税负超过3%的部分实行即征即退政策。

(二)软件企业定期减免企业所得税

自2020年1月1日起国家鼓励的软件企业,自获利年度起,第一年至第二年免征企业所得税,第三年至第五年按照25%的法定税率减半征收企业所得税。

(三)重点软件企业减免企业所得税

自2020年1月1日起,国家鼓励的重点软件企业,自获利年度起,第一年至第五年免征企业所得税,接续年度减按10%的税率征收企业所得税。

(四)软件企业取得即征即退增值税款用于软件产品研发和扩大再生产的所得税优惠

符合条件的软件企业按照《财政部、国家税务总局关于软件产品增值税政策的通知》规定取得的即征即退增值税款,由企业专项用于软件产品研发和扩大再生产并单独进行核算,可以作为不征税收入,在计算应纳税所得额时从收入总额中减除。

(五)软件企业职工培训费用按实际发生额税前扣除

符合条件的软件企业的职工培训费用,应单独进行核算并按实际发生额在计算应纳税所得额时扣除。

（六）企业外购软件缩短折旧或摊销年限

企业外购的软件，凡符合固定资产或无形资产确认条件的，可以按照固定资产或无形资产进行核算，其折旧或摊销年限可以适当缩短，最短可为2年（含）。

三、集成电路企业税收优惠

（一）集成电路重大项目增值税留抵税额退税

对国家批准的集成电路重大项目企业因购进设备形成的增值税期末留抵税额准予退还。

（二）集成电路企业的城市维护建设税等税费的计税依据扣除

享受增值税期末留抵退税政策的集成电路企业，其退还的增值税期末留抵税额，应在城市维护建设税、教育费附加和地方教育附加的计税（征）依据中予以扣除。

（三）集成电路生产企业的企业所得税税收优惠

2017年12月31日前设立且在2019年12月31日前获利的，集成电路线宽小于0.8微米（含）的集成电路生产企业，自获利年度起第一年至第二年免征企业所得税，第三年至第五年按照25%的法定税率减半征收企业所得税，并享受至期满。

2017年12月31日前设立且在2019年12月31日前获利的，集成电路线宽小于0.25微米且经营期在15年以上的集成电路生产企业，自获利年度起第一年至第五年免征企业所得税，第六年至第十年按照25%的法定税率减半征收企业所得税，并享受至期满。

2017年12月31日前设立且在2019年12月31日前获利的，投资额超过80亿元且经营期在15年以上的集成电路生产企业，自获利年度起第一年至第五年免征企业所得税，第六年至第十年按照25%的法定税率减半征收企业所得税，并享受至期满。

2018年1月1日后投资新设的，集成电路投资额超过150亿元，经营期在15年以上且在2019年12月31日前获利的集成电路生产企业或项目，第一年至第五年免征企业所得税，第六年至第十年按照25%的法定税率减半征收企业所得税，并享受至期满。

自2020年1月1日起，国家鼓励的集成电路线宽小于28纳米（含）且经营期在15年以上的集成电路生产企业或项目，第一年至第十年免征企业所得税。

国家鼓励的集成电路线宽小于65纳米（含）且经营期在15年以上的集成电路生产企业或项目，第一年至第五年免征企业所得税，第六年至第十年按照25%的法定税率减半征收企业所得税。

国家鼓励的集成电路线宽小于130纳米（含）且经营期在10年以上的集成电路生产企业或项目，第一年至第二年免征企业所得税，第三年至第五年按照25%的法定税率减半征收企业所得税。

自2020年1月1日起，线宽小于130纳米（含）的集成电路生产企业，属于国家鼓励的集成电路生产企业清单年度之前5个纳税年度发生的尚未弥补完的亏损，准予向以后年度结转，总结转年限最长不得超过10年。

自2020年1月1日起，国家鼓励的集成电路设计、装备、材料、封装、测试企业，自获利年度起，第一年至第二年免征企业所得税，第三年至第五年按照25%的法定税率减半征收企业所得税。

自 2020 年 1 月 1 日起,国家鼓励的重点集成电路设计企业,自获利年度起,第一年至第五年免征企业所得税,接续年度减按 10% 的税率征收企业所得税。

(四)集成电路设计企业职工培训费用的税前扣除

集成电路设计企业的职工培训费用,应单独进行核算并按实际发生额在计算企业所得税应纳税所得额时扣除。

(五)集成电路生产企业的生产设备缩短折旧年限

集成电路生产企业的生产设备,其折旧年限可以适当缩短,最短可为 3 年(含)。

本章小结

为给创业企业营造良好的税收环境,帮助企业不断增强发展的动力,促进创业企业快速健康成长,针对创业的初创期、成长期和成熟期三个不同阶段,国家出台了一系列税收优惠政策。这些税收优惠政策主要涵盖支持重点群体自主创业的税收优惠、直接减轻小微企业税收负担的优惠、促进创新的税收优惠和支持创业投资企业的税收优惠等方面。

复习思考题

1. 小型微利企业的税收优惠有哪些?
2. 重点群体的创业税收优惠是如何规定的?
3. 创业投资企业可享受哪些税收优惠?
4. 创业成长期可享受哪些税收优惠?
5. 创业成熟期的税收优惠是如何规定的?

第四章 创业：货物服务税类涉税实务

本章导读

货物服务税是对所有工商企业和应税服务劳务普遍征收的一类税，这类税收与经济发展、社会生产生活的关系密切。创业过程中可能涉及缴纳增值税、消费税和关税，全面知晓这三种税的现行税收政策规定，可以避免税收风险。通过学习，掌握上述三个税种税制要素的具体规定、应纳税额的计算和征收管理。

第一节 增值税

一、增值税概述

增值税是对单位和个人在商品生产经营过程中销售货物，或者提供应税劳务，销售服务、无形资产、不动产时实现的增值额征收的一种税。具体来说，我国的增值税是对我国境内销售货物，提供加工、修理修配劳务，销售服务、无形资产或者不动产，以及进口货物的单位和个人，就其销售货物，提供加工、修理修配劳务，销售服务、无形资产或者不动产的销售额，以及进口货物的金额计算税款，并实行税款抵扣制的一种流转税。

增值额是指企业或者其他经营者从事生产经营或者提供劳务，销售服务、无形资产、不动产，在购入的货物或者取得劳务、服务、无形资产、不动产的价值基础上新增加的价值。

(一)理论增值额

从理论上讲，增值额是指生产经营者在生产经营过程中新创造的价值，相当于商品价值 C+V+M 中 V+M 的部分，包括工资、利息、利润、租金和其他属于增值性的收入。C 是商品生产过程中消耗的生产资料转移价值；V 是劳动者为自己创造的价值，即工资；M 是劳动者为社会创造的价值，即剩余价值或盈利。增值额是劳动者新创造的价值，从内容上讲，其相当于净产值或国民收入。

例如，某货物的最终销售价格为 3 800 元，这 3 800 元是由三个生产流通环节共同创造的。那么，该货物在三个生产流通环节中创造的增值额之和就是该货物的全部销售额。该货物在各个生产流通环节的增值额和销售额的数量及关系见表 4—1(为便于计算，假定各个生产流通环节都没有物质消耗)。

表 4—1 货物在各个生产流通环节的增值额与销售额的关系　　　　　　　单位：元

项目＼环节	制造环节	批发环节	零售环节	合　计
销售额	1 500	2 800	3 800	—
增值额	1 500	1 300	1 000	3 800

该货物在上述三个环节创造的增值额之和为 3 800 元，该货物的最终销售价格也是 3 800 元。这种情况说明，实行增值税时，在税率一定的情况下，对各个生产流通环节征收的增值税之和，实际上就是按货物最终销售额征收的增值税。

(二)法定增值额

实行增值税的国家，据以征税的增值额往往是法定增值额。所谓"法定增值额"，是指各国政府根据各自的国情、政策要求，在增值税制度中确定的增值额。法定增值额可以等于理论上的增值额，也可以大于或小于理论上的增值额。造成法定增值额与理论增值额不一致的重要原因是各国增值税制度在规定扣除范围时，对外购固定资产的处理办法不同。一般来说，各国在确定征税的增值额时，对外购流动资产价款都允许从货物总价值中扣除；但是，对外购固定资产价款，各国的处理办法有所不同，有些国家允许扣除，有些国家不允许扣除，在允许扣除的国家，扣除情况也不一样。另外，由于存在一些难以征收增值税的行业以及对一些项目给予减免税，因此理论增值额与法定增值额有很大不同。

例如，某公司报告其货物销售额为 100 万元，从外单位购入的原材料等流动资产价款为 30 万元，购入机器设备等固定资产价款为 50 万元，当期计入成本的折旧费为 5 万元。根据不同国家对增值税的规定，该公司的理论增值额和法定增值额见表 4—2。

表 4—2 不同国家的理论增值额和法定增值额　　　　　　　单位：万元

项目＼国别	允许扣除的外购流动资产价款	允许扣除的外购固定资产价款	理论增值额	法定增值额	法定增值额与理论增值额的差额
A 国	30	0	65	70	＋5
B 国	30	5	65	65	0
C 国	30	50	65	20	－45

从表 4—2 可以看出，由于不同国家的增值税对外购固定资产价款的扣除额存在差异，因此计算出来的法定增值额不同。在同一纳税期内，允许扣除的数额越多，法定增值额越少。

二、增值税的类型

为避免重复征税，世界上实行增值税的国家，对纳税人外购原材料、燃料、动力、包装物和低值易耗品等已纳的增值税税额，一般准予从销项税额中抵扣。但对固定资产已纳的增值税税额是否允许扣除，政策不一，在处理上也不尽相同，由此形成了三种不同类型的增值税。

(一)生产型增值税

生产型增值税是指计算增值税时不允许扣除任何外购固定资产的价款，作为课税基数的法定增值额除包括纳税人新创造的价值外，还包括当期计入成本的外购固定资产价款部分，即法定增值额相当于当期工资、利息、租金、利润等理论增值额与折旧额之和。这一课税基数大致相当于国民生产总值的统计口径,故称之为生产型增值税。

(二)收入型增值税

收入型增值税是指计算增值税时对外购固定资产价款只允许扣除当期计入产品价值的折旧费部分,作为课税基数的法定增值额相当于当期工资、利息、租金和利润等各增值项目之和。就整个社会来说,这一课税基数相当于国民收入部分,故称之为收入型增值税。

(三)消费型增值税

消费型增值税是指计算增值税时允许将当期购入用于生产经营的固定资产价值中所含的税款一次全部扣除,作为课税基数的法定增值额相当于纳税人当期的全部销售额扣除外购的全部生产资料价款后的余额。就整个社会来说,这一课税基数仅限于消费资料价值的部分,故称之为消费型增值税。

我国自2009年1月1日起在全国推行增值税转型改革,实行消费型增值税。

三、增值税的征税范围、纳税人和税率

(一)增值税的征税范围

1.增值税征税范围的一般规定

增值税的征税范围包括在我国境内销售货物、劳务、服务、无形资产、不动产以及进口货物,但属于下列非经营活动的情形除外:

(1)行政单位收取的同时满足以下条件的政府性基金或者行政事业性收费:①由国务院或者财政部批准设立的政府性基金,由国务院或者省级人民政府及其财政、价格主管部门批准设立的行政事业性收费;②收取时开具省级以上(含省级)财政部门监(印)制的财政票据;③所收款项全额上缴财政。

(2)单位或者个体工商户聘用的员工为本单位或者雇主提供取得工资的服务。

(3)单位或者个体工商户为聘用的员工提供服务。

(4)财政部和国家税务总局规定的其他情形。

2.增值税征税范围的具体规定

(1)销售货物

销售货物是指有偿转让货物的所有权。这里的"货物"是指除土地、房屋和其他建筑物等一切不动产之外的有形动产,包括电力、热力和气体在内。

(2)销售劳务

劳务是指纳税人提供的加工、修理修配劳务。加工是指受托加工货物,即委托方提供原料及主要材料,受托方按照委托方的要求制造货物并收取加工费,加工后货物的所有权仍归属委托方的业务。修理修配是指受托对损伤和丧失功能的货物进行修复,使其恢复原状和功能的业务。提供应税劳务是指有偿提供劳务。单位或者个体经营者聘用的员工为本单位或者雇主提供加工、修理修配劳务,不包括在内。

(3)销售服务

销售服务是指提供交通运输服务、邮政服务、电信服务、建筑服务、金融服务、现代服务和

生活服务。

交通运输服务是指利用运输工具将货物或者旅客送达目的地,使其空间位置得到转移的业务活动,包括陆路运输服务、水路运输服务、航空运输服务和管道运输服务。

邮政服务是指中国邮政集团公司及其所属邮政企业提供邮件寄递、邮政汇兑和机要通信等邮政基本服务的业务活动,包括邮政普遍服务、邮政特殊服务和其他邮政服务。

电信服务是指利用有线、无线的电磁系统或者光电系统等各种通信网络资源,提供语音通话服务,传送、发射、接收或者应用图像、短信等电子数据和信息的业务活动,包括基础电信服务和增值电信服务。

建筑服务是指各类建筑物、构筑物及其附属设施的建造、修缮、装饰,线路、管道、设备、设施等的安装以及其他工程作业的业务活动,包括工程服务、安装服务、修缮服务、装饰服务和其他建筑服务。

金融服务是指经营金融保险的业务活动,包括贷款服务、直接收费金融服务、保险服务和金融商品转让。

现代服务是指围绕制造业、文化产业、现代物流产业等提供技术性、知识性服务的业务活动,包括研发和技术服务、信息技术服务、文化创意服务、物流辅助服务、租赁服务、鉴证咨询服务、广播影视服务、商务辅助服务和其他现代服务。

生活服务是指为满足城乡居民日常生活需求而提供的各类服务活动,包括文化体育服务、教育医疗服务、旅游娱乐服务、餐饮住宿服务、居民日常服务和其他生活服务。

(4)销售无形资产

销售无形资产是指转让无形资产所有权或者使用权的业务活动。无形资产是指不具有实物形态,但能带来经济利益的资产,包括技术、商标、著作权、商誉、自然资源使用权和其他权益性无形资产。

技术,包括专利技术和非专利技术。

自然资源使用权,包括土地使用权、海域使用权、探矿权、采矿权、取水权和其他自然资源使用权。

其他权益性无形资产,包括基础设施资产经营权、公共事业特许权、配额、经营权(包括特许经营权、连锁经营权、其他经营权)、经销权、分销权、代理权、会员权、席位权、网络游戏虚拟道具、域名、名称权、肖像权、冠名权、转会费等。

(5)销售不动产

销售不动产是指转让不动产所有权的业务活动。不动产是指不能移动或者移动后会引起性质、形状改变的财产,包括建筑物、构筑物等。

建筑物,包括住宅、商业营业用房、办公楼等可供居住、工作或者进行其他活动的建造物。

构筑物,包括道路、桥梁、隧道、水坝等建造物。

转让建筑物有限产权或者永久使用权的,转让在建的建筑物或者构筑物所有权的,以及在转让建筑物或者构筑物时一并转让其所占土地的使用权的,按照销售不动产缴纳增值税。

(6)进口货物

进口货物是指申报进入我国海关境内的货物。确定一项货物是否属于进口货物,首先看其是否有报关进口手续。通常,境外产品要输入境内,必须向我国海关申报进口,并办理有关报关手续。只要是报关进口的应税货物,就属于增值税的征税范围,除享受免税政策的货物外,均应在进口环节缴纳增值税。

3.增值税征税范围的特殊规定

(1)视同销售货物行为

视同销售货物行为是指按照会计准则的规定不属于货物销售,但按照税法的有关规定应当申报缴纳增值税的行为,包括不发生货物所有权转移和不以直接有偿形式进行的货物转让。根据《中华人民共和国增值税暂行条例实施细则》和《营业税改征增值税试点实施办法》的规定,单位或个体工商户的下列行为视同销售货物,征收增值税:①将货物交付其他单位或者个人代销。②销售代销的货物。③设有两个以上机构并实行统一核算的纳税人,将货物从一个机构移送其他机构用于销售时,相关机构不是设在同一县(市)的,要视同销售缴纳增值税;相关机构设在同一县(市)的,仍在货物最终实现销售时纳税,中间移送时不缴税。④将自产、委托加工的货物用于非增值税应税项目。⑤将自产、委托加工的货物用于集体福利或个人消费。⑥将自产、委托加工或购进的货物作为投资,提供给其他单位或个体工商户。⑦将自产、委托加工或购进的货物分配给股东或投资者。⑧将自产、委托加工或购进的货物无偿赠与其他单位或个人。⑨单位或者个体工商户向其他单位或者个人无偿提供服务、无偿转让无形资产或者不动产,但用于公益事业或者以社会公众为对象的除外。⑩财政部和国家税务总局规定的其他情形。

(2)混合销售行为

一项销售行为如果既涉及货物又涉及服务,就为混合销售。从事货物的生产、批发或者零售的单位和个体工商户的混合销售行为,按照销售货物缴纳增值税;其他单位和个体工商户的混合销售行为,按照销售服务缴纳增值税。

上述从事货物的生产、批发或者零售的单位和个体工商户,包括以从事货物的生产、批发或者零售为主,兼营销售服务的单位和个体工商户在内。

(3)兼营行为

所谓"兼营行为",是指纳税人的经营范围既包括销售货物和提供加工、修理修配劳务,又包括销售服务、无形资产或者不动产,但是销售货物,提供加工、修理修配劳务,销售服务、无形资产或者不动产不同时发生在一项销售行为中。

纳税人兼营销售货物,提供加工、修理修配劳务,销售服务、无形资产或者不动产,适用不同税率或者征收率的,应当分别核算适用不同税率或者征收率的销售额;未分别核算的,从高适用税率。

4.不征收增值税的项目

(1)基本建设单位和从事建筑安装业务的企业附设工厂、车间在建筑现场制造的预制构件,凡是直接用于本单位或本企业建筑工程的,不征收增值税。

(2)供应或开采未经加工的天然水(如水库供应农业灌溉用水、工厂自采地下水用于生产),不征收增值税。

(3)对国家管理部门行使其管理职能,发放的执照、牌照和有关证书等取得的工本费收入,不征收增值税。

(4)融资性售后回租业务中,承租方出售资产的行为不属于增值税的征税范围,不征收增值税。

(5)纳税人取得的财政补贴收入,与其销售货物、劳务、服务、无形资产、不动产的收入或者数量直接挂钩的,应按规定计算缴纳增值税。纳税人取得的其他情形的财政补贴收入,不属于增值税的应税收入,不征收增值税。

(6)根据国家指令无偿提供的铁路运输服务、航空运输服务,属于用于公益事业的服务,不征收增值税。

(7)存款利息,不征收增值税。

(8)被保险人获得的保险赔付,不征收增值税。

(9)房地产主管部门或者其指定机构、公积金管理中心、开发企业以及物业管理单位代收的住宅专项维修资金,不征收增值税。

(10)纳税人在资产重组过程中,通过合并、分立、出售、置换等方式,将全部或者部分实物资产以及与其相关联的债权、负债和劳动力一并转让给其他单位和个人,不属于增值税的征税范围,其中涉及的货物转让,不动产、土地使用权转让行为,不征收增值税。

(11)各党派、工会、共青团、妇联、中科协、青联、台联、侨联收取党费、团费、会费,以及政府间国际组织收取会费,属于非经营活动,不征收增值税。

(二)增值税的纳税人

1.纳税人的基本规定

根据《中华人民共和国增值税暂行条例》的规定,在中华人民共和国境内销售货物、劳务、服务、无形资产、不动产以及进口货物的单位和个人,为增值税的纳税人。

(1)单位是指一切从事销售货物、劳务、服务、无形资产、不动产以及进口货物的单位,包括企业、行政单位、事业单位、军事单位、社会团体及其他单位。

(2)个人是指从事销售货物或者加工、修理修配劳务,销售服务、无形资产、不动产以及进口货物的个人,包括个体工商户和其他个人。

(3)单位以承包、承租、挂靠方式经营的,承包人、承租人、挂靠人(以下统称"承包人")以发包人、出租人、被挂靠人(以下统称"发包人")名义对外经营并由发包人承担相关法律责任的,以该发包人为纳税人;否则,以承包人为纳税人。

(4)对报关进口的货物,以进口货物的收货人或办理报关手续的单位和个人为进口货物的纳税人。对代理进口货物,以海关开具的完税凭证上的纳税人为增值税纳税人。

(5)资管产品运营过程中发生的增值税行为,以资管产品管理人为增值税纳税人。

(6)中华人民共和国境外的单位或者个人在境内销售劳务,在境内未设经营机构的,以其境内代理人为扣缴义务人;在境内没有代理人的,以购买方为扣缴义务人。

中华人民共和国境外单位或者个人在境内发生销售服务、无形资产或者不动产,在境内未设经营机构的,以购买方为增值税扣缴义务人;财政部和国家税务总局另有规定的除外。

2.一般纳税人和小规模纳税人

为了便于增值税的征收管理,我国将纳税人按生产经营规模大小和会计核算是否健全,划分为一般纳税人和小规模纳税人。

(1)一般纳税人

一般纳税人是指年应税销售额超过规定的小规模纳税人标准,且会计核算健全的企业和企业性单位。

所称"年应税销售额",是指纳税人在连续不超过12个月或4个季度的经营期①内累计应征增值税销售额,包括纳税申报销售额②、稽查查补销售额、纳税评估调整销售额③。销售服务、无形资产或者不动产(以下简称"应税行为")有扣除项目的纳税人,其应税行为年应税销售额按未扣除之前的销售额计算。纳税人偶然发生的销售无形资产、转让不动产的销售额,不计入应税行为年应税销售额。

年应税销售额未超过规定的小规模纳税人标准的纳税人,会计核算健全,能够提供准确税务资料的,可以向主管税务机关办理一般纳税人登记。纳税人登记为一般纳税人后,不得转为小规模纳税人;国家税务总局另有规定的除外。

所称"会计核算健全",是指能够按照国家统一的会计制度的规定设置账簿,根据合法、有效的凭证进行核算。

纳税人应当向其机构所在地主管税务机关办理一般纳税人登记手续,下列纳税人不得办理一般纳税人登记:①按照政策规定,选择按照小规模纳税人纳税的(应当向主管税务机关提交书面说明);②年应税销售额超过规定标准的其他个人。

根据规定,已登记为增值税一般纳税人,同时符合以下两个条件的,可转登记为小规模纳税人,或选择继续作为一般纳税人:①根据《中华人民共和国增值税暂行条例》第十三条和《中华人民共和国增值税暂行条例实施细则》第二十八条的有关规定,登记为一般纳税人;②转登记日前连续12个月(以一个月为一个纳税期)或者连续4个季度(以一个季度为一个纳税期)累计应征增值税销售额未超过500万元。

转登记纳税人按规定再次登记为一般纳税人后,不得再转登记为小规模纳税人。

(2)小规模纳税人

小规模纳税人是指年应税销售额未超过财政部和国家税务总局规定的标准,并且会计核算不健全的增值税纳税人。

所称"会计核算不健全",是指不能按照国家统一的会计制度的规定设置账簿,无法根据合法、有效的凭证核算。

小规模纳税人的具体认定标准为年应征增值税销售额在500万元及以下。

年应税销售额超过小规模纳税人标准的其他个人,按小规模纳税人纳税;非企业性单位、不经常发生应税销售行为的单位和个体工商户,可以选择按小规模纳税人纳税。

---

① 经营期是指在纳税人存续期内的连续经营期间,含未取得销售收入的月份或季度。

② 纳税申报销售额是指纳税人自行申报的全部应征增值税的销售额,其中包括免税销售额和税务机关代开发票销售额。

③ 稽查查补销售额和纳税评估调整销售额计入查补税款申报当月(或当季)的销售额,不计入税款所属期销售额。

(三)增值税的税率

1. 比例税率的规定

(1)纳税人销售货物、劳务、有形动产租赁服务或者进口货物,除按规定适用9%税率的货物外,税率为13%。

采取填埋、焚烧等方式进行专业化处理后产生的货物,且货物归属委托方的,受托方属于提供"加工劳务",其收取的处理费用适用13%的税率。

(2)纳税人销售交通运输、邮政、基础电信、建筑、不动产租赁服务,销售不动产,转让土地使用权,销售或者进口下列货物,税率为9%:①粮食等农产品、食用植物油、食用盐;②自来水、暖气、冷气、热水、煤气、石油液化气、天然气、二甲醚、沼气、居民用煤炭制品;③图书、报纸、杂志、音像制品、电子出版物;④饲料、化肥、农药、农机、农膜;⑤国务院规定的其他货物。

(3)纳税人销售增值电信服务、金融服务、现代服务(有形动产租赁服务、不动产租赁除外)、生活服务以及销售无形资产(转让土地使用权除外),税率为6%。

2. 零税率的规定

(1)纳税人出口货物,税率为零;但是,国务院另有规定的除外。

(2)境内单位和个人跨境销售国务院规定的下列服务、无形资产,税率为零:

①国际运输服务,包括在境内载运旅客或者货物出境、在境外载运旅客或者货物入境、在境外载运旅客或者货物。

②航天运输服务。

③向境外单位提供的完全在境外消费的下列服务:研发服务;合同能源管理服务;设计服务;广播影视节目(作品)的制作和发行服务;软件服务;电路设计及测试服务;信息系统服务;业务流程管理服务;离岸服务外包业务,包括信息技术外包服务(ITO)、技术性业务流程外包服务(BPO)、技术性知识流程外包服务(KPO);转让技术。

④财政部和国家税务总局规定的其他服务。

3. 征收率的规定

(1)征收率的一般规定

小规模纳税人的增值税征收率为3%,国务院另有规定的除外;实行简易征税办法的纳税人适用3%的征收率。

2023年1月1日至2027年12月31日,增值税小规模纳税人适用3%征收率的应税销售收入,减按1%的征收率征收增值税;适用3%预征率的预缴增值税项目,减按1%的预征率预缴增值税。

(2)征收率的特殊规定

一般纳税人销售自产的下列货物,可选择按照简易办法,依照3%的征收率计算缴纳增值税:①县级及县级以下小型水力发电单位生产的电力。小型水力发电单位,是指各类投资主体建设的装机容量为5万千瓦以下(含5万千瓦)的小型水力发电单位。②建筑用和生产建筑材料所用的砂、土、石料。③以自己采掘的砂、土、石料或其他矿物连续生产的砖、瓦、石灰(不含粘土实心砖、瓦)。④用微生物、微生物代谢产物、动物毒素、人或动物的血液或组织制成的生物制品。⑤自来水。⑥商品混凝土(仅限于以水泥为原料生产的水泥混凝土)。

⑦自 2018 年 5 月 1 日起,增值税一般纳税人生产销售和批发、零售抗癌药品,可选择按照简易办法,依照 3% 的征收率计算缴纳增值税。⑧自 2019 年 3 月 1 日起,增值税一般纳税人生产、销售、批发、零售罕见病药品,可选择按照简易办法,依照 3% 的征收率计算缴纳增值税。

一般纳税人选择简易办法计算并缴纳增值税后,36 个月内不得变更。

一般纳税人销售货物属于下列情形之一的,暂按简易办法,依照 3% 的征收率计算缴纳增值税:①寄售商店代销寄售物品(包括居民个人寄售的物品在内);②典当业销售死当物品;③经国务院或国务院授权机关批准的免税商店零售的免税品。

一般纳税人销售自己使用过的固定资产,属于以下两种情形的,可按简易办法,依照 3% 的征收率减按 2% 征收增值税,且不得开具增值税专用发票:①纳税人购进或者自制固定资产时为小规模纳税人,认定为一般纳税人后销售该固定资产;②一般纳税人发生按简易办法征收增值税的应税行为,销售其按照规定不得抵扣且未抵扣进项税额的固定资产。

资管产品管理人运营资管产品过程中发生的增值税应税行为,暂适用简易计税方法,按照 3% 的征收率缴纳增值税。资管产品管理人包括银行、信托公司、公募基金管理公司及其子公司、证券公司及其子公司、期货公司及其子公司、私募基金管理人、保险资产管理公司、专业保险资产管理机构、养老保险公司。资管产品包括银行理财产品、资金信托(包括集合资金信托、单一资金信托)、财产权信托、公开募集的证券投资基金、特定客户的资产管理计划、集合资产管理计划、定向资产管理计划、私募投资基金、债权投资计划、股权投资计划、股债结合型投资计划、资产支持计划、组合类保险资产管理产品、养老保障管理产品。

一般纳税人可选择适用简易计税方法,按照 5% 的征收率计征增值税的项目:①销售其 2016 年 4 月 30 日前取得(不含自建)的不动产,以取得的全部价款和价外费用减去该项不动产购置原价或者取得不动产时的作价后的余额为销售额。②销售其 2016 年 4 月 30 日前自建的不动产。③房地产开发企业中的一般纳税人,销售自行开发的房地产老项目。④出租其 2016 年 4 月 30 日前取得(含租入)的不动产。⑤以经营租赁方式将其 2016 年 4 月 30 日前取得的土地出租给他人使用。⑥房地产开发企业中的一般纳税人,出租自行开发的房地产老项目。⑦转让 2016 年 4 月 30 日前取得的土地使用权,以取得的全部价款和价外费用减去取得该土地使用权的原价后的余额为销售额。⑧继续履行 2016 年 4 月 30 日前签订的不动产融资租赁合同,或以 2016 年 4 月 30 日前取得的不动产提供的融资租赁服务。⑨提供劳务派遣服务,可以选择差额纳税,以取得的全部价款和价外费用,扣除代用工单位支付给劳务派遣员工的工资、福利和为其办理社会保险及住房公积金后的余额为销售额。⑩提供安全保护服务,比照提供劳务派遣服务政策执行。⑪提供人力资源外包服务。⑫收取试点前开工(施工许可证注明的合同开工日期在 2016 年 4 月 30 日前)的一级公路、二级公路、桥、闸的通行费。⑬中外合作油(气)田开采的原油(含中外双方签订石油合同合作开采陆上的原油)、天然气,征收率为 5%,不抵扣进项税额,原油、天然气出口时不予退税。⑭住房租赁企业中的增值税一般纳税人向个人出租住房取得的全部出租收入,可以选择适用简易计税方法,按照 5% 的征收率减按 1.5% 计算缴纳增值税,或适用一般计税方法计算缴纳增值税。住房租赁企业中的增值税小规模纳税人向个人出租住房,按照 5% 的征收率减按 1.5% 计算缴纳增值税。住房租赁企业向个人出租利用非居住存量土地和非居住存量房屋(含商业办公用房、工业厂房改造后出租用于居住的房屋)建设的保障性租赁住房,取得保障性租赁住房项目认定书后,比照适用上述增值税政策。

小规模纳税人适用简易计税方法,按5%的征收率计征增值税的项目:①房地产开发企业中的小规模纳税人,销售自行开发的房地产项目。②转让2016年4月30日前取得的土地使用权,以取得的全部价款和价外费用减去取得该土地使用权的原价后的余额为销售额。③个人(个体工商户和其他个人,下同)销售其购买不足2年的住房。④销售其取得(不含自建)的不动产(不含个人销售购买的住房),应以取得的全部价款和价外费用减去该项不动产购置原价或者取得不动产时的作价后的余额为销售额。⑤销售其自建的不动产。其中,个人销售其自建自用住房免征增值税。⑥房地产开发企业中的小规模纳税人,出租自行开发的房地产项目。⑦出租其取得(含租入)的不动产。其中,个人出租住房应按照5%的征收率减按1.5%计算应纳税额。⑧以经营租赁方式将土地出租给他人使用。⑨提供劳务派遣服务,可以选择差额纳税,以取得的全部价款和价外费用,扣除代用工单位支付给劳务派遣员工的工资、福利和为其办理社会保险及住房公积金后的余额为销售额。⑩提供安全保护服务,比照提供劳务派遣服务的政策执行。

纳税人兼营不同税率的项目,应当分别核算不同税率项目的销售额;未分别核算销售额的,从高适用税率。税率和征收率的调整由国务院决定。

四、增值税的税收优惠

(一)增值税的起征点

为了照顾低收入纳税人生产经营和生活方面的困难,我国现行增值税设置了起征点的规定。增值税起征点的适用范围限于个人,包括个体工商户和其他个人,但不适用于登记认定为一般纳税人的个体工商户,即增值税起征点仅适用于按照小规模纳税人纳税的个体工商户和其他个人。对个人销售额未达到增值税起征点的,免征增值税。

增值税起征点的幅度规定如下:(1)按期纳税的,为月销售额5 000~20 000元(含本数);(2)按次纳税的,为每次(日)销售额300~500元(含本数)。

起征点的调整由财政部或国家税务总局规定。省、自治区、直辖市财政厅(局)和税务局应在规定的幅度内,根据实际情况确定本地区适用的起征点,并报财政部、国家税务总局备案。

纳税人的销售额未达到国务院财政、税务主管部门规定的增值税起征点的,免征增值税;达到起征点的,依照规定全额计算缴纳增值税。

(二)增值税的减免税

1.增值税政策性的免税规定

(1)对农业生产者销售的自产农业产品免征增值税。

(2)对避孕药品和用具免征增值税。

(3)对古旧图书免征增值税。古旧图书是指向社会收购的古书和旧书。

(4)对直接用于科学研究、科学试验和教学的进口仪器、设备免征增值税。

(5)对外国政府、国际组织无偿援助的进口物资和设备免征增值税。

(6)对由残疾人组织直接进口供残疾人专用的物品免征增值税。

(7)动漫软件出口免征增值税。

(8)境外教育机构与境内从事学历教育的学校开展中外合作办学,提供学历教育服务取得的收入免征增值税。这里所称"中外合作办学",是指中外教育机构按照《中华人民共和国中外合作办学条例》(国务院令第 372 号)的有关规定,合作举办的以中国公民为主要招生对象的教育教学活动。

(9)对单位或者个体工商户将自产、委托加工或购买的货物通过公益性社会组织、县级及以上人民政府及其组成部门和直属机构,或直接无偿捐赠给目标脱贫地区的单位和个人,免征增值税。在政策执行期限内,目标脱贫地区实现脱贫的,可继续适用上述政策。

2.增值税特定项目的减免税规定

(1)对残疾人员本人提供的服务免征增值税。

(2)对残疾人专用的假肢、轮椅、矫形器(包括上肢矫形器、下肢矫形器、脊椎侧弯矫形器)免征增值税。

(3)下列农业生产资料免征增值税:农膜;生产并销售的氮肥、磷肥以及以免税化肥为主要原料的复混肥(企业生产复混肥产品所用的免税化肥成本占原料中全部化肥成本的比重高于 70%);批发和零售的种子、种苗、化肥、农药、农机;有机肥;饲料。用于饲养动物的粮食、饲料添加剂、宠物饲料不属于免税范围。

(4)对安置残疾人的单位,实行由税务机关按单位实际安置残疾人的人数限额即征即退增值税的办法。

(5)对增值税纳税人收取的会员费收入不征收增值税。

(6)按债转股企业与金融资产管理公司签订的债转股协议,债转股原企业将货物资产作为投资提供给债转股新公司的,免征增值税。

(7)转让企业全部产权是整体转让企业资产、债权、债务及劳动力的行为,因此,转让企业全部产权涉及的应税货物的转让,不属于增值税的征税范围,不征收增值税。

(8)纳税人在资产重组过程中,通过合并、分立、出售、置换等方式,将全部或者部分实物资产以及与其相关联的债权、债务和劳动力一并转让给其他单位和个人,不属于增值税的征税范围,其中涉及的货物转让,不征收增值税。

(9)对从事蔬菜批发、零售的纳税人销售的蔬菜免征增值税。

(10)对从事农产品批发、零售的纳税人销售的部分鲜活肉蛋产品免征增值税。

(11)小规模纳税人发生增值税应税销售行为,合计月销售额未超过 10 万元(以一个季度为一个纳税期的,季度销售额未超过 30 万元)的,免征增值税。

(12)对电影主管部门(包括中央、省、地市及县级)按照各自职能权限批准从事电影制片、发行、放映的电影集团公司(含成员企业)、电影制片厂及其他电影企业取得的销售电影拷贝(含数字拷贝)收入、转让电影版权(包括转让和许可使用)收入、电影发行收入以及在农村取得的电影放映收入,免征增值税。

(13)对广播电视运营服务企业收取的有线数字电视基本收视维护费和农村有线电视基本收视费,免征增值税。

(14)对经国务院批准对外开放的货物期货品种保税交割业务,暂免征收增值税。

(15)对经营公租房所取得的租金收入,免征增值税。

(16)对供热企业向居民个人供热取得的采暖费收入免征增值税。

(17)对边销茶生产企业销售自产的边销茶及经销企业销售的边销茶免征增值税。

(18)对图书批发、零售环节免征增值税。

(19)对科普单位的门票收入,以及县级及以上党政部门和科协开展科普活动的门票收入免征增值税。

(20)对国产抗艾滋病病毒药品在生产环节和流通环节免征增值税。

(21)对饮水工程运营管理单位向农村居民提供生活用水取得的自来水销售收入,免征增值税。但对既向城镇居民供水,又向农村居民供水的饮水工程运营管理单位,依据向农村居民供水收入占总供水收入的比例免征增值税;无法提供具体比例或所提供数据不实的,不得享受此税收优惠政策。

(22)对企业集团内单位(含企业集团)之间的资金无偿借贷行为,免征增值税。

3.金融服务的免税规定

(1)利息收入:①国家助学贷款;②国债、地方政府债;③人民银行对金融机构的贷款;④住房公积金管理中心用住房公积金在指定的委托银行发放的个人住房贷款;⑤外汇管理部门在从事国家外汇储备经营过程中,委托金融机构发放的外汇贷款;⑥统借统还业务中,企业集团或企业集团中的核心企业以及集团所属财务公司按不高于支付给金融机构的借款利率水平或者支付的债券票面利率水平,向企业集团或者集团内下属单位收取的利息;⑦金融机构向小型企业、微型企业和个体工商户发放小额贷款取得的利息收入;⑧经省级地方金融监督管理部门批准成立的小额贷款公司取得的农户小额贷款利息收入;⑨金融机构向农户发放小额贷款取得的利息收入。

(2)被撤销金融机构以货物、不动产、无形资产、有价证券、票据等财产清偿债务。

(3)保险公司开办的1年期以上人身保险产品取得的保费收入。

(4)境内保险公司向境外保险公司提供的完全在境外消费的再保险服务。

(5)下列金融商品转让收入:①合格境外投资者(QFII)委托境内公司在我国从事证券买卖业务。②香港市场投资者(包括单位和个人)通过沪港通买卖上海证券交易所上市A股。③香港市场投资者(包括单位和个人)通过基金互认买卖内地基金份额。④证券投资基金(封闭式证券投资基金、开放式证券投资基金)管理人运用基金买卖股票、债券。⑤个人从事金融商品转让业务。⑥人民币合格境外投资者委托境内公司在我国从事证券买卖业务,以及经人民银行认可的境外投资银行间本币市场取得的收入。

(6)金融同业往来利息收入:①金融机构与人民银行发生的资金往来业务,包括人民银行对一般金融机构贷款,以及人民银行对商业银行的再贴现等。②银行联行往来业务。同一银行系统内部不同行、处之间发生的资金账务往来业务。③金融机构间的资金往来业务,即经人民银行批准,进入全国银行间同业拆借市场的金融机构之间通过全国统一的同业拆借网络进行的短期(1年以下含1年)无担保资金融通行为。④金融机构之间开展的转贴现业务。

(7)符合条件的中小企业信用担保或再担保业务收入。

(8)国家商品储备管理单位及其直属企业承担商品储备任务,从中央或者地方财政取得的利息补贴收入和价差补贴收入。

(9)对社保基金会、社保基金投资管理人在运用社保基金投资过程中提供贷款服务取得的全部利息及利息性质的收入和金融商品转让收入。

(10)对社保基金会及养老基金投资管理机构,在国务院批准的投资范围内运用养老基金投资过程中提供贷款服务取得的全部利息及利息性质的收入和金融商品转让收入。

(11)纳税人为农户、小型企业、微型企业及个体工商户借款、发行债券提供融资担保取得的担保费收入,以及为上述融资担保提供再担保取得的再担保费收入。

4. 现代服务和交通运输服务的免税规定

(1)纳税人提供技术转让、技术开发和与之相关的技术咨询、技术服务。

(2)纳税人提供的直接或者间接国际货物运输代理服务。

(3)符合条件的节能服务公司实施合同能源管理项目中提供的合同能源管理服务。

(4)军队空余房产租赁收入。

(5)为了配合国家住房制度改革,企业、行政事业单位按房改成本价、标准价出售住房取得的收入。

(6)台湾航运公司、航空公司从事海峡两岸海上直航、空中直航业务在大陆取得的运输收入。

(7)行政单位之外的其他单位收取的符合《营业税改征增值税试点实施办法》第十条规定条件的政府性基金和行政事业性收费。

(8)随军家属就业:①为安置随军家属就业而新开办的企业,自领取税务登记证之日起,其提供的应税服务3年内免征增值税。享受税收优惠政策的企业中的随军家属必须占企业总人数的60%(含)以上,并有军(含)以上政治和后勤机关出具的证明。②从事个体经营的随军家属,自办理税务登记事项之日起,其提供的应税服务3年内免征增值税。随军家属必须有师以上政治机关出具的可以表明其身份的证明。按照上述规定,每一名随军家属可以享受一次免税政策。

(9)军队转业干部就业:①从事个体经营的军队转业干部,自领取税务登记证之日起,其提供的应税服务3年内免征增值税。②为安置自主择业的军队转业干部就业而新开办的企业,凡安置自主择业的军队转业干部占企业总人数60%(含)以上的,自领取税务登记证之日起,其提供的应税服务3年内免征增值税。享受上述优惠政策的自主择业的军队转业干部必须持有师以上部队颁发的转业证件。

5. 生活服务的免税规定

(1)托儿所、幼儿园提供的保育和教育服务。

(2)养老机构提供的养老服务。

(3)残疾人福利机构提供的育养服务。

(4)婚姻介绍服务。

(5)殡葬服务。

(6)残疾人员本人为社会提供的服务。

(7)医疗机构提供的医疗服务。

(8)从事学历教育的学校提供的教育服务。

(9)政府举办的从事学历教育的高等、中等和初等学校(不含下属单位)举办进修班、培训班取得的全部归该学校所有的收入。其中,举办进修班、培训班取得的收入进入该学校下属部门自行开设账户的,不予免征增值税。

(10)政府举办的职业学校设立的,主要为在校学生提供实习场所并由学校出资自办、由学校负责经营管理、经营收入归学校所有的企业,从事《销售服务、无形资产或者不动产注释》中"现代服务"(不含融资租赁服务、广告服务和其他现代服务)、"生活服务"(不含文化体育服务、其他生活服务和桑拿、氧吧)业务活动取得的收入。

(11)学生勤工俭学提供的服务。

(12)农业机耕、排灌、病虫害防治、植物保护、农牧保险以及相关技术培训业务,家禽、牲畜、水生动物的配种和疾病防治。

(13)纪念馆、博物馆、文化馆、文物保护单位管理机构、美术馆、展览馆、书画院、图书馆在自己的场所提供文化体育服务取得的第一道门票收入。

(14)寺院、宫观、清真寺和教堂举办文化、宗教活动的门票收入。

(15)家政服务企业由员工制家政服务员提供家政服务取得的收入。

(16)福利彩票、体育彩票的发行收入。

6. 销售无形资产和不动产的免税规定

(1)个人转让著作权。

(2)将土地使用权转让给农业生产者用于农业生产。

(3)涉及家庭财产分割的个人无偿转让不动产、土地使用权。

家庭财产分割包括下列情形:离婚财产分割;无偿赠与配偶、父母、子女、祖父母、外祖父母、孙子女、外孙子女、兄弟姐妹;无偿赠与对其承担直接抚养或者赡养义务的抚养人或者赡养人;房屋产权所有人死亡,法定继承人、遗嘱继承人或者受遗赠人依法取得房屋产权。

(4)土地所有者出让土地使用权,土地使用者将土地使用权归还土地所有者。

(5)县级以上地方人民政府或自然资源行政主管部门出让、转让或收回自然资源使用权(不含土地使用权)。

(6)纳税人采取转包、出租、互换、转让、入股等方式将承包地流转给农业生产者用于农业生产。

(7)个人销售自建自用住房。

(8)为了配合国家住房制度改革,企业、行政事业单位按房改成本价、标准价出售住房取得的收入。

7. 跨境应税行为的免税规定

(1)工程项目在境外的建筑服务。

(2)工程项目在境外的工程监理服务。

(3)工程、矿产资源在境外的工程勘察勘探服务。

(4)会议展览地点在境外的会议展览服务。

(5)存储地点在境外的仓储服务。

(6)标的物在境外使用的有形动产租赁服务。

(7)在境外提供的广播影视节目(作品)播映服务。

(8)在境外提供的文化体育服务、教育医疗服务、旅游服务。

(9)为出口货物提供的邮政服务、收派服务、保险服务。

(10)向境外单位销售的完全在境外消费的电信服务、知识产权服务、物流辅助服务(仓储服务、收派服务除外)、鉴证咨询服务、专业技术服务、商务辅助服务、无形资产(技术除外)。

(11)向境外单位销售的广告投放地在境外的广告服务。

(12)为境外单位之间的货币资金融通及其他金融业务提供的直接收费金融服务,且该服务与境内的货物、无形资产和不动产无关。

(13)属于以下情形的国际运输服务:①以无运输工具承运方式提供的国际运输服务;②以水路运输方式提供的国际运输服务;③以公路运输方式提供的国际运输服务;④以航空运输方式提供的国际运输服务。

(14)符合零税率政策,但适用简易计税方法或声明放弃适用零税率而选择免税的下列应税行为:①国际运输服务;②航天运输服务;③向境外单位提供的完全在境外消费的研发服务、合同能源管理服务、设计服务、广播影视节目(作品)的制作和发行服务、软件服务、电路设计及测试服务、信息系统服务、业务流程管理服务和离岸服务外包业务;④向境外单位转让完全在境外消费的技术。

思政知识窗

党的十八大以来税收促进共同富裕的主要贡献

党的十八大以来,我国经济持续稳定增长,但前进道路并不平坦,发展不平衡不充分问题依然突出,城乡区域发展差距和居民收入分配差距依然较大,群众在教育、就业、医疗、托育、养老、住房等方面还面临不少难题。2014年,中共中央政治局会议审议通过的《深化财税体制改革总体方案》提出,要建立有利于科学发展、社会公平、市场统一的税收制度体系,充分发挥税收筹集财政收入、调节分配、促进结构优化的职能作用。基于此,我国税制改革开始进入"快车道"。通过减税降费、增值税和个人所得税等制度改革,税收在调节分配、促进共同富裕方面发挥了至关重要的作用。

一是持续减税降费,减轻市场主体税费负担,为保障居民就业和收入稳定奠定了坚实基础。十年来,税务部门办理新增减税降费累计8.8万亿元,我国宏观税负从2012年的18.7%降至2021年的15.1%。从2012年"结构性减税"到2013年"结合税制改革完善结构性减税政策",从2015年"定向减税和普遍性降费"到2019年"普惠性减税与结构性减税并举",再到2022年"坚持阶段性措施和制度性安排相结合,减税与退税并举",我国减税降费政策循序渐进、久久为功。大规模、普遍性的减税降费,不仅在总量上有力对冲了经济下行的压力,稳定了宏观经济大盘,而且支撑了供给侧结构性改革。一系列针对特定小微企业的就业创业、纾困解难措施,极大地增强了市场主体抵御风险的能力,保证了我国就业"基本盘"在"新冠"疫情冲击下未发生系统性风险。

二是深化增值税改革,充分发挥增值税的"中性"特征,促进企业高质量发展,保就业、稳民生。党的十八大以来,在前期试点的基础上,"营改增"于2016年5月全面推开。在"营改增"取得成效后,增值税制度继续深化改革。2017年7月,增值税税率从四档简并为三档;2018年5月、2019年4月增值税税率两次下调。同时,不断扩大进项税抵扣范围,完善留抵退税政策,实现了所有行业税负"只减不增"。2022年以来,我国还实施了更大力度的留抵退税政策,将先进制造业按月全额退还增值税增量留抵税额政策范围扩大至符合条件的小微企业和六个重点行业。有研究表明,增值税留抵退税政策可以通过缓解融资约束和扩大市场需求来影响企业雇用决策。就业是民生之本,更是实现全体人民共同富裕的基本保证,我国实行大规模留抵退税,"加大了对企业稳岗扩岗的支持力度",有利于保就业、稳民生。

三是完善个人所得税制度,优化税收再分配职能。建立综合与分类相结合的个人所得税制度是直接税改革的重中之重,对于健全以税收、社会保障、转移支付等为主要手段的再分配调节机制,强化税收再分配职能具有举足轻重的作用。党的十八大以来,财税部门同心协力、迎难而上,抓住移动互联、大数据、云计算等数字化技术突破的契机,提升征管技术、完善征管手段、改革征管制度,努力推进我国综合与分类相结合的个人所得税制度改革。2018年8月,十三届全国人民代表大会常务委员会第五次会议通过了《关于修改〈中华人民共和国个人所得税法〉的决定》,将工资薪金所得、劳务报酬所得、稿酬所得、特许权使用费所得按纳税年度合并计算缴纳个人所得税,同时推出专项附加扣除政策,调整并优化了税率结构。我国综合与分类相结合的个人所得税制度改革的成功,不仅提高了直接税比重、优化了税制结构、完善了直接税制度,而且从长远看,为调节收入分配、缩小贫富差距、实现共同富裕奠定了基础性制度框架。

资料来源:于海峰,葛立宇.加大税收调节力度 促进全体人民共同富裕[J].税务研究,2023(1):12—14.

五、增值税应纳税额的计算

(一)一般计税方法下应纳税额的计算

除一些特殊情况适用简易计税方法计税外,增值税一般纳税人销售货物、劳务、服务、无形资产、不动产,采用一般计税方法计算缴纳增值税。一般计税方法下的应纳税额为当期销项税额抵扣当期进项税额后的余额,应纳税额计算公式如下:

$$应纳税额 = 当期销项税额 - 当期进项税额$$

当期销项税额小于当期进项税额不足以抵扣时,其不足部分可以结转下期继续抵扣。

1. 销项税额的计算

销项税额是指纳税人发生应税销售行为,按照销售额和规定税率计算并向购买方收取的增值税税额。销项税额的计算公式如下:

$$销项税额 = 销售额 \times 增值税适用税率$$

从上述公式可知,销项税额的正确计算取决于销售额和增值税适用税率两个因素。

(1)销售额确认的一般规定

销售额为纳税人销售货物、劳务、服务、无形资产、不动产收取的全部价款和价外费用,但是不包括收取的销项税额。

价外费用包括价外向购买方收取的手续费、补贴、基金、集资费、返还利润、奖励费、违约金、滞纳金、延期付款利息、赔偿金、代收款项、代垫款项、包装费、包装物租金、储备费、优质费、运输装卸费以及其他各种性质的价外收费;但下列项目不包括在内:

①受托加工应征消费税的消费品所代收代缴的消费税。

②同时符合以下条件的代垫运输费用:承运部门的运输费用发票开具给购买方的,纳税人将该项发票转交给购买方的。

③同时符合以下条件代为收取的政府性基金或者行政事业性收费:由国务院或者财政部批准设立的政府性基金,由国务院或者省级人民政府及其财政、价格主管部门批准设立的行政事业性收费;收取时开具省级以上财政部门印制的财政票据;所收款项全额上缴财政。

④销售货物的同时代办保险等而向购买方收取的保险费,以及向购买方收取的代购买方缴纳的车辆购置税、车辆牌照费。

⑤以委托方名义开具发票代委托方收取的款项。

凡随同应税销售行为收取的价外费用,无论会计制度规定如何核算,均应并入销售额计算应纳税额。应当注意,根据国家税务总局的规定,对增值税一般纳税人向购买方收取的价外费用和逾期包装物押金,应视为含税收入,在征税时应换算成不含税收入再并入销售额。

销售额应以人民币计算。纳税人以人民币以外的货币结算销售额的,应当折合成人民币计算。折合率可以选择销售额发生的当天或者当月1日的人民币汇率中间价。纳税人应当事先确定采用何种折合率,确定后12个月内不得变更。

(2)特殊销售方式下的销售额

①采取折扣方式销售

纳税人销售过程中的折扣分为两种:商业折扣和现金折扣。

商业折扣也称"价格折扣"或"折扣销售",是销货方为鼓励购货方购买较多数量而给予的价格优惠,即购买数量越多,价格越低。商业折扣一般从销售价格中直接扣除,即购买方的价款和销售方所收的货款按打折以后的售价计算。在大多数情况下,销售额和折扣额是需要在同一张发票上注明的。[①] 但纳税人销售货物并向购买方开具增值税专用发票后,由于购货方在一定时期内累计购买货物达到一定数量,或者由于市场价格下降等,销货方给予购货方相应的价格优惠或补偿等折扣、折让,销货方也可按现行有关规定开具红字增值税专用发票。

现金折扣也称"销售折扣",是销货方为鼓励购买方在一定期限内早日偿还货款而给予购买方的一种债务扣除。如某企业销售一批商品,付款条件为2/10、1/20、n/30。这表示购买方在10日内付款,货款折扣为2%;在20日内付款,货款折扣为1%;在30日内付款,要全额

[①] 《关于折扣额抵减增值税应税销售额问题的通知》(国税函〔2010〕56号)规定,纳税人采取折扣方式销售货物,销售额和折扣额在同一张发票上分别注明,是指销售额和折扣额在同一张发票上的"金额"栏中分别注明,可按折扣后的销售额征收增值税;未在同一张发票的"金额"栏中注明折扣额,而仅在发票的"备注"栏中注明折扣额的,折扣额不得从销售额中减除。

支付。现金折扣发生在销货之后，是一种融资性质的理财费用，因此，税法规定现金折扣不得从销售额中扣除。

在理解以折扣方式销售货物时，还需要注意以下两点：第一，必须将现金折扣与销售折让准确区分。销售折让是指货物销售后，由于其品种、质量等问题，购货方未退货，但销货方需给予购货方的一种价格折让。销售折让与现金折扣相比较，虽然两者都是在货物销售后发生的，但因为销售折让是由于货物的品种和质量问题而引起的销售额的减少，因此，对销售折让可以以折让后的货款为销售额。第二，商业折扣仅限于货物价格的折扣，如果销货方将自产、委托加工和购买的货物用于实物折扣，则该货物的价款或折合的价值量不能从货物的销售额中减除，且该货物应按"视同销售货物"中的"赠送他人"计算征收增值税。

②采取以旧换新方式销售

以旧换新是指纳税人在销售自己的货物时，折价收回同类旧货物，并以折价款部分冲减货物价款的一种销售方式。鉴于销售货物和收购货物是两种不同的业务活动，销售额和收购额不能相互抵减。我国税法规定，采取以旧换新方式销售货物（金银首饰除外）的，应按新货物的同期销售价格确定销售额，不得扣减旧货物的收购价格。但考虑到金银首饰以旧换新业务的特殊情况，对金银首饰以旧换新业务，可以按销售方实际收取的不含增值税的全部价款征收增值税。

③采取还本销售方式销售

还本销售是指纳税人在销售货物后，按约定时间，一次或分次将购货款部分或全部退还购货方，退还的货款即还本支出。这种方式实际上是以提供货物而取得还本不付息的资金的一种融资行为。税法规定，纳税人采取还本销售方式销售货物的，其销售额就是货物的销售价格，不得从销售额中减除还本支出。

④采取以物易物方式销售

以物易物是一种较为特殊的购销活动，是指在货物所有权转让过程中，交易双方不是以货币结算，而是以同等价款的货物相互结算，实现货物购销的一种方式。尽管以物易物销售方式不直接涉及货币收支活动，但其实质上仍是一种购销行为。因此，从税务处理角度看，以物易物的双方都应做购销处理，以各自发出的货物核算销售额并计算销项税额，以各自收到的货物核算购货额并计算进项税额。值得注意的是，以物易物活动中，双方应分别开具合法的票据，收到的货物不能取得相应的增值税专用发票和其他合法票据的，一律不得抵扣进项税额。

⑤直销企业增值税销售额的确定

直销企业的经营模式主要有两种：一是直销员按照批发价向直销企业购买货物，再按照零售价向消费者销售货物；二是直销员仅起到中介介绍作用，直销企业按照零售价向直销员介绍的消费者销售货物，并另外向直销员支付报酬。

根据直销企业的经营模式，直销企业增值税销售额的确定分以下两种情况：

第一，直销企业先将货物销售给直销员，直销员再将货物销售给消费者的，直销企业的销售额为其向直销员收取的全部价款和价外费用。直销员将货物销售给消费者时，应按照现行规定缴纳增值税。

第二,直销企业通过直销员向消费者销售货物,直接向消费者收取货款,直销企业的销售额为其向消费者收取的全部价款和价外费用。

⑥带包装物销售的包装物押金的处理

包装物是指纳税人包装本单位货物的各种物品。纳税人销售货物时另收取包装物押金,目的是促使购货方尽早退回包装物以便周转使用。税法规定,纳税人为销售货物而出租出借包装物收取的押金,单独记账核算,时间在12个月以内,又未过期的,不并入销售额征税;但对因逾期未收回包装物而不再退还的押金,应按所包装货物的适用税率计算销项税额。这里的"逾期",是指按合同约定实际逾期或以12个月为期限,对收取12个月以上的押金,无论是否退还,均并入销售额征税。当然,在将包装物押金并入销售额征税时,需要先将该押金换算为不含税价,再并入销售额征税。对于个别包装物周转使用期限较长的,报经税务机关确定后,可适当放宽逾期期限。另外,包装物押金不应混同于包装物租金,包装物租金在销货时作为价外费用并入销售额计算销项税额。

对销售除啤酒、黄酒外的其他酒类产品而收取的包装物押金,无论是否返还以及会计上如何核算,均应并入当期销售额征税。对销售啤酒、黄酒所收取的押金,按上述一般押金的规定处理。

⑦对价格明显偏低且无正当理由或者视同销售货物行为销售额的确定

纳税人有价格明显偏低且无正当理由或者有视同销售货物行为而无销售额的,按下列顺序确定销售额:

第一,按纳税人最近时期同类货物的平均销售价格确定。

第二,按其他纳税人最近时期同类货物的平均销售价格确定。

第三,按组成计税价格确定。组成计税价格的公式如下:

$$组成计税价格=成本\times(1+成本利润率)$$

属于应征消费税的货物,其组成计税价格中应加计消费税税额。其组成计税价格的公式如下:

$$组成计税价格=成本\times(1+成本利润率)+消费税税额$$
$$或=成本\times(1+成本利润率)\div(1-消费税税率)$$

公式中的"成本"分两种:销售自产货物的,为实际生产成本;销售外购货物的,为实际采购成本。公式中的"成本利润率"由国家税务总局统一确定为10%;但属于应按从价定率征收消费税的货物,其成本利润率为消费税有关法规中确定的成本利润率。

(3)建筑服务业销售额的确认

一般纳税人跨县(市)提供建筑服务,适用一般计税方法计税的,应以取得的全部价款和价外费用为销售额计算应纳税额。纳税人应以取得的全部价款和价外费用扣除支付的分包款后的余额,按照2%的预征率在建筑服务发生地预缴税款后,向机构所在地主管税务机关纳税申报。

纳税人取得的全部价款和价外费用扣除支付的分包款后的余额为负数的,可结转下次预缴税款时继续扣除。

纳税人按照上述规定从取得的全部价款和价外费用中扣除支付的分包款,应当取得符合法律、行政法规和国家税务总局规定的合法有效凭证,否则不得扣除。

(4)金融、保险业销售额的确认

①贷款服务

贷款服务以提供贷款服务取得的全部利息及利息性质的收入为销售额。

金融机构开展贴现、转贴现业务,以其实际持有票据期间取得的利息收入作为贷款服务销售额计算缴纳增值税。

②直接收费金融服务

直接收费金融服务以提供直接收费金融服务收取的手续费、佣金、酬金、管理费、服务费、经手费、开户费、过户费、结算费、转托管费等各类费用为销售额。

③金融商品转让

金融商品转让按照卖出价扣除买入价后的余额为销售额。

转让金融商品出现的正负差,以盈亏相抵后的余额为销售额。若相抵后出现负差,则可结转下一纳税期与下期转让金融商品销售额相抵;但年末时仍出现负差的,不得转入下一个会计年度。

金融商品的买入价,可以选择按照加权平均法或者移动加权平均法进行核算,选择后36个月内不得变更。金融商品转让,不得开具增值税专用发票。

④保险服务

保险服务以收取的人身保险和财产保险的保费为销售额。

⑤经纪代理服务

经纪代理服务以取得的全部价款和价外费用,扣除向委托方收取并代为支付的政府性基金或者行政事业性收费后的余额为销售额。向委托方收取的政府性基金或者行政事业性收费,不得开具增值税专用发票。

⑥融资租赁和融资性售后回租业务

第一,经人民银行、国家金融监督管理总局或者商务部批准从事融资租赁业务的试点纳税人,提供融资租赁服务,以取得的全部价款和价外费用,扣除支付的借款利息(包括外汇借款和人民币借款利息)、发行债券利息和车辆购置税后的余额为销售额。

第二,经人民银行、国家金融监督管理总局或者商务部批准从事融资租赁业务的试点纳税人,提供融资性售后回租服务,以取得的全部价款和价外费用(不含本金),扣除对外支付的借款利息(包括外汇借款和人民币借款利息)、发行债券利息后的余额作为销售额。

第三,试点纳税人根据2016年4月30日前签订的有形动产融资性售后回租合同,在合同到期前提供的有形动产融资性售后回租服务,可继续按照有形动产融资租赁服务缴纳增值税。

继续按照有形动产融资租赁服务缴纳增值税的试点纳税人,经人民银行、国家金融监督管理总局或者商务部批准从事融资租赁业务的,根据2016年4月30日前签订的有形动产融资性售后回租合同,在合同到期前提供的有形动产融资性售后回租服务,可以选择以下方法之一计算销售额:

一是以向承租方收取的全部价款和价外费用,扣除向承租方收取的价款本金,以及对外支付的借款利息(包括外汇借款和人民币借款利息)、发行债券利息后的余额为销售额。

纳税人提供有形动产融资性售后回租服务,计算当期销售额时可以扣除的价款本金为书面合同约定的当期应当收取的本金;无书面合同或者书面合同没有约定的,为当期实际收取的本金。

试点纳税人提供有形动产融资性售后回租服务,向承租方收取的有形动产价款本金,不得开具增值税专用发票,可以开具普通发票。

二是以向承租方收取的全部价款和价外费用,扣除支付的借款利息(包括外汇借款和人民币借款利息)、发行债券利息后的余额为销售额。

第四,经商务部授权的省级商务主管部门和国家经济技术开发区批准的从事融资租赁业务的试点纳税人,2016年5月1日后实收资本达到1.7亿元的,从达到标准的当月起按照上述第一、二、三项规定执行;2016年5月1日后实收资本未达到1.7亿元但注册资本达到1.7亿元的,在2016年7月31日前仍可按照上述第一、二、三项规定执行;2016年8月1日后开展的融资租赁业务和融资性售后回租业务,不得按照上述第一、二、三项规定执行。

(5)转让不动产销售额的确认

①一般纳税人销售其2016年4月30日前取得(不含自建)的不动产,适用一般计税方法计税的,以取得的全部价款和价外费用为销售额计算应纳税额。上述纳税人应以取得的全部价款和价外费用减去该项不动产购置原价或者取得不动产时的作价后的余额,按照5%的预征率在不动产所在地预缴税款。

②一般纳税人销售其2016年4月30日前自建的不动产,适用一般计税方法计税的,应以取得的全部价款和价外费用为销售额计算应纳税额。纳税人应以取得的全部价款和价外费用,按照5%的预征率在不动产所在地预缴税款。

③一般纳税人销售其2016年5月1日后取得(不含自建)的不动产,应适用一般计税方法,以取得的全部价款和价外费用为销售额计算应纳税额。纳税人应以取得的全部价款和价外费用减去该项不动产购置原价或者取得不动产时的作价后的余额,按照5%的预征率在不动产所在地预缴税款。

④一般纳税人销售其2016年5月1日后自建的不动产,应适用一般计税方法,以取得的全部价款和价外费用为销售额计算应纳税额。纳税人应以取得的全部价款和价外费用,按照5%的预征率在不动产所在地预缴税款。

⑤房地产开发企业中的一般纳税人销售其开发的房地产项目(选择简易计税方法的房地产老项目除外),以取得的全部价款和价外费用,扣除受让土地时向政府部门支付的土地价款后的余额为销售额。

⑥房地产开发企业中的一般纳税人销售房地产老项目,以及一般纳税人出租其2016年4月30日前取得的不动产,适用一般计税方法计税的,应以取得的全部价款和价外费用,按照3%的预征率在不动产所在地预缴税款。

房地产老项目,是指建筑工程施工许可证注明的合同开工日期在2016年4月30日前的房地产项目。

⑦个人转让其购买的住房,按照以下规定缴纳增值税:

个人转让其购买的住房,按照有关规定全额缴纳增值税的,以取得的全部价款和价外费用为销售额,按照5%的征收率计算应纳税额。

个人转让其购买的住房,按照有关规定差额缴纳增值税的,以取得的全部价款和价外费用扣除购买住房价款后的余额为销售额,按照5%的征收率计算应纳税额。

个体工商户应按规定的计税方法向住房所在地主管地税机关预缴税款,向机构所在地主管国税机关申报纳税;其他个人应按规定的计税方法向住房所在地主管地税机关申报纳税。

(6) 部分服务业销售额的确认

①航空运输企业的销售额不包括代收的机场建设费和代售其他航空运输企业客票而代收转付的价款。

②自2018年1月1日起,航空运输销售代理企业提供境外航段机票代理服务,以取得的全部价款和价外费用,扣除向客户收取并支付给其他单位或者个人的境外航段机票结算款和相关费用后的余额为销售额。其中,支付给境内单位或者个人的款项,以发票或行程单为合法有效凭证;支付给境外单位或者个人的款项,以签收单据为合法有效凭证。税务机关对签收单据有异议的,可以要求航空运输销售代理企业提供境外公证机构的确认证明。

③一般纳税人提供客运场站服务,以其取得的全部价款和价外费用,扣除支付给承运方的运费后的余额为销售额。

④纳税人提供旅游服务,可以选择以取得的全部价款和价外费用,扣除向旅游服务购买方收取并支付给其他单位或者个人的住宿费、餐饮费、交通费、签证费、门票费和支付给其他接团旅游企业的旅游费用后的余额为销售额。

⑤中国移动通信集团公司、中国联合网络通信集团有限公司、中国电信集团公司及其成员单位通过手机短信公益特服号为公益性机构接受捐赠服务,以取得的全部价款和价外费用,扣除支付给公益性机构捐款后的余额为销售额。

⑥一般纳税人提供知识产权代理服务、货物运输代理服务和代理报关服务,以其取得的全部价款和价外费用,扣除向委托方收取并代为支付的政府性基金或行政事业性收费后的余额为销售额。向委托方收取并代为支付的政府性基金或行政事业性收费,不得开具增值税专用发票。

⑦一般纳税人提供国际货物运输代理服务,以其取得的全部价款和价外费用,扣除支付给国际运输企业的国际运输费后的余额为销售额。

上述一般纳税人从全部价款和价外费用中扣除的价款,应当取得符合法律、行政法规和国家税务总局规定的有效凭证;否则,不得扣除。

(7) 含税销售额的换算

增值税属于价外税,纳税人在销售货物并开具发票时,应将销售额和增值税税额分项记录。一般纳税人销售货物或应税劳务采用销售额和销项税额合并定价方法的,其不含税销售额的计算公式如下:

$$不含税销售额 = 含税销售额 \div (1 + 增值税税率)$$

(8) 混合销售行为销售额的确定

混合销售行为依照规定应当缴纳增值税的,其销售额为货物的销售额与非增值税应税劳务营业额的合计。该非增值税应税劳务营业额应视同含税销售额处理，计税时应将非增值税应税劳务营业额换算为不含增值税的收入，然后并入货物销售额。

(9)兼营非增值税应税劳务销售额的确定

纳税人兼营非增值税应税项目的，应分别核算货物或者应税劳务的销售额和非增值税应税项目的营业额；未分别核算的，由主管税务机关核定货物或者应税劳务的销售额。

2.进项税额的计算

进项税额是指纳税人购进货物、劳务、服务、无形资产、不动产支付或者负担的增值税税额。需要注意的是，并不是纳税人购进货物、劳务、服务、无形资产或者不动产所支付或负担的增值税税额都可以在销项税额中抵扣。因此，税法对进项税额的抵扣项目做了严格规定。

一般而言，准予抵扣的进项税额可以根据以下两种方法确定：一是进项税额体现支付或者负担的增值税税额，直接在销售方开具的增值税专用发票和海关完税凭证上注明的税额不需要计算；二是购进货物、劳务、服务、无形资产、不动产时，其进项税额根据支付金额和法定扣除率计算。

(1)准予抵扣进项税额的一般规定

按照规定，准予从销项税额中抵扣的进项税额限于下列增值税扣税凭证上注明的增值税税额和按规定的扣除率计算的进项税额。增值税扣税凭证是指增值税专用发票、海关进口增值税专用缴款书、农产品收购发票、农产品销售发票和完税凭证。

①从销售方取得的增值税专用发票上注明的增值税税额。[①]

②从海关取得的海关进口增值税专用缴款书上注明的增值税税额。

③自境外单位或者个人购进劳务、服务、无形资产或者境内的不动产，从税务机关或者扣缴义务人处取得的代扣代缴税款的完税凭证上注明的增值税税额。

④纳税人购进农产品进项税额的扣除：

第一，纳税人购进农产品，取得一般纳税人开具的增值税专用发票或海关进口增值税专用缴款书的，以增值税专用发票或海关进口增值税专用缴款书上注明的增值税税额为进项税额。

第二，从按照简易计税方法依照3%的征收率计算缴纳增值税的小规模纳税人取得增值税专用发票的，以增值税专用发票上注明的金额和9%的扣除率计算进项税额。

第三，纳税人取得(开具)农产品销售发票[②]或收购发票的，以农产品销售发票或收购发票上注明的农产品买价和9%的扣除率计算进项税额。

第四，纳税人购进用于生产销售或委托加工13%税率货物的农产品，按照10%的扣除率计算进项税额。其中，9%是凭票据实抵扣或者凭票计算抵扣，在生产领用农产品当期再按1%加计抵扣进项税额。

---

① 企业购置增值税防伪税控系统专用设备和通用设备，可凭购货所取得的增值税专用发票所注明的税额从增值税销项税额中抵扣。其中，专用设备包括税控金税卡、税控IC卡和读卡器；通用设备包括用于防伪税控系统开具增值税专用发票的计算机和打印机。增值税一般纳税人用于采集增值税专用发票抵扣联信息的扫描器具和计算机，属于防伪税控通用设备。纳税人购置上述设备取得的增值税专用发票所注明的增值税税额计入当期增值税进项税额。

② 所称"销售发票"，是指农业生产者销售自产农产品适用免征增值税政策而开具的普通发票。纳税人从批发、零售环节购进适用免征增值税政策的蔬菜、部分鲜活肉蛋而取得的普通发票，不得作为计算抵扣进项税额的凭证。

第五，对烟叶税纳税人按规定缴纳的烟叶税，准予并入烟叶产品的买价计算增值税进项税额，并在计算缴纳增值税时予以抵扣。纳税人购进烟叶准予抵扣的增值税进项税额，按照烟叶买价和法定扣除率计算，烟叶买价包括纳税人支付给烟叶销售者的烟叶收购价款和价外补贴[①]，以及按规定缴纳的烟叶税。价外补贴统一按烟叶收购价款的10%计算。

第六，纳税人购进农产品既用于生产销售或委托受托加工13%税率货物又用于生产销售其他货物服务的，应当分别核算用于生产销售或委托受托加工13%税率货物和其他货物服务的农产品进项税额；未分别核算的，统一以增值税专用发票或海关进口增值税专用缴款书上注明的增值税税额为进项税额，或以农产品收购发票或销售发票上注明的农产品买价和10%的扣除率计算进项税额。

第七，纳税人从批发、零售环节购进适用免征增值税政策的蔬菜、部分鲜活肉蛋而取得的普通发票，不得作为抵扣进项税额的凭证。

⑤纳税人租入固定资产、不动产，既用于一般计税方法计税项目，又用于简易计税方法计税项目、免征增值税项目、集体福利或个人消费的，其进项税额准予从销项税额中全额抵扣。

(2) 可抵扣进项税额的特殊规定

①不动产进项税额的抵扣

增值税一般纳税人取得不动产或者不动产在建工程的进项税额，允许全部从当期销项税额中抵扣。

所称"不动产"，包括以直接购买、接受捐赠、接受投资入股以及抵债等各种形式取得的不动产。

②公路通行费进项税额的抵扣

纳税人支付的道路、桥、闸通行费，按照以下规定抵扣进项税额：

第一，纳税人支付的道路通行费，按照收费公路通行费增值税电子普通发票上注明的增值税税额抵扣进项税额。

第二，纳税人支付的桥、闸通行费，暂凭取得的通行费发票上注明的收费金额，按照下列公式计算可抵扣的进项税额：

$$桥、闸通行费可抵扣进项税额 = 桥、闸通行费发票上注明的金额 \div (1+5\%) \times 5\%$$

通行费是指有关单位依法或者依规设立并收取的过路、过桥和过闸费用。

③固定资产、无形资产改变用途进项税额的抵扣

按照规定不得抵扣且未抵扣进项税额的固定资产、无形资产发生用途改变，用于允许抵扣进项税额的应税项目，可在用途改变的次月按照下列公式计算可以抵扣的进项税额：

$$可以抵扣的进项税额 = 固定资产、无形资产净值 \div (1+适用税率) \times 适用税率$$

④租入固定资产、无形资产进项税额的抵扣

纳税人租入固定资产、无形资产，既用于一般计税方法计税项目，又用于简易计税方法计税项目、免征增值税项目、集体福利或者个人消费的，其进项税额准予从销项税额中全额

---

① 根据财政部、国家税务总局《关于收购烟叶支付的价外补贴进项税额抵扣问题的通知》(财税〔2011〕21号)规定，烟叶收购单位收购烟叶时，按照国家有关规定以现金形式直接补贴烟农的生产投入补贴，属于农产品买价，应与烟叶收购价格在同一张农产品收购发票或者销售发票上分别注明；否则，生产投入补贴不得计算增值税进项税额进行抵扣。

抵扣。

⑤保险服务进项税额的抵扣

提供保险服务的纳税人以实物赔付方式承担机动车辆保险责任的,自行向车辆修理劳务提供方购进的车辆修理劳务,其进项税额可以按规定从保险公司销项税额中抵扣。

⑥国内旅客运输服务进项税额的抵扣

纳税人允许抵扣的国内旅客运输服务的进项税额,是取得的增值税专用发票上注明的增值税税额,或者是依据增值税电子普通发票计算的增值税税额。

纳税人未取得增值税专用发票的,暂按照以下规定确定进项税额:

第一,取得增值税电子普通发票的,为发票上注明的税额。

第二,取得注明旅客身份信息的航空运输电子客票行程单的,为按照下列公式计算的进项税额:

$$航空旅客运输进项税额=(票价+燃油附加费)\div(1+9\%)\times 9\%$$

第三,取得注明旅客身份信息的铁路车票的,为按照下列公式计算的进项税额:

$$铁路旅客运输进项税额=票面金额\div(1+9\%)\times 9\%$$

第四,取得注明旅客身份信息的公路、水路等其他客票的,按照下列公式计算进项税额:

$$公路、水路等其他旅客运输进项税额=票面金额\div(1+3\%)\times 3\%$$

⑦生产、生活性服务业进项税额的加计抵减

根据规定,生产性服务业纳税人按照当期可抵扣进项税额加计5%抵减应纳税额;生活性服务业纳税人按照当期可抵扣进项税额加计10%抵减应纳税额。其中,所称"生产性服务业纳税人",是指提供邮政服务、电信服务、现代服务、生活服务取得的销售额占全部销售额的比重超过50%的纳税人;所称"生活性服务业纳税人",是指提供生活服务取得的销售额占全部销售额的比重超过50%的纳税人。

纳税人确定适用加计抵减政策后,当年内不再调整,以后年度是否适用,根据上年度销售额计算确定。纳税人可计提但未计提的加计抵减额,可在确定适用加计抵减政策当期一并计提。

按照现行规定不得从销项税额中抵扣的进项税额,不得计提加计抵减额;已计提加计抵减额的进项税额,按规定做进项税额转出的,应在进项税额转出当期,相应调减加计抵减额。计算公式如下:

$$当期计提加计抵减额=当期可抵扣进项税额\times 5\%(或 10\%)$$
$$当期可抵减加计抵减额=上期末加计抵减额余额+当期计提加计抵减额-当期调减加计抵减额$$

纳税人应按照现行规定计算一般计税方法下的应纳税额(以下称"抵减前的应纳税额")后,区分以下情形加计抵减:

第一,抵减前的应纳税额等于零的,当期可抵减加计抵减额全部结转下期抵减。

第二,抵减前的应纳税额大于零且大于当期可抵减加计抵减额的,当期可抵减加计抵减额全额从抵减前的应纳税额中抵减。

第三,抵减前的应纳税额大于零且小于或等于当期可抵减加计抵减额的,以当期可抵减加计抵减额抵减应纳税额至零;未抵减完的当期可抵减加计抵减额,结转下期继续抵减。

纳税人出口货物劳务、发生跨境应税行为不适用加计抵减政策,其对应的进项税额不得计提加计抵减额。如果纳税人兼营出口货物劳务、发生跨境应税行为且无法划分不得计提加计抵减额的进项税额,则按照以下公式计算:

$$\text{不得计提加计抵减额的进项税额} = \text{当期无法划分的全部进项税额} \times \text{当期出口货物劳务和发生跨境应税行为的销售额} \div \text{当期全部销售额}$$

纳税人应单独核算加计抵减额的计提、抵减、调减、结余等变动情况。骗取适用加计抵减政策或虚增加计抵减额的,按照《税收征收管理法》等有关规定处理。

加计抵减政策执行到期后,纳税人不再计提加计抵减额,结余的加计抵减额停止抵减。

⑧先进制造业企业、集成电路企业和工业母机企业进项税额的加计抵减

自2023年1月1日至2027年12月31日,允许先进制造业企业按照当期可抵扣进项税额加计5%抵减应纳增值税税额(以下称"加计抵减政策");允许集成电路设计、生产、封测、装备、材料企业(以下称"集成电路企业")按照当期可抵扣进项税额加计15%抵减应纳增值税税额;对生产销售先进工业母机主机、关键功能部件、数控系统的增值税一般纳税人(以下称"工业母机企业"),允许按当期可抵扣进项税额加计15%抵减企业应纳增值税税额。

按照现行规定不得从销项税额中抵扣的进项税额,不得计提加计抵减额;已计提加计抵减额的进项税额,按规定做进项税额转出的,应在进项税额转出当期,相应调减加计抵减额。

先进制造业企业、集成电路企业和工业母机企业按照现行规定计算一般计税方法下的应纳税额(以下称"抵减前的应纳税额")后,区分以下情形加计抵减:

第一,抵减前的应纳税额等于零的,当期可抵减加计抵减额全部结转下期抵减。

第二,抵减前的应纳税额大于零且大于当期可抵减加计抵减额的,当期可抵减加计抵减额全额从抵减前的应纳税额中抵减。

第三,抵减前的应纳税额大于零且小于或等于当期可抵减加计抵减额的,以当期可抵减加计抵减额抵减应纳税额至零;未抵减完的当期可抵减加计抵减额,结转下期继续抵减。

先进制造业企业、集成电路企业和工业母机企业可计提但未计提的加计抵减额,可在确定适用加计抵减政策当期一并计提。

先进制造业企业、集成电路企业和工业母机企业出口货物劳务、发生跨境应税行为不适用加计抵减政策,其对应的进项税额不得计提加计抵减额。

先进制造业企业、集成电路企业和工业母机企业兼营出口货物劳务、发生跨境应税行为且无法划分不得计提加计抵减额的进项税额,按照以下公式计算:

$$\text{不得计提加计抵减额的进项税额} = \text{当期无法划分的全部进项税额} \times \text{当期出口货物劳务和发生跨境应税行为的销售额} \div \text{当期全部销售额}$$

先进制造业企业、集成电路企业和工业母机企业应单独核算加计抵减额的计提、抵减、调减、结余等变动情况。骗取适用加计抵减政策或虚增加计抵减额的,按照《税收征收管理法》等有关规定处理。

先进制造业企业、集成电路企业和工业母机企业同时符合多项增值税加计抵减政策的,可以择优选择适用,但在同一期间不得叠加适用。

(3)不得抵扣的进项税额

按照规定,纳税人存在下列情况的,进项税额不得从销项税额中抵扣:

①用于简易计税方法计税项目、免征增值税项目、集体福利或者个人消费的购进货物、劳

务、服务、无形资产和不动产。其中,涉及的固定资产、无形资产、不动产,仅指专用于上述项目的固定资产、无形资产(不包括其他权益性无形资产)、不动产。

纳税人的交际应酬属于个人消费,即交际应酬消费不属于生产经营中的生产投入和支出。

②非正常损失的购进货物,以及相关劳务和交通运输服务。

③非正常损失的在产品、产成品所耗用的购进货物(不包括固定资产)、劳务和交通运输服务。

④非正常损失的不动产,以及该不动产所耗用的购进货物、设计服务和建筑服务。

⑤非正常损失的不动产在建工程所耗用的购进货物、设计服务和建筑服务。纳税人新建、改建、扩建、修缮、装饰不动产,均属于不动产在建工程。

⑥购进的贷款服务、餐饮服务、居民日常服务和娱乐服务。

⑦纳税人接受贷款服务向贷款方支付的与该笔贷款直接相关的投融资顾问费、手续费、咨询费等费用,其进项税额不得从销项税额中抵扣。

⑧提供保险服务的纳税人以现金赔付方式承担机动车辆保险责任的,将应付给被保险人的赔偿金直接支付给车辆修理劳务提供方,不属于保险公司购进车辆修理劳务,其进项税额不得从保险公司销项税额中抵扣。纳税人提供的其他财产保险服务比照执行。

⑨适用一般计税方法的纳税人,兼营简易计税方法计税项目、免征增值税项目而无法划分不得抵扣的进项税额的,按照下列公式计算不得抵扣的进项税额:

$$不得抵扣的进项税额 = 当期无法划分的全部进项税额 \times (当期简易计税方法计税项目销售额 + 免征增值税项目销售额) \div 当期全部销售额$$

⑩一般纳税人已抵扣进项税额的不动产,发生非正常损失或者改变用途,专用于简易计税方法、免征增值税项目、集体福利或个人消费的,按照下列公式计算不得抵扣的进项税额:

$$不得抵扣的进项税额 = 已抵扣进项税额 \times 不动产净值率$$

$$不动产净值率 = 不动产净值 \div 不动产原值 \times 100\%$$

⑪财政部和国家税务总局规定的其他项目。

已抵扣进项税额的购进货物(不含固定资产)、劳务、服务,发生规定不得抵扣销项税额情形(简易计税方法计税项目、免征增值税项目除外)的,应当将该进项税额从当期进项税额中扣减;无法确定该进项税额的,按照当期实际成本计算应扣减的进项税额。

3.应纳税额的计算

纳税人销售货物、劳务、服务、无形资产、不动产,其应纳税额为当期销项税额抵扣当期进项税额后的余额。基本计算公式如下:

$$应纳税额 = 当期销项税额 - 当期进项税额$$

(1)计算应纳税额的时间限定

为了保证计算应纳税额的合理性、准确性,纳税人必须严格把握当期进项税额从当期销项税额中抵扣这个要点。"当期"是一个重要的时间限定,具体是指税务机关依照税法规定对纳税人确定的纳税期限,只有在纳税期限内实际发生的销项税额、进项税额,才是法定的当期销项税额或当期进项税额。

①计算销项税额的时间限定

销项税额是增值税一般纳税人销售货物、劳务、服务、无形资产、不动产按照实现的销售额计算的金额。税法严格规定了销项税额的计算时间:采取直接收款方式销售货物,不论货物是否发出,均为收到销售额或取得索取销售额的凭据,并将提货单交给买方的当天;采取托收承付和委托银行收款方式销售货物,为发出货物并办妥托收手续的当天;纳税人发生视同销售货物行为中③~⑩项的,为货物移送的当天,以保证准时、准确记录和核算当期销项税额;等等。

②进项税额申报抵扣的时间限定

一般纳税人取得的增值税扣税凭证的抵扣期限按下列规定执行:

自2017年7月1日起,增值税一般纳税人取得的2017年7月1日及以后开具的增值税专用发票和机动车销售统一发票,应自开具之日起360日内认证或登录增值税发票选择确认平台进行确认,并在规定的纳税申报期内向主管国税机关申报抵扣进项税额。

实行海关进口增值税专用缴款书"先比对,后抵扣"管理办法的增值税一般纳税人,取得的2017年7月1日及以后开具的海关进口增值税专用缴款书,应自开具之日起360日内向主管国税机关报送"海关完税凭证抵扣清单",申请稽核比对。

一般纳税人取得的增值税专用发票、机动车销售统一发票以及专用缴款书,未在规定期限内到税务机关办理认证、申报抵扣或者申请稽核比对的,不得作为合法的增值税扣税凭证,不得计算进项税额抵扣。

增值税一般纳税人发生真实交易但由于客观因素造成增值税专用发票、海关进口增值税专用缴款书和机动车销售统一发票未能按照规定期限办理认证、确认或者稽核比对的,经主管税务机关核实、逐级上报,由省税务局认证并稽核比对后,对比对相符的增值税扣税凭证,允许纳税人继续抵扣其进项税额。

(2)扣减发生期进项税额的规定

由于增值税实行以当期销项税额抵扣当期进项税额的"购进扣税法",因此当期购进的货物、劳务、服务、无形资产、不动产如果事先并未确定将用于不得抵扣进项税额的项目,其进项税额就会在当期销项税额中予以抵扣。但是,已抵扣进项税额的购进货物、劳务、服务、无形资产、不动产如果事后改变用途,用于不得抵扣进项税额的项目,则应当将该项购进货物、劳务、服务、无形资产、不动产的进项税额从当期进项税额中扣减;无法确定该项进项税额的,按当期实际成本计算应扣减的进项税额。

这里所称"从当期进项税额中扣减",是指已抵扣进项税额的购进货物、劳务、服务、无形资产、不动产是在哪一个时期发生改变用途情况的,就从那个发生期内纳税人的进项税额中扣减,而无须追溯到这些购进货物、劳务、服务、无形资产、不动产抵扣进项税额的那个时期。

一般纳税人兼营免税项目而无法划分不得抵扣的进项税额的,按下列公式计算不得抵扣的进项税额:

$$\text{不得抵扣的进项税额} = \text{当月无法划分的全部进项税额} \times \text{当月免税项目销售额合计} \div \text{当月全部销售额合计}$$

(3)一般计税方法应纳税额的特殊规定

①一般纳税人转让不动产,适用一般计税方法应纳税额的规定。

一般纳税人转让其2016年4月30日前取得(不含自建)的不动产,选择适用一般计税方法计税的,以取得的全部价款和价外费用为销售额计算应纳税额。纳税人应以取得的全部价款和价外费用扣除不动产购置原价或者取得不动产时的作价后的余额,按照5%的预征率向不动产所在地主管地税机关预缴税款,向机构所在地主管国税机关申报纳税。

一般纳税人转让其2016年4月30日前自建的不动产,选择适用一般计税方法计税的,以取得的全部价款和价外费用为销售额计算应纳税额。纳税人应以取得的全部价款和价外费用,按照5%的预征率向不动产所在地主管地税机关预缴税款,向机构所在地主管国税机关申报纳税。

一般纳税人转让其2016年5月1日后取得(不含自建)的不动产,适用一般计税方法,以取得的全部价款和价外费用为销售额计算应纳税额。纳税人应以取得的全部价款和价外费用扣除不动产购置原价或者取得不动产时的作价后的余额,按照5%的预征率向不动产所在地主管地税机关预缴税款,向机构所在地主管国税机关申报纳税。

一般纳税人转让其2016年5月1日后自建的不动产,适用一般计税方法,以取得的全部价款和价外费用为销售额计算应纳税额。纳税人应以取得的全部价款和价外费用,按照5%的预征率向不动产所在地主管地税机关预缴税款,向机构所在地主管国税机关申报纳税。

②纳税人跨县(市、区)提供建筑服务,适用一般计税方法计税的,按照以下公式计算应预缴税款:

$$应预缴税款=(全部价款和价外费用-支付的分包款)÷(1+10\%)×2\%$$

③房地产开发企业中的一般纳税人销售自行开发的房地产项目,适用一般计税方法计税,按照取得的全部价款和价外费用,扣除当期销售房地产项目对应的土地价款后的余额计算销售额。销售额的计算公式如下:

$$销售额=(全部价款和价外费用-当期允许扣除的土地价款)÷(1+10\%)$$

当期允许扣除的土地价款按照以下公式计算:

$$当期允许扣除的土地价款=\frac{当期销售房地产项目的建筑面积}{房地产项目可供销售的建筑面积}×支付的土地价款$$

当期销售房地产项目的建筑面积,是指当期进行纳税申报的增值税销售额对应的建筑面积。

房地产项目可供销售的建筑面积,是指房地产项目可以出售的总建筑面积,不包括销售房地产项目时未单独作价结算的配套公共设施的建筑面积。

支付的土地价款,是指向政府、土地管理部门或受政府委托收取土地价款的单位直接支付的土地价款。

房地产开发企业的一般纳税人采取预收款方式销售自行开发的房地产项目,应在收到预收款时按照3%的预征率预缴增值税。应预缴税款的计算公式如下:

$$应预缴税款=预收款÷(1+适用税率或征收率)×3\%$$

一般纳税人销售自行开发的房地产项目,应按照规定的纳税义务发生时间,以当期销售额和10%的适用税率计算当期应纳税额,抵减已预缴税款后,向主管国税机关申报纳税。未抵减完的预缴税款可以结转下期继续抵减。适用简易计税方法计税的,按照5%的征收率计算。

一般纳税人销售自行开发的房地产项目,兼有一般计税方法计税、简易计税方法计税、免征增值税的房地产项目而无法划分不得抵扣的进项税额的,应以建筑工程施工许可证注明的

"建设规模"为依据进行划分。

$$\text{不得抵扣的进项税额} = \text{当期无法划分的全部进项税额} \times \left(\text{简易计税、免税房地产项目建设规模} \div \text{房地产项目总建设规模}\right)$$

④纳税人出租不动产适用一般计税方法计税的,应预缴税款的计算公式如下:

$$\text{应预缴税款} = \text{含税销售额} \div (1+10\%) \times 3\%$$

(4)销货退回或折让的税务处理

纳税人在货物购销活动中,因货物质量、规格等问题而发生销货退回或销售折让。由于销货退回或销售折让不仅涉及销货价款或折让价款的退回,而且涉及增值税的退回,因此,销货方和购货方应相应对当期的销项税额或进项税额进行调整。现行税法规定,增值税一般纳税人采用一般计税方法计税的,因销售折让、中止或者退回而退还购买方的增值税税额,应当从当期的销项税额中扣减;因销售折让、中止或者退回而收回的增值税税额,应当从当期的进项税额中扣减。

一般纳税人销售货物、劳务、服务、无形资产或者不动产,开具增值税专用发票后发生销售货物退回或者折让、开票有误等情形,应按国家税务总局的规定开具红字增值税专用发票;未按规定开具红字增值税专用发票的,增值税税额不得从销项税额中扣减。

对于纳税人进货退出或折让而不扣减当期进项税额,造成不纳税或少纳税的,将被认定为偷税行为,并按偷税予以处罚。

(5)向供货方取得返还收入的税务处理

商业企业向供货方收取的与商品销售量、销售额挂钩的各种返还收入,应按照平销返利行为的有关规定冲减当期增值税进项税额。应冲减进项税额的计算公式如下:

$$\text{当期应冲减进项税额} = \text{当期取得的返还资金} \div \left(1+\text{所购货物适用增值税税率}\right) \times \text{所购货物适用增值税税率}$$

商业企业向供货方收取的各种返还收入,一律不得开具增值税专用发票。

【例4—1】 某市卷烟生产企业为增值税一般纳税人,其2023年6月的有关经营情况如下:

(1)期初库存外购已税烟丝300万元,本期外购已税烟丝取得防伪税控系统开具的增值税专用发票,注明价款2 000万元,增值税260万元,支付本期外购烟丝运输费用50万元,取得经税务机关认定的运输公司开具的普通发票。

(2)生产领用库存烟丝2 100万元,生产卷烟2 500标准箱(每标准条200支,调拨价格均大于70元)。

(3)经专卖局批准,销售卷烟给各商场1 200箱,取得不含税销售收入3 600万元,因货款收回及时而给了各商场2%的折扣;销售给各卷烟专卖店800箱,取得不含税销售收入2 400万元,支付销货运输费用120万元,并取得了经税务机关认定的运输公司开具的普通发票。

(4)取得专卖店购买卷烟延期付款的补贴收入21.06万元,已向对方开具普通发票。

(5)销售雪茄烟300箱给各专卖店,取得不含税销售收入600万元,以雪茄烟40箱换回小轿车2辆自用,取得增值税专用发票;零售雪茄烟15箱,取得含税销售收入35.1万元;取得雪茄烟过期的包装物押金收入7.02万元。

(6)月末盘存发现库存烟丝短缺32.79万元(其中含运费成本2.79万元),经认定,短缺的烟丝属于非正常损失。

(备注:本题所涉及的增值税专用发票均为防伪税控系统开具,且取得的增值税发票都已在当期通过税务机关的认证。)

要求:计算该卷烟厂6月份应缴纳的增值税。

(1)计算6月份的销项税额。

6月份销售卷烟与取得延期付款补贴收入的销项税额
$= 3\,600 \times 13\% + 2\,400 \times 13\% + 21.06 \div (1+13\%) \times 13\%$
$= 782.42(万元)$

6月份销售雪茄烟与押金收入的销项税额
$= 600 \times 13\% + 600 \div 300 \times 40 \times 13\% + 35.1 \div (1+13\%) \times 13\% + 7.02 \div (1+13\%) \times 13\%$
$= 93.25(万元)$

6月份的销项税额
$= 782.42 + 93.25$
$= 875.67(万元)$

(2)计算6月份应抵扣的进项税额。

6月份非正常损失烟丝应转出的进项税额
$=(32.79 - 2.79) \times 13\% + 2.79 \times 9\%$
$= 4.15(万元)$

6月份应抵扣的进项税额
$= 260 + 50 \times 9\% + 120 \times 9\% - 4.15$
$= 271.15(万元)$

(3)计算6月份应缴纳的增值税。

6月份应缴纳的增值税
$= 875.67 - 271.15$
$= 604.52(万元)$

【例4—2】 2023年6月,某广告公司(增值税一般纳税人)取得广告发布收入,增值税专用发票上注明的不含税销售额为150万元;支付广告发布费含税价42.4万元,取得增值税专用发票。广告公司当月购进制作材料一批,取得增值税专用发票,注明价款20万元。计算当月应纳增值税。

销项税额$=150 \times 6\%$
$\qquad = 9(万元)$

进项税额$= 20 \times 13\% + 42.4 \div (1+6\%) \times 6\%$
$\qquad = 5(万元)$

应纳增值税$= 9 - 5$
$\qquad = 4(万元)$

【例4—3】 惊奇旅行社为增值税一般纳税人,2023年7月为某旅行团提供旅游服务,收取的全部价款和价外费用共计100 000元(含税价),支付其他单位住宿费8 000元,支付当地接团公司费用22 000元,并按规定取得了发票。同时,该旅行社当月支付加油费5 800元,取得增值税专用发票注明价款为5 000元,增值税税额为650元。计算7月惊奇旅行社应纳增值税。

当月销售额＝100 000－8 000－22 000
　　　　　＝70 000(元)
销项税额＝70 000÷(1＋6%)×6%
　　　　＝3 962.26(元)
应纳增值税＝3 962.26－650
　　　　　＝3 312.26(元)

(二)简易计税方法下应纳税额的计算

1. 销售额的确认

简易计税方法的销售额与增值税一般纳税人采用一般计税方法计算应纳增值税的销售额规定内容一致,是销售货物、劳务、服务、无形资产、不动产向购买方收取的全部价款和价外费用,但不包括按征收率收取的增值税税额。

纳税人采用销售额和应纳税额合并定价方法的,按照下列公式计算销售额:

销售额＝含税销售额÷(1＋征收率)

纳税人适用简易计税方法计税的,因销售折让、服务中止或者退回而退还购买方或者接受方的销售额,应当从当期销售额中扣减。扣减当期销售额后仍有余额造成多缴的税款,可以从以后的应纳税额中扣减。

试点纳税人提供建筑服务适用简易计税方法计税的,以取得的全部价款和价外费用扣除支付的分包款后的余额为销售额。

房地产开发企业中的一般纳税人销售其开发的房地产项目(选择简易计税办法的房地产老项目除外),以取得的全部价款和价外费用扣除受让土地时向政府部门支付的土地价款后的余额为销售额。

一般纳税人转让其2016年4月30日前取得(不含自建)的不动产,可以选择适用简易计税方法计税,以取得的全部价款和价外费用扣除不动产购置原价或者取得不动产时的作价后的余额为销售额;转让其2016年4月30日前自建的不动产,可以选择适用简易计税方法计税,以取得的全部价款和价外费用为销售额。

小规模纳税人转让其取得(不含自建)的不动产,以取得的全部价款和价外费用扣除不动产购置原价或者取得不动产时的作价后的余额为销售额;转让其自建的不动产,以取得的全部价款和价外费用为销售额。

个人转让其购买的住房,按照有关规定全额缴纳增值税的,以取得的全部价款和价外费用为销售额;转让其购买的住房,按照有关规定差额缴纳增值税的,以取得的全部价款和价外费用扣除购买住房价款后的余额为销售额。

提供物业管理服务的纳税人,向服务接受方收取自来水费,以扣除其对外支付的自来水费后的余额为销售额。

2.应纳税额的计算

(1)应纳税额计算的一般规定

简易计税方法的应纳税额,是指按照销售额和增值税征收率计算的增值税税额,不得抵扣进项税额。应纳税额的计算公式如下：

$$应纳税额＝销售额×征收率$$

【例4—4】 某商店被税务机关认定为增值税小规模纳税人,2023年8月该商店销售服装,取得含增值税销售额3 605元,并开具了普通发票;销售办公用品,取得含销售额8 240元,开具普通发票;销售给一般纳税人某公司两台仪器,取得不含税收入38 500元,增值税税款为1 155元,增值税专用发票由税务所代开。计算该商店8月份应缴纳的增值税。

$$应纳税额＝3\ 605÷(1+3\%)×3\%+8\ 240÷(1+3\%)×3\%+1\ 155$$
$$=1\ 500(元)$$

(2)应纳税额计算的特殊规定

①纳税人出租不动产适用简易计税方法计税的,除个人出租住房外,按照以下公式计算应预缴税款：

$$应预缴税款＝含税销售额÷(1+5\%)×5\%$$

个体工商户出租住房,按照以下公式计算应预缴税款：

$$应预缴税款＝含税销售额÷(1+5\%)×1.5\%$$

其他个人出租不动产,按照以下公式计算应纳税款：

出租住房：

$$应纳税款＝含税销售额÷(1+5\%)×1.5\%$$

出租非住房：

$$应纳税款＝含税销售额÷(1+5\%)×5\%$$

②纳税人跨县(市、区)提供建筑服务,适用简易计税方法计税的,按照以下公式计算应预缴税款：

$$应预缴税款＝(全部价款和价外费用－支付的分包款)÷(1+3\%)×3\%$$

纳税人取得的全部价款和价外费用扣除支付的分包款后的余额为负数的,可结转下次预缴税款时继续扣除。

③房地产开发企业中的小规模纳税人(以下简称"小规模纳税人")采取预收款方式销售自行开发的房地产项目,应在收到预收款时,按照3%的预征率预缴增值税。应预缴税款的计算公式如下：

$$应预缴税款＝预收款÷(1+5\%)×3\%$$

小规模纳税人销售自行开发的房地产项目,应按照规定的纳税义务发生时间,以当期销售额和5%的征收率计算当期应纳税额,抵减已预缴税款后,向主管国税机关申报纳税;未抵减完的预缴税款,可以结转下期继续抵减。

④其他个人以外的纳税人转让其取得的不动产,区分以下情形计算应向不动产所在地主管地税机关预缴的税款：

以转让不动产取得的全部价款和价外费用作为预缴税款计算依据的,计算公式如下：

$$应预缴税款＝全部价款和价外费用÷(1+5\%)×5\%$$

以转让不动产取得的全部价款和价外费用扣除不动产购置原价或者取得不动产时的作价后的余额作为预缴税款计算依据的,计算公式如下：

应预缴税款＝(全部价款和价外费用－不动产购置原价或者取得不动产时的作价)÷(1＋5%)×5%

(三)进口货物应纳税额的计算

1. 征税范围

根据税法的规定,进入我国境内的货物都必须向我国海关申报进口,并办理有关报关手续。只要是报关进口的应税货物,不论其是国外产制还是我国已出口而转销国内的货物,不论是进口者自行采购还是国外捐赠的货物,不论是进口者自用还是作为贸易或其他用途等,均应按照规定缴纳进口环节增值税。

国家在规定对进口货物征税的同时,对某些进口货物制定了减免税的特殊规定。比如属于来料加工、进料加工贸易方式进口国外的原材料、零部件等在国内加工后复出口的,对进口的原材料、零部件按规定给予免税或减税;但这些进口免税、减税的原材料、零部件若不能加工复出口,而是销往国内,就要予以补税。对进口货物是否减免税由国务院统一规定。

2. 适用税率

进口货物的增值税税率与国内销售货物的规定相同。但对进口抗癌药品和进口罕见病药品,减按3%征收进口环节增值税。

3. 应纳税额计算

纳税人进口货物,按照组成计税价格和条例适用的税率计算应纳税额,且不得抵扣任何税额。其计算公式如下：

组成计税价格＝关税完税价格＋关税＋消费税

＝(关税完税价格＋关税)÷(1－消费税税率)

应纳税额＝组成计税价格×税率

【例4—5】 某进出口公司为增值税一般纳税人,2023年7月报关进口小汽车50辆,每辆车的关税完税价格折合人民币为300 000元,假定进口关税税率为20%,消费税税率为12%。计算该公司当月进口环节应纳增值税。

组成计税价格＝(300 000＋300 000×20%)÷(1－12%)×50

＝20 454 545.45(元)

应纳税额＝20 454 545.45×13%

＝2 659 090.91(元)

六、出口货物、劳务和服务退(免)税

出口货物、劳务和服务退(免)税,是指在国际贸易中,对报关出口的货物、劳务和服务退还在国内各生产环节和流转环节按税法规定已缴纳的增值税,或免征按税法规定应缴纳的增值税,即对应征收增值税的出口货物、劳务和服务实行零税率(国务院另有规定的除外)。

(一)出口货物退(免)税基本政策

世界各国为了鼓励本国货物出口,一般采取优惠的税收政策。有的国家采取对该货物出口前所包含的税金在出口后予以退还的政策(出口退税),有的国家采取对出口货物在出口前予以免税的政策。我国根据本国的实际情况,采取出口退税与免税相结合的政策。我国的出口货物税收政策主要有以下三种形式：

1. 出口免税并退税

出口免税是指对货物在出口销售环节不征收增值税、消费税,这是把货物出口环节与出口前的销售环节视为一个征税环节。出口退税是指对货物在出口前实际承担的税收负担,按规定的退税率计算后予以退还。

2. 出口免税不退税

出口免税是指对货物在出口销售环节不征收增值税、消费税。出口不退税是指适用这项政策的出口货物因在前一道生产、销售环节或进口环节是免税的,所以出口时该货物的价格中不含税,也就无须退税。

3. 出口不免税也不退税

出口不免税是指对国家限制或禁止出口的某些货物的出口环节视同内销环节,照常征税。出口不退税是指对这些货物的出口不退还出口前其所负担的税款。适用这项政策的主要是税法列举的限制或禁止出口的货物,如天然牛黄、麝香、白银等。

(二)适用增值税退(免)税政策的出口货物、劳务和服务

对下列出口货物、劳务和服务,除特殊规定外,实行免征和退还增值税政策。

1. 出口企业出口货物

出口企业是指依法办理工商登记、税务登记、对外贸易经营者备案登记,自营或委托出口货物的单位或个体工商户,以及依法办理工商登记、税务登记但未办理对外贸易经营者备案登记,委托出口货物的生产企业。

出口货物是指向海关报关后实际离境并销售给境外单位或个人的货物,分为自营出口货物和委托出口货物两类。

生产企业是指具有生产能力(包括加工、修理修配能力)的单位或个体工商户。

2. 出口企业或其他单位视同出口货物

(1)出口企业对外援助、对外承包、境外投资的出口货物。

(2)出口企业经海关报关进入国家批准的出口加工区、保税物流园区、保税港区、综合保税区、珠澳跨境工业区(珠海园区)、中哈霍尔果斯国际边境合作中心(中方配套区域)、保税物流中心(B型)(以下统称"特殊区域")并销售给特殊区域内单位或境外单位、个人的货物。

(3)免税品经营企业销售的货物,但国家规定不允许经营和限制出口的货物、卷烟和超出免税品经营企业的企业法人营业执照规定经营范围的货物除外。

(4)出口企业或其他单位销售给用于国际金融组织或外国政府贷款国际招标建设项目的中标机电产品(以下简称"中标机电产品")。上述中标机电产品,包括外国企业中标再分包给出口企业或其他单位的机电产品。贷款机构和中标机电产品的具体范围按相关规定执行。

(5)生产企业向海上石油天然气开采企业销售的自产的海洋工程结构物。

(6)出口企业或其他单位销售给国际运输企业用于国际运输工具上的货物。上述规定暂仅适用于外轮供应公司、远洋运输供应公司销售给外轮、远洋国轮的货物,以及国内航空供应公司生产销售给国内和国外航空公司的国际航班的航空食品。

(7)出口企业或其他单位销售给特殊区域内生产企业生产耗用且不向海关报关而输入特殊区域的水(包括蒸汽)、电力、燃气。

3.生产企业出口视同自产货物

(1)持续经营以来从未发生骗取出口退税、虚开增值税专用发票或农产品收购发票、接受虚开增值税专用发票(善意取得虚开增值税专用发票除外)行为且同时符合规定条件的生产企业出口的外购货物,可视同自产货物适用增值税退(免)税政策。

(2)持续经营以来从未发生骗取出口退税、虚开增值税专用发票或农产品收购发票、接受虚开增值税专用发票(善意取得虚开增值税专用发票除外)行为,但不能同时符合规定条件的生产企业,出口的外购货物符合国家规定条件的,可视同自产货物申报适用增值税退(免)税政策。

4.出口企业对外提供加工、修理修配劳务

对外提供加工、修理修配劳务,是指对进境复出口货物或从事国际运输的运输工具进行的加工、修理修配。

5.出口融资租赁货物

对融资租赁企业、金融租赁公司及其设立的项目子公司以融资租赁方式租赁给境外承租人且租赁期限在5年(含)以上,并向海关报关后实际离境的货物,试行增值税、消费税出口退税政策。

融资租赁出口货物的范围包括飞机、飞机发动机、铁道机车、铁道客车车厢、船舶及其他货物。

6.适用增值税零税率政策的应税服务

(1)国际运输服务。

(2)航天运输服务。

(3)向境外单位提供的完全在境外消费的下列服务:研发服务、合同能源管理服务、设计服务、广播影视节目(作品)的制作和发行服务、软件服务、电路设计及测试服务、信息系统服务、业务流程管理服务、离岸服务外包业务、转让技术。

境内的单位和个人销售适用增值税零税率的服务或无形资产的,可以放弃适用增值税零税率,选择免税或按规定缴纳增值税。放弃适用增值税零税率后,36个月内不得再申请适用增值税零税率。

(三)增值税退(免)税办法

适用增值税退(免)税政策的出口货物、劳务和应税行为,按照下列规定实行增值税"免、抵、退"税或"免、退"税办法。

1."免、抵、退"税办法

生产企业出口自产货物和视同自产货物及对外提供加工、修理修配劳务,列名的74家生产企业出口非自产货物,免征增值税,相应的进项税额抵减应纳增值税税额(不包括适用增值税即征即退、先征后退政策的应纳增值税税额),未抵减完的部分予以退还。

境内的单位和个人提供适用增值税零税率的服务或者无形资产,如果属于适用增值税一般计税方法的,生产企业实行"免、抵、退"税办法;外贸企业直接将服务或自行研发的无形资产出口,视同生产企业连同其出口货物统一实行"免、抵、退"税办法。

2."免、退"税办法

不具有生产能力的出口企业(以下称"外贸企业")或其他单位出口货物、劳务,免征增值税,相应的进项税额予以退还。

适用增值税一般计税方法的外贸企业外购服务或者无形资产出口,实行"免、退"税办法。外贸企业外购研发服务和设计服务免征增值税,其对应的外购应税服务的进项税额予以退还。

(四)增值税出口退税率

除财政部和国家税务总局根据国务院决定而明确的增值税出口退税率(以下称"退税率")外,出口货物的退税率为其适用税率。

退税率的特殊规定:

(1)外贸企业购进按简易办法征税的出口货物、从小规模纳税人购进的出口货物,其退税率分别为简易办法实际执行的征收率、小规模纳税人征收率。上述出口货物取得增值税专用发票的,退税率按照增值税专用发票上的税率和出口货物退税率孰低的原则确定。

(2)出口企业委托加工、修理修配货物,其加工、修理修配费用的退税率,为出口货物的退税率。

(3)中标机电产品、出口企业向海关报关进入特殊区域销售给特殊区域内生产企业生产耗用的列名原材料、输入特殊区域的水电气,其退税率为适用税率。如果国家调整列名原材料的退税率,则列名原材料应当自调整之日起按调整后的退税率执行。

(4)适用不同退税率的货物、劳务,应分开报关、核算并申报退(免)税;未分开报关、核算或划分不清的,从低适用退税率。

适用不同退税率的货物、劳务及跨境应税行为,应分开报关、核算并申报退(免)税;未分开报关、核算或划分不清的,从低适用退税率。

(五)增值税退(免)税的计税依据

出口货物、劳务的增值税退(免)税的计税依据,按出口货物、劳务的出口发票(外销发票)、其他普通发票或购进出口货物、劳务的增值税专用发票、海关进口增值税专用缴款书确定。

1.生产企业出口货物、劳务(进料加工复出口货物除外)增值税退(免)税的计税依据,为出口货物、劳务的实际离岸价(FOB)。实际离岸价应以出口发票上的离岸价为准;如果出口发票不能反映实际离岸价,则主管税务机关有权予以核定。

2.对进料加工出口货物,企业应以出口货物人民币离岸价扣除出口货物耗用的保税进口料件金额的余额,为增值税退(免)税的计税依据。"保税进口料件"是指海关以进料加工贸易方式监管的出口企业从境外和特殊区域等进口的料件。

3.生产企业从国内购进无进项税额且不计提进项税额的免税原材料加工后出口的货物的计税依据,按出口货物的离岸价(FOB)扣除出口货物所含的国内购进免税原材料的金额确定。

4.外贸企业出口货物(委托加工、修理修配货物除外)增值税退(免)税的计税依据,为购进出口货物的增值税专用发票注明的金额或海关进口增值税专用缴款书注明的完税价格。

5.外贸企业出口委托加工、修理修配货物增值税退(免)税的计税依据,为加工、修理修配费用增值税专用发票注明的金额。外贸企业应将加工、修理修配使用的原材料(进料加工海关保税进口料件除外)作价销售给受托加工、修理修配的生产企业,受托加工、修理修配的生产企业应将原材料成本并入加工、修理修配费用开具发票。

6.出口进项税额未计算抵扣的已使用过的设备增值税退(免)税的计税依据,按下列公式确定:

$$\text{退(免)税计税依据} = \text{增值税专用发票上的金额或海关进口增值税专用缴款书注明的完税价格} \times \frac{\text{已使用过的设备固定资产净值}}{\text{已使用过的设备原值}}$$

已使用过的设备固定资产净值=已使用过的设备原值-已使用过的设备已提累计折旧

所称"已使用过的设备",是指出口企业根据财务会计制度已经计提折旧的固定资产。

7.免税品经营企业销售的货物的增值税退(免)税的计税依据,为购进货物的增值税专用发票注明的金额或海关进口增值税专用缴款书注明的完税价格。

8.中标机电产品增值税退(免)税的计税依据分为两种情况:一是生产企业为销售机电产品的普通发票注明的金额,二是外贸企业为购进货物的增值税专用发票注明的金额或海关进口增值税专用缴款书注明的完税价格。

9.输入特殊区域的水电气增值税退(免)税的计税依据,为作为购买方的特殊区域内生产企业购进水(包括蒸汽)、电力、燃气的增值税专用发票注明的金额。

10.跨境应税行为的退(免)税计税依据按下列规定执行:

(1)实行"免、抵、退"税办法的退(免)税计税依据:

①以铁路运输方式载运旅客的,为按照铁路合作组织清算规则清算后的实际运输收入。

②以铁路运输方式载运货物的,为按照铁路运输进款清算办法,对"发站"或"到站(局)"名称中包含"境"字的货票上注明的运输费用以及直接相关的国际联运杂费进行清算后的实际运输收入。

③以航空运输方式载运货物或旅客的,如果国际运输或港澳台运输各航段由多个承运人承运,则为中国航空结算有限责任公司清算后的实际收入;如果国际运输或港澳台地区运输各航段由一个承运人承运,则为提供航空运输服务取得的收入。

④其他实行"免、抵、退"税办法的增值税零税率应税行为,为提供增值税零税率应税行为取得的收入。

(2)实行"免、退"税办法的退(免)税计税依据为购进应税服务的增值税专用发票或解缴税款的中华人民共和国税收缴款凭证上注明的金额。

对于实行退(免)税办法的服务和无形资产,如果主管税务机关认定出口价格偏高的,有权按照核定的出口价格计算退(免)税,核定的出口价格低于外贸企业购进价格的,低于部分对应的进项税额不予退税,而是转入成本。

(六)增值税"免、抵、退"税和"免、退"税的计算

1.生产企业出口货物、劳务、服务和无形资产的增值税"免、抵、退"税的计算

(1)当期应纳税额的计算

当期应纳税额=当期销项税额-(当期进项税额-当期不得免征和抵扣税额)

$$\begin{aligned}\text{当期不得免征}\\\text{和抵扣税额}\end{aligned}=\begin{aligned}\text{当期出口货}\\\text{物离岸价}\end{aligned}\times\begin{aligned}\text{外汇人民}\\\text{币折合率}\end{aligned}\times\left(\begin{aligned}\text{出口货物}\\\text{适用税率}\end{aligned}-\begin{aligned}\text{出口货物}\\\text{退税率}\end{aligned}\right)-\begin{aligned}\text{当期不得免征和}\\\text{抵扣税额抵减额}\end{aligned}$$

$$\begin{aligned}\text{当期不得免征和}\\\text{抵扣税额抵减额}\end{aligned}=\begin{aligned}\text{当期免税购进}\\\text{原材料价格}\end{aligned}\times\left(\begin{aligned}\text{出口货物}\\\text{适用税率}\end{aligned}-\begin{aligned}\text{出口货物}\\\text{退税率}\end{aligned}\right)$$

（2）当期"免、抵、退"税额的计算

$$\begin{aligned}\text{当期"免、抵、}\\\text{退"税额}\end{aligned}=\begin{aligned}\text{当期出口货}\\\text{物离岸价}\end{aligned}\times\begin{aligned}\text{外汇人民}\\\text{币折合率}\end{aligned}\times\begin{aligned}\text{出口货物}\\\text{退税率}\end{aligned}-\begin{aligned}\text{当期"免、抵、退"}\\\text{税额抵减额}\end{aligned}$$

当期"免、抵、退"税额抵减额＝当期免税购进原材料价格×出口货物退税率

（3）当期应退税额和免抵税额的计算

当期期末留抵税额≤当期"免、抵、退"税额，则当期应退税额＝当期期末留抵税额，当期免抵税额＝当期"免、抵、退"税额－当期应退税额。

当期期末留抵税额＞当期"免、抵、退"税额，则当期应退税额＝当期"免、抵、退"税额，当期免抵税额＝0。

当期期末留抵税额为当期增值税纳税申报表中的"期末留抵税额"。

【例4－6】 某自营出口生产企业是增值税一般纳税人，出口货物的税率为13%，退税率为13%。2023年6月的有关经济业务如下：购入原材料一批，取得的增值税专用发票上注明的价款为200万元，外购货物准予抵扣的进项税额26万元通过认证，当月进料加工免税进口料件的组成计税价格为100万元，上一期期末留抵税款为6万元，本月内销货物不含税销售额为100万元，收款116万元。本月出口货物销售额折合人民币200万元。试计算该企业当期的"免、抵、退"税额。

$$\begin{aligned}\text{当期不得免征和}\\\text{抵扣税额抵减额}\end{aligned}=\begin{aligned}\text{当期免税购进}\\\text{原材料价格}\end{aligned}\times\left(\begin{aligned}\text{出口货物}\\\text{适用税率}\end{aligned}-\begin{aligned}\text{出口货物}\\\text{退税率}\end{aligned}\right)$$
$$=100\times(13\%-13\%)$$
$$=0$$

$$\begin{aligned}\text{当期不得免征}\\\text{和抵扣税额}\end{aligned}=\begin{aligned}\text{当期出口货}\\\text{物离岸价}\end{aligned}\times\begin{aligned}\text{外汇人民}\\\text{币折合率}\end{aligned}\times\left(\begin{aligned}\text{出口货物}\\\text{适用税率}\end{aligned}-\begin{aligned}\text{出口货物}\\\text{退税率}\end{aligned}\right)-\begin{aligned}\text{当期不得免征和}\\\text{抵扣税额抵减额}\end{aligned}$$
$$=200\times(13\%-13\%)-0$$
$$=0$$

当期应纳税额＝当期销项税额－(当期进项税额－当期不得免征和抵扣税额)
$$=100\times13\%-(26-0)-6$$
$$=-19(万元)$$

当期"免、抵、退"税额抵减额＝当期免税购进原材料价格×出口货物退税率
$$=100\times13\%$$
$$=13(万元)$$

$$\begin{aligned}\text{当期"免、抵、}\\\text{退"税额}\end{aligned}=\begin{aligned}\text{当期出口货}\\\text{物离岸价}\end{aligned}\times\begin{aligned}\text{外汇人民}\\\text{币折合率}\end{aligned}\times\begin{aligned}\text{出口货物}\\\text{退税率}\end{aligned}-\begin{aligned}\text{当期"免、抵、退"}\\\text{税额抵减额}\end{aligned}$$
$$=200\times13\%-13$$
$$=13(万元)$$

当期期末留抵税额＞当期"免、抵、退"税额，则当期应退税额＝当期"免、抵、退"税额，该

企业应退税额为13万元,当期"免、抵"税额为0。

6月期末留抵结转下一期继续抵扣税额=19-13
=6(万元)

2.外贸企业出口货物、劳务增值税"免、退"税的计算

(1)外贸企业出口委托加工、修理修配货物以外的货物

$$增值税应退税额=增值税退(免)税计税依据×出口货物退税率$$

(2)外贸企业出口委托加工、修理修配货物

$$\text{出口委托加工、修理修配货物的增值税应退税额}=\text{委托加工、修理修配的增值税退(免)税计税依据}×\text{出口货物退税率}$$

外贸企业出口委托加工、修理修配货物增值税退(免)税计税依据为加工、修理修配费用增值税专用发票注明的金额。外贸企业应将加工、修理修配使用的原材料(进料加工海关保税进口料件除外)作价销售给受托加工、修理修配的生产企业,受托加工、修理修配的生产企业应将原材料成本并入加工修理费用开具发票。

【例4-7】 某外贸公司2023年7月从某棉花农场购进棉花20吨,取得增值税专用发票上注明价款80万元,增值税税额8万元,委托某棉纱厂加工棉纱出口,合同约定支付加工费15万元。已知棉纱的出口退税率为10%。计算该外贸公司的应退税额。

应退税额=(80+15)×10%
=9.5(万元)

3.融资租赁出口货物退税的计算

融资租赁出租方将融资租赁出口货物租赁给境外承租方、将融资租赁海洋工程结构物租赁给海上石油天然气开采企业,向融资租赁出租方退还其购进租赁货物所含增值税,计算公式如下:

$$\text{增值税应退税额}=\text{购进融资租赁货物的增值税专用发票注明的金额或海关(进口增值税)专用缴款书注明的完税价格}×\text{融资租赁货物适用的增值税退税率}$$

【例4-8】 2023年7月某融资租赁公司与我国境外某汽车制造公司签订合同,约定由融资租赁公司将一套设备以融资租赁方式租给境外汽车公司使用。融资租赁公司购进该套设备的增值税专用发票上注明的金额为2 000万元。已知出口退税率为13%,计算该融资租赁公司当期应退的增值税税额。

应退税额=2 000×13%
=260(万元)

(七)适用增值税免税政策的出口货物、劳务

1.适用增值税免税政策的出口货物、劳务的范围

(1)出口企业或其他单位出口规定的货物,具体是指:①增值税小规模纳税人出口的货物。②避孕药品和用具,以及古旧图书。③软件产品。其具体范围是指海关税则号前四位为"9803"的货物。动漫软件出口免征增值税。④含黄金、铂金成分的货物,钻石及其饰品。⑤国家计划内出口的卷烟。⑥非出口企业委托出口的货物。⑦非列名生产企业出口的非视同自产货物。⑧农业生产者自产农产品。农产品的具体范围按照《农业产品征税范围注释》的规定执行。⑨油画、花生果仁、黑大豆等财政部和国家税务总局规定的出口免税的货物。

⑩外贸企业取得普通发票、废旧物资收购凭证、农产品收购发票、政府非税收入票据的货物。⑪来料加工复出口的货物。⑫特殊区域内的企业出口的特殊区域内的货物。⑬以人民币现金作为结算方式的边境地区出口企业从所在省(自治区)的边境口岸出口到接壤国家的一般贸易和边境小额贸易出口货物。⑭以旅游购物贸易方式报关出口的货物。

(2)出口企业或其他单位视同出口的下列货物和劳务：①国家批准设立的免税店销售的免税货物，包括进口免税货物和已实现退(免)税的货物。②特殊区域内的企业为境外的单位或个人提供加工、修理修配劳务。③同一特殊区域、不同特殊区域内的企业之间销售特殊区域内的货物。

(3)出口企业或其他单位未按规定申报或未补齐增值税退(免)税凭证的出口货物、劳务，具体是指：①未在国家税务总局规定的期限内申报增值税退(免)税的出口货物和劳务。②未在规定期限内申报开具代理出口货物证明的出口货物和劳务。③已申报增值税退(免)税，却未在国家税务总局规定的期限内向税务机关补齐增值税退(免)税凭证的出口货物和劳务。

对于适用增值税免税政策的出口货物和劳务，出口企业或其他单位可以依照现行增值税有关规定放弃免税，并依照适用增值税征税政策的出口货物、劳务的规定缴纳增值税。

2.进项税额的处理与计算

(1)适用增值税免税政策的出口货物和劳务，其进项税额不得抵扣和退税，应当转入成本。

(2)出口卷烟不得抵扣的进项税额依下列公式计算：

$$\text{不得抵扣的进项税额} = \frac{\text{出口卷烟含消费税金额}}{\text{出口卷烟含消费税金额}+\text{内销卷烟销售额}} \times \text{当期全部进项税额}$$

①当生产企业销售的出口卷烟在国内有同类产品销售价格时：

$$\text{出口卷烟含消费税金额} = \text{出口销售数量} \times \text{销售价格}$$

公式中，"销售价格"为同类产品生产企业的国内实际调拨价格。如实际调拨价格低于税务机关公示的计税价格，则"销售价格"为税务机关公示的计税价格；如实际调拨价格高于税务机关公示的计税价格，则"销售价格"为实际调拨价格。

②当生产企业销售的出口卷烟在国内没有同类产品销售价格时：

$$\text{出口卷烟含税金额} = (\text{出口销售额} + \text{出口销售数量} \times \text{消费税定额税率}) \div (1 - \text{消费税比例税率})$$

公式中，"出口销售额"以出口发票上的离岸价为准。若出口发票不能如实反映离岸价，生产企业就应按实际离岸价计算；否则，税务机关有权按照有关规定予以核定调整。

3.其他出口货物、劳务和应税行为的计算

除出口卷烟外，适用增值税免税政策的其他出口货物、劳务和应税行为的计算，按照增值税免税政策的统一规定执行。其中，涉及销售额的，除来料加工复出口货物为其加工费收入外，其他均为出口离岸价或销售额。

(八)适用增值税征税政策的出口货物、劳务和跨境应税行为

1.适用增值税征税政策的范围

适用增值税征税政策的出口货物、劳务和跨境应税行为主要包括以下内容：

(1)出口企业出口或视同出口财政部和国家税务总局根据国务院决定明确的取消出口退

(免)税的货物(不包括来料加工复出口货物、中标机电产品、列名原材料、输入特殊区域的水电气、海洋工程结构物)。

(2)出口企业或其他单位销售给特殊区域内[国家批准的出口加工区、保税物流园区、保税港区、综合保税区、珠澳跨境工业区(珠海园区)、中哈霍尔果斯国际边境合作中心(中方配套区域)、保税物流中心(B型)]的生活消费用品和交通运输工具。

(3)出口企业或其他单位因骗取出口退税而被税务机关停止办理增值税退(免)税,在此期间出口的货物。

(4)出口企业或其他单位提供虚假备案单证的货物。

(5)出口企业或其他单位的增值税退(免)税凭证有伪造或内容不实的货物。

(6)出口企业或其他单位未在国家税务总局规定期限内申报免税核销以及经主管税务机关审核不予免税核销的出口卷烟。

(7)出口企业或其他单位具有以下情形之一的出口货物、劳务:①将空白的出口货物报关单、出口收汇核销单等退(免)税凭证交由除签有委托合同的货代公司、报关行,或由境外进口方指定的货代公司(提供合同约定或者其他相关证明)以外的其他单位或个人使用的。②以自营名义出口,其出口业务实质上是由本企业及其投资的企业以外的单位或个人借该出口企业名义操作完成的。③以自营名义出口,其出口的同一批货物既签订购货合同,又签订代理出口合同(或协议)的。④出口货物在海关验放后,自己或委托货代承运人对该笔货物的海运提单或其他运输单据等上的品名、规格等进行修改,造成出口货物报关单与海运提单或其他运输单据的有关内容不符的。⑤以自营名义出口,但不承担出口货物的质量、收款或退税风险之一的,即出口货物发生质量问题,不承担购买方的索赔责任(合同中有约定质量责任承担者的除外),不承担未按期收款导致不能核销的责任(合同中有约定收款责任承担者的除外),不承担因申报出口退(免)税的资料、单证等出现问题而造成不退税的责任的。⑥未实质参与出口经营活动、接受并从事由中间人介绍的其他出口业务,但仍以自营的名义出口的。

(8)不适用"跨境应税行为适用增值税零税率和免税政策规定"的出口服务和无形资产。

2.应纳增值税的计算

适用增值税征税政策的出口货物、劳务和跨境应税行为,其应纳增值税按下列办法计算:

(1)一般纳税人出口货物、劳务和跨境应税行为

$$销项税额=\left(\begin{array}{c}出口货物、劳务和跨\\境应税行为离岸价\end{array}-\begin{array}{c}出口货物耗用的进料加\\工保税进口料件金额\end{array}\right)\div(1+适用税率)\times适用税率$$

①出口货物、劳务和跨境应税行为,若已按征退税率之差计算不得免征和抵扣税额,并已经转入成本的,则相应的税额应转回进项税额,主营业务成本、生产成本均为不予退(免)税的进料加工出口货物的主营业务成本、生产成本。当耗用的保税进口料件金额大于不予退(免)税的进料加工出口货物金额时,耗用的保税进口料件金额为不予退(免)税的进料加工出口货物金额。

②出口企业应分别核算内销货物、劳务、跨境应税行为和征收增值税的出口货物的生产成本、主营业务成本;未分别核算的,其相应的生产成本、主营业务成本由主管税务机关核定。

海关核销进料加工手册后,出口企业应对出口货物耗用的保税进口料件金额进行清算。清算公式如下:

$$\text{清算耗用的保税进口料件总额} = \text{实际保税进口料件总额} - \text{退(免)税出口货物耗用的保税进口料件总额} - \text{进料加工副产品耗用的保税进口料件总额}$$

若耗用的保税进口料件总额与各纳税期扣减的保税进口料件金额之和存在差额,则应在清算的当期相应调整销项税额。当耗用的保税进口料件总额大于出口货物离岸金额时,其差额部分不得扣减其他出口货物金额。

(2)小规模纳税人出口货物、劳务和跨境应税行为

$$\text{应纳税额} = \text{出口货物、劳务和跨境应税行为离岸价} \div (1 + \text{征收率}) \times \text{征收率}$$

七、增值税的征收管理

(一)纳税义务发生时间

《中华人民共和国增值税暂行条例》明确规定了增值税纳税义务发生时间。纳税义务发生时间,是纳税人发生应税销售行为应当承担纳税义务的起始时间。纳税义务发生时间的作用在于:一是正式确认纳税人和扣缴义务人已经发生属于税法规定的应税销售行为时,应承担的纳税和扣缴义务;二是有利于税务机关实施税务管理,合理规定申报期限和纳税期限,监督纳税人切实履行纳税义务。

1.应税销售行为纳税义务发生时间的一般规定

(1)纳税人发生应税销售行为,其纳税义务发生时间为收取销售款项或者取得索取销售款凭据的当天;先开具发票的,为开具发票的当天。

收取销售款项,是指纳税人发生应税销售行为过程中或者完成后收到款项。

取得索取销售款凭据的当天,是指书面合同确定的付款日期;未签订书面合同或者书面合同未确定付款日期的,为应税销售行为完成的当天或者不动产权属变更的当天。

(2)进口货物,为报关进口的当天。

(3)增值税扣缴义务发生的时间,为纳税人增值税纳税义务发生的当天。

2.应税销售行为纳税义务发生时间的具体规定

纳税人销售货物、劳务、服务、无形资产、不动产的纳税义务发生时间,按销售结算方式的不同,具体确定如下:

(1)采取直接收款方式销售货物,不论货物是否发出,均为收到销售款或者取得索取销售款凭据的当天。

纳税人在生产活动中采取直接收款方式销售货物,已将货物移送对方并暂估销售收入入账,但既未取得销售款或取得索取销售款凭据,也未开具销售发票的,其增值税纳税义务发生时间为取得销售款或取得索取销售款凭据的当天;先开具发票的,为开具发票的当天。

(2)采取托收承付和委托银行收款方式销售货物,为发出货物并办妥托收手续的当天。

(3)采取赊销和分期收款方式销售货物,为按合同约定的收款日期的当天;无书面合同或者书面合同没有约定收款日期的,为货物发出的当天。

(4)采取预收货款方式销售货物,为货物发出的当天;但生产销售生产工期超过12个月的大型机械设备、船舶、飞机等货物,为收到预收款或者书面合同约定的收款日期的当天。

(5)委托其他纳税人代销货物,为收到代销单位的代销清单或者收到全部或部分货款的当天;未收到代销清单及货款的,为发出代销货物满180日的当天。

(6)销售应税劳务,为提供劳务同时收讫销售款或取得索取销售款的凭据的当天。

(7)纳税人发生除将货物交付其他单位或者个人代销和销售代销货物以外的视同销售货物行为,为货物移送的当天。

(8)纳税人提供租赁服务采取预收款方式,为收到预收款的当天。

(9)纳税人从事金融商品转让,为金融商品所有权转移的当天。

(10)纳税人发生视同销售服务、无形资产、不动产情形,为服务、无形资产转让完成的当天或者不动产权属变更的当天。

(二)纳税期限

增值税的纳税期限分别为 1 日、3 日、5 日、10 日、15 日、一个月或者一个季度。纳税人的具体纳税期限由主管税务机关根据纳税人应纳税额的大小分别核定;不能按照固定期限纳税的,可以按次纳税。

以一个季度为纳税期限的规定适用于小规模纳税人、银行、财务公司、信托投资公司、信用社,以及财政部和国家税务总局规定的其他纳税人。

纳税人以一个月或者一个季度为一个纳税期的,自期满之日起 15 日内申报纳税;以 1 日、3 日、5 日、10 日或者 15 日为一个纳税期的,自期满之日起 5 日内预缴税款,于次月 1 日起 15 日内申报纳税并结清上个月的应纳税款。

纳税人进口货物,应当自海关填发海关进口增值税专用缴款书之日起 15 日内缴纳税款。

按固定期限纳税的小规模纳税人可以选择一个月或一个季度为纳税期限,一经选择,一个会计年度内不得变更。

(三)纳税地点

1.固定业户应当向其机构所在地的主管税务机关申报纳税。总机构和分支机构不在同一县(市)的,应当分别向各自所在地的主管税务机关申报纳税;经财政部、国家税务总局或者其授权的财政、税务机关批准,可以由总机构汇总向总机构所在地的主管税务机关申报纳税。具体如下:

(1)总机构和分支机构不在同一省、自治区、直辖市的,经财政部和国家税务总局批准,可以由总机构汇总向总机构所在地的主管税务机关申报缴纳。

(2)总机构和分支机构不在同一县(市),但在同一省、自治区、直辖市范围内的,经省、自治区、直辖市财政厅(局)、税务局审批同意,可以由总机构汇总向总机构所在地的主管税务机关申报纳税。

固定业户的总、分支机构不在同一县(市),但在同一省(区、市)范围内的,经省(区、市)财政厅(局)、税务局审批同意,可以由总机构汇总向总机构所在地的主管税务机关申报缴纳增值税。

2.固定业户到外县(市)销售货物或者劳务,应当向其机构所在地的主管税务机关报告外出经营事项,并向其机构所在地的主管税务机关申报纳税;未报告的,应当向销售地或者劳务发生地的主管税务机关申报纳税;未向销售地或者劳务发生地的主管税务机关申报纳税的,由其机构所在地的主管税务机关补征税款。

3.非固定业户销售货物或者劳务,应当向销售地或者劳务发生地的主管税务机关申报纳税;未向销售地或者劳务发生地的主管税务机关申报纳税的,由其机构所在地或者居住地的主管税务机关补征税款。

4. 进口货物,应当向其报关地海关申报纳税。

5. 扣缴义务人应当向其机构所在地或者居住地的主管税务机关申报缴纳其扣缴的税款。

第二节 消费税

一、消费税概述

消费税是政府对某些特定消费品或消费行为课征的一种税,是世界各国普遍征收的一个税种。我国现行消费税是对在我国境内从事生产、批发、零售、委托加工和进口应税消费品的单位和个人,以及国务院确定的销售应税消费品的其他单位和个人,就其销售额或销售数量所征收的一种税。

1993年12月13日,国务院颁布《中华人民共和国消费税暂行条例》,自1994年1月1日起施行,我国现代消费税制度正式确立。为适应国家经济的发展,引导合理消费,促进节能环保,消费税在征税范围、税率、纳税环节等多方面进行改革完善。我国现行消费税是在对货物普遍征收增值税的基础上,选择少数消费品进行再征收、再调节的税种,它属于特别消费税、间接消费税。

二、消费税的征税范围、纳税人和税率

(一)消费税的征税范围

消费税的征税范围包括生产应税消费品、委托加工应税消费品、进口应税消费品,以及属于特殊情形的批发应税消费品和零售应税消费品。我国现行消费税的具体征税范围以税目的形式采用正列举办法加以规定,包括烟、酒、成品油、电池、涂料等15类消费品。

1. 烟

凡是以烟叶为原料加工生产的产品,不论使用何种辅料,均属于烟的征税范围,包括卷烟、雪茄烟、烟丝和电子烟。

(1)卷烟

卷烟是指各种烟叶切成烟丝,按照配方要求均匀混合,加入糖、酒、香料等辅料,用白色盘纸、棕色盘纸、涂布纸或烟草薄片经机器或手工卷制而成的普通卷烟和雪茄型卷烟。卷烟分甲类卷烟和乙类卷烟。甲类卷烟是指每标准条(200支)销售价格在70元(含70元)以上的卷烟,乙类卷烟是指每标准条(200支)销售价格在70元以下的卷烟。不同包装规格卷烟的销售价格均按每标准条(200支)折算。

(2)雪茄烟

雪茄烟是指以晾晒烟为原料或者以晾晒烟和烤烟为原料,用烟叶或卷烟纸、烟草薄片作为烟支内包皮,再用烟叶作为烟支外包皮,经机器或手工卷制而成的烟草制品。其征收范围包括各种规格、型号的雪茄烟。

(3)烟丝

烟丝是指将烟叶切成丝状、粒状、片状、末状或其他形状,加入辅料,经过发酵、储存,不经卷制即可供销售、吸用的烟草制品。烟丝的征收范围包括以烟叶为原料加工生产的不经卷制的散装烟,如斗烟、莫合烟、烟末、水烟、黄红烟丝等。

(4)电子烟

电子烟是指用于产生气溶胶供人抽吸等的电子传输系统,包括烟弹、烟具以及烟弹与烟具组合销售的电子烟产品。

2. 酒

酒是酒精度在1度以上的各种酒类饮料,包括白酒、黄酒、啤酒、其他酒和配制酒。

(1)白酒

白酒是指以高粱、玉米、大米、糯米、大麦、小麦、小米、青稞、白薯(红薯、地瓜)、木薯、马铃薯、芋头、山药等各种粮食、干鲜薯类、甜菜等为原料,经过糖化、发酵后,采用蒸馏方法酿制和勾兑酿制而成的各类白酒。

(2)黄酒

黄酒是指以糯米、粳米、籼米、大米、黄米、玉米、小麦、薯类等为原料,经加温、糖化、发酵、压制酿制的酒。其征收范围包括各种原料酿制的黄酒和酒精度超过12度(含12度)的土甜酒。

(3)啤酒

啤酒是指以大麦或其他粮食为原料,加入啤酒花,经糖化、发酵、过滤酿制的含有二氧化碳的酒。其征收范围包括各种包装和散装的啤酒。无醇啤酒比照啤酒征税。

(4)其他酒

其他酒是指除白酒、黄酒、啤酒以外,酒精度在1度以上的各种酒。其征收范围包括土甜酒、复制酒、果木酒、汽酒、药酒、葡萄酒等。

(5)配制酒

配制酒又称露酒,是指以发酵酒、蒸馏酒或食用酒精为酒基,加入可食用或药食两用的辅料或食品添加剂进行调配、混合或再加工制成的,且改变了其原酒基风格的饮料酒。

3. 高档化妆品

化妆品是日常生活中用于修饰美化人体表面的用品。高档化妆品的征收范围包括高档美容、修饰类化妆品,高档护肤类化妆品以及成套化妆品。

高档美容、修饰类化妆品和高档护肤类化妆品是指生产(进口)环节销售(完税)价格(不含增值税)在10元/毫升(克)或15元/片(张)及以上的美容、修饰类化妆品和护肤类化妆品。

美容修饰类化妆品是指香水、香水精、香粉、口红、指甲油、胭脂、眉笔、唇笔、蓝颜油、眼睫毛以及成套化妆品。

舞台、戏剧、影视演员化妆用的上妆油、卸妆油、油彩不属于本税目的征税范围。

4. 贵重首饰及珠宝玉石

本税目包括以金、银、白金、宝石、珍珠、钻石、翡翠、玛瑙等高贵稀有物质以及其他金属、人造宝石等制作的各种纯金银首饰、镶嵌首饰和经采掘、打磨、加工的各种珠宝玉石。

(1)金银首饰、铂金首饰、钻石及钻石饰品

金银首饰是指金、银和金基、银基合金首饰,以及金、银和金基、银基合金的镶嵌首饰,不包括镀金(银)、包金(银)首饰,以及镀金(银)、包金(银)的镶嵌首饰。铂金首饰,俗称"白金首饰",是以铂金属为原料制作的铂金和铂金基的镶嵌首饰。钻石及钻石饰品为未镶嵌成品钻石和镶嵌钻石的其他贵金属制首饰及其零件、镶嵌钻石的以贱金属为底的包贵金属制首饰、钻石制品。

(2)其他贵重首饰及珠宝玉石

其他贵重首饰及珠宝玉石是指除金银首饰、铂金首饰、钻石及钻石饰品外的其他贵重首饰及珠宝玉石。

5. 鞭炮、焰火

鞭炮,又称"爆竹",是用多层纸密裹火药,接以药引线而制成的一种爆炸品。焰火,是指烟火剂,一般系包扎品,内装药剂,点燃后烟火喷射,呈各种颜色,有的还变幻成各种景象,分平地小焰火和空中大焰火两类。

本税目的征收范围包括各种鞭炮、烟火。

体育上用的发令纸、鞭炮药引线不属于本税目的征税范围。

6. 成品油

成品油包括汽油、柴油、石脑油、溶剂油、航空煤油、润滑油和燃料油7个子目。航空煤油暂缓征收消费税。

(1)汽油

汽油是指用原油或其他原料加工生产的辛烷值不小于66的可用作汽油发动机燃料的各种轻质油。汽油分为车用汽油和航空汽油。

以汽油、汽油组分调和生产的甲醇汽油、乙醇汽油也属于本税目的征收范围。

烷基化油(异辛烷)按照汽油征收消费税。

(2)柴油

柴油是指用原油或其他原料加工生产的凝点或倾点在-50号至30号的可用作柴油发动机燃料的各种轻质油,以及以柴油组分为主、经调和精制,可用作柴油发动机燃料的非标油。

以柴油、柴油组分调和生产的生物柴油,属于本税目的征收范围。

(3)石脑油

石脑油又叫"化工轻油",是以原油或其他原料加工生产的用于化工原料的轻质油。

石脑油的征收范围包括除汽油、柴油、航空煤油、溶剂油以外的各种轻质油。非标汽油、重整生成油、拔头油、戊烷原料油、轻裂解料(减压柴油VGO和常压柴油AGO)、重裂解料、加氢裂化尾油、芳烃抽余油均为轻质油,属于石脑油的征收范围。

混合芳烃、重芳烃、混合碳八、稳定轻烃、轻油、轻质煤焦油按照石脑油征收消费税。

(4)溶剂油

溶剂油是用原油或其他原料加工生产的用于涂料、油漆、食用油、印刷油墨、皮革、农药、橡胶、化妆品生产和机械清洗、胶粘行业的轻质油。

橡胶填充油、溶剂油原料属于溶剂油的征收范围。

石油醚、粗白油、轻质白油、部分工业白油(5号、7号、10号、15号、22号、32号、46号)按照溶剂油征收消费税。

(5)航空煤油

航空煤油也叫"喷气燃料",是用原油或其他原料加工生产的用作喷气发动机和喷气推进系统燃料的各种轻质油。

航空煤油的消费税暂缓征收。航天煤油参照航空煤油暂缓征收消费税。

(6)润滑油

润滑油是用原油或其他原料加工生产的用于内燃机、机械加工过程的润滑产品。润滑油分为矿物性润滑油、植物性润滑油、动物性润滑油和化工原料合成润滑油。

润滑油的征收范围包括矿物性润滑油、矿物性润滑油基础油、植物性润滑油、动物性润滑油和化工原料合成润滑油。以植物性、动物性和矿物性基础油(或矿物性润滑油)混合掺配而成的"混合性"润滑油,不论矿物性基础油(或矿物性润滑油)所占比例的高低,均属于润滑油的征收范围。

(7)燃料油

燃料油也称"重油""渣油",是用原油或其他原料加工生产,主要用作电厂发电、锅炉燃料、加热炉燃料、冶金和其他工业炉燃料。腊油、船用重油、常压重油、减压重油、180CTS燃料油、7号燃料油、糠醛油、工业燃料、4~6号燃料油等油品的主要用途是作为燃料燃烧,属于燃料油的征收范围。催化料、焦化料也属于燃料油的征收范围,应当征收消费税。

7. 摩托车

本税目的征收范围包括轻便摩托车和摩托车。

(1)轻便摩托车

轻便摩托车是指最大设计车速不超过50千米/小时、发动机气缸总工作容积不超过50毫升的两轮机动车。

(2)摩托车

摩托车是指最大设计车速不超过50千米/小时、发动机气缸总工作容量不超过50毫升、空车重量不超过400千克(带驾驶室的正三轮车及特种车的空车重量不受此限制)的两轮和三轮机动车。

对于最大设计车速不超过50千米/小时、发动机气缸总工作容量不超过50毫升的三轮摩托车,不征收消费税。对于气缸容量250毫升(不含)以下的小排量摩托车,不征收消费税。

8. 小汽车

小汽车是指由动力驱动,具有4个或4个以上车轮的非轨道承载的车辆。

(1)乘用车

乘用车是指含驾驶员座位在内最多不超过9个座位(含)的、在设计和技术特性上用于载运乘客和货物的各类乘用车。

(2)中轻型商用客车

中轻型商用客车是指含驾驶员座位在内的座位数在10~23座(含23座)的、在设计和技术特性上用于载运乘客和货物的各类中轻型商用客车。

用排气量小于1.5升(含)的乘用车底盘(车架)改装、改制的车辆,属于乘用车的征收范围。用排气量大于1.5升的乘用车底盘(车架)或用中轻型商用客车底盘(车架)改装、改制的车辆,属于中轻型商用客车的征收范围。驾驶员人数(额定载客)为区间值(如8～10人、17～26人)的小汽车,按其区间值下限人数确定征收范围。

(3)超豪华小汽车

超豪华小汽车的征收范围为每辆零售价格130万元(不含增值税)及以上的乘用车和中轻型商用客车,即乘用车和中轻型商用客车子税目中的超豪华小汽车。对超豪华小汽车,在生产(进口)环节按现行税率征收消费税的基础上,在零售环节加征消费税,税率为10%。

电动汽车不属于本税目的征收范围。车身长度大于7米(含),并且座位在10～23座(含)以下的商用客车,不属于中轻型商用客车的征税范围,不征收消费税。沙滩车、雪地车、卡丁车、高尔夫车不属于消费税的征收范围,不征收消费税。

9. 高尔夫球及球具

高尔夫球及球具是指从事高尔夫球运动所需的各种专用装备,包括高尔夫球、高尔夫球杆及高尔夫球包(袋)等。

高尔夫球是指重量不超过45.93克、直径不超过42.67毫米的高尔夫球运动比赛、练习用球。高尔夫球杆是指被设计用来打高尔夫球的工具,由杆头、杆身和握把三部分组成。高尔夫球包(袋)是指专用于盛装高尔夫球及球杆的包(袋)。

本税目的征收范围包括高尔夫球、高尔夫球杆、高尔夫球包(袋)。高尔夫球杆的杆头、杆身和握把属于本税目的征收范围。

10. 高档手表

高档手表是指销售价格(不含增值税)每只在10 000元(含)以上的各类手表。其征收范围包括符合以上标准的各类手表。

11. 游艇

游艇是指长度大于8米、小于90米,船体由玻璃钢、钢、铝合金、塑料等多种材料制作,可以在水上移动的水上浮载体。按照动力划分,游艇分为无动力艇、帆艇和机动艇。

本税目的征收范围包括艇身长度大于8米(含)、小于90米(含),内置发动机,可以在水上移动,一般为私人或团体购置,主要用于水上运动和休闲娱乐等非营利性活动的各类机动艇。

12. 木制一次性筷子

木制一次性筷子又称"卫生筷子",是指以木材为原料经过锯段、浸泡、旋切、刨切、烘干、筛选、打磨、倒角、包装等环节加工而成的各类一次性使用的筷子。

本税目的征收范围包括各种规格的木制一次性筷子。未经打磨、倒角的木制一次性筷子属于本税目的征税范围。

13. 实木地板

实木地板是指以木材为原料,经锯割、干燥、刨光、截断、开榫、涂漆等工序加工而成的块状或条状的地面装饰材料。实木地板按生产工艺不同,可分为独板(块)实木地板、实木指接地板、实木复合地板三类;按表面处理状态不同,可分为未涂饰地板(白坯板、素板)和漆饰地板两类。

本税目的征收范围包括各类规格的实木地板、实木指接地板、实木复合地板及用于装饰墙壁、天棚的侧端面为榫、槽的实木装饰板。未经涂饰的素板也属于本税目的征税范围。

14. 电池

电池是一种将化学能、光能等直接转换为电能的装置,一般由电极、电解质、容器、极端,通常还有隔离层组成的基本功能单元,以及一个或多个基本功能单元装配成的电池组。其征收范围包括原电池、蓄电池、燃料电池、太阳能电池和其他电池。

(1) 原电池

原电池又称"一次电池",是按不可以充电设计的电池。按照电极所含的活性物质分类,原电池包括锌原电池、锂原电池和其他原电池。

①锌原电池,即以锌做负极的原电池,包括锌二氧化锰原电池、碱性锌二氧化锰原电池、锌氧原电池(又称"锌空气原电池")、锌氧化银原电池(又称"锌银原电池")、锌氧化汞原电池(又称"汞电池""氧化汞原电池")等。

②锂原电池,是以锂做负极的原电池,包括锂二氧化锰原电池、锂亚硫酰氯原电池、锂二硫化铁原电池、锂二氧化硫原电池、锂氧原电池(又称"锂空气原电池")、锂氟化碳原电池等。

③其他原电池,是指锌原电池、锂原电池以外的原电池。

原电池又可分为无汞原电池和含汞原电池。汞含量低于电池重量的 0.000 1%(扣式电池按 0.000 5%计算)的原电池为无汞原电池,其他原电池为含汞原电池。

(2) 蓄电池

蓄电池又称"二次电池",是按可充电、重复使用设计的电池,包括酸性蓄电池、碱性或其他非酸性蓄电池、氧化还原液流蓄电池和其他蓄电池。

①酸性蓄电池,即一种含酸性电解质的蓄电池,包括铅蓄电池(又称"铅酸蓄电池")等。

铅蓄电池,是指含以稀硫酸为主电解质、二氧化铅正极和铅负极的蓄电池。

②碱性或其他非酸性蓄电池,即一种含碱性或其他非酸性电解质的蓄电池,包括金属锂蓄电池、锂离子蓄电池、金属氢化物镍蓄电池(又称"氢镍蓄电池"或"镍氢蓄电池")、镉镍蓄电池、铁镍蓄电池、锌氧化银蓄电池(又称"锌银蓄电池")、碱性锌二氧化锰蓄电池(又称"可充碱性锌二氧化锰电池")、锌氧蓄电池(又称"锌空气蓄电池")、锂氧蓄电池(又称"锂空气蓄电池")等。

③氧化还原液流蓄电池,即一种通过正、负极电解液中不同价态离子的电化学反应来实现电能和化学能互相转化的储能装置,目前主要包括全钒液流电池。

全钒液流电池是通过正、负极电解液中不同价态钒离子的电化学反应来实现电能和化学能互相转化的储能装置。

④其他蓄电池,是指除上述①、②、③外的蓄电池。

(3) 燃料电池

燃料电池是指通过一个电化学过程,将连续供应的反应物和氧化剂的化学能直接转换为电能的电化学发电装置。

(4)太阳能电池

太阳能电池是指将太阳光能转换成电能的装置,包括晶体硅太阳能电池、薄膜太阳能电池、化合物半导体太阳能电池等,但不包括用于太阳能发电储能的蓄电池。

(5)其他电池

其他电池是指除原电池、蓄电池、燃料电池、太阳能电池以外的电池。

15. 涂料

涂料是指涂于物体表面,能形成具有保护、装饰或特殊性能的固态涂膜的一类液体或固体材料的总称。涂料由主要成膜物质、次要成膜物质等构成。按主要成膜物质的不同,涂料可分为油脂类、天然树脂类、酚醛树脂类、沥青类、醇酸树脂类、氨基树脂类、硝基类、过滤乙烯树脂类、烯类树脂类、丙烯酸酯类树脂类、聚酯树脂类、环氧树脂类、聚氨酯树脂类、元素有机类、橡胶类、纤维素类、其他成膜物类等。

(二)消费税的纳税人

在中华人民共和国境内生产、委托加工和进口应税消费品的单位和个人,以及国务院确定的销售规定应税消费品的其他单位和个人,为消费税的纳税人。所称"单位",是指企业、行政单位、事业单位、军事单位、社会团体及其他单位;所称"个人",是指个体工商户及其他个人。

具体来说,纳税人可分为以下几种情况:(1)生产销售应税消费品(金银首饰、钻石及钻石饰品、铂金首饰除外)的单位和个人;(2)从事卷烟、电子烟批发业务的单位和个人;(3)委托加工应税消费品的单位和个人;(4)进口应税消费品的单位和个人;(5)零售金银首饰、钻石及钻石饰品、铂金首饰的单位和个人;(6)将超豪华小汽车销售给消费者的单位和个人;(7)国务院确定的销售规定应税消费品的其他单位和个人。

(三)消费税的税率

消费税税率的基本形式包括比例税率、定额税率、比例税率和定额税率复合计税三种,以适应不同应税消费品的实际情况。消费税的税目和税率如表4—3所示。

表4—3　　　　　　　　　　消费税税目、税率表

税　目	税　率
一、烟	
1. 卷烟	
（1）甲类卷烟	56%加0.003元/支
（2）乙类卷烟	36%加0.003元/支
（3）商业批发	11%加0.005元/支
2. 雪茄烟	36%
3. 烟丝	30%
4. 电子烟	
（1）工业	36%
（2）商业批发	11%

续表

税　目	税　率
二、酒	
1.白酒	20%加0.5元/500克(或者500毫升)
2.黄酒	240元/吨
3.啤酒	
(1)甲类啤酒	250元/吨
(2)乙类啤酒	220元/吨
4.其他酒	10%
三、高档化妆品	15%
四、贵重首饰及珠宝玉石	
1.金银首饰、铂金首饰和钻石及钻石饰品	5%
2.其他贵重首饰和珠宝玉石	10%
五、鞭炮、焰火	15%
六、成品油	
1.汽油	1.52元/升
2.柴油	1.2元/升
3.航空煤油	1.2元/升
4.石脑油	1.52元/升
5.溶剂油	1.52元/升
6.润滑油	1.52元/升
7.燃料油	1.2元/升
七、摩托车	
1.气缸容量(排气量,下同)250毫升	3%
2.气缸容量250毫升(不含250毫升)以上	10%
八、小汽车	
1.乘用车	
(1)气缸容量(排气量,下同)1.0升(含1.0升)以下	1%
(2)气缸容量1.0升以上至1.5升(含1.5升)	3%
(3)气缸容量1.5升以上至2.0升(含2.0升)	5%
(4)气缸容量2.0升以上至2.5升(含2.5升)	9%
(5)气缸容量2.5升以上至3.0升(含3.0升)	12%
(6)气缸容量3.0升以上至4.0升(含4.0升)	25%
(7)气缸容量4.0升以上	40%
2.中轻型商用客车	5%

续表

税 目	税 率
3.超豪华小汽车	生产(进口)环节按本税目1和2的规定征收,零售环节按10%征收
九、高尔夫球及球具	10%
十、高档手表	20%
十一、游艇	10%
十二、木制一次性筷子	5%
十三、实木地板	5%
十四、电池	4%
十五、涂料	4%

说明:

(1)甲类卷烟,即每标准条(200支)调拨价格在70元(含70元,不含增值税)以上的卷烟。

(2)乙类卷烟,即每标准条(200支)调拨价格在70元(不含增值税)以下的卷烟。

(3)甲类啤酒,即每吨出厂价格(含包装物及包装物押金)在3 000元(含3 000元,不含增值税)以上的啤酒。

三、消费税的减免税和出口退(免)税规定

(一)消费税的减免税

消费税的主要作用是配合国家产业政策和消费政策,实施宏观调控,因而一般不给予减免税优惠。但随着我国宏观经济形势的变化和产业政策、消费政策的调整,消费税的课税对象与税负也需要做适当的调整。我国现行消费税减免的规定主要如下:

(1)经海关批准暂时进境的下列货物,在进境时如果纳税义务人向海关缴纳相当于应纳税款的保证金或者提供其他担保的,可以暂不缴纳进口环节消费税,但应当自进境之日起6个月内复运出境;如需延长复运出境的期限,则须经纳税人申请,海关审核批准:①在展览会、交易会、会议及类似活动中展示或者使用的货物;②文化、体育交流活动中使用的表演、比赛用品;③进行新闻报道或者摄制电影、电视节目使用的仪器、设备及用品;④开展科研、教学、医疗活动使用的仪器、设备及用品;⑤在第①项至第④项所列活动中使用的交通工具及特种车辆;⑥货样;⑦供安装、调试、检测设备时使用的仪器、工具;⑧盛装货物的容器;⑨其他用于非商业目的的货物。

(2)由于残损、短少、品质不良或者规格不符等原因,由进口货物的发货人、承运人或者保险公司免费补偿或者更换的相同货物,进口时不征收进口环节消费税。被免费更换的原进口货物不退运出境的,海关应当对原进口货物按照规定重新征收进口环节消费税。

(3)无商业价值的广告品和货样,外国政府、国际组织无偿赠送的物资,进境运输工具装载途中必需的燃料、物料和饮食用品免征进口环节消费税。

(4)在海关放行前损失的进口货物,免征进口环节消费税。在海关放行前遭受损坏的货物,可以按海关认定的进口货物受损后的实际价值确定进口环节消费税、组成计税价格公式中的关税完税价格和关税,并依法计征进口环节消费税。

(5)对用外购或委托加工收回的已税汽油生产的乙醇汽油免税。用自产汽油生产的乙醇汽油,按照生产乙醇汽油所耗用的汽油数量申报纳税。

(6)进口环节消费税税额在50元人民币以下的一票货物,免征进口环节消费税。

(7)对以回收的废矿物油为原料生产的润滑油基础油、汽油、柴油等工业油料免征消费税。

(二)出口应税消费品退(免)税的规定

为了鼓励出口,提高本国产品在国际市场上的竞争力,参照国际惯例,我国对纳税人出口的应税消费品(国家限制出口的应税消费品除外)实行退(免)消费税办法。

1. 出口应税消费品退(免)税政策

(1)出口免税并退税

出口企业出口或视同出口适用增值税退(免)税的货物,免征消费税;如果属于购进出口的货物,则退还前一环节对其已征的消费税。

(2)出口免税不退税

出口企业出口或视同出口适用增值税免税政策的货物,免征消费税,但不退还其以前环节已征的消费税,且不允许在内销应税消费品的应纳消费税税款中抵扣。

(3)出口不免税也不退税

出口企业出口或视同出口适用增值税征税政策的货物,应按规定缴纳消费税,不退还其以前环节已征的消费税,且不允许在内销应税消费品的应纳消费税税款中抵扣。

2. 出口退税率的规定

计算出口应税消费品应退消费税的税率或单位税额,依据《中华人民共和国消费税暂行条例》所附"消费税税目税率(税额)表"执行。这是我国现行消费税与增值税在出口退(免)税规定上的一个最重要的区别。当出口的货物是应税消费品时,其退还增值税要按规定的退税率计算,其退还消费税则按该应税消费品所适用的消费税税率计算。企业应将不同消费税税率的出口应税消费品分开核算和申报,凡划分不清的,一律从低适用税率计算应退消费税税额。

3. 消费税退税的计税依据

出口货物的消费税应退税额的计税依据,按购进出口货物的消费税专用缴款书和海关进口消费税专用缴款书确定。

属于从价定率计征消费税的,消费税退税的计税依据为已征且未在内销应税消费品应纳税额中抵扣的购进出口货物金额;属于从量定额计征消费税的,消费税退税的计税依据为已征且未在内销应税消费品应纳税额中抵扣的购进出口货物数量;属于复合计征消费税的,按从价定率和从量定额的计税依据分别确定。

4. 消费税退税的计算

消费税退税的计算公式如下:

$$消费税应退税额 = \frac{从价定率计征消费税的退税计税依据} \times 比例税率 + \frac{从量定额计征消费税的退税计税依据} \times 定额税率$$

四、生产销售应税消费品应纳税额的计算

纳税人在生产销售环节应缴纳的消费税,包括直接对外销售应税消费品应缴纳的消费税和自产自用应税消费品应缴纳的消费税。

（一）对外销售应税消费品应纳税额的计算

1. 计税依据的一般规定

纳税人直接对外销售应税消费品实行从价定率征税的，计税依据为应税消费品的销售额。这里的"销售额"，是指纳税人销售应税消费品向购买方收取的全部价款和价外费用。所称"价外费用"，是指价外向购买方收取的手续费、补贴、基金、集资费、返还利润、奖励费、违约金、滞纳金、延期付款利息、赔偿金、代收款项、代垫款项、包装费、包装物租金、储备费、优质费、运输装卸费以及其他各种性质的价外收费，但下列项目不包括在内：

（1）同时符合以下条件的代垫运输费用：①承运部门的运输费用发票开具给购买方的；②纳税人将该项发票转交给购买方的。

（2）同时符合以下条件的代为收取的政府性基金或者行政事业性收费：①由国务院或者财政部批准设立的政府性基金，由国务院或者省级人民政府及其财政、价格主管部门批准设立的行政事业性收费；②收费时开具省级以上财政部门印制的财政票据；③所收款项全额上缴财政。

其他价外费用，无论是否属于纳税人的收入，均应并入销售额计算征税。

实行从价定率办法计算应纳税额的应税消费品连同包装销售的，无论包装是否单独计价，也不论在会计上如何核算，均应并入应税消费品的销售额中征收消费税。如果包装物不作价随同产品销售，而是收取押金，此项押金则不应并入应税消费品的销售额中征税。但对因逾期未收回的包装物不再退还的或者已收取的时间超过12个月的押金，应并入应税消费品的销售额，按照应税消费品的适用税率缴纳消费税。

对既作价随同应税消费品销售，又另外收取押金的包装物的押金，凡纳税人在规定期限内没有退还的，均应并入应税消费品的销售额，按照应税消费品的适用税率缴纳消费税。

对酒类产品生产企业销售酒类产品（黄酒、啤酒除外）而收取的包装物押金，无论押金是否返还或会计上如何核算，均需并入酒类产品销售额，依酒类产品的适用税率征收消费税。

另外，白酒生产企业向商业销售单位收取的"品牌使用费"是随应税白酒的销售而向购买方收取的，属于应税白酒销售款的组成部分，因此，不论企业采取何种方式、以何种名义收取的价款，均应并入白酒的销售额中缴纳消费税。

对啤酒生产企业销售的啤酒，不得以向其关联企业销售的啤酒销售公司的价格作为确定消费税税额的标准，而应当以其关联企业的啤酒销售公司对外的销售价格（含包装物及包装物押金）作为确定消费税税额的标准，并依此确定该啤酒消费税的单位税额。

如果纳税人应税消费品的销售额中未扣除增值税税款或者因不得开具增值税专用发票而发生价款和增值税税款合并收取的，在计算消费税时，应将含增值税的销售额换算为不含增值税的销售额。其换算公式如下：

应税消费品的销售额＝含增值税的销售额÷（1＋增值税税率或征收率）

纳税人销售的应税消费品，以外汇结算销售额的，其销售额的人民币折合率可以选择结算当天或者当月1日的国家外汇牌价（原则上为中间价）。纳税人应在事先确定采取何种折合率，确定后一年内不得变更。

纳税人自产自销应税消费品实行从量定额征税的,计税依据为应税消费品的实际销售量。我国现行消费税规定,卷烟为支,白酒为 500 克(或者 500 毫升),黄酒、啤酒为吨,所有成品油为升。吨与升的换算标准见表 4—4。

表 4—4　　　　　　　　　　　应税消费品吨与升的换算标准

名　称	计量单位换算标准
黄酒	1 吨＝962 升
啤酒	1 吨＝988 升
汽油	1 吨＝1 388 升
柴油	1 吨＝1 176 升
航空煤油	1 吨＝1 246 升
石脑油	1 吨＝1 385 升
溶剂油	1 吨＝1 282 升
润滑油	1 吨＝1 126 升
燃料油	1 吨＝1 015 升

2.计税依据的特殊规定

(1)卷烟消费税计税价格的核定如下:

计税价格由国家税务总局按照卷烟批发环节的销售价格扣除卷烟批发环节的批发毛利核定并发布。计税价格的核定公式如下:

某牌号、规格卷烟计税价格＝批发环节销售价格×(1－适用批发毛利率)

卷烟批发环节销售价格按照税务机关采集的所有卷烟批发企业在价格采集期内销售的该牌号、规格卷烟的数量、销售额加权平均计算。计算公式如下:

$$批发环节销售价格 = \frac{\sum 该牌号、规格卷烟各采集点的销售额}{\sum 该牌号、规格卷烟各采集点的销售数量}$$

卷烟批发毛利率的具体标准:调拨价格满 146.15 元的一类烟为 34%,其他一类烟为 29%,二类烟为 25%,三类烟为 25%,四类烟为 20%,五类烟为 15%。

已经国家税务总局核定计税价格的卷烟,生产企业实际销售价格高于计税价格的,按实际销售价格确定适用税率,计算应纳税款并申报纳税;实际销售价格低于计税价格的,按计税价格确定适用税率,计算应纳税款并申报纳税。

未经国家税务总局核定计税价格的新牌号、新规格卷烟,生产企业应按卷烟调拨价格申报纳税。①

已经核定计税价格的卷烟,发生下列情况的,国家税务总局将重新核定计税价格:①卷烟价格调整;②卷烟批发毛利率调整;③通过《卷烟批发企业月份销售明细清单》(以下简称《清

---

① 新牌号卷烟,是指在国家工商行政管理总局商标局新注册商标牌号,且未经国家税务总局核定计税价格的卷烟。新规格卷烟,是指自 2009 年 5 月 1 日卷烟消费税政策调整后,卷烟名称、产品类型、条与盒包装形式、包装支数等主要信息发生变更,必须作为新产品重新申请卷烟商品条码的卷烟。卷烟调拨价格,是指卷烟生产企业向商业企业销售卷烟的价格,不含增值税。

单》)采集的卷烟批发环节销售价格扣除卷烟批发毛利后,卷烟平均销售价格连续6个月高于国家税务总局已核定计税价格的10%,且无正当理由。

(2)白酒消费税最低计税价格的核定如下:

①白酒生产企业销售给销售单位的白酒,生产企业消费税计税价格高于销售单位对外销售价格70%(含70%)以上的,税务机关暂不核定消费税最低计税价格。

②白酒生产企业销售给销售单位的白酒,生产企业消费税计税价格低于销售单位对外销售价格70%以下的,消费税最低计税价格由税务机关根据生产规模、白酒品牌、利润水平等情况,在销售单位对外销售价格50%～70%的范围内自行核定。其中,生产规模较大、利润水平较高的企业生产的需要核定消费税最低计税价格的白酒,税务机关核价幅度原则上应选择在销售单位对外销售价格60%～70%的范围内。

已核定最低计税价格的白酒,生产企业实际销售价格高于消费税最低计税价格的,按实际销售价格申报纳税;实际销售价格低于消费税最低计税价格的,按最低计税价格申报纳税。已核定最低计税价格的白酒,销售单位对外销售价格持续上涨或下跌时间达到3个月以上、累计上涨或下跌幅度在20%(含)以上的,税务机关重新核定最低计税价格。

(3)纳税人通过自设非独立核算门市部销售的自产应税消费品,应当按照门市部对外销售数量或者销售额计算征收消费税。

(4)纳税人用于换取生产资料和消费资料、投资入股和抵偿债务等方面的应税消费品,应当以纳税人同类应税消费品的最高销售价格作为计税依据计算征收消费税。

(5)纳税人兼营不同税率的应税消费品,应当分别核算不同税率应税消费品的销售额、销售数量;未分别核算销售额、销售数量,或者将不同税率的应税消费品组成成套消费品销售的,从高适用税率。

(6)纳税人兼营卷烟批发和零售业务的,应当分别核算批发和零售环节的销售额、销售数量;未分别核算批发和零售环节销售额、销售数量的,按照全部销售额、销售数量计征批发环节消费税。

3.应纳税额的计算

实行从价定率计税办法的消费品,其应纳消费税税额的计算公式如下:

$$应纳税额=销售额×比例税率$$

实行从量定额计税办法的消费品,其应纳消费税税额的计算公式如下:

$$应纳税额=销售数量×定额税率$$

实行复合计税办法的消费品,其应纳消费税税额的计算公式如下:

$$应纳税额=销售额×比例税率+销售数量×定额税率$$

国内汽车生产企业直接销售给消费者的超豪华小汽车,消税费应纳税额的计算公式如下:

$$应纳税额=销售额×(生产环节税率+零售环节税率)$$

【例4-9】 某化妆品生产企业为增值税一般纳税人,某月向某大型商场销售一批眼用高档化妆品,开具增值税专用发票,取得不含税销售额30万元;向某单位销售唇用高档化妆品,开具普通发票,取得含税销售额4.52万元,消费税适用税率为15%。计算该化妆品生产企业本月应纳消费税税额。

化妆品应税销售额＝30＋4.52÷(1＋13%)
　　　　　　　＝34(万元)

应纳税额＝34×15%
　　　　＝5.1(万元)

4. 外购应税消费品已纳消费税扣除的计算

为避免消费税重复征收,现行消费税政策规定对某些以外购、进口已缴纳消费税的消费品为原料连续生产的应税消费品销售的,计算征收消费税时,可以按当期生产领用数量计算扣除其原材料已缴纳的消费税税额。具体项目如下：(1)用外购已税烟丝为原料生产的卷烟;(2)用外购已税高档化妆品为原料生产的高档化妆品;(3)用外购已税珠宝玉石为原料生产的贵重首饰及珠宝玉石;(4)用外购已税鞭炮、焰火为原料生产的鞭炮、焰火;(5)用外购已税杆头、杆身和握把为原料生产的高尔夫球杆;(6)用外购已税木制一次性筷子为原料生产的木制一次性筷子;(7)用外购已税实木地板为原料生产的实木地板;(8)用外购已税汽油、柴油、石脑油、燃料油、润滑油为原料生产的应税成品油;(9)用外购葡萄酒连续生产的应税葡萄酒;(10)啤酒生产集团内部企业间用外购啤酒液连续灌装生产的啤酒。

当期准予扣除的外购应税消费品已纳消费税税额的计算公式如下：

当期准予扣除的外购应税消费品已纳税额 ＝ 当期准予扣除的外购应税消费品买价 × 外购应税消费品适用税率

当期准予扣除的外购应税消费品买价 ＝ 期初库存的外购应税消费品买价 ＋ 当期购进的应税消费品买价 － 期末库存的外购应税消费品买价

当期准予扣除的外购应税消费品已纳消费款 ＝ 当期准予扣除的外购应税消费品数量 × 外购应税消费品单位税额

当期准予扣除的外购应税消费品数量 ＝ 期初库存外购应税消费品数量 ＋ 当期购进外购应税消费品数量 － 期末库存外购应税消费品数量

需要说明的是,纳税人用外购已税珠宝玉石原料生产的改在零售环节征收消费税的金银首饰(镶嵌首饰),在计税时一律不得扣除外购珠宝玉石的已纳税款。

对于自己不生产应税消费品,而只是购进后再销售应税消费品的工业企业,其销售的高档化妆品、鞭炮、焰火和珠宝玉石,凡不能构成最终消费品直接进入消费品市场,而需进一步生产加工的,均应当征收消费税,同时允许扣除上述外购应税消费品的已纳税款。

外购、进口和委托加工收回的汽油、柴油、石脑油、燃料油、润滑油用于连续生产应税成品油的,应凭通过增值税发票选择确认平台确认的成品油专用发票、海关进口消费税专用缴款书,以及税收缴款书(代扣代收专用),按规定计算扣除已纳消费税税款,其他凭证不得作为消费税扣除凭证。外购石脑油、燃料油用于生产乙烯、芳烃类化工产品的,应凭取得的成品油专用发票载明的石脑油、燃料油的数量,按规定计算退还消费税,其他发票或凭证不得作为计算退还消费税的凭证。

允许扣除已纳税款的应税消费品只限于从工业企业购进的应税消费品和进口环节已缴纳消费税的应税消费品,对从境内商业企业购进应税消费品的已纳税款,一律不得扣除。

【例4—10】 某卷烟厂2023年6月外购烟丝价款200 000元,月初库存外购已税烟丝50 000元,月末库存外购已税烟丝66 000元。本月用外购烟丝生产的卷烟20标准箱(每标准箱 5 万支)对外销售,取得不含税销售额 280 000 元,款项已收。烟丝的适用税率为 30%,卷烟适用的比例税率为 56%、定额税率为 0.003 元/支。计算该卷烟厂 6 月份应纳消费税税额。

当月准予扣除的外购烟丝买价 = 50 000 + 200 000 − 66 000
$$= 184\ 000(元)$$

当月准予扣除的外购烟丝已纳税额 = 184 000 × 30%
$$= 55\ 200(元)$$

销售卷烟应纳消费税税额 = 280 000 × 56% + 20 × 50 000 × 0.003
$$= 159\ 800(元)$$

当月实际应缴消费税税额 = 159 800 − 55 200
$$= 104\ 600(元)$$

(二)自产自用应税消费品应纳税额的计算

1. 自产自用应税消费品的界定

自产自用是指纳税人生产应税消费品后,不是用于直接对外销售,而是用于连续生产应税消费品或用于其他方面。

所称"用于连续生产应税消费品",是指作为生产最终应税消费品的直接材料,并构成最终产品实体的应税消费品。比如卷烟厂生产的烟丝已是应税消费品,如果直接对外销售,则应缴纳消费税;但如果用于本厂连续生产卷烟,则用于连续生产卷烟的烟丝不征收消费税,只对生产的卷烟征收消费税。

所称"用于其他方面",是指用于生产非应税消费品、在建工程、管理部门、非生产机构、提供劳务以及用于馈赠、赞助、投资、广告、样品、职工福利、奖励等方面。

纳税人自产自用的应税消费品,用于连续生产应税消费品的,不纳税;用于其他方面的,于移送使用时纳税。

对成品油生产企业在生产成品油过程中,作为燃料、动力及原料消耗掉的自产成品油免征消费税,对用于其他用途或直接对外销售的成品油征收消费税。

2. 计税依据及应纳税额的计算

在从价定率计征办法下,纳税人自产自用的应税消费品,凡用于其他方面的,均应按照纳税人生产的同类消费品的销售价格计算纳税;没有同类消费品销售价格的,按照组成计税价格计算纳税。

(1)按同类消费品的销售价格计税

同类消费品的销售价格是指纳税人当月销售的同类消费品的销售价格。如果当月同类消费品各期的销售价格高低不同,则应按销售数量加权平均计算。但纳税人销售的应税消费品有下列情况之一的,不得加权平均计算:①销售价格明显偏低又无正当理由;②无销售价格。

如果当月无销售或者当月未完结,则应按照同类消费品上个月或最近月份的销售价格计算纳税。

(2)按照组成计税价格计税

没有同类消费品销售价格的,按照组成计税价格计算纳税。

实行从价定率办法计算纳税的组成计税价格如下：

$$组成计税价格＝(成本＋利润)÷(1－消费税税率)$$
$$＝成本×(1＋成本利润率)÷(1－消费税税率)$$
$$应纳税额＝组成计税价格×消费税税率$$

实行复合计税办法计算纳税的组成计税价格如下：

$$组成计税价格＝(成本＋利润＋自产自用数量×定额税率)÷(1－比例税率)$$
$$应纳税额＝组成计税价格×比例税率＋自产自用数量×定额税率$$

上述公式中的成本是指应税消费品的生产成本，利润是指根据应税消费品的全国平均成本利润率计算的利润。应税消费品全国平均成本利润率由国家税务总局统一规定，具体见表4－5。

表4－5　　　　　　　　　　应税消费品全国平均成本利润率

全国平均成本利润率	应税消费品
20%	高档手表
10%	甲类卷烟、粮食白酒、高尔夫球及球具、游艇、电子烟
8%	乘用车
7%	涂料
6%	摩托车、贵重首饰及珠宝玉石
5%	乙类卷烟、雪茄烟、烟丝、薯类白酒、其他酒、高档化妆品、鞭炮及焰火、木制一次性筷子、实木地板、中轻型商用客车
4%	电池

(3) 按实际移送使用数量计税

自产自用应税消费品实行从量定额计税的，以应税消费品实际移送使用的数量为计税依据，计算公式如下：

$$应纳税额＝实际移送使用数量×定额税率$$

【例4－11】　某化妆品公司2023年8月将一批自产的高档化妆品作为福利发给职工，经查该批高档化妆品无同类产品销售价格，其生产成本为250 000元，成本利润率为5%，高档化妆品适用税率为15%。计算该化妆品公司应纳消费税税额。

根据规定，自产自用化妆品无同类产品销售价格的，应按组成计税价格计税。

组成计税价格＝250 000×(1＋5%)÷(1－15%)
　　　　　　＝308 823.53(元)
应纳消费税税额＝308 823.53×15%
　　　　　　　＝46 323.53(元)

五、金银首饰应税消费品应纳税额的计算

(一) 计税依据的确定

金银首饰消费品的计税依据为纳税人销售金银首饰时向购买方收取的不含增值税的全

部价款和价外费用,具体规定如下:

(1)纳税人销售金银首饰,其计税依据为不含增值税的销售额。如果纳税人销售金银首饰的销售额中未扣除增值税税款,则在计算消费税时,应按以下公式换算为不含增值税税款的销售额:

$$金银首饰的销售额＝含增值税的销售额\div(1+增值税税率或征收率)$$

(2)金银首饰连同包装物销售的,无论包装是否单独计价,也无论会计上如何核算,均应并入金银首饰的销售额计征消费税。

(3)带料加工的金银首饰,应按受托方销售同类金银首饰的销售价格确定计税依据,征收消费税。没有同类金银首饰销售价格的,按照组成计税价格计算纳税。组成计税价格的计算公式如下:

$$组成计税价格＝(材料成本+加工费)\div(1-金银首饰消费税税率)$$

公式中的"材料成本",是指委托方所提供加工材料的实际成本。委托方必须在委托加工合同上如实注明(或以其他方式提供)材料成本,凡未提供材料成本的,受托方所在地主管税务机关有权核定其材料成本。公式中的"加工费",是指受托方加工金银首饰向委托方收取的全部费用,包括代垫辅助材料的实际成本,但不包括收取的增值税。

(4)纳税人采用以旧换新、翻新改制方式销售的金银首饰,其计税依据为实际收取的不含增值税的全部价款,包括增加或添加的材料价格以及收取的加工费。

(5)用于馈赠、赞助、集资、广告、样品、职工福利、奖励等方面的金银首饰,其计税依据为纳税人销售同类金银首饰的销售价格;没有同类金银首饰销售价格的,计税依据为组成计税价格。组成计税价格的计算公式如下:

$$组成计税价格＝购进原价\times(1+利润率)\div(1-金银首饰消费税税率)$$

纳税人为生产企业时,公式中的"购进原价"为生产成本。公式中的"利润率"一律确定为6%。

(6)纳税人用已税珠宝玉石生产的金、银和金基、银基合金的镶嵌首饰,一律不得扣除购买或已纳的消费税税款。经营单位兼营生产、加工、批发、零售金银首饰业务的,应分别核算销售额;未分别核算或划分不清的,一律视同零售金银首饰,征收消费税。

(二)应纳税额的计算

在零售环节计征消费税的金银首饰,以销售额(或组成计税价格)为计税依据,其应纳消费税税额的计算公式如下:

$$应纳税额＝应税销售额\times适用税率$$
$$＝组成计税价格\times适用税率$$

【例4-12】 某家经过认定的金银首饰商店(增值税一般纳税人)于2023年7月零售金银首饰855 000元,并销售单独计价的包装盒45 000元;接受消费者委托加工金项链28条,收到黄金价值90 000元,同时收到加工费5 000元,当月加工完成后交还委托人;将金手镯3 200克用于对外馈赠,进价每克300元。计算该商店当月应缴纳的消费税。

零售金银首饰应纳消费税税额＝(855 000+45 000)÷(1+13%)×5%
$$=39\ 823.01(元)$$

受托加工金银首饰应纳消费税税额＝(90 000+5 000)÷(1-5%)×5%
$$=5\ 000(元)$$

用于馈赠的首饰应纳消费税税额＝3 200×300×(1＋6％)÷(1－5％)×5％
          ＝53 557.89(元)
该店当月应纳消费税总额＝39 823.01＋5 000＋53 557.89
          ＝98 380.9(元)

六、委托加工应税消费品应纳税额的计算

(一)委托加工应税消费品的界定

委托加工应税消费品是指由委托方提供原料或主要材料,受托方只收取加工费和代垫部分辅助材料加工的应税消费品。

对于由受托方提供原材料生产的应税消费品,或者受托方先将原材料卖给委托方,再接受加工的应税消费品,以及由受托方以委托方名义购进原材料生产的应税消费品,不论纳税人在财务上是否做销售处理,都不得作为委托加工应税消费品,而应当按照受托方销售自制应税消费品缴纳消费税。

(二)计税依据的确定

根据规定,委托加工应税消费品,以受托方的同类消费品的销售价格为计税依据。同类消费品的销售价格是指受托方(代收代缴义务人)当月销售的同类消费品的销售价格;如果当月同类消费品各期销售价格不同,则应按销售数量加权平均计算。但销售应税消费品有下列情况之一的,不得加权平均计算:①销售价格明显偏低又无正当理由;②无销售价格。

如果当月无销售或当月未完结,则应按照同类消费品上月或最近月份的销售价格计算纳税;没有同类产品销售价格的,按组成计税价格计算纳税。

实行从价定率办法计算应纳税额的组成计税价格的计算公式如下:

$$组成计税价格＝(材料成本＋加工费)÷(1－比例税率)$$

实行复合计税办法计算应纳税额的组成计税价格的计算公式如下:

$$组成计税价格＝(材料成本＋加工费＋委托加工数量×定额税率)÷(1－比例税率)$$

公式中的材料成本是指委托方所提供加工材料的实际成本。委托加工应税消费品的纳税人必须在委托加工合同上如实注明(或以其他方式提供)材料成本,凡未提供材料成本的,受托方所在地主管税务机关有权核定其材料成本。公式中的加工费是指受托方加工应税消费品向委托方收取的全部费用,包括代垫辅助材料的实际成本,但不包括增值税税额。

从量定额征税的委托加工应税消费品,以收回的委托加工应税消费品的数量为计税依据。

(三)应纳税额的计算

1.从价定率征税办法应纳税额的计算

受托方有同类消费品销售价格的计算公式如下:

$$应纳税额＝同类消费品销售价格×比例税率$$

受托方没有同类消费品销售价格的计算公式如下:

$$应纳税额＝组成计税价格×比例税率$$

2.从量定额征税办法应纳税额的计算

从量定额征税的委托加工应税消费品应纳税额的计算公式如下：

$$应纳税额＝委托加工应税消费品收回的数量×定额税率$$

3.复合计税办法应纳税额的计算

$$应纳税额＝组成计税价格×比例税率＋委托加工应税消费品收回的数量×定额税率$$

【例4－13】 甲企业委托乙企业加工一批应税消费品,受托加工合同上注明甲企业提供原材料的实际成本为880 000元；支付乙企业加工费20 000元,其中包括乙企业代垫的辅助材料1 000元。该批消费品的消费税税率为10%。计算乙企业代收代缴的消费税税额。

组成计税价格＝(880 000＋20 000)÷(1－10%)

＝1 000 000(元)

代收代缴消费税税额＝1 000 000×10%

＝100 000(元)

(四)委托加工收回应税消费品已纳税款扣除的计算

为避免消费税的重复征收,对受托方在交货时已代收代缴消费税的委托加工应税消费品,委托方收回后直接出售的,不再征收消费税[①]；用于连续生产应税消费品的,其已纳消费税税额准予按当期生产领用的数量,从连续生产的应税消费品应纳消费税税额中扣除。具体项目如下：(1)以委托加工收回的已税烟丝为原料生产的卷烟；(2)以委托加工收回的已税高档化妆品为原料生产的高档化妆品；(3)以委托加工收回的已税珠宝玉石为原料生产的贵重首饰及珠宝玉石；(4)以委托加工收回的已税鞭炮、焰火为原料生产的鞭炮、焰火；(5)以委托加工收回的已税汽油、柴油、石脑油、燃料油、润滑油为原料生产的应税成品油；(6)以委托加工收回的已税杆头、杆身和握把为原料生产的高尔夫球杆；(7)以委托加工收回的已税木制一次性筷子为原料生产的木制一次性筷子；(8)以委托加工收回的已税实木地板为原料生产的实木地板。

当期准予扣除委托加工收回的应税消费品已纳消费税税额的计算公式如下：

$$\begin{matrix}当期准予扣除的\\委托加工应税消\\费品已纳税额\end{matrix}＝\begin{matrix}期初库存的委\\托加工应税消\\费品已纳税额\end{matrix}＋\begin{matrix}当期收回的委\\托加工应税消\\费品已纳税额\end{matrix}－\begin{matrix}期末库存的委\\托加工应税消\\费品已纳税额\end{matrix}$$

需要说明的是,纳税人用委托加工收回的已税珠宝玉石生产的改在零售环节征收消费税的金银首饰,在计税时一律不得扣除委托加工收回的珠宝玉石已缴纳的消费税税额。

【例4－14】 某化妆品公司委托某化妆品厂加工某种高档化妆品,收回后用于连续生产高档化妆品。化妆品厂按该厂同类化妆品每千克2 000元不含税销售价格代收代缴消费税。2023年8月公司收回加工的高档化妆品8 000千克,当月销售连续生产的高档化妆品2 000箱,每箱不含增值税销售价格为15 000元。月末结算账面反映月初库存委托加工高档化妆

---

① 《关于〈中华人民共和国消费税暂行条例实施细则〉有关条款解释的通知》(财法〔2012〕8号)对《中华人民共和国消费税暂行条例实施细则》(财政部令第51号)第七条第二款规定的"委托加工的应税消费品直接出售的,不再缴纳消费税"的含义的解释：委托方将收回的应税消费品,以不高于受托方的计税价格出售的,为直接出售,不再缴纳消费税；委托方以高于受托方的计税价格出售的,不属于直接出售,需按照规定申报缴纳消费税,在计税时准予扣除受托方已代收代缴的消费税。本规定自2012年9月1日起施行。

品 4 000 千克,月末库存委托加工高档化妆品 2 000 千克。计算该化妆品公司当月应缴纳的消费税税额。高档化妆品的消费税税率为 15%。

$$\text{当月准予扣除的委托加工化妆品已纳消费税税额} = (4\,000 + 8\,000 - 2\,000) \times 2\,000 \times 15\%$$
$$= 3\,000\,000(元)$$

$$\text{当月应纳消费税税额} = 2\,000 \times 15\,000 \times 15\% - 3\,000\,000$$
$$= 1\,500\,000(元)$$

七、进口应税消费品应纳税额的计算

(一) 进口一般货物应纳消费税的计算

进口应税消费品应于报关进口时由海关代征进口环节消费税,由进口人或者其代理人向报关地海关申报纳税,自海关填发海关进口消费税专用缴款书之日起 15 日内缴纳消费税税款。

1. 实行从价定率计征应纳税额的计算

纳税人进口应税消费品的,以组成计税价格为计税依据计算进口环节应纳的消费税。其计算公式如下:

$$\text{组成计税价格} = (\text{关税完税价格} + \text{关税}) \div (1 - \text{消费税比例税率})$$

$$\text{应纳税额} = \text{组成计税价格} \times \text{消费税比例税率}$$

公式中的关税完税价格,是指海关核定的关税计税价格,一般为进口货物的到岸价格。

【例 4-15】 某公司 2023 年 7 月从国外进口一批眼用高档化妆品,海关核定的关税完税价格为 350 万元。该批化妆品的进口关税税率为 15%,适用的消费税税率为 15%。计算该批高档化妆品应纳的消费税。

$$\text{该批高档化妆品的组成计税价格} = (350 + 350 \times 15\%) \div (1 - 15\%)$$
$$= 473.53(万元)$$

$$\text{该批高档化妆品应纳的消费税} = 473.53 \times 15\%$$
$$= 71.03(万元)$$

2. 实行从量定额计征应纳税额的计算

$$\text{应纳税额} = \text{海关审定的应税消费品进口数量} \times \text{消费税定额税率}$$

3. 实行从价定率和从量定额复合计征应纳税额的计算

$$\text{组成计税价格} = (\text{关税完税价格} + \text{关税} + \text{进口数量} \times \text{消费税定额税率}) \div (1 - \text{消费税比例税率})$$

$$\text{应纳税额} = \text{组成计税价格} \times \text{消费税比例税率} + \text{进口数量} \times \text{消费税定额税率}$$

(二) 进口卷烟应纳税额的计算

为统一进口卷烟与国产卷烟的消费税政策,对进口卷烟的消费税应纳税额统一按以下办法计算确定:

1. 计算进口卷烟消费税适用比例税率的价格,确定进口卷烟消费税适用比例税率

$$\text{每标准条进口卷烟(200 支)确定消费税适用比例税率的价格} = \left(\text{关税完税价格} + \text{关税} + \text{消费税定额税率}\right) \div (1 - \text{消费税税率})$$

其中,关税完税价格和关税为每标准条的关税完税价格及关税税额,消费税定额税率为

每标准条(200 支)0.6 元,消费税税率固定为 36%。

每标准条进口卷烟(200 支)确定消费税适用比例税率的价格≥70 元人民币的,适用比例税率为 56%;每标准条进口卷烟(200 支)确定消费税适用比例税率的价格<70 元人民币的,适用比例税率为 36%。

2.依据上述确定的消费税适用比例税率,计算进口卷烟的消费税组成计税价格和应纳消费税税额

$$\text{进口卷烟消费税组成计税价格} = (\text{关税完税价格} + \text{关税} + \text{消费税定额税}) \div (1 - \text{进口卷烟消费税适用比例税率})$$

$$\text{应纳消费税税额} = \text{进口卷烟消费税组成计税价格} \times \text{进口卷烟消费税适用比例税率} + \text{消费税定额税}$$

其中,

$$\text{消费税定额税} = \text{海关核定的进口卷烟数量} \times \text{消费税定额税率}$$

消费税定额税率为每标准箱 150 元(5 万支,0.003 元/支)。

【例 4-16】 有进出口经营权的某外贸公司于 2023 年 7 月从国外进口卷烟 350 箱(每箱 250 条,每标准条 200 支),支付买价 9 600 000 元,支付到达我国海关的运输费 150 000 元、保险费 50 000 元。已知进口卷烟的关税税率为 20%。计算卷烟在进口环节应缴纳的消费税。

$$\text{每标准条进口卷烟消费税适用比例税率的价格} = \frac{(9\ 600\ 000 + 150\ 000 + 50\ 000) \div (350 \times 250) \times (1 + 20\%) + 0.6}{1 - 36\%}$$

$$= 210.94(\text{元})$$

每标准条卷烟价格>70 元,适用消费税税率为 56%。

$$\text{进口卷烟应纳消费税} = \frac{(9\ 600\ 000 + 150\ 000 + 50\ 000) \times (1 + 20\%) + 350 \times 150}{1 - 56\%} \times 56\% + 350 \times 150$$

$$= 15\ 086\ 590.91(\text{元})$$

(三)进口超豪华小汽车应纳税额的计算

对我国驻外使领馆工作人员、外国驻华机构及人员、非居民常住人员、政府间协议规定等应税(消费税)、进口自用且完税价格为 130 万元及以上的超豪华小汽车的消费税,按照生产(进口)环节的税率和零售环节的税率(10%)加总计算,由海关代征。其计算公式如下:

$$\text{组成计税价格} = (\text{关税完税价格} + \text{关税}) \div (1 - \text{进口环节消费税税率})$$

$$\text{应纳税额} = \text{组成计税价格} \times (\text{进口环节消费税税率} + \text{零售环节消费税税率})$$

八、消费税的征收管理

(一)纳税义务发生时间

消费税纳税义务发生时间分为以下几种情况:

(1)纳税人销售应税消费品的,按不同的销售结算方式分以下几种情况:①采取赊销和分期收款结算方式的,为书面合同约定的收款日期的当天,书面合同没有约定收款日期或者无书面合同的,为发出应税消费品的当天;②采取预收货款结算方式的,为发出应税消费品的当天;③采取托收承付和委托银行收款方式的,为发出应税消费品并办妥托收手续的当天;④采

取其他结算方式的,为收讫销售款或者取得索取销售款凭据的当天。

(2)纳税人自产自用应税消费品的,为移送使用的当天。

(3)纳税人委托加工应税消费品的,为纳税人提货的当天。

(4)纳税人进口应税消费品的,为报关进口的当天。

(二)纳税期限

消费税的纳税期限分别为 1 日、3 日、5 日、10 日、15 日、一个月或者一个季度。纳税人的具体纳税期限由主管税务机关根据纳税人应纳税额的大小分别核定;不能按照固定期限纳税的,可以按次纳税。

纳税人以一个月或者一个季度为一个纳税期的,自期满之日起 15 日内申报纳税;以 1 日、3 日、5 日、10 日、15 日为一个纳税期的,自期满之日起 5 日内预缴税款,于次月 1 日起 15 日内申报纳税并结清上个月应纳税款。

纳税人进口应税消费品,应当自海关填发进口消费税专用缴款书之日起 15 日内缴纳税款。

(三)纳税地点

消费税属于中央税,由税务机关负责征收和管理。消费税的纳税地点具体分以下几种情况:

第一,纳税人销售的应税消费品,以及自产自用的应税消费品,除国务院财政、税务主管部门另有规定外,应当向纳税人机构所在地或者居住地的主管税务机关申报纳税。纳税人的总、分支机构不在同一县(市)的,应在生产应税消费品的分支机构所在地申报纳税;但经国家税务总局及其所属分局批准,纳税人分支机构应纳的消费税也可由总机构汇总向总机构所在地主管税务机关申报缴纳。

第二,纳税人到外县(市)销售或委托外县(市)代销自产应税消费品的,应事先向其所在地主管税务机关提出申请,并在应税消费品销售后,回纳税人核算地缴纳税款。

第三,委托加工的应税消费品,除受托方为个人外,由受托方向所在地或者居住地的主管税务机关解缴消费税税款。委托个人加工的应税消费品,由委托方向其机构所在地或者居住地的主管税务机关申报纳税。

第四,进口的应税消费品,由进口人或由其代理人向报送地海关申报纳税。此外,个人携带或者邮寄进境的应税消费品连同关税由海关一并计征。

第五,卷烟批发由卷烟批发企业向机构所在地的主管税务机关申报纳税;总机构与分支机构不在同一地区的,由总机构申报纳税。

第三节 关 税

一、关税概述

关税是指海关根据国家制定的有关法律,以进出关境的货物和物品为征税对象,就其进出口流转额征收的一种税。

所谓"关境",是指一个主权国家海关法令全面实施的境域,一般包括该国的领陆、领海、领空在内的全部国家领土。因此,通常情况下,一个国家的关境与国境是一致的,但关税同盟、自由港、自由贸易区、出口加工区的出现,使两者发生了分离。当几个国家结成关税同盟,组成一个共同的关境,实施统一的关税法令和进出口税则时,这些国家彼此之间货物进出国境不征收关税,只对来自或运往非同盟成员国的货物进出共同关境时征收关税,此时,关境就大于成员国的国境;当一国在国境内设立自由港、自由贸易区、出口加工区时,对进出自由港、自由贸易区、出口加工区的货物不征收关税,此时,关境就小于该国的国境。根据《中华人民共和国香港特别行政区基本法》和《中华人民共和国澳门特别行政区基本法》,香港和澳门地区仍保持自由港地位,为我国单独的关税地区,即单独关境区,因此,我国的关境小于国境。

为加强对关税的征收管理,2021年4月29日第十三届全国人民代表大会常务委员会第二十八次会议审议修正颁布了《中华人民共和国海关法》(以下简称《海关法》),国务院2017年3月1日修订后发布了《中华人民共和国进出口关税条例》(以下简称《进出口关税条例》),国务院关税税则委员会先后发布了《中华人民共和国进出口税则》(以下简称《进出口税则》)和《中华人民共和国海关入境旅客行李物品和个人邮递物品征收进口税办法》,海关总署也印发了《中华人民共和国海关进出口货物征税管理办法》和《中华人民共和国海关进出口货物减免税管理办法》。

二、关税的征税范围、纳税人和税率

(一)关税的征税范围

关税的征税对象是准许进出境的货物和物品。这里的货物是指贸易性商品。物品是指入境旅客随身携带的行李物品、个人邮递物品、各种运输工具上的服务人员携带进口的自用物品、馈赠物品,以及通过其他方式进入我国境内的其他物品。关税的具体征税范围按关税税则、税目的规定执行。

1. 进口货物的征税范围

我国《海关进出口税则》将进口商品分设21类,具体包括:

第一类:活动物,动物产品。

第二类:植物产品。

第三类:动、植物油、脂及其分解产品;精制的食用油脂;动、植物蜡。

第四类:食品;饮料、酒及醋;烟草及烟草代用品的制品;非经燃烧吸用的产品,不论是否含有尼古丁;其他供人体摄入尼古丁的含尼古丁的产品。

第五类:矿产品。

第六类:化学工业及其相关工业的产品。

第七类:塑料及其制品,橡胶及其制品。

第八类:生皮、皮革、毛皮及其制品;鞍具及挽具;旅行用品、手提包及类似容器;动物肠线(蚕胶丝除外)制品。

第九类:木及木制品;木炭;软木及软木制品;稻草、秸秆、针茅或其他编结材料制品;篮筐及柳条编织品。

第十类:木浆及其他纤维状纤维素浆;回收(废碎)纸或纸板;纸、纸板及其制品。

第十一类：纺织原料及其纺织制品。

第十二类：鞋、帽、伞、杖、鞭及其零件；已加工的羽毛及其制品；人造花；人发制品。

第十三类：石料、石膏、水泥、石棉、云母及类似材料的制品；陶瓷产品；玻璃及其制品。

第十四类：天然或养殖珍珠、宝石或半宝石、贵金属、包贵金属及其制品；仿首饰；硬币。

第十五类：贱金属及其制品。

第十六类：机器、机械器具、电气设备及其零件；录音机及放声机，电视图像、声音的录制和重放设备及其零件、附件。

第十七类：车辆、航空器、船舶及有关运输设备。

第十八类：光学、照相、电影、计量、检验、医疗或外科用仪器及设备、精密仪器及设备；钟表；乐器；上述物品的零件、附件。

第十九类：武器、弹药及零件、附件。

第二十类：杂项制品。

第二十一类：艺术品、收藏品及古物。

2. 出口货物的征税范围

为鼓励商品出口，发展对外贸易，我国对出口商品一般不征税，国家仅对少数资源性产品及易于竞相杀价、盲目进口、需要规范出口秩序的半制成品征收出口关税。《中华人民共和国进出口税则(2023)》对106项货品征收出口关税，主要是鳗鱼苗、经酸处理的骨胶原及骨、含牛羊成分的骨粉及骨废料、铅矿砂及其精矿、锌矿砂及其精矿、锡矿砂及其精矿、钨矿砂及其精矿、生锑(锑精矿、选矿产品)、黄磷(白磷)、氟钽酸钾、苯、经逆鞣和未经逆鞣处理的山羊板皮、非合金生铁、锰铁、硅铁、铸铁废碎料、不锈钢废碎料、镀锡钢铁废碎料、精炼铜的线锭、铜废碎料、黄铜丝、未锻轧镍合金、电镀用镍阳极、铝合金制空心异型材、锑废碎料等。

3. 进境物品进口税的征税范围

进境物品进口税的征税范围由"中华人民共和国进境物品归类表"(以下简称"进境物品归类表")及"中华人民共和国进境物品完税价格表"(以下简称"进境物品完税价格表")做出具体规定。对烟、酒、高档化妆品；高尔夫球及球具、高档手表；纺织品及其制成品、电视摄像机及其他电器用具、自行车；书报、刊物、教育专用电影片、幻灯片、原版录音带、录像带、计算机、视频摄录一体机、数字照相机等信息技术产品；金和银及其制品；食品、饮料和其他商品等征收进口关税。2019年4月8日，国家对进境物品进口税的征税范围进行了适当调整。

(二)关税的纳税人

关税的纳税人分为以下两种情况：

1. 贸易性进出口货物的纳税人

贸易性进出口货物的纳税人是进口货物的收货人、出口货物的发货人。进出口货物的收货人、发货人是依法取得对外贸易经营权，并进口或者出口货物的法人或者其他社会团体。

2. 非贸易性进出口货物的纳税人

非贸易性进出口货物的纳税人是进出境物品的所有人，包括该物品的所有人和推定为所有人的人。一般情况下，对于携带进境的物品，推定其携带人为所有人；对分离运输的行李，推定相应的进出境旅客为所有人；对以邮递方式进境的物品，推定其收件人为所有人；对以邮递或其他运输方式出境的物品,推定其寄件人或托运人为所有人。

(三)关税的税率

《进出口关税条例》规定,国务院制定《进出口税则》和"进境物品进口税税率表",规定关税的税目、税则号列和税率,作为《进出口关税条例》的组成部分。海关根据《进出口税则》中规定的税率征税。

1.进口关税税率

进口关税设有最惠国税率、协定税率、特惠税率、普通税率、关税配额税率等税率形式,对进口货物在一定期限内可以实行暂定税率。

适用最惠国税率的进口货物有暂定税率的,应当适用暂定税率;适用协定税率、特惠税率的进口货物有暂定税率的,应当从低适用税率;适用普通税率的进口货物,不适用暂定税率。适用出口税率的出口货物有暂定税率的,应当适用暂定税率。

按照有关法律、行政法规的规定对进口货物采取反倾销、反补贴、保障措施的,其税率的适用按照《中华人民共和国反倾销条例》《中华人民共和国反补贴条例》和《中华人民共和国保障措施条例》的有关规定执行。

(1)最惠国税率

最惠国税率是指某国来自其最惠国的进口产品享受的关税税率。根据最惠国待遇原则,最惠国税率一般不得高于现在或将来来自第三国的同类产品所享受的关税税率。最惠国税率适用原产于共同适用最惠国待遇条款的世界贸易组织成员的进口货物,原产于与中国签订含有相互给予最惠国待遇条款的双边贸易协定的国家或者地区的进口货物,以及原产于中国境内的进口货物。适用最惠国税率的国家或者地区包括:共同适用最惠国待遇条款的世界贸易组织的162个成员,与中国签订含有相互给予最惠国待遇条款的双边贸易协定的34个国家或者地区。

(2)协定税率

协定税率是指一国根据其与别国签订的贸易条约或协定而制定的关税税率。协定税率适用原产于与中国签订含有关税优惠条款的区域性贸易协定的国家或者地区的进口货物。根据海峡两岸相关协议,原产于中国台湾地区的部分进口货物,参照适用协定税率。

根据我国与有关国家或者地区已签署并生效的自由贸易协定和优惠贸易安排,对19个协定项下、原产于29个国家或者地区的部分进口货物实施协定税率:一是按照中国与新西兰、秘鲁、哥斯达黎加、瑞士、冰岛、韩国、澳大利亚、巴基斯坦、毛里求斯、柬埔寨的自由贸易协定和《区域全面经济伙伴关系协定》(RCEP)进一步降税;按照有关规定,中国-瑞士自由贸易协定自2023年7月1日起就部分信息技术协定扩围产品降低协定税率。二是中国与东盟、智利、新加坡、格鲁吉亚的自由贸易协定,以及内地与香港、澳门的《关于建立更紧密经贸关系的安排》(CEPA)和《海峡两岸经济合作框架协议》(ECFA)已完成降税,继续实施协定税率。三是亚太贸易协定继续实施,自2023年7月1日起,就部分信息技术协定扩围产品降低协定税率。

(3)特惠税率

特惠税率又称优惠税率,是指对某个国家或地区进口的全部商品或部分商品给予特别优惠的低税率或免税待遇。特惠税率适用原产于与中国签订含有特殊关税优惠条款的贸易协定的国家或者地区的进口货物。2023年我国继续给予44个与我国建交并完成换文手续的最不发达国家零关税待遇,实施特惠税率,适用商品范围和税率维持不变。

(4)普通税率

普通税率适用原产于除适用最惠国税率、协定税率、特惠税率国家或者地区以外的国家或者地区的进口货物,以及原产地不明的进口货物。按照普通税率征税的进口货物,经国务院关税税则委员会特别批准,可以适用最惠国税率。

(5)关税配额税率

关税配额税率是一种进口国限制进口货物数量的税率,对于在某一限额内进口的货物,可以适用较低的税率或免税;但对于超过限额后进口的货物,则适用较高或一般的税率。关税配额税率适用于实行关税配额管理的进口货物,关税配额内的适用关税配额税率;关税配额外的,按不同情况分别适用最惠国税率、协定税率、特惠税率或普通税率。

2023年我国继续对小麦等8类商品实施关税配额管理,税率不变。其中,对尿素、复合肥、磷酸氢铵3种化肥的配额税率继续实施1%的暂定税率。继续对配额外进口的一定数量棉花实施滑准税。

(6)暂定税率

暂定税率是指调整后在一定期限内暂时执行的关税税率。适用最惠国税率、协定税率、特惠税率、关税配额税率的进口货物在一定期限内可以实行暂定税率。

根据2023年关税调整方案公告,自2023年1月1日起,我国将对1 020项商品实施低于最惠国税率的进口暂定税率。调整内容包括部分抗癌药原料、抗新型冠状病毒药原料、铌酸锂、燃料电池用氧化铱等。

2. 出口关税税率

我国出口税则采取一栏税率,即出口税率。对出口货物在一定期限内可以实行暂定税率。国家仅对少数资源性产品及易于竞相杀价、盲目进口、需要规范出口秩序的半制成品征收出口关税。

2023年我国继续对铬铁等106项商品征收出口关税,提高铝和部分铝合金的出口关税。

3. 进境物品进口税税率

准许应税进口的旅客行李物品、个人邮递物品以及个人自用物品,除另有规定的以外,均由海关按照"进境物品进口税税率表"征收进口税。2018年9月30日经国务院批准,国务院关税税则委员会对进境物品进口税的税目和税率进行调整,公布新的"进境物品进口税税率表"。2019年4月8日经国务院批准,国务院关税税则委员会决定对进境物品进口税进行调整,将进境物品进口税税目1、2的税率分别调降为13%、20%。调整后的进境物品进口税税率分别为13%、20%、50%,具体如表4-6所示。

表4-6 进境物品进口税税率

税号	物品名称	税率(%)
1	书报、刊物、教育用影视资料;计算机、视频摄录一体机、数字照相机等信息技术产品;食品、饮料;金银;家具;玩具、游戏品、节日或其他娱乐用品;药品[①]	13

续表

税号	物品名称	税率(%)
2	运动用品(不含高尔夫球及球具)、钓鱼用品;纺织品及其制成品;电视摄像机及其他电器用具;自行车;税目1、3中未包含的其他商品	20
3[②]	烟、酒、贵重首饰及珠宝玉石;高尔夫球及球具;高档手表;高档化妆品	50

注:①对国家规定减按3%征收进口环节增值税的进口药品,按照货物税率征税。
②税目3所列商品的具体范围与消费税征收范围一致。

4. 税率的运用

《进出口关税条例》规定,进出口货物应当依照税则规定的归类原则归入合适的税号,并按照适用的税率征税。其中:

(1)进出口货物应当按照纳税义务人申报进口或者出口之日实施的税率征税。

(2)进口货物到达前,经海关核准先行申报的,应当按照装载此货物的运输工具申报进境之日实施的税率征税。

(3)进出口货物的补税和退税,适用该进出口货物原申报进口或者出口之日所实施的税率,但下列情况除外:①按照特定减免税办法批准予以减免税的进口货物,后因情况改变经海关批准转让或出售或移作他用需予补税的,适用海关接受纳税人再次填写报关单申报办理纳税及有关手续之日实施的税率征税。②加工贸易进口料、件等属于保税性质的进口货物,如经批准转为内销,则应按向海关申报转为内销之日实施的税率征税;如未经批准擅自转为内销的,则应按海关查获日所施行的税率征税。③暂时进口货物转为正式进口需予补税时,应按其申报正式进口之日实施的税率征税。④分期支付租金的租赁进口货物,分期付税时,适用海关接受纳税人再次填写报关单申报办理纳税及有关手续之日实施的税率征税。⑤溢卸、误卸货物事后确定需征税的,应按其原运输工具申报进口日期所实施的税率征税。如原进口日期无法查明,则可按确定补税当天实施的税率征税。⑥对由于税则归类的改变、完税价格的审定或其他工作差错而需补税的,应按原征税日期实施的税率征税。⑦对经批准缓税进口的货物以后缴税的,不论是分期还是一次缴清税款,都应按货物原进口日实施的税率征税。⑧查获的走私进口货物需补税时,应按查获日期实施的税率征税。

(4)按照有关法律、行政法规的规定,对进口货物采取反倾销、反补贴、保障措施的,其税率的适用按照《中华人民共和国反倾销条例》《中华人民共和国反补贴条例》和《中华人民共和国保障措施条例》的有关规定执行。

三、关税的税收优惠

关税的税收优惠是贯彻国家关税政策的一项重要措施,主要包括法定减免税、特定减免税和临时减免税。

(一)法定减免税

法定减免税是指根据《海关法》《进出口关税条例》和《进出口税则》规定的减免,包括:

(1)关税税额在人民币50元以下的一票货物,可免征关税。

(2)无商业价值的广告品和货样,可免征关税。

(3)外国政府、国际组织无偿赠送的物资,可免征关税。

(4)进出境运输工具装载的途中必需的燃料、物料和饮食用品,可予免税。

(5)经海关核准暂时进境或者暂时出境,并在6个月内复运出境或者复运进境的货样、展览品、施工机械、工程车辆、工程船舶、供安装设备时使用的仪器和工具、电视或者电影摄制器械、盛装货物的容器以及剧团服装道具,在货物收发货人向海关缴纳相当于税款的保证金或者提供担保后,可予暂时免税。

(6)为境外厂商加工、装配成品和为制造外销产品而进口的原材料、辅料、零件、部件、配套件和包装物料,海关按照实际加工出口的成品数量免征进口关税;或者对进口料、件先征进口关税,再按照实际加工出口的成品数量予以退税。

(7)因故退还的中国出口货物,经海关审查属实,可予免征进口关税,但已征收的出口关税不予退还。

(8)因故退还的境外进口货物,经海关审查属实,可予免征出口关税,但已征收的进口关税不予退还。

(9)进口货物有以下情形,经海关查明属实,可酌情减免进口关税:①在境外运输途中或者在起卸时,遭受损坏或者损失的;②起卸后海关放行前,因不可抗力遭受损坏或者损失的;③海关查验时已经破漏、损坏或者腐烂,经证明不是由于保管不慎造成的。

(10)补偿或更换的无代价抵偿货物进口,可以免税;但有残损或质量问题的原进口货物,如未退运国外,则其进口的无代价抵偿货物应照章征税。

(11)我国缔结或者参加的国际条约规定减征、免征关税的货物、物品,按照规定予以减免关税。

(12)法律规定减征、免征关税的其他货物。

(二)特定减免税

特定减免税是指在法定减免税之外,为了适应经济发展的需要,由海关总署、财政部根据国务院的政策所规定的减免税,以及对某些情况经过特别批准实施的减免税。

下列货物、物品予以实行特定减免税:(1)科教用品;(2)残疾人专用品;(3)扶贫慈善性捐赠物资;(4)加工贸易产品;(5)边境贸易进口物资;(6)保税区进出口货物;(7)出口加工区进出口货物;(8)进口设备;(9)特定行业或用途的减免税政策,以及特定地区的减免税政策;(10)自2018年5月1日起,以暂定税率方式将包括抗癌药在内的所有普通药品、具有抗癌作用的生物碱类药品及有实际进口的中成药的进口关税降为零。

(三)临时减免税

临时减免税是指法定减免税、特定减免税和暂时免税以外的其他减免税,是由国务院根据《海关法》的规定,对某个单位、某类商品、某个项目或某批进出口货物的特殊情况给予特别照顾,一案一批,专文下达的减免税。

(四)暂时免税

经海关批准暂时进境或者暂时出境的下列货物,在进境或者出境时,纳税义务人向海关缴纳相当于应纳税款的保证金或者提供其他担保的,可以暂不缴纳关税,并应当自进境或者出境之日起6个月内复运出境或者复运进境,经纳税义务人申请,海关可以根据海关总署的规定延长复运出境或者复运进境的期限:(1)在展览会、交易会、会议及类似活动中展示或者使用的货物;(2)文化、体育交流活动中使用的表演、比赛用品;(3)进行新闻报道或者摄制电影、电视节目使用的仪器、设备及用品;(4)开展科研、教学、医疗活动使用的仪器、设备及用品;(5)上述(1)至(4)项活动中使用的交通工具及特种车辆;(6)货样;(7)供安装、调试、检测设备时使用的仪器、工具;(8)盛装货样的容器;(9)其他用于非商业目的的货物。

思政知识窗

坚持合作共赢,融入国际税收治理,贡献"中国方案"

党的二十大报告明确要求推进高水平对外开放,推动共建"一带一路"高质量发展,维护多元稳定的国际经济格局和经贸关系,在全球治理中发挥更大作用。目前,世界百年未有之大变局加速演进,逆全球化影响下的国际经济形势越发复杂多变,原有的国际税收秩序面临严峻挑战。国际税收治理是全球经济治理的重要组成部分,主动参与和影响全球税收治理、推动构建合作共赢的新型国际税收关系是税务机关积极参与和坚定支持经济全球化的具体体现。我国作为当今世界第二大经济体,有责任有义务在国际税收体系改革与重建中做出应有贡献。我国应当加快建立与高水平对外开放格局相适应的国际税收新体系,积极参与国际税收规则的研究和制定,维护广大发展中国家的税收权益,提出中国方案和主张。

和平、发展、合作、共赢始终是世界发展的主旋律。我国始终坚持经济全球化的正确方向,积极参与全球治理,促进国家宏观经济政策协调,维护合作、发展、互利、共赢的国际环境。国际税收治理是全球经济治理的重要组成部分,深度参与并贡献中国力量、中国方案,是我国作为负责任大国应当履行的责任与义务。当前,国际税收工作正面临规则重塑的重要机遇,我国应该抓住这一机遇,深度参与,促进全球治理新秩序形成。

继续支持"一带一路"建设,围绕提高税收确定性、税收争议解决、预约定价安排、征管能力建设、打击国际逃避税等方面开展交流合作,推动政策与制度的协同,促进"一带一路"沿线国家投资便利化以及设施、贸易、资金等的互联互通,构建多边税收合作长效机制,推动区域间的平衡发展。积极参与国际规则制定,加强与联合国、经济合作与发展组织等的税收合作,扩大签署税收协定或议定书;积极参与联合国的税收协定范本修订,做国际税收规则制定的参与者和引领者,维护广大发展中国家的税收权益,增强在全球税收治理中的话语权。在充分运用云计算、大数据、区块链等新技术提升自身征管能力的同时,积极参与国际税收征管协作,不断健全情报交换联动机制和税收争端解决洽谈机制,扩大国际税收对话协作平台,共同应对数字经济挑战。

资料来源:李东.关于税收现代化服务中国式现代化的思考[J].税务研究,2023(5):128—132.

四、关税应纳税额的计算

(一)关税完税价格的确定

关税完税价格是海关计征关税的价格,由海关以该货物的成交价格为基础审查确定,并且应当包括货物运抵中华人民共和国境内输入地点起卸前的运输及其相关费用、保险费。成交价格不能确定时,完税价格由海关依法估定。我国纳税人进出口货物的完税价格由海关依据 2014 年 2 月 1 日起实施的《中华人民共和国海关审定进出口货物完税价格办法》(以下简称《完税价格办法》)审定。

1. 进口货物的成交价格

进口货物的成交价格,是指卖方向中华人民共和国境内销售该货物时买方为进口该货物而向卖方实付、应付的,并且按照《完税价格办法》的有关规定调整后的价款总额,包括直接支付的价款和间接支付的价款。

进口货物的成交价格应当符合下列条件:

(1)对买方处置或者使用进口货物不予限制,但是法律、行政法规规定实施的限制、对货物销售地域的限制和对货物价格无实质性影响的限制除外。

有下列情形之一的,应当视为对买方处置或者使用进口货物进行了限制:①进口货物只能用于展示或者免费赠送的;②进口货物只能销售给指定第三方的;③进口货物加工为成品后只能销售给卖方或者指定第三方的;④其他经海关审查,认定买方对进口货物的处置或者使用受到限制的。

(2)进口货物的价格不得受到使该货物成交价格无法确定的条件或者因素的影响。

有下列情形之一的,应当视为进口货物的价格受到了使该货物成交价格无法确定的条件或者因素的影响:①进口货物的价格是以买方向卖方购买一定数量的其他货物为条件而确定的;②进口货物的价格是以买方向卖方销售其他货物为条件而确定的;③其他经海关审查,认定货物的价格受到使该货物成交价格无法确定的条件或者因素影响的。

(3)卖方不得直接或者间接获得因买方销售、处置或者使用进口货物而产生的任何收益;或者虽然有收益,但是能够按照《完税价格办法》第十一条第一款第四项的规定做出调整。

(4)买卖双方没有特殊关系;或者虽然有特殊关系,但未对成交价格产生影响。

有下列情形之一的,应当认为买卖双方存在特殊关系:①买卖双方为同一家族成员;②买卖双方互为商业上的高级职员或者董事;③一方直接或者间接地受另一方控制;④买卖双方都直接或者间接地受第三方控制;⑤买卖双方共同直接或者间接地控制第三方;⑥一方直接或者间接地拥有、控制或者持有对方 5% 以上(含 5%)公开发行的有表决权的股票或者股份;⑦一方是另一方的雇员、高级职员或者董事;⑧买卖双方是同一合伙企业的成员。

买卖双方在经营上有联系,一方是另一方的独家代理、独家经销或者独家受让人,如果符合前款的规定,则应当视为存在特殊关系。

买卖双方存在特殊关系,但是纳税义务人能证明其成交价格与同时或者大约同时发生的下列任何一个价格相近的,应当视为特殊关系未对进口货物的成交价格产生影响:①向境内无特殊关系的买方出售的相同或者类似进口货物的成交价格;②按照倒扣价格估价方法确定相同或者类似进口货物的完税价格;③按照计算价格估价方法确定相同或者类似进口货物的完税价格。

2. 确定进口货物完税价格的其他方法

对于进口货物的成交价格不符合规定条件,或者成交价格不能确定,在客观上无法采用

货物实际成交价格的,海关经了解有关情况,并与纳税义务人进行价格磋商后,依次以下列方法审查确定该货物的完税价格:

(1)相同货物成交价格估价方法

相同货物成交价格估价方法是指海关以与进口货物同时或者大约同时向中华人民共和国境内销售的相同货物的成交价格为基础,审查确定进口货物的完税价格的估价方法。

按照相同货物成交价格估价方法的规定审查确定进口货物的完税价格时,应当使用与该货物具有相同商业水平且进口数量基本一致的相同货物的成交价格。使用上述价格时,应当以客观量化的数据资料,对该货物与相同货物之间由于运输距离和运输方式不同而在成本和其他费用方面产生的差异进行调整。

在没有上述相同货物的成交价格的情况下,可以使用不同商业水平或者不同进口数量的相同货物的成交价格。使用上述价格时,应当以客观量化的数据资料,对因商业水平、进口数量、运输距离和运输方式不同而在价格、成本和其他费用方面产生的差异做出调整。

按照相同货物成交价格估价方法审查确定进口货物的完税价格时,应当首先使用同一生产商生产的相同货物的成交价格。没有同一生产商生产的相同货物的成交价格的,可以使用同一生产国或者地区其他生产商生产的相同货物的成交价格。如果有多个相同货物的成交价格,则应当以最低的成交价格为基础审查确定进口货物的完税价格。

(2)类似货物成交价格估价方法

类似货物成交价格估价方法是指海关以与进口货物同时或者大约同时向中华人民共和国境内销售的类似货物的成交价格为基础,审查确定进口货物的完税价格的估价方法。

按照类似货物成交价格估价方法的规定审查确定进口货物的完税价格时,应当使用与该货物具有相同商业水平且进口数量基本一致的类似货物的成交价格。使用上述价格时,应当以客观量化的数据资料,对该货物与类似货物之间由于运输距离和运输方式不同而在成本和其他费用方面产生的差异进行调整。

在没有上述类似货物的成交价格的情况下,可以使用不同商业水平或者不同进口数量的类似货物的成交价格。使用上述价格时,应当以客观量化的数据资料,对因商业水平、进口数量、运输距离和运输方式不同而在价格、成本和其他费用方面产生的差异做出调整。

按照类似货物成交价格估价方法审查确定进口货物的完税价格时,应当首先使用同一生产商生产的类似货物的成交价格。没有同一生产商生产的类似货物的成交价格的,可以使用同一生产国或者地区其他生产商生产的类似货物的成交价格。如果有多个类似货物的成交价格,则应当以最低的成交价格为基础审查确定进口货物的完税价格。

(3)倒扣价格估价方法

倒扣价格估价方法是指海关以进口货物、相同或者类似进口货物在境内的销售价格为基础,扣除境内发生的有关费用后,审查确定进口货物完税价格的估价方法。

销售价格应当同时符合下列条件:①是在该货物进口的同时或者大约同时,将该货物、相同或者类似进口货物在境内销售的价格;②是按照货物进口时的状态销售的价格;③是在境内第一级销售环节销售的价格;④是向境内无特殊关系方销售的价格;⑤按照该价格销售的货物合计销售总量最大。

按照倒扣价格估价方法审查确定进口货物完税价格的,下列各项应当扣除:①同等级或者同种类货物在境内第一级销售环节销售时,通常的利润和一般费用(包括直接费用和间接费用)以及通常支付的佣金;②货物运抵境内输入地点起卸后的运输及其相关费用、保险费;③进口关税、进口环节海关代征税及其他国内税。

如果该货物、相同或者类似货物没有按照进口时的状态在境内销售,则应纳税义务人的要求,可以在符合规定的其他条件的情形下,使用经进一步加工后的货物的销售价格审查确定完税价格,但是应当同时扣除加工增值额。加工增值额应当依据与加工成本有关的客观量化数据资料、该行业公认的标准、计算方法及其他的行业惯例计算。

(4)计算价格估价方法

计算价格估价方法是指海关以下列各项的总和为基础,审查确定进口货物完税价格的估价方法:①生产该货物所使用的料件成本和加工费用;②向境内销售同等级或者同种类货物通常的利润和一般费用(包括直接费用和间接费用);③该货物运抵境内输入地点起卸前的运输及相关费用、保险费。

确定有关价值或者费用时,应当使用与生产国或者地区公认的会计原则相一致的原则和方法。

(5)合理方法

合理方法是指当海关不能根据成交价格估价方法、相同货物成交价格估价方法、类似货物成交价格估价方法、倒扣价格估价方法和计算价格估价方法确定完税价格时,海关应遵循客观、公平、统一的原则,以客观量化的数据资料为基础审查确定进口货物完税价格的估价方法。

海关在采用合理方法确定进口货物的完税价格时,不得使用以下价格:①境内生产的货物在境内的销售价格;②可供选择的价格中较高的价格;③货物在出口地市场的销售价格;④以计算价格估价方法之外的价值或者费用计算的相同或者类似货物的价格;⑤出口到第三国或者地区的货物的销售价格;⑥最低限价或者武断、虚构的价格。

3.成交价格的调整项目

(1)以成交价格为基础审查确定进口货物的完税价格时,未包括在该货物实付、应付价格中的下列费用或者价值应当计入完税价格:

①由买方负担的下列费用:除购货佣金以外的佣金和经纪费,与该货物视为一体的容器费用,包装材料费用和包装劳务费用。

②与进口货物的生产和向中华人民共和国境内销售有关的,由买方以免费或者低于成本的方式提供,并且可以按适当比例分摊的下列货物或者服务的价值:进口货物包含的材料、部件、零件和类似货物;在生产进口货物过程中使用的工具、模具和类似货物;在生产进口货物过程中消耗的材料;在境外进行的为生产进口货物所需的工程设计、技术研发、工艺及制图等相关服务。

③买方需向卖方或者有关方直接或者间接支付的特许权使用费,但是符合下列情形之一的除外:特许权使用费与该货物无关,特许权使用费的支付不构成该货物向中华人民共和国境内销售的条件。

④卖方直接或者间接从买方对该货物进口后销售、处置或者使用所得中获得的收益。

⑤与进口货物有关的特许权使用费的确定,符合下列条件之一的,应当视为与进口货物有关:特许权使用费是用于支付专利权或者专有技术使用权,且进口货物属于含有专利或者专有技术、用专利方法或者专有技术生产、为实施专利或者专有技术而专门设计或者制造三种情形之一的;特许权使用费是用于支付商标权,且进口货物属于附有商标、进口后附上商标直接可以销售、进口时已含有商标权且经过轻度加工后附上商标即可销售三种情形之一的;特许权使用费是用于支付著作权,且进口货物属于含有软件、文字、乐曲、图片、图像或者其他类似内容的进口货物(包括磁带、磁盘、光盘或者其他类似载体的形式)或含有其他享有著作权内容的进口货物的;特许权使用费是用于支付分销权、销售权或者其他类似权利,且进口货物属于进口后可以直接销售或经过轻度加工即可销售的。

买方不支付特许权使用费则不能购得进口货物,或者买方不支付特许权使用费则该货物不能以合同议定的条件成交的,应当视为特许权使用费的支付构成进口货物向中华人民共和国境内销售的条件。

(2)进口货物的价款中单独列明的税收、费用,不计入该货物的完税价格。

①厂房、机械或者设备等货物进口后发生的建设、安装、装配、维修或者技术援助费用,但是保修费用除外。

②进口货物运抵中华人民共和国境内输入地点起卸后发生的运输及其相关费用、保险费。

③进口关税、进口环节海关代征税及其他国内税。

④为在境内复制进口货物而支付的费用。

⑤境内外技术培训及境外考察费用。

同时符合下列条件的利息费用不计入完税价格:利息费用是买方为购买进口货物而融资所产生的;有书面的融资协议的;利息费用单独列明的;纳税义务人可以证明有关利率不高于在融资当时当地此类交易通常应当具有的利率水平,且没有融资安排的相同或者类似进口货物的价格与进口货物的实付、应付价格非常接近的。

(3)货物价值计入进口货物完税价格的方法如下:

确定应当计入进口货物完税价格的货物价值时,应当按照下列方法计算有关费用:①由买方从与其无特殊关系的第三方购买的,应当计入的价值为购入价格;②由买方自行生产或者从有特殊关系的第三方获得的,应当计入的价值为生产成本;③由买方租赁获得的,应当计入的价值为买方承担的租赁成本;④生产进口货物过程中使用的工具、模具和类似货物的价值,应当包括其工程设计、技术研发、工艺及制图等费用。

如果货物在被提供给卖方前已经被买方使用过,则应当计入的价值为根据国内公认的会计原则对其进行折旧后的价值。

4.特殊进口货物的完税价格

(1)运往境外修理的货物

运往境外修理的机械器具、运输工具或者其他货物,出境时已向海关报明,并且在海关规定的期限内复运进境的,应当以境外修理费和料件费为基础审查确定完税价格。

出境修理货物复运进境超过海关规定期限的,由海关按照规定审查确定完税价格。

(2)运往境外加工的货物

运往境外加工的货物,出境时已向海关报明,并且在海关规定期限内复运进境的,应当以境外加工费和料件费以及该货物复运进境的运输及其相关费用、保险费为基础审查确定完税价格。

出境加工货物复运进境超过海关规定期限的,由海关按照规定审查确定完税价格。

(3)暂时进境货物

经海关批准的暂时进境货物,应当缴纳税款的,由海关按照《完税价格办法》第二章的规定审查确定完税价格。经海关批准留购的暂时进境货物,以海关审查确定的留购价格作为完税价格。

(4)租赁方式进口的货物

租赁方式进口的货物,按照下列方法审查确定完税价格:①以租金方式对外支付的租赁货物,在租赁期间以海关审查确定的租金作为完税价格,利息应当予以计入;②留购的租赁货物以海关审查确定的留购价格作为完税价格;③纳税义务人申请一次性缴纳税款的,可以选择申请按照一般进口货物估价方法确定完税价格,或者按照海关审查确定的租金总额作为完税价格。

(5)留购的进口货样等

对于境内留购的进口货样、展览品和广告陈列品,以海关审定的留购价格作为完税价格。

(6)易货贸易、寄售、捐赠、赠送等进口货物

易货贸易、寄售、捐赠、赠送等不存在成交价格的进口货物,海关与纳税义务人进行价格磋商后,按照一般进口货物估价方法审查确定完税价格。

(7)进口载有专供数据处理设备用软件的介质

进口载有专供数据处理设备用软件的介质具有下列情形之一的,应当以介质本身的价值或者成本为基础审查确定完税价格:①介质本身的价值或者成本与所载软件的价值分列;②介质本身的价值或者成本与所载软件的价值虽未分列,但是纳税义务人能够提供介质本身的价值或者成本的证明文件,或者能够提供所载软件价值的证明文件。

含有美术、摄影、声音、图像、影视、游戏、电子出版物的介质不适用前款规定。

(8)应予补税的减免税货物

减税或者免税进口的货物应当补税时,应当以海关审查确定的该货物原进口时的价格扣除折旧部分的价值作为完税价格,其计算公式如下:

$$完税价格 = \frac{海关审查确定的该货物原进口时的价格} \times \left(1 - \frac{补税时实际已进口的时间}{监管年限 \times 12}\right)$$

公式中的"补税时实际已进口的时间"按月计算。不足一个月但是超过15日的,按照一个月计算;不超过15日的,不予计算。

5.进口货物相关费用的核定

(1)进口货物的运费

进口货物的运输及其相关费用,应当按照由买方实际支付或者应当支付的费用计算。如果进口货物的运输及其相关费用无法确定,则海关应当按照该货物进口同期的正常运输成本

审查确定。

运输工具作为进口货物,利用自身动力进境的,海关在审查确定完税价格时,不再另行计入运输及其相关费用。

(2)进口货物的保险费

进口货物的保险费,应当按照实际支付的费用计算。如果进口货物的保险费无法确定或者未实际发生,则海关应当按照"货价+运费"的3‰计算保险费,其计算公式如下:

$$保险费=(货价+运费)\times 3‰$$

邮运进口的货物,应当以邮费作为运输及其相关费用、保险费。

(3)其他相关费用

以境外边境口岸价格条件成交的铁路或者公路运输进口货物,海关应当按照境外边境口岸价格的1%计算运输及其相关费用、保险费。

6.出口货物的完税价格

出口货物的完税价格由海关以该货物的成交价格为基础审查确定,并且应当包括货物运至中华人民共和国境内输出地点装载前的运输及其相关费用、保险费。

(1)以成交价格为基础的完税价格

出口货物的成交价格是指该货物出口销售时,卖方为出口该货物而应当向买方直接收取和间接收取的价款总额。

下列税收、费用不计入出口货物的完税价格:①出口关税;②在货物价款中单独列明的货物运至中华人民共和国境内输出地点装载后的运输及其相关费用、保险费。

(2)出口货物海关估价

出口货物的成交价格不能确定的,海关经了解有关情况,并且与纳税义务人进行价格磋商后,依次以下列价格审查确定该货物的完税价格:①同时或者大约同时向同一国家或者地区出口的相同货物的成交价格;②同时或者大约同时向同一国家或者地区出口的类似货物的成交价格;③根据境内生产相同或者类似货物的成本、利润和一般费用(包括直接费用和间接费用)、境内发生的运输及其相关费用、保险费计算所得的价格;④按照合理方法估定的价格。

7.内销保税货物的完税价格

(1)内销保税货物的范围

内销保税货物包括因故转为内销需要征税的加工贸易货物、海关特殊监管区域内货物、保税监管场所内货物和因其他原因需要按照内销征税的保税货物,但不包括以下项目:①海关特殊监管区域、保税监管场所内生产性的基础设施建设项目所需的机器、设备和建设所需的基建物资;②海关特殊监管区域、保税监管场所内企业开展生产或综合物流服务所需的机器、设备、模具及其维修用零配件;③海关特殊监管区域、保税监管场所内企业和行政管理机构自用的办公用品、生活消费用品和交通运输工具。

(2)内销保税货物完税价格的确定

内销保税货物的完税价格,由海关以该货物的成交价格为基础审查确定。

①进料加工进口料件或者其制成品(包括残次品)内销时,海关以料件原进口成交价格为基础审查确定完税价格。属于料件分批进口,并且内销时不能确定料件原进口对应批次的,

海关可按照同项号、同品名和同税号的原则,以其合同有效期内或电子账册核销周期内已进口料件的成交价格计算所得的加权平均价为基础审查确定完税价格。

合同有效期内或电子账册核销周期内已进口料件的成交价格加权平均价难以计算或者难以确定的,海关以客观可量化的当期进口料件成交价格的加权平均价为基础审查确定完税价格。

②来料加工进口料件或者其制成品(包括残次品)内销时,海关以接受内销申报的同时或者大约同时进口的与料件相同或者类似的保税货物的进口成交价格为基础审查确定完税价格。

③加工企业内销的加工过程中产生的边角料或者副产品,以其内销价格为基础审查确定完税价格。

副产品并非全部使用保税料件生产所得的,海关以保税料件在投入成本核算中所占比重的计算结果为基础审查确定完税价格。

按照规定需要以残留价值征税的受灾保税货物,海关以其内销价格[①]为基础审查确定完税价格。按照规定应折算成料件征税的,海关以各项保税料件占构成制成品(包括残次品)全部料件的价值比重计算结果为基础审查确定完税价格。

边角料、副产品和按照规定需要以残留价值征税的受灾保税货物,经海关允许采用拍卖方式内销时,海关以其拍卖价格[②]为基础审查确定完税价格。

④深加工结转货物内销时,海关以该结转货物的结转价格[③]为基础审查确定完税价格。

⑤保税区内企业内销的保税加工进口料件或者其制成品,海关以其内销价格为基础审查确定完税价格。

保税区内企业内销的保税加工制成品中,如果含有从境内采购的料件,则海关以制成品所含从境外购入料件的原进口成交价格为基础审查确定完税价格。

⑥保税区内企业内销的保税加工进口料件或者其制成品的完税价格依据第⑤点规定不能确定的,海关以接受内销申报的同时或者大约同时内销的相同或者类似的保税货物的内销价格为基础审查确定完税价格。

⑦保税区以外的海关特殊监管区域内企业内销的保税加工料件或者其制成品,以其内销价格为基础审查确定完税价格。

保税区以外的海关特殊监管区域内企业内销的保税加工料件或者其制成品的内销价格不能确定的,海关以接受内销申报的同时或者大约同时内销的相同或者类似的保税货物的内销价格为基础审查确定完税价格。

保税区以外的海关特殊监管区域内企业内销的保税加工制成品、相同或者类似的保税货物的内销价格不能确定的,海关以生产该货物的成本、利润和一般费用计算所得的价格为基

---

① 内销价格,是指向国内企业销售保税货物时买卖双方订立的价格,是国内企业为购买保税货物而向卖方(保税企业)实际支付或者应当支付的全部价款,但不包括关税和进口环节海关代征税。

② 拍卖价格,是指国家注册的拍卖机构对海关核准参与交易的保税货物履行合法有效的拍卖程序,竞买人依拍卖规定获得拍卖标的物的价格。

③ 结转价格,是指深加工结转企业间买卖加工贸易货物时双方订立的价格,是深加工结转转入企业为购买加工贸易货物而向深加工结转转出企业实际支付或者应当支付的全部价款。

础审查确定完税价格。

⑧海关特殊监管区域内企业内销的保税加工过程中产生的边角料、废品、残次品和副产品,以其内销价格为基础审查确定完税价格。

海关特殊监管区域内企业经海关允许采用拍卖方式内销的边角料、废品、残次品和副产品,海关以其拍卖价格为基础审查确定完税价格。

⑨海关特殊监管区域、保税监管场所内企业内销的保税物流货物,海关以该货物运出海关特殊监管区域、保税监管场所时的内销价格为基础审查确定完税价格;该内销价格包含的能够单独列明的海关特殊监管区域、保税监管场所内发生的保险费、仓储费和运输及其相关费用,不计入完税价格。

⑩海关特殊监管区域内企业内销的研发货物,海关依据第⑤、⑥、⑦、⑧点的规定审查确定完税价格。海关特殊监管区域内企业内销的检测、展示货物,海关依据第⑨点的规定审查确定完税价格。

⑪内销保税货物的完税价格不能依据上述规定确定的,海关依次以下列价格估定该货物的完税价格:

第一,与该货物同时或者大约同时向中华人民共和国境内销售的相同货物的成交价格。

第二,与该货物同时或者大约同时向中华人民共和国境内销售的类似货物的成交价格。

第三,与该货物进口的同时或者大约同时将该进口货物、相同或者类似进口货物在第一级销售环节销售给无特殊关系买方的最大销售总量的单位价格,但应当扣除以下项目:同等级或者同种类货物在中华人民共和国境内第一级销售环节销售时通常的利润和一般费用以及通常支付的佣金;进口货物运抵境内输入地点起卸后的运输及其相关费用、保险费;进口关税及国内税收。

第四,按照下列各项总和计算的价格:生产该货物所使用的料件成本和加工费用,向中华人民共和国境内销售同等级或者同种类货物通常的利润和一般费用,该货物运抵境内输入地点起卸前的运输及其相关费用、保险费。

第五,以合理方法估定的价格。

纳税义务人向海关提供有关资料后,可以提出申请,颠倒第三和第四的适用次序。

(二)应纳税额的计算

1.进口货物应纳税额的计算

(1)从价税应纳税额的计算

$$应纳关税税额 = 完税价格 \times 税率$$

(2)从量税应纳税额的计算

$$应纳关税税额 = 应税进口货物数量 \times 单位货物税额$$

(3)复合税应纳税额的计算

$$应纳关税税额 = 应税进口货物数量 \times 单位货物税额 + 应税进(出)口货物数量 \times 单位完税价格 \times 税率$$

【例4—17】 某公司2023年7月5日报关进口货物一批,离岸价格为500 000美元,支付国外运费35 000美元,保险费15 000美元,已知该货物适用的进口关税税率为20%,征税日人民币市场汇率为1美元=7.08元人民币。计算该公司7月份进口该批货物报关时应缴纳关税的税额。

进口关税完税价格 = (500 000 + 35 000 + 15 000) × 7.08
　　　　　　　　 = 3 894 000(元)

应纳关税税额 = 3 894 000 × 20%
　　　　　　 = 778 800(元)

2. 出口货物应纳税额的计算

(1) 从价出口关税的计算

$$应纳关税税额 = 出口应税货物完税价格(FOB价格) \times 适用税率$$

$$出口应税货物完税价格 = \frac{出口商品离岸价格(原币)}{(1+出口关税税率) \times 汇率}$$

(2) 从量出口关税的计算

$$应纳关税税额 = 出口应税货物数量 \times 单位税额$$

【例 4—18】 某进出口公司出口磷 5 000 吨到韩国，每吨离岸价格为 560 美元，其中支付给国外的佣金为离岸价格(不含佣金)的 2%，理舱费 10 000 美元，磷的出口关税税率为 10%，出口当日人民币市场汇率为 1 美元 = 7.146 元人民币。计算该进出口公司应纳的出口关税。

(1) 计算出口货物完税价格

① 计算不含佣金的离岸价格：

FOB 价格(不含佣金) = FOB 价格 ÷ (1 + 佣金比率)
　　　　　　　　　 = 5 000 × 560 ÷ (1 + 2%)
　　　　　　　　　 = 2 745 098.04(美元)

② 计算减去理舱费后的离岸价格：

FOB 价格(不含佣金和理舱费) = FOB 价格(不含佣金) − 理舱费
　　　　　　　　　　　　　 = 2 745 098.04 − 10 000
　　　　　　　　　　　　　 = 2 735 098.04(美元)

③ 计算出口该批磷的完税价格：

完税价格 = FOB 价格(不含佣金和理舱费) ÷ (1 + 出口关税税率)
　　　　 = 2 735 098.04 ÷ (1 + 10%)
　　　　 = 2 486 452.76(美元)

④ 计算折合成人民币的完税价格：

计税的完税价格 = 2 486 452.76 × 7.146
　　　　　　　 = 17 768 191.42(元)

(2) 计算应纳出口关税税额

应纳出口关税税额 = 17 768 191.42 × 10%
　　　　　　　　 = 1 776 819.14(元)

五、进境物品进口税的计算

（一）进境物品完税价格的确定

海关应当按照"进境物品进口税税率表"及海关总署制定的"进境物品归类表""进境物品完税价格表"对进境物品进行归类，确定完税价格和适用税率。

进境物品的完税价格由海关依法遵循以下原则确定：

(1)"进境物品完税价格表"已列明完税价格的物品，按照"进境物品完税价格表"确定。

(2)"进境物品完税价格表"未列明完税价格的物品，按照相同物品相同来源地最近时间的主要市场零售价格确定其完税价格。

(3)实际购买价格是"进境物品完税价格表"列明完税价格的2倍及以上，或是"进境物品完税价格表"列明完税价格的1/2及以下的物品，进境物品所有人应向海关提供销售方依法开具的真实交易的购物发票或收据，并承担相关责任。海关可以根据物品所有人提供的上述相关凭证，依法确定应税物品完税价格。

（二）应纳税额的计算

进口税应纳税额＝进境物品的完税价格×进口税税率

【例4－19】 中国公民李先生出国，在国外购物作为礼物馈赠亲朋，分别为视频摄录一体机800美元、手表500美元、葡萄酒600美元。"进境物品进口税税率表"确定，视频摄录一体机的关税税率为13%、手表的关税税率为50%、葡萄酒的关税税率为50%。计算李先生应缴纳的进境物品进口关税。假定报关进口当日的人民币市场汇率为1美元＝7.152元人民币。

应纳进口关税＝(800×13%＋500×50%＋600×50%)×7.152
　　　　　　＝4 677.41(元)

六、关税的征收管理

《中华人民共和国海关进出口货物征税管理办法》和《中华人民共和国海关税收保全和强制措施暂行办法》中规定了关税缴纳、关税的强制执行、关税退还、关税补征和追征、关税纳税争议等具体征收管理内容。

（一）关税缴纳

进口货物自运输工具申报进境之日起14日内，出口货物在货物运抵海关监管区后装货的24小时以前，应由进出口货物的纳税义务人向货物进(出)境地海关申报，海关根据税则归类和完税价格计算应缴纳的关税和进口环节代征税，并填发税款缴款书。纳税义务人应当自海关填发税款缴款书之日起15日内，向指定银行缴纳税款。如关税缴纳期限的最后一日是周末或法定节假日，则关税缴纳期限顺延至周末或法定节假日过后的第一个工作日。为方便纳税义务人，经申请且海关同意，进(出)口货物的纳税义务人可以在设有海关的指运地(启运地)办理海关申报、纳税手续。

纳税人因不可抗力或者在国家税收政策调整的情形下，不能按期缴纳税款的，经海关总署批准，可以延期缴纳税款，但最长不得超过6个月。

(二)关税的强制执行

进出口货物的纳税人在规定的纳税期限内有明显的转移、藏匿其应税货物以及其他财产迹象的,纳税人应在海关规定的期限内提供海关认可的担保;纳税人不能提供担保的,海关可以采取下列税收保全措施:(1)书面通知纳税人开户银行或者其他金融机构暂停支付纳税人相当于应纳税款的存款;(2)扣留纳税人价值相当于应纳税款的货物或者其他财产。

纳税人在规定的纳税期限内缴纳税款的,海关必须解除税收保全措施;纳税人自海关填发税款缴款书之日起15日内未缴纳税款的,经直属海关关长或者其授权的隶属海关关长批准,海关可以书面通知纳税人开户银行或者其他金融机构从其暂停支付的款项中扣缴相应税款,或者依法变卖所扣留的货物或者其他财产,以变卖所得抵缴税款。

纳税人、担保人自规定的纳税期限届满之日起超过3个月未缴纳税款的,经直属海关关长或者其授权的隶属海关关长批准,海关可以采取下列强制措施:(1)书面通知其开户银行或者其他金融机构从其存款中扣缴税款;(2)将应税货物依法变卖,以变卖所得抵缴税款;(3)扣留并依法变卖其价值相当于应纳税款的货物或者其他财产,以变卖所得抵缴税款。

海关采取强制措施时,对纳税人、担保人未缴纳的滞纳金同时强制执行。

海关无法采取税收保全措施、强制措施,或者依照规定采取税收保全措施、强制措施仍无法足额征收税款的,海关依法可向人民法院申请强制执行。

纳税人、担保人抗拒、阻碍海关依法采取税收保全措施、强制措施的,移交地方公安机关依法处理;构成犯罪的,依法追究刑事责任。

(三)关税退还

按规定,有下列情形之一的,进出口货物的纳税义务人可以自缴纳税款之日起1年内书面声明理由,连同原纳税收据,向海关申请退税并加算银行同期活期存款利息,逾期不予受理:(1)因海关误征而多纳税款的;(2)海关核准免验进口的货物,在完税后,发现有短卸情形,经海关审查认可的;(3)已征出口关税的货物,因故未将其运至出口,申报退关,经海关查验属实的。

海关应当自受理退税申请之日起30日内查实并通知纳税人办理退还手续。纳税人应当自收到通知之日起3个月内办理有关退税手续。

对已征出口关税的出口货物和已征进口关税的进口货物,因货物品种或规格原因(非其他原因)原状复运进境或出境,经海关查验属实的,也应退还已征关税。海关应当自受理退税申请之日起30日内做出书面答复并通知退税申请人;如果属于其他原因且不能以原状复运进境或出境的,不能退税。

(四)关税补征和追征

补征和追征是海关在关税纳税义务人按海关核定的税额缴纳关税后,发现实际征收的税额少于应当征收的税额(称为"短征关税")时,责令纳税义务人补缴所差税款的一种行政行为。根据规定,进出境货物和物品放行后,海关发现少征或者漏征税款,应当自缴纳税款或者货物、物品放行之日起1年内向纳税义务人补征;因纳税义务人违反规定而造成的少征或者漏征的税款,自纳税义务人应缴纳税款之日起3年以内可以追征,并从缴纳税款之日起按日加收少征或者漏征税款5‰的滞纳金。

本章小结

增值税是对单位和个人在商品生产经营过程中，或者提供应税劳务，销售服务、无形资产或者不动产时实现的增值额征收的一种税。按照计税基础价值构成的差异，可将增值税划分为生产型增值税、收入型增值税和消费型增值税三种类型。

按照规定，增值税纳税人可登记为一般纳税人和小规模纳税人。目前，我国对一般纳税人采用一般计税方法计算应纳税额，对小规模纳税人和某些特殊的一般纳税人采用简易计税方法计算应纳税额。

我国现行消费税是对在中国境内从事生产、批发、零售、委托加工和进口应税消费品的单位和个人，以及国务院确定的销售应税消费品的其他单位和个人，就其销售额或销售数量在特定环节征收的一种税。

消费税的征税范围包括在中国境内生产、批发、零售、委托加工和进口应税消费品以及国务院确定的销售规定的消费品，包括烟、酒、成品油等15个税目。消费税实行从价定率、从量定额或者从价定率和从量定额复合计税的计税方法。

关税是指海关根据国家制定的有关法律，以进出关境的货物和物品为征税对象，就其进出口流转额征收的一种税。现行关税制度规定，准许进口的货物、进出境物品，由海关依法征收关税。进口货物的收货人、出口货物的发货人、进境物品的所有人是关税的纳税人。

完税价格是计算关税应纳税额的依据。进口货物的完税价格由海关以该货物的成交价格为基础审查确定，出口货物的完税价格由海关以该货物向境外销售的成交价格为基础审查确定。进境物品的完税价格一般由海关依法确定。

复习思考题

1. 如何划分增值税一般纳税人和小规模纳税人？
2. 准予抵扣和不得抵扣进项税额的项目有哪些？
3. 我国消费税对哪些具体项目征税？
4. 消费税应纳税额的计算方法有哪几种？
5. 进境货物的完税价格是如何确定的？

第五章 创业：所得税类涉税实务

本章导读

所得税是对各行业和个人的所得所征收的一类税。这类税收直接体现国家与企业、个人之间的征纳关系，同创业企业、创业者个人的发展有着直接关联。创业过程中会涉及缴纳企业所得税和个人所得税两种所得税，全面知晓这两种所得税的现行税收法律政策规定，可以避免在缴纳所得税方面的税收风险。通过学习，掌握企业所得税和个人所得税税制要素的具体规定，以及应纳税额的计算和征收管理。

第一节 企业所得税

一、企业所得税概述

企业所得税是对我国境内企业的生产经营所得和其他所得征收的一种税。

改革开放以来，我国对企业征收所得税的形式进行了几次变革，从按不同所有制企业征收所得税到对内、外资企业分别征收不同的所得税。1980年9月，全国人民代表大会颁布《中华人民共和国中外合资经营企业所得税法》，这是中华人民共和国成立后的第一部企业所得税法。1981年12月，全国人民代表大会颁布《中华人民共和国外国企业所得税法》。1984年，国务院发布《中华人民共和国国营企业所得税暂行条例》和《中华人民共和国集体企业所得税暂行条例》。1988年，国务院发布《中华人民共和国私营企业所得税暂行条例》。1991年4月，外资企业所得税合并，全国人民代表大会颁布《中华人民共和国外商投资企业和外国企业所得税法》，自同年7月1日起施行。1993年12月13日，国务院将集体企业所得税与国营企业所得税、私营企业所得税合并，统一征收内资企业所得税，制定并发布了《中华人民共和国企业所得税暂行条例》，自1994年1月1日起施行。2007年，内、外资企业所得税合并。2007年3月16日，第十届全国人民代表大会第五次会议通过了《中华人民共和国企业所得税法》(以下简称《企业所得税法》)。2007年11月28日，国务院通过了《中华人民共和国企业所得税法实施条例》(以下简称《企业所得税法实施条例》)，自2008年1月1日起施行。

二、企业所得税的征税对象、纳税人和税率

（一）企业所得税的征税对象

企业所得税的征税对象是指企业的生产经营所得、其他所得和清算所得。

1. 居民企业的征税对象

居民企业应以来源于中国境内、境外的所得作为征税对象。所得包括销售货物所得、提供劳务所得、转让财产所得、股息红利等权益性投资所得、利息所得、租金所得、特许权使用费所得、接受捐赠所得和其他所得。

2. 非居民企业的征税对象

非居民企业在中国境内设立机构、场所的，应当就其所设机构、场所取得的来源于中国境内的所得，以及发生在中国境外但与其所设机构、场所有实际联系的所得，缴纳企业所得税。非居民企业在中国境内未设立机构、场所的，或者虽设立机构、场所但取得的所得与其所设机构、场所没有实际联系的，应当就其来源于中国境内的所得缴纳企业所得税。

对在中国境内未设立机构、场所的，或者虽设立机构、场所但取得的所得与其所设机构、场所没有实际联系的境外机构投资者（包括境外经纪机构），从事中国境内原油期货交易取得的所得（不含实物交割所得），暂不征收企业所得税；对境外经纪机构在境外为境外投资者提供中国境内原油期货经纪业务取得的佣金所得，不属于来源于中国境内的劳务所得，不征收企业所得税。

上述所称"实际联系"，是指非居民企业在中国境内设立的机构、场所拥有的据以取得所得的股权、债权，以及拥有、管理、控制据以取得所得的财产。

3. 所得来源的确定

（1）销售货物所得，按照交易活动发生地确定。

（2）提供劳务所得，按照劳务发生地确定。

（3）转让财产所得：不动产转让所得按照不动产所在地确定，动产转让所得按照转让动产的企业或者机构、场所所在地确定，权益性投资资产转让所得按照被投资企业所在地确定。

（4）股息、红利等权益性投资所得，按照分配所得的企业所在地确定。

（5）利息所得、租金所得、特许权使用费所得，按照负担、支付所得的企业或者机构、场所所在地确定，或者按照负担、支付所得的个人的住所地确定。

（6）其他所得，由国务院财政、税务主管部门确定。

（二）企业所得税的纳税人

企业所得税的纳税人是指在我国境内的企业和其他取得收入的组织（以下统称"企业"）。企业既包括依照中国法律、行政法规在中国境内成立的企业、事业单位、社会团体以及其他取得收入的组织，也包括依照外国（地区）法律成立的企业和其他取得收入的组织，但不包括个人独资企业和合伙企业。

企业分为居民企业和非居民企业。

1. 居民企业

居民企业是指依法在中国境内成立，或者依照外国（地区）法律成立但实际管理机构在中

国境内的企业。这里的企业包括国有企业、集体企业、私营企业、联营企业、股份制企业、外商投资企业、外国企业,以及有生产经营所得和其他所得的其他组织。其中,有生产经营所得和其他所得的其他组织,是指经国家有关部门批准,依法注册、登记的事业单位、社会团体等组织。

上述所称"实际管理机构",是指对企业的生产经营、人员、账务、财产等实施实质性全面管理和控制的机构。这种机构需要同时符合以下三个方面的要求:(1)对企业有实质性的管理和控制;(2)对企业实行全面的管理和控制;(3)管理和控制的内容是企业的生产经营、人员、财务、财产等。

2.非居民企业

非居民企业是指依照外国(地区)法律成立且实际管理机构不在中国境内,但在中国境内设立机构、场所,或者在中国境内未设立机构、场所但有来源于中国境内所得的企业。

上述所称"机构、场所",是指在中国境内从事生产经营活动的机构、场所,包括:(1)管理机构、营业机构、办事机构;(2)工厂、农场、开采自然资源的场所;(3)提供劳务的场所;(4)从事建筑、安装、装配、修理、勘探等工程作业的场所;(5)其他从事生产经营活动的机构、场所。

非居民企业委托营业代理人在中国境内从事生产经营活动,包括委托单位或者个人经常代其签订合同,或者储存、交付物资等的,该营业代理人视为非居民企业在中国境内设立的机构、场所。

(三)企业所得税的税率

1.基本税率

企业所得税的基本税率为25%,适用于居民企业和在中国境内设立机构、场所且所得与机构场所有关联的非居民企业。

2.低税率

企业所得税的低税率为20%,适用于在中国境内未设立机构、场所,或者虽设立机构、场所但取得的所得与其所设机构、场所没有实际联系的非居民企业;但是,实际征税时适用10%的税率。

3.优惠税率

符合条件的小型微利企业,减按20%的税率征收企业所得税;国家需要重点扶持的高新技术企业,减按15%的税率征收企业所得税。

对经认定的技术先进型服务企业,减按15%的税率征收企业所得税;对符合条件的从事污染防治的第三方企业,减按15%的税率征收企业所得税。

三、企业所得税的税收优惠

根据现行相关税收政策的规定,企业所得税的税收优惠主要包括以下几个方面:

(一)免税收入优惠

免税收入是指对企业的某些收入项目免于征税的一种优惠措施,企业在计算应纳税所得额时,可以将免税收入从收入总额中扣除。

对中国保险保障基金有限责任公司根据《保险保障基金管理办法》取得的下列收入,免征企业所得税:(1)境内保险公司依法缴纳的保险保障基金;(2)依法从撤销或破产保险公司清算财产中获得的受偿收入和向有关责任方追偿所得,以及依法从保险公司风险处置中获得的财产转让所得;(3)接受捐赠收入;(4)银行存款利息收入;(5)购买政府债券、中央银行、中央企业和中央级金融机构发行债券的利息收入;(6)国务院批准的其他资金运用取得的收入。

(二)减计收入优惠

企业综合利用资源,生产符合国家产业政策规定的产品所取得的收入,可以在计算应纳税所得额时减计收入。其主要是企业以《资源综合利用企业所得税优惠目录》规定的资源作为主要原材料,生产国家非限制和禁止并符合国家和行业相关标准的产品取得的收入,减按90%计入收入总额。

提供社区养老、托育、家政服务取得的收入,在计算应纳税所得额时,减按90%计入收入总额。

对金融机构农户小额贷款的利息收入,在计算应纳税所得额时,按90%计入收入总额。

对保险公司为种植业、养殖业提供保险业务取得的保费收入,在计算应纳税所得额时,按90%计入收入总额。

对经省级地方金融监督管理部门批准成立的小额贷款公司取得的农户小额贷款利息收入,在计算应纳税所得额时,按90%计入收入总额。

(三)农、林、牧、渔业项目所得优惠

1. 企业从事下列项目的所得,免征企业所得税

(1)蔬菜、谷物、薯类、油料、豆类、棉花、麻类、糖料、水果、坚果的种植。

(2)农作物新品种的选育。

(3)中药材的种植。

(4)林木的培育和种植。

(5)牲畜、家禽的饲养。

(6)林产品的采集。

(7)灌溉、农产品初加工、兽医、农技推广、农机作业和维修等农、林、牧、渔服务业项目。

(8)远洋捕捞。

2. 企业从事下列项目的所得,减半征收企业所得税

(1)花卉、茶以及其他饮料作物和香料作物的种植。

(2)海水养殖、内陆养殖。

企业从事国家限制和禁止发展的项目,不得享受上述税收优惠。

(四)公共基础设施项目所得优惠

企业从事国家重点扶持的公共基础设施项目投资经营的所得可以免征、减征企业所得税。国家重点扶持的公共基础设施项目是指《公共基础设施项目企业所得税优惠目录》规定的港口码头、机场、铁路、公路、城市公共交通、电力、水利等项目。

企业从事国家重点扶持的公共基础设施项目的投资经营所得,自项目取得第一笔生产经营收入所属纳税年度起,第一年至第三年免征企业所得税,第四年至第六年减半征收企业所得税。

企业承包经营、承包建设和内部自建自用以上项目,不得享受企业所得税优惠。

(五)环境保护、节能节水项目所得优惠

企业从事符合条件的环境保护、节能节水项目的所得,自项目取得第一笔生产经营收入所属纳税年度起,第一年至第三年免征企业所得税,第四年至第六年减半征收企业所得税。

符合条件的环境保护、节能节水项目,包括公共污水处理、公共垃圾处理、沼气综合开发利用、节能减排技术改造、海水淡化等。

企业享受上述环境保护、节能节水减免税优惠的项目,在减免税期限内转让的,受让方自受让之日起,可以在剩余期限内享受规定的减免税优惠;减免税期限届满后转让的,受让方不得就该项目重复享受减免税优惠。

(六)技术转让所得优惠

符合条件的技术转让所得可以免征、减征企业所得税。具体规定:一个纳税年度内,居民企业技术转让所得不超过500万元的部分,免征企业所得税;超过500万元的部分,减半征收企业所得税。

如果居民企业被认定为高新技术企业,同时发生可以享受优惠的技术转让所得,该部分转让所得超过500万元的部分就应按照25%的税率减半征收,而不能按照15%的优惠税率减半征收。

居民企业从直接或间接持有股权之和达到100%的关联方取得的技术转让所得,不享受技术转让减免企业所得税的优惠政策。

(七)研究开发费加计扣除优惠

企业开发新技术、新产品、新工艺发生的研究开发费用,可以在计算应纳税所得额时加计扣除。具体参见本节企业支出税前扣除的相关内容。

(八)支付残疾人员工资加计扣除优惠

为了鼓励社会各类企业吸纳残疾等特殊人员就业,为社会提供更多就业机会,更好地保障弱势群体的利益,对企业安置残疾人员及国家鼓励安置的其他就业人员所支付的工资,可以在计算应纳税所得额时加计100%扣除。

(九)固定资产税前扣除优惠

企业的固定资产由于技术进步等原因,确需加速折旧的,可以缩短折旧年限或者采取加速折旧的方法;对特定中小微企业购买一定价值的固定资产,可以一次性在所得税前扣除。具体参见本节资产税务处理的相关内容。

(十)投资额抵扣优惠

创业投资企业从事国家需要重点扶持和鼓励的创业投资,可以按投资额的一定比例抵扣应纳税所得额。

创业投资企业采取股权投资方式投资于未上市的中小高新技术企业2年(24个月)以上,凡符合以下条件的,可以按照其对中小高新技术企业投资额的70%,在股权持有满2年的当年抵扣该创业投资企业的应纳税所得额;当年不足以抵扣的,可以在以后纳税年度结转抵扣。

公司制创业投资企业采取股权投资方式直接投资于种子期、初创期科技型企业满2年

(24个月)的,可以按照投资额的70%在股权持有满2年的当年抵扣该公司制创业投资企业的应纳税所得额;当年不足以抵扣的,可以在以后纳税年度结转抵扣。

企业出资给非营利性科研机构、高等学校和政府性自然科学基金用于基础研究的支出,在计算应纳税所得额时可按实际发生额在税前扣除,并可按100%在税前加计扣除。

(十一)小型微利企业优惠

小型微利企业减按20%的税率征收企业所得税。对小型微利企业年应纳税所得额不超过100万元的部分,减按25%计入应纳税所得额,按20%的税率缴纳企业所得税;对年应纳税所得额超过100万元但不超过300万元的部分,也减按25%计入应纳税所得额,按20%的税率缴纳企业所得税。小型微利企业无论是按查账征收方式还是按核定征收方式缴纳企业所得税,均可享受上述优惠政策。

上述小型微利企业,是指从事国家非限制和禁止行业,且符合年度应纳税所得额不超过300万元、从业人数不超过300人、资产总额不超过5 000万元三个条件的企业。其中,从业人数包括与企业建立劳动关系的职工人数和企业接受的劳务派遣用工人数;从业人数和资产总额指标应按企业全年的季度平均值确定;年度中间开业或者中止经营活动的,以其实际经营期作为一个纳税年度确定上述相关指标。

(十二)高新技术企业优惠

国家需要重点扶持的高新技术企业,减按15%的税率征收企业所得税。

国家需要重点扶持的高新技术企业,是指在《国家重点支持的高新技术领域》范围内持续进行研究开发与技术成果转化,形成企业核心自主知识产权,并以此为基础开展经营活动,在中国境内(不包括港澳台地区)注册的居民企业。

高新技术企业认定必须同时满足以下条件:

(1)企业申请认定时须注册成立1年以上。

(2)企业通过自主研发、受让、受赠、并购等方式,获得对其主要产品(服务)在技术上发挥核心支持作用的知识产权的所有权。

(3)对企业主要产品(服务)发挥核心支持作用的技术属于《国家重点支持的高新技术领域》规定的范围。

(4)企业从事研发和相关技术创新活动的科技人员占企业当年职工总数的比例不低于10%。

(5)企业近三个会计年度(实际经营期不满3年的,按实际经营时间计算,下同)的研究开发费用总额占同期销售收入总额的比例符合如下要求:最近一年销售收入小于5 000万元(含)的企业,比例不低于5%;最近一年销售收入在5 000万元至2亿元(含)的企业,比例不低于4%;最近一年销售收入在2亿元以上的企业,比例不低于3%。其中,企业在中国境内发生的研究开发费用总额占全部研究开发费用总额的比例不低于60%。

(6)近一年高新技术产品(服务)收入占企业同期总收入的比例不低于60%。

(7)企业创新能力评价达到相应要求。

(8)企业申请认定前一年内未发生重大安全事故、重大质量事故或严重环境违法行为。

(十三)技术先进型服务企业优惠

对经认定的技术先进型服务企业,减按15%的税率征收企业所得税。

享受企业所得税优惠政策的技术先进型服务企业必须同时符合以下条件：

(1)在中国境内(不包括港澳台地区)注册的法人企业。

(2)从事《技术先进型服务业务认定范围(试行)》中的一种或多种技术先进型服务业务，采用先进技术或具备较强的研发能力。

(3)具有大专以上学历的员工占企业职工总数的50%以上。

(4)从事《技术先进型服务业务认定范围(试行)》中的技术先进型服务业务取得的收入占企业当年总收入的50%以上。

(5)从事离岸服务外包业务取得的收入不低于企业当年总收入的35%。

(十四)从事污染防治的第三方企业优惠

对符合条件的从事污染防治的第三方企业(以下称"第三方防治企业")减按15%的税率征收企业所得税。

所称"第三方防治企业"是指受排污企业或政府委托，负责环境污染治理设施(包括自动连续监测设施，下同)运营维护的企业。

第三方防治企业应当同时符合以下条件：

(1)在中国境内(不包括港澳台地区)依法注册的居民企业。

(2)具有1年以上连续从事环境污染治理设施运营实践，且能够保证设施正常运行。

(3)具有至少5名从事本领域工作且具有环境保护相关专业中级及以上技术职称的技术人员，或者至少2名从事本领域工作且具有环境保护相关专业高级及以上技术职称的技术人员。

(4)从事环境保护设施运营服务的年度营业收入占总收入的比例不低于60%。

(5)具备检验能力，拥有自有实验室，仪器配置可满足运行服务范围内常规污染物指标的检测需求。

(6)保证其运营的环境保护设施正常运行，使污染物排放指标能够连续稳定达到国家或者地方规定的排放标准要求。

(7)具有良好的纳税信用，近3年内纳税信用等级未被评定为C级或D级。

(十五)环境保护、节能节水、安全生产专用设备的投资抵免优惠

企业购置并实际使用《环境保护专用设备企业所得税优惠目录》《节能节水专用设备企业所得税优惠目录》和《安全生产专用设备企业所得税优惠目录》规定的环境保护、节能节水、安全生产等专用设备的，该专用设备的投资额的10%可以从企业当年的应纳税额中抵免；当年不足以抵免的，可以在以后5个纳税年度结转抵免。

享受上述规定的企业所得税优惠的企业，应当实际购置并自身实际投入使用规定的专用设备；企业购置上述专用设备在5年内转让、出租的，应当停止享受企业所得税优惠，并补缴已经抵免的企业所得税税款。转让的受让方可以按照该专用设备投资额的10%抵免当年企业所得税应纳税额；当年不足以抵免的，可以在以后5个纳税年度结转抵免。

(十六)非居民企业的减免税

非居民企业减按10%的税率征收企业所得税。这里的"非居民企业"，是指在中国境内未设立机构、场所的，或者虽设立机构、场所但取得的所得与其所设机构、场所没有实际联系

的企业。

该类非居民企业取得下列所得免征企业所得税：

(1)外国政府向中国政府提供贷款取得的利息所得。

(2)国际金融组织向中国政府和居民企业提供优惠贷款取得的利息所得。

(3)对境外投资者从中国境内居民企业分配的利润,用于境内直接投资,暂不征收预提所得税。

(十七)民族自治地方企业的优惠

民族自治地方的自治机关对本民族自治地方的企业应缴纳的企业所得税中属于地方分享的部分,可以决定减征或者免征。自治州、自治县决定减征或者免征的,须报省、自治区、直辖市人民政府批准。

对民族自治地方内国家限制和禁止行业的企业,不得减征或者免征企业所得税。

(十八)对生产和装配伤残人员专门用品企业的优惠

对符合下列条件的居民企业,免征企业所得税:

(1)生产和装配伤残人员专门用品,且在民政部发布的《中国伤残人员专门用品目录》范围之内。

(2)以销售本企业生产或者装配的伤残人员专门用品为主,其所取得的年度伤残人员专门用品销售收入(不含出口取得的收入)占企业收入总额的60%以上。

(3)企业账证健全,能够准确、完整地向主管税务机关提供纳税资料,且本企业生产或者装配的伤残人员专门用品所取得的收入能够单独、准确核算。

(4)企业拥有假肢制作师、矫形器制作师资格证书的专业技术人员不得少于1人;其企业生产人员如超过20人,则其拥有假肢制作师、矫形器制作师资格证书的专业技术人员不得少于全部生产人员的1/6。

(5)具有与业务相适应的测量取型、模型加工、接受腔成型、打磨、对线组装、功能训练等生产装配专用设备和工具。

(6)具有独立的接待室、假肢或者矫形器(辅助器具)制作室和假肢功能训练室,使用面积不少于115平方米。

(十九)对饮水工程运营管理单位投资经营所得的优惠

对饮水工程运营管理单位从事《公共基础设施项目企业所得税优惠目录》规定的饮水工程新建项目投资经营的所得,自项目取得第一笔生产经营收入所属纳税年度起,第一年至第三年免征企业所得税,第四年至第六年减半征收企业所得税。

四、企业所得税应纳税所得额的确定

应纳税所得额是指企业每一纳税年度的收入总额减除不征税收入、免税收入、各项扣除以及允许弥补的以前年度亏损后的余额,用公式表示如下:

应纳税所得额＝收入总额－不征税收入－免税收入－各项扣除－允许弥补的以前年度亏损

(一)收入总额

收入总额是指企业以货币形式和非货币形式从各种来源取得的收入。

货币收入是指企业取得的现金以及将以固定或可确定金额的货币收取的收入,具体包括现金、存款、应收账款、应收票据、准备持有至到期的债券投资以及债务的豁免等。非货币收入是指企业取得的货币形式以外的收入,包括固定资产、生物资产、无形资产、股权投资、存货、不准备持有至到期的债券投资、劳务以及有关权益等,这些非货币形式取得的收入,应当按照公允价值确定收入额。公允价值是指按照市场价格确定的价值。

1. 收入确认的一般规定

(1)销售货物收入

销售货物收入是指企业销售商品、产品、原材料、包装物、低值易耗品以及其他存货取得的收入。

(2)提供劳务收入

提供劳务收入是指企业从事建筑安装、修理修配、交通运输、仓储租赁、金融保险、邮电通信、咨询经纪、文化体育、科学研究、技术服务、教育培训、餐饮住宿、中介代理、卫生保健、社区服务、旅游、娱乐、加工以及其他劳务服务活动取得的收入。

(3)转让财产收入

转让财产收入是指企业转让固定资产、生物资产、无形资产、股权、债权等财产取得的收入。

(4)股息、红利等权益性投资收益

股息、红利等权益性投资收益是指企业因权益性投资从被投资方取得的收入。此项收益,除国务院财政、税务主管部门另有规定外,按照被投资方做出利润分配决定的日期确认收入的实现。

(5)利息收入

利息收入是指企业将资金提供他人使用但不构成权益性投资,或者因他人占用本企业资金而取得的收入,包括存款利息、贷款利息、债券利息、欠款利息等。此项收入按照合同约定的债务人应付利息的日期确认收入的实现。

对企业投资者持有铁路债券取得的利息收入,减半征收企业所得税。

(6)租金收入

租金收入是指企业提供固定资产、包装物或者其他有形资产的使用权取得的收入。此项收入按照合同约定的承租人应付租金的日期确认收入的实现。

(7)特许权使用费收入

特许权使用费收入是指企业提供专利权、非专利技术、商标权、著作权以及其他特许权的使用权取得的收入。此项收入按照合同约定的特许权使用人应付特许权使用费的日期确认收入的实现。

(8)接受捐赠收入

接受捐赠收入是指企业接受的来自其他企业、组织或者个人无偿给予的货币性资产、非货币性资产。此项收入按照实际收到捐赠资产的日期确认收入的实现。

(9)其他收入

其他收入是指企业取得的除上述收入以外的其他收入,包括企业资产溢余收入、逾期未退包装物押金收入、确实无法偿付的应付款项、已做坏账损失处理后又收回的应收款项、债务重组收入、补贴收入、违约金收入和汇兑收益等。

2.收入确认的特殊规定

(1)以分期收款方式销售货物的,按照合同约定的收款日期确认收入的实现。

(2)企业受托加工制造大型机械设备、船舶、飞机,以及从事建筑、安装、装配工程业务或者提供其他劳务等,持续时间超过12个月的,按照纳税年度内完工进度或者完成的工作量确认收入的实现。

(3)采取产品分成方式取得收入的,按照企业分得产品的日期确认收入的实现,其收入额按照产品的公允价值确定。

(4)企业发生非货币性资产交换,以及将货物、财产、劳务用于捐赠、偿债、赞助、集资、广告、样品、职工福利或者利润分配等用途的,应当视同销售货物、转让财产或者提供劳务;但国务院财政、税务主管部门另有规定的除外。

3.处置资产收入的确认

(1)企业发生下列处置资产情形的,除将资产转移至境外以外,由于资产所有权权属在形式和实质上均不发生改变,因此可作为内部处置资产,不视同销售确认收入,相关资产的计税基础延续计算:①将资产用于生产、制造、加工另一产品;②改变资产形状、结构或性能;③改变资产用途(比如自建商品房转为自用或经营);④将资产在总机构及其分支机构之间转移;⑤上述两种或两种以上情形的混合;⑥其他不改变资产所有权权属的用途。

(2)企业发生下列将资产移送他人的情形,因资产所有权权属已发生改变而不属于内部处置资产,应按规定视同销售确定收入:①用于市场推广或销售;②用于交际应酬;③用于职工奖励或福利;④用于股息分配;⑤用于对外捐赠;⑥其他改变资产所有权权属的用途。

(3)企业发生上述第(2)种情形时,属于企业自制的资产,应按企业同类资产同期对外销售价格确定销售收入;属于外购的资产,应按被移送资产的公允价值确定销售收入。

(二)不征税收入

1.财政拨款

财政拨款是指各级人民政府对纳入预算管理的事业单位、社会团体等组织拨付的财政资金;但国务院和国务院财政、税务主管部门另有规定的除外。

2.依法收取并纳入财政管理的行政事业性收费、政府性基金

行政事业性收费是指国家机关、事业单位、代行政府职能的社会团体及其他组织根据法律法规等有关规定,依照国务院规定程序批准,在实施社会公共管理,以及在向公民、法人提供特定公共服务的过程中,向特定对象收取并纳入财政管理的费用。政府性基金是指企业按照法律、行政法规等有关规定代政府收取的具有专项用途的财政资金。

3.其他不征税收入

其他不征税收入是指企业取得的,由国务院财政、税务主管部门规定专项用途并经国务院批准的财政性资金。

社保基金取得的直接股权投资收益、股权投资基金收益,作为企业所得税不征税收入。

社保基金会及养老基金投资管理机构在国务院批准的投资范围内,运用养老基金投资取

得的归属于养老基金的投资收入,作为企业所得税不征税收入。

(三)免税收入

1. 国债利息收入

国债利息收入是指企业持有国务院财政部门发行的国债的利息收入。

2. 符合条件的居民企业之间的股息、红利等权益性投资收益

符合条件的居民企业之间的股息、红利等权益性投资收益是指居民企业直接投资于其他居民企业取得的投资收益。

3. 在中国境内设立机构、场所的非居民企业从居民企业取得与该机构、场所有实际联系的股息、红利等权益性投资收益

在中国境内设立机构、场所的非居民企业从居民企业取得与该机构、场所有实际联系的股息、红利等权益性投资收益不包括连续持有居民企业公开发行并上市流通的股票不足12个月取得的投资收益。

4. 符合条件的非营利性组织的收入

非营利性组织的下列收入为免税收入:(1)接受其他单位或者个人捐赠的收入;(2)除《企业所得税法》第七条规定的财政拨款以外的其他政府补助收入,但不包括因政府购买服务取得的收入;(3)按照省级以上民政、财政部门规定收取的会费;(4)不征税收入和免税收入孳生的银行存款利息收入;(5)财政部、国家税务总局规定的其他收入。

5. 对非营利性科研机构、高等学校接收企业、个人和其他组织机构基础研究资金收入

对非营利性科研机构、高等学校接收企业、个人和其他组织机构基础研究资金收入,免征企业所得税。[①]

(四)企业支出的税前扣除

1. 企业支出税前扣除的范围

(1)成本

成本是指企业在生产经营活动中发生的销售成本、销货成本、业务支出以及其他耗费。

(2)费用

费用是指企业在生产经营活动中发生的销售(经营)费用、管理费用和财务费用等期间费用,已计入成本的有关费用除外。

(3)税金

税金是指企业发生的除企业所得税和允许抵扣的增值税以外的各项税金及附加,即企业按规定缴纳的消费税、城市维护建设税、关税、资源税、土地增值税、房产税、车船税、土地使用税、印花税、教育费附加等产品销售税金及附加。这些已纳税金准予税前扣除。

准予扣除的税金的扣除有两种方式:一是在发生当期扣除;二是在发生当期计入相关资产的成本,在以后各期分摊扣除。

(4)损失

损失是指企业在生产经营活动中发生的固定资产和存货的盘亏、毁损、报废损失,转让财

[①] 《关于企业投入基础研究税收优惠政策的公告》(财政部 税务总局公告2022年第32号),自2022年1月1日起执行。

产损失,呆账损失,坏账损失,自然灾害等不可抗力因素造成的损失以及其他损失。

企业发生的损失,减除责任人赔偿和保险赔款后的余额,依照国务院财政、税务主管部门的规定扣除。企业已经作为损失处理的资产,在以后纳税年度全部收回或者部分收回时,应当计入当期收入。

(5)其他支出

其他支出是指除成本、费用、税金、损失外,企业在生产经营活动中发生的合理的有关支出。

2. 企业支出税前扣除的具体项目和标准

(1)借款费用支出

企业在生产经营过程中发生的合理的不需要资本化的借款费用,准予扣除。

企业为购置、建造固定资产、无形资产和经过12个月以上的建造才能达到预定可销售状态的存货发生借款的,在有关资产购置、建造期间发生的合理的借款费用,应当作为资本性支出计入有关资产的成本扣除。

企业通过发行债券、取得贷款、吸收保户储金等方式融资而发生的合理费用支出,符合资本化条件的,应计入相关资产成本;不符合资本化条件的,应作为财务费用,准予在企业所得税前据实扣除。

(2)借款利息支出

企业在生产经营活动中发生的下列利息支出,准予扣除:

①非金融企业向金融企业借款的利息支出。对非金融企业在生产经营期间向金融企业借款的利息支出,按照实际发生数予以税前扣除,逾期归还银行贷款时银行按规定加收的罚息也可以在税前扣除。

②金融企业的各项存款利息支出和同业拆借利息支出。对金融企业的各项存款利息支出和同业拆借利息支出,允许按实际发生数予以税前扣除。

③企业经批准发行债券的利息支出。对企业经过国家依法批准发行债券而按规定支付的利息支出,按照实际发生数予以税前扣除。

④非金融企业向非金融企业借款的利息支出。非金融企业向非金融企业借款的利息支出,按不超过按照金融企业同期同类贷款利率计算的数额的部分准予扣除。

⑤关联企业之间借款的利息支出符合以下两个条件的,可税前扣除:一是不超过税法规定的债权性投资和权益性投资比例(一般企业为2∶1,金融企业为5∶1);二是不超过金融企业同期同类贷款利率计算的数额。

⑥企业向自然人借款的利息支出。

企业向股东或其他与企业有关联关系的自然人借款的利息支出,符合以下两个条件的,可税前扣除:一是不超过税法规定的债权性投资和权益性投资比例(一般企业为2∶1,金融企业为5∶1);二是不超过按照金融企业同期同类贷款利率计算的数额。

企业向内部职工或其他人员借款,同时符合以下条件的,其利息支出不超过按照金融企业同期同类贷款利率计算的数额的部分,准予扣除:企业与个人之间的借贷是真实、合法、有效的,并且不具有非法集资目的或其他违反法律、法规的行为;企业与个人签订了借款合同。

(3)工资、薪金支出

企业发生的合理的工资、薪金支出准予据实扣除。工资、薪金是指企业每一纳税年度支付给在本企业任职或者受雇的员工的所有现金形式或者非现金形式的劳动报酬,包括基本工资、奖金、津贴、补贴、年终加薪、加班工资,以及与任职或者受雇有关的其他支出。

合理的工资、薪金是指企业按照股东大会、董事会、薪酬委员会或相关管理机构制定的工资、薪金制度规定,实际发放给员工的工资、薪金。税务机关在对工资、薪金进行合理性确认时,可按以下原则掌握:①企业制定了较为规范的员工工资、薪金制度;②企业所制定的工资、薪金制度符合行业及地区水平;③企业在一定时期所发放的工资、薪金是相对固定的,工资、薪金的调整是有序进行的;④企业对实际发放的工资、薪金已依法履行了代扣代缴个人所得税义务;⑤有关工资、薪金的安排不以减少或逃避税款为目的。

企业安置残疾人员的,在按照支付给残疾职工的工资据实扣除的基础上,按照支付给残疾职工工资的100%加计扣除。残疾人员的范围适用《中华人民共和国残疾人保障法》的有关规定。

(4)职工福利费支出

企业发生的职工福利费支出,不超过工资、薪金总额14%的部分准予扣除。

(5)工会经费支出

企业拨缴的工会经费,不超过工资、薪金总额2%的部分准予扣除。

(6)职工教育经费支出

除国务院财政、税务主管部门另有规定外,自2018年1月1日起,企业发生的职工教育经费支出,不超过工资、薪金总额8%的部分,准予在计算企业所得税应纳税所得额时扣除;超过部分,准予在以后纳税年度结转扣除。

(7)企业党组织工作经费

国有企业(包括国有独资、全资和国有资本绝对控股、相对控股企业)、集体所有制企业和非公有制企业纳入管理费用的党组织工作经费,实际支出不超过职工年度工资、薪金总额1%的部分,可以据实在企业所得税前扣除。年末如有结余,结转下一年度使用。累计结转超过上一年度职工工资、薪金总额2%的,当年不再从管理费用中安排。

准予税前扣除的党组织工作经费必须是企业已经实际发生的部分;对于账面已经计提但未实际发生的党组织工作经费,不得在纳税年度内税前扣除。

(8)公益性捐赠支出

公益性捐赠是指企业通过公益性社会组织或者县级以上人民政府及其部门,用于符合法律规定的慈善活动、公益事业的捐赠。

公益性社会组织是指同时符合下列条件的慈善组织以及其他社会组织:①依法登记,具有法人资格;②以发展公益事业为宗旨,且不以营利为目的;③全部资产及其增值为该法人所有;④收益和营运结余主要用于符合该法人设立目的的事业;⑤终止后的剩余财产不归属任何个人或者营利性组织;⑥不经营与其设立目的无关的业务;⑦有健全的财务会计制度;⑧捐赠者不以任何形式参与该法人财产的分配;⑨国务院财政、税务主管部门会同国务院民政部门等登记管理部门规定的其他条件。

企业发生的公益性捐赠支出,在年度利润总额12%以内的部分,准予在计算应纳税所得额时扣除;超过年度利润总额12%的部分,准予结转以后3年内在计算应纳税所得额时扣除。年度利润总额是指企业依照国家统一会计制度的规定计算的年度会计利润。

企业当年发生及以前年度结转的公益性捐赠支出,准予在当年税前扣除的部分不能超过企业当年年度利润总额的12%;企业发生的公益性捐赠支出未在当年税前扣除的部分,准予向以后年度结转扣除,但结转年限自捐赠发生年度的次年起计算最长不得超过3年。企业在对公益性捐赠支出计算扣除时,应先扣除以前年度结转的捐赠支出,再扣除当年发生的捐赠支出。

企业通过公益性社会组织或者县级(含县级)以上人民政府及其组成部门和直属机构用于目标脱贫地区的扶贫捐赠支出,准予在计算企业所得税应纳税所得额时据实扣除。在政策执行期限内,目标脱贫地区实现脱贫的,可继续适用上述政策。企业同时发生扶贫捐赠支出和其他公益性捐赠支出,在计算公益性捐赠支出年度扣除限额时,符合上述条件的扶贫捐赠支出不计算在内。

企事业单位、社会团体以及其他组织捐赠住房作为公租房,符合税收法律、法规规定的,对其公益性捐赠支出在年度利润总额12%以内的部分,准予在计算应纳税所得额时扣除;超过年度利润总额12%的部分,准予结转以后3年内在计算应纳税所得额时扣除。

(9)业务招待费

业务招待费是指企业发生的与生产经营活动有关的交际应酬费用。企业发生的与生产经营活动有关的业务招待费支出,按照发生额的60%扣除,但最高不得超过当年销售(营业)收入的5‰。

对从事股权投资业务的企业(包括集团公司总部、创业投资企业等),其从被投资企业分配的股息、红利以及股权转让收入,可以按规定比例计算业务招待费扣除限额。

企业在筹办期间发生的与筹办活动有关的业务招待费支出,可按实际发生额的60%计入企业筹办费,并按有关规定在税前扣除。

(10)保险费

企业依照国务院有关主管部门或者省级人民政府规定的范围和标准,为职工缴纳的基本养老保险费、基本医疗保险费、失业保险费、工伤保险费、生育保险费等基本社会保险费和住房公积金,准予扣除。

企业根据国家有关政策规定,为在本企业任职或者受雇的全体员工支付的补充养老保险费、补充医疗保险费,分别在不超过职工工资、薪金总额5%的标准内的部分,在计算应纳税所得额时准予扣除,超过的部分不予扣除。

企业参加财产保险,按照规定缴纳的保险费,准予扣除。企业为投资者或者职工支付的商业保险费,不得扣除。

企业职工因公出差乘坐交通工具发生的人身意外保险费支出,准予扣除。

企业参加雇主责任险、公众责任险等责任保险,按照规定缴纳的保险费,准予在企业所得税前扣除。

(11)资产损失

资产损失是指企业当期发生的固定资产和流动资产盘亏、毁损净损失,由其提供清查盘存资料,经主管税务机关审核,准予扣除。

企业发生的资产损失,减除责任人赔偿和保险赔款后的余额,依照国务院财政、税务主管部门的规定扣除,即企业实际发生的资产损失按净额扣除。

企业因存货盘亏、毁损、报废、被盗等原因而不得从增值税销项税额中抵扣的进项税额,可以与存货损失一起在计算应纳税所得额时扣除。

企业发生的资产损失,应按规定的程序和要求向主管税务机关申报后在税前扣除;未经申报的损失,不得在税前扣除。

(12) 研发费用

企业开展研发活动实际发生的研发费用,未形成无形资产计入当期损益的,在按规定据实扣除的基础上,自2023年1月1日起,再按照实际发生额的100%在税前加计扣除;形成无形资产的,自2023年1月1日起,按照无形资产成本的200%在税前摊销。①

集成电路企业和工业母机企业开展研发活动实际发生的研发费用,未形成无形资产计入当期损益的,在按规定据实扣除的基础上,在2023年1月1日至2027年12月31日期间,再按照实际发生额的120%在税前扣除;形成无形资产的,在上述期间按照无形资产成本的220%在税前摊销。

委托境外进行研发活动所发生的费用,按照费用实际发生额的80%计入委托方的委托境外研发费用。委托境外研发费用不超过境内符合条件的研发费用2/3的部分,可以按规定在企业所得税前加计扣除。

企业共同合作开发的项目,由合作各方就自身实际承担的研发费用分别计算加计扣除。

企业集团根据生产经营和科技开发的实际情况,对技术要求高、投资数额大,需要集中研发的项目,其实际发生的研发费用可以按照权利和义务相一致、费用支出和收益分享相配比的原则,合理确定研发费用的分摊方法,在受益成员企业之间进行分摊,由相关成员企业分别计算加计扣除。

(13) 广告费和业务宣传费

企业发生的符合条件的广告费和业务宣传费支出,除国务院财政、税务主管部门另有规定外,不超过当年销售(营业)收入15%的部分,准予扣除;超过部分,准予在以后纳税年度结转扣除。

对化妆品制造与销售、医药制造和饮料制造(不含酒类制造)企业发生的广告费和业务宣传费支出,不超过当年销售(营业)收入30%的部分,准予扣除;超过部分,准予在以后纳税年度结转扣除。

烟草企业的烟草广告费和业务宣传费支出,一律不得在计算应纳税所得额时扣除。

企业在筹办期间发生的广告费和业务宣传费支出,可按实际发生额计入企业筹办费,并按有关规定在税前扣除。

(14) 手续费及佣金支出

企业发生与生产经营有关的手续费及佣金支出,不超过以下规定计算限额的部分,准予

---

① 《关于进一步完善研发费用税前加计扣除政策的公告》(财政部 税务总局公告2023年第7号),本公告自2023年1月1日起执行。

扣除;超过部分,不得扣除。

①保险企业。保险企业发生与其经营活动有关的手续费及佣金支出,不超过当年全部保费收入扣除退保金等后余额的18%(含本数)的部分,在计算应纳税所得额时准予扣除;超过部分,允许结转以后年度扣除。

②电信企业。在发展客户、拓展业务等过程中,需向经纪人、代办商支付手续费及佣金的,其实际发生的相关手续费及佣金支出不超过企业当年收入总额5%的部分,准予在企业所得税前据实扣除。

③其他企业。按与具有合法经营资格的中介服务机构或个人(不含交易双方及其雇员、代理人和代表人等)所签订的服务协议或合同确认的收入金额的5%计算限额。

企业应与具有合法经营资格的中介服务企业或个人签订代办协议或合同,并按国家有关规定支付手续费及佣金。除委托个人代理外,企业以现金等非转账方式支付的手续费及佣金,不得在税前扣除。企业为发行权益性证券而支付给有关证券承销机构的手续费及佣金,不得在税前扣除。

企业不得将手续费及佣金支出计入回扣、业务提成、返利、进场费等费用。

企业已计入固定资产、无形资产等相关资产的手续费及佣金支出,应当通过折旧、推销等方式分期扣除,不得在发生当期直接扣除。

(15)投资额抵扣

创业投资企业采取股权投资方式投资于未上市的中小高新技术企业2年以上的,可以按照其投资额的70%在股权持有满2年的当年抵扣该创业投资企业的应纳税所得额;当年不足以抵扣的,可在以后纳税年度结转抵扣。

公司制创业投资企业采取股权投资方式直接投资于种子期、初创期科技型企业满2年的,可以按照投资额的70%在股权持有满2年的当年抵扣该公司制创业投资企业的应纳税所得额;当年不足以抵扣的,可以在以后纳税年度结转抵扣。

对企业出资给非营利性科技研发机构、高等学校和政府性自然科学基金用于基础研究的支出,在计算应纳税所得额时可按实际发生额在税前扣除,并可按100%在税前加计扣除。

(16)固定资产租赁费

企业根据生产经营活动的需要租入固定资产支付的租赁费,按照以下方法扣除:

①以经营租赁方式租入固定资产发生的租赁费支出,按照租赁期限均匀扣除。经营性租赁是指所有权不转移的租赁。

②以融资租赁方式租入固定资产发生的租赁费支出,按照规定构成融资租入固定资产价值的部分应当提取折旧费用,分期扣除。融资租赁是指在实质上转移与一项资产所有权有关的全部风险和报酬的一种租赁。

(17)汇兑损失

企业在货币交易中以及纳税年度终了时将人民币以外的货币性资产、负债按照期末即期人民币汇率中间价折算为人民币时产生的汇兑损失,除已经计入有关资产成本以及与向所有者进行利润分配相关的部分外,准予扣除。

(18)其他支出

①环保专项资金。企业依照法律、行政法规的有关规定提取的用于环境保护、生态恢复等方面的专项资金,准予扣除。上述专项资金提取后改变用途的,不得扣除。

②支付给境外总机构的费用。非居民企业在中国境内设立的机构、场所,就其中国境外总机构发生的与该机构、场所生产经营有关的费用,能够提供总机构出具的费用汇集范围、定额、分配依据和方法等证明文件并合理分摊的,准予扣除。

③劳动保护支出。企业发生的合理的劳动保护支出,准予扣除。劳动保护支出是指确因工作需要而为雇员配备或提供工作服、手套、安全保护用品、防暑降温用品等发生的支出。

④转让资产的净值。企业转让资产,该项资产的净值准予在计算应纳税所得额时扣除。资产的净值是指有关资产的计税基础减除已经按照规定扣除的折旧、折耗、摊销、准备金等后的余额。

⑤依照有关法律、行政法规的规定准予扣除的其他项目,如会员费、合理的会议费、差旅费、违约金、诉讼费用等。

(五)税前不得扣除的项目

在计算应纳税所得额时,下列支出不得扣除:

(1)向投资者支付的股息、红利等权益性投资收益款项。

(2)企业所得税税款。

(3)税收滞纳金,即纳税人违反税收法规,被税务机关处以的滞纳金。

(4)罚金、罚款和被没收财物的损失,即纳税人违反国家有关法律、法规的规定,被有关部门处以的罚款,以及被司法机关处以的罚金和被没收财物。

(5)超过规定标准的捐赠支出。

(6)赞助支出,即企业发生的与生产经营活动无关的各种非广告性支出。

(7)未经核定的准备金支出,即不符合国务院财政、税务主管部门规定的各项资产减值准备、风险准备等的准备金支出。

(8)企业之间支付的管理费、企业内营业机构之间支付的租金和特许权使用费,以及非银行企业内营业机构之间支付的利息。

(9)与取得收入无关的其他支出。

(六)亏损弥补

亏损是指企业依照《企业所得税法》和《企业所得税法实施条例》的规定,将每一纳税年度的收入总额减除不征税收入、免税收入和各项扣除后小于零的数额。

税法规定,企业某一纳税年度发生的亏损可以用下一年度的所得弥补,下一年度的所得不足以弥补的,可以逐年延续弥补,但最长不得超过5年。此外,企业在汇总计算缴纳企业所得税时,其境外营业机构的亏损不得抵减境内营业机构的盈利。

企业筹办期间不计算为亏损年度,企业开始生产经营的年度为开始计算企业损益的年度。企业从事生产经营之前进行筹办活动期间发生筹办支出,不得计算当期的亏损,企业既可以在开始经营之日的当年一次性扣除,也可以按照税法有关长期待摊费用的处理规定处理;但一经选定,不得改变。

自2018年1月1日起,当年具备高新技术企业或科技型中小企业资格的企业,其具备资格年度之前5个年度发生的尚未弥补完的亏损,准予结转以后年度弥补,最长结转年限由5年延长至10年。

所称"当年具备高新技术企业或科技型中小企业资格(以下统称'资格')的企业,其具备资格年度之前5个年度发生的尚未弥补完的亏损",是指当年具备资格的企业,其前5个年度无论是否具备资格,所发生的尚未弥补完的亏损。

【例5—1】 某企业第一年至第十年的盈亏情况如表5—1所示。

表5—1　　　　　　　　某企业10年生产经营盈亏情况　　　　　　　　单位:万元

年度	第一年	第二年	第三年	第四年	第五年	第六年	第七年	第八年	第九年	第十年
所得	−100	−50	70	−50	−40	10	30	−50	−150	500

要求:计算该企业10年间共缴纳的企业所得税。

第一年的亏损100万元可以用第三年的所得70万元和第六年的所得10万元弥补,还有20万元没有得到弥补,不得再用第七年的所得弥补。

第二年的亏损50万元只能用第七年的所得30万元弥补,剩下的不能进行弥补。

第四年的亏损50万元,由于第六年和第七年的所得都用来弥补前面年度的亏损了,因此它得不到弥补。

第五年、第八年和第九年的亏损都可以用第十年的所得弥补。第十年的所得弥补亏损后还有余额260万元(500−40−50−150)。

$$第十年应纳企业所得税=260\times25\%$$
$$=65(万元)$$

五、资产的税务处理

资产的税务处理实质上就是通过对资产的分类,正确区分资本性支出与收益性支出,准确计提和摊销各种资产的费用,从而正确计算应纳税所得额。

企业的各项资产,包括固定资产、生物资产、无形资产、长期待摊费用、投资资产、存货等,以企业取得该项资产时实际发生的支出,即历史成本为计税基础。企业持有各项资产期间资产增值或者减值,除国务院财政、税务主管部门规定可以确认损益外,不得调整该项资产的计税基础。

(一)固定资产的税务处理

固定资产是指企业为生产产品、提供劳务、出租或者经营管理而持有的,使用时间超过12个月的非货币性资产,包括房屋、建筑物、机器、机械、运输工具以及其他与生产经营活动有关的设备、器具、工具等。

1.固定资产的计税基础

(1)外购的固定资产,以购买价款和支付的相关税费以及直接归属于使该资产达到预定用途而发生的其他支出为计税基础。

(2)自行建造的固定资产,以竣工结算前发生的支出为计税基础。

(3)融资租入的固定资产,以租赁合同约定的付款总额和承租人在签订租赁合同过程中发生的相关费用为计税基础,租赁合同未约定付款总额的,以该项资产的公允价值和承租人在签订租赁合同过程中发生的相关费用为计税基础。

(4)盘盈的固定资产,以同类固定资产的重置完全价值为计税基础。

(5)通过捐赠、投资、非货币性资产交换、债务重组等方式取得的固定资产,以该资产的公允价值和支付的相关税费为计税基础。

(6)改建的固定资产,除已足额提取折旧的固定资产的改建支出和租入固定资产的改建支出外,以改建过程中发生的改建支出增加为计税基础。

2. 固定资产折旧的范围

在计算应纳税所得额时,企业按照规定计算的固定资产折旧,准予扣除。

下列固定资产不得计算折旧扣除:(1)房屋、建筑物以外未投入使用的固定资产;(2)以经营租赁方式租入的固定资产;(3)以融资租赁方式租出的固定资产;(4)已足额提取折旧仍继续使用的固定资产;(5)与经营活动无关的固定资产;(6)单独估价作为固定资产入账的土地;(7)其他不得计算折旧扣除的固定资产。

3. 固定资产折旧的计提年限

除国务院财政、税务主管部门另有规定外,固定资产计算折旧的最低年限如下:(1)房屋、建筑物,为20年;(2)飞机、火车、轮船、机器、机械和其他生产设备,为10年;(3)与生产经营活动有关的器具、工具、家具等,为5年;(4)飞机、火车、轮船以外的运输工具,为4年;(5)电子设备,为3年。

4. 固定资产折旧计提方法

固定资产按照直线法计算的折旧,准予扣除。

企业的固定资产由于技术进步等原因,确需加速折旧的,可以缩短折旧年限或者采取加速折旧的方法。

可以采取缩短折旧年限或者加速折旧的方法的固定资产,包括:(1)由于技术进步,产品更新换代较快的固定资产;(2)常年处于强震动、高腐蚀状态的固定资产。

采取缩短折旧年限方法的,最低折旧年限不得低于固定资产最低折旧年限的60%;采取加速折旧方法的,可以采取双倍余额递减法或者年数总和法。

5. 固定资产税前扣除的规定

(1)企业在2024年1月1日至2027年12月31日期间新购进的设备、器具,单位价值不超过500万元的,允许一次性计入当期成本费用在计算应纳税所得额时扣除,不再分年度计算折旧;单位价值超过500万元的,可缩短折旧年限或采取加速折旧的方法。缩短折旧年限的,最低折旧年限不得低于《企业所得税法实施条例》第六十条规定折旧年限的60%;采取加速折旧方法的,可采取双倍余额递减法或者年数总和法。

(2)制造业以及信息传输、软件和信息技术服务业新购进的固定资产,可按规定折旧年限的60%缩短折旧年限,或者选择采取加速折旧方法。

(3)对所有行业企业持有的单位价值不超过5 000元的固定资产,在计算应纳税所得额时,允许一次性扣除当期成本,折旧不再按年度计算。

(4)中小微企业新购置的设备、器具,单位价值在 500 万元以上的,按照单位价值的一定比例自愿选择在企业所得税前扣除。其中,《企业所得税法实施条例》规定最低折旧年限为 3 年的设备、器具,单位价值的 100% 可在当年一次性税前扣除;最低折旧年限为 4 年、5 年、10 年的,单位价值的 50% 可在当年一次性税前扣除,其余 50% 按规定在剩余年度计算折旧进行税前扣除。

企业选择适用上述政策当年不足以扣除形成的亏损,可在以后 5 个纳税年度结转弥补。享受其他延长亏损结转年限政策的企业,可按现行规定执行。

(二)无形资产的税务处理

无形资产是指企业为生产产品、提供劳务、出租或者经营管理而持有的,没有实物形态的非货币性长期资产,包括专利权、商标权、著作权、土地使用权、非专利技术、商誉等。

1.无形资产的计税基础

(1)外购的无形资产,以购买价款和支付的相关税费以及直接归属于使该资产达到预定用途而发生的其他支出为计税基础。

(2)自行开发的无形资产,以开发过程中该资产符合资本化条件后至达到预定用途前发生的支出为计税基础。

(3)通过捐赠、投资、非货币性资产交换、债务重组等方式取得的无形资产,以该资产的公允价值和支付的相关税费为计税基础。

2.无形资产摊销的范围

在计算应纳税所得额时,企业按照规定计算的无形资产摊销费用,准予扣除。但下列无形资产不得计算摊销费用扣除:(1)自行开发的支出已在计算应纳税所得额时扣除的无形资产;(2)自创商誉;(3)与经营活动无关的无形资产;(4)其他不得计算摊销费用扣除的无形资产。

3.无形资产的摊销方法及年限

无形资产按照直线法计算的摊销费用,准予扣除。无形资产的摊销年限不得低于 10 年。

作为投资或者受让的无形资产,有关法律规定或者合同约定了使用年限的,可以按照规定或者约定的使用年限分期摊销。外购商誉的支出,在企业整体转让或者清算时,准予扣除。

(三)生物资产的税务处理

生物资产是指有生命的动物和植物。生物资产分为消耗性生物资产、生产性生物资产和公益性生物资产。消耗性生物资产是指为出售而持有的,或在将来收获为农产品的生物资产,包括生长中的农田作物、蔬菜、用材林以及存栏待售的牲畜等。生产性生物资产,是指为产出农产品、提供劳务或出租等目的而持有的生物资产,包括经济林、薪炭林、产畜和役畜等。公益性生物资产,是指以防护、环境保护为主要目的的生物资产,包括防风固沙林、水土保持林和水源涵养林等。

1.生物资产的计税基础

生产性生物资产按照下列方法确定计税基础:(1)外购的生产性生物资产,以购买价款和支付的相关税费为计税基础;(2)通过捐赠、投资、非货币性资产交换、债务重组等方式取得的生产性生物资产,以该资产的公允价值和支付的相关税费为计税基础。

2.生物资产的折旧方法及年限

生产性生物资产按照直线法计算的折旧,准予扣除。企业应当自生产性生物资产投入使用月份的次月起计算折旧;停止使用的生产性生物资产,应当自停止使用月份的次月起停止计算折旧。

企业应当根据生产性生物资产的性质和使用情况,合理确定生产性生物资产的预计净残值。生产性生物资产的预计净残值一经确定,不得变更。

生产性生物资产计算折旧的最低年限如下:(1)林木类生产性生物资产,为10年;(2)畜类生产性生物资产,为3年。

(四)长期待摊费用的税务处理

1.长期待摊费用的范围

长期待摊费用是指企业发生的应在一个年度以上或几个年度进行摊销的费用。

在计算应纳税所得额时,企业发生的下列支出作为长期待摊费用,按照规定摊销的,准予扣除:(1)已足额提取折旧的固定资产改建支出;(2)租入固定资产的改建支出;(3)固定资产的大修理支出;(4)其他应当作为长期待摊费用的支出。

2.长期待摊费用的摊销

(1)已足额提取折旧的固定资产改建支出,按照固定资产预计尚可使用年限分期摊销。

(2)租入固定资产的改建支出,按照合同约定的剩余租赁期限分期摊销。

(3)固定资产的大修理支出,按照固定资产尚可使用年限分期摊销。

《企业所得税法》所说的固定资产的大修理支出,是指同时符合下列条件的支出:一是修理支出达到取得固定资产时的计税基础的50%以上,二是修理后固定资产的使用年限延长2年以上。

(4)其他应当作为长期待摊费用的支出,自支出发生月份的次月起,分期摊销,摊销年限不得低于3年。

(五)投资资产的税务处理

投资资产,是指企业对外进行权益性投资和债权性投资形成的资产。

1.投资资产成本的确定

(1)通过支付现金方式取得的投资资产,以购买价款为成本。

(2)通过支付现金以外的方式取得的投资资产,以该资产的公允价值和支付的相关税费为成本。

2.投资资产成本的扣除方法

企业对外投资期间,投资资产的成本在计算应纳税所得额时不得扣除;企业在转让或者处置投资资产时,投资资产的成本准予扣除。

(六)存货的税务处理

企业使用或者销售存货,按照规定计算的存货成本,准予在计算应纳税所得额时扣除。存货,是指企业持有以备出售的产品或者商品、处在生产过程中的在产品、在生产或者提供劳务过程中耗用的材料和物料等。

1.存货成本的确定

(1)通过支付现金方式取得的存货,以购买价款和支付的相关税费为成本。

(2)通过支付现金以外的方式取得的存货,以该存货的公允价值和支付的相关税费为成本。

(3)生产性生物资产收获的农产品,以产出或者采收过程中发生的材料费、人工费和分摊的间接费用等必要支出为成本。

2.存货成本的计算方法

企业使用或者销售的存货的成本计算方法,可以在先进先出法、加权平均法、个别计价法中选用一种。计价方法一经选用,不得随意变更。

六、企业所得税应纳税额的计算

(一)居民企业查账征收应纳税额的计算

查账征收企业所得税的计算方法,一般适用于账簿健全、核算准确的企业。

居民企业应缴纳的所得税税额等于应纳税所得额乘以适用税率,基本计算公式如下:

$$应纳税额＝应纳税所得额×适用税率－减免税额－抵免税额$$

根据上述计算公式可以看出,应纳税额的多少取决于应纳税所得额和适用税率两个因素。在实践中,应纳税所得额的计算一般有以下两种方法:

1.直接计算法

在直接计算法下,企业每一纳税年度的收入总额减除不征税收入、免税收入、各项扣除项目金额以及允许弥补的以前年度亏损后的余额为应纳税所得额。计算公式如下:

$$应纳税所得额＝收入总额－不征税收入－免税收入－各项扣除项目金额－允许弥补的以前年度亏损$$

【例5－2】 某化妆品厂2023年取得的各项收入:主营业务收入3 000万元,固定资产出租收入70万元,转让股权取得收入130万元,国库券利息收入20万元。发生的各项支出:产品销售成本1 200万元;缴纳增值税457万元、消费税910万元、城市维护建设税和教育费附加136.7万元;产品销售费用300万元,其中,广告费支出280万元;管理费用200万元,其中,业务招待费60万元;财务费用100万元;营业外支出100万元,其中,环保罚款18万元、银行罚息2万元、向关联企业赞助支出10万元。计算该化妆品厂2023年应纳的企业所得税。

(1)计算应纳税收入总额

根据规定,国库券利息收入不征税,其他收入均应计税。

应税收入总额＝3 000＋70＋130
　　　　　　＝3 200(万元)

(2)计算准予扣除的项目金额

①准予扣除的成本:1 200万元。

②准予扣除的费用:

广告费扣除限额＝3 070×15%
　　　　　　　＝460.5(万元)

实际发生广告费支出 280 万元,小于扣除的限额,可全部在税前扣除,产品销售费用 300 万元可全部税前扣除。

业务招待费扣除标准 = 60×60%
= 36(万元)

业务招待费扣除限额 = 3 070×5‰
= 15.35(万元)

税前只允许扣除业务招待费 15.35 万元。

财务费用 100 万元可全部税前扣除。

准予扣除的费用合计 = 300+200-(60-15.35)+100
= 555.35(万元)

③准予扣除的税金 = 910+136.7
= 1 046.7(万元)

④准予扣除的损失 = 100-18-10
= 72(万元)

扣除项目合计 = 1 200+555.35+1 046.7+72
= 2 874.05(万元)

(3)计算应纳税所得额

应纳税所得额 = 3 200-2 874.05
= 325.95(万元)

(4)计算应纳的企业所得税税额

该化妆品厂 2023 年应纳所得税税额 = 325.95×25%
= 81.49(万元)

2.间接计算法

在间接计算法下,在会计利润总额的基础上加上或减去按照税法规定调整的项目金额后的所得,即应纳税所得额。计算公式如下:

应纳税所得额=会计利润总额±纳税调整项目金额

纳税调整项目金额包括纳税调增项目金额和纳税调减项目金额。纳税调增项目金额主要有四类:(1)未计入利润总额的应税收入;(2)税前不得扣除的支出;(3)多提的折旧、多计的摊销;(4)超标准扣除的支出。纳税调减项目金额主要有三类:(1)已计入利润总额的税收优惠项目所得(如不征税收入、减计收入、免税收入、减免税项目所得、加计扣除额等);(2)以前年度结转本期继续扣除的项目金额(如职工教育经费、广告费与业务宣传费、创业投资额、弥补以前年度亏损等);(3)应计未计的费用、应提未提的折旧。

【例 5-3】 某机械制造厂 2023 年度生产经营情况如下:

(1)销售收入 4 500 万元;销售成本 2 000 万元;缴纳增值税 700 万元,缴纳其他税金及附加 80 万元。

(2)其他业务收入 300 万元。

(3)销售费用 1 500 万元,其中包括广告费 800 万元、业务宣传费 20 万元。

(4)管理费用 500 万元,其中包括业务招待费 50 万元、研究开发费用 40 万元。

(5)财务费用 80 万元,其中包括向非金融机构借款 1 年的利息 50 万元,年利率 10%(银行同期同类贷款利率为 6%)。

(6)营业外支出 30 万元,其中包括向供货方支付违约金 5 万元、接受工商局罚款 1 万元、通过政府部门向灾区捐赠 20 万元。

(7)投资收益 18 万元,其中包括从直接投资外地居民公司分回的税后利润 17 万元、国债利息收入 1 万元。

(8)2023 年已预缴企业所得税 157 万元。

计算该厂的应纳所得税和应补退所得税。

(1)2023 年利润总额=4 500－2 000－80＋300－1 500－500－80－30＋18
　　　　　　　＝628(万元)

(2)2023 年各项纳税调整额：

①广告费与业务宣传费的纳税调整：

扣除限额＝4 800×15%
　　　＝720(万元)

实际发生 820 万元。

调增所得额＝820－720
　　　　＝100(万元)

②业务招待费的纳税调整：

扣除标准额＝50×60%
　　　　＝30(万元)

扣除限额＝4 800×5‰
　　　＝24(万元)

实际发生 50 万元。

调增所得额＝50－24
　　　　＝26(万元)

③研究开发费用的纳税调整：

加计扣除额＝40×100%
　　　　＝40(万元)

调减所得额 40 万元。

④借款利息的纳税调整：

应扣利息＝50÷10%×6%
　　　＝30(万元)

已扣利息＝50÷10%×10%
　　　＝50(万元)

调增所得额＝50－30
　　　　＝20(万元)

⑤营业外支出的纳税调整：

工商罚款不得税前扣除，应调增所得额1万元。

公益性捐赠应限额扣除。

扣除限额＝628×12%

＝75.36(万元)

实际发生公益性捐赠20万元，不需纳税调整。

⑥投资收益的纳税调整：

从居民企业分回的税后利润可免税，调减所得额17万元。

国债利息收入可免税，调减所得额1万元。

(3)2023年应纳税所得额＝628+100+26-40+20+1-17-1

＝717(万元)

(4)2023年应纳企业所得税＝717×25%

＝179.25(万元)

(5)2023年应补缴企业所得税＝179.25-157

＝22.25(万元)

(二)居民企业核定征收应纳税额的计算

为了加强对企业所得税的征收管理，对部分中小企业采取核定征收的办法计算其应纳税额。

1.核定征收企业所得税的适用范围

纳税人具有下列情形之一的，应采取核定征收方式征收企业所得税：(1)依照税收制度的规定可以不设账簿或应设置但未设置账簿的；(2)只能准确核算收入总额，或收入总额能够查实，但其成本费用支出不能准确核算的；(3)只能准确核算成本费用支出，或成本费用支出能够查实，但其收入总额不能准确核算的；(4)收入总额及成本费用支出均不能正确核算，不能向主管税务机关提供真实、准确、完整的纳税资料，难以查实的；(5)账目设置和核算虽然符合规定，但并未按规定保存有关账簿、凭证及有关纳税资料的；(6)发生纳税义务，未按规定的期限办理纳税申报，经税务机关责令限期申报，逾期仍不申报的。

下列企业不能申请核定征收企业所得税：(1)享受《企业所得税法》《企业所得税法实施条例》和国务院规定的一项或几项企业所得税优惠政策的企业(不包括仅享受《企业所得税法》第二十六条规定的免税收入优惠政策的企业)；(2)汇总纳税企业；(3)上市公司；(4)银行、信用社、小额贷款公司、保险公司、证券公司、期货公司、信托投资公司、金融资产管理公司、融资租赁公司、担保公司、财务公司、典当公司等金融企业；(5)会计、审计、资产评估、税务、房地产估价、土地估价、工程造价、律师、价格鉴证、公证机构、基层法律服务机构、专利代理、商标代理以及其他经济鉴证类社会中介机构；(6)国家税务总局规定的其他企业。

2.核定征收的办法

税务机关应根据纳税人的具体情况，对核定征收企业所得税的纳税人，核定应税所得率或者核定应纳税所得额。

(1)核定应税所得率

具有下列情形之一的，核定其应税所得率：①能正确核算(查实)收入总额，但不能正确核算(查实)成本费用总额的;②能正确核算(查实)成本费用总额,但不能正确核算(查实)收入总额的;③通过合理方法,能计算和推定纳税人收入总额或成本费用总额的。

纳税人不属于以上情形的,核定其应纳税所得额。

(2)核定应纳税所得额

税务机关采用下列方法核定征收企业所得税:①参照当地同类行业或者类似行业中经营规模和收入水平相近的纳税人的税负水平核定;②按照应税收入额或成本费用支出额定率核定;③按照耗用的原材料、燃料、动力等推算或测算核定;④按照其他合理方法核定。

采用上述所列一种方法不足以正确核定应纳税所得额或应纳税额的,可以同时采用两种以上方法核定。当采用两种以上方法测算的应纳税额不一致时,可按测算的应纳税额从高核定。

(3)应纳所得税税额的计算

采用应税所得率方式核定征收企业所得税的,应纳所得税税额的计算公式如下:

$$应纳所得税税额 = 应纳税所得额 \times 适用税率$$

$$应纳税所得额 = 应税收入额 \times 应税所得率$$

$$= 成本(费用)支出额 \div (1 - 应税所得率) \times 应税所得率$$

$$应税收入额 = 收入总额 - 不征税收入 - 免税收入$$

实行应税所得率方式核定征收企业所得税的纳税人,经营多业的,无论其经营项目是否单独核算,均由税务机关根据其主营项目确定适用的应税所得率。

主营项目应为纳税人所有经营项目中,收入总额或者成本(费用)支出额或者耗用原材料、燃料、动力数量所占比重最大的项目。

纳税人的生产经营范围、主营业务发生重大变化,或者应纳税所得额或应纳税额增减变化达到20%的,应及时向税务机关申报调整已确定的应纳税额或应税所得率。

具体适用的应税所得率,由各省、自治区、直辖市和计划单列市税务局结合本地区实际情况,在表5-2规定的范围内确定,并报国家税务总局备案。

表5-2　　　　　　　　　　　　　　应税所得率

行 业	应税所得率
农、林、牧、渔业	3%~10%
制造业	5%~15%
批发和零售贸易业	4%~15%
交通运输业	7%~15%
建筑业	8%~20%
饮食业	8%~25%
娱乐业	15%~30%
其他行业	10%~30%

【例5-4】 某运输企业2023年的营业收入为390万元,各项支出为900万元,全年发生亏损510万元,经主管税务机关检查,该企业的收入项目不能准确核算,需采用核定征收办

法计算所得税,主管税务机关核定该企业的应税所得率为10%。计算该企业2023年应纳的企业所得税。

应纳税所得额＝9 000 000÷(1－10%)×10%
　　　　　　＝1 000 000(元)
应纳所得税税额＝1 000 000×25%
　　　　　　　＝250 000(元)

(三)非居民企业应纳税额的计算

1. 一般情况下应纳税额的计算

(1)应纳税所得额的确定

①股息、红利等权益性投资收益和利息、租金、特许权使用费所得,以不含增值税的收入全额确定为应纳税所得额。

②转让财产所得,以收入全额减除财产净值后的余额为应纳税所得额。财产净值是指财产的计税基础减除已经按照规定扣除的折旧、折耗、摊销、准备金等后的余额。

③其他所得,参照前两项规定的方法计算应纳税所得额。

根据规定,对境外投资者从中国境内居民企业分配的利润,直接投资于鼓励类投资项目,凡符合规定条件的,实行递延纳税政策,暂不征收预提所得税。境外投资者在2017年1月1日(含当日)以后取得的股息、红利等权益性投资收益,适用暂不征收预提所得税政策,对按规定可以享受暂不征收预提所得税政策但未实际享受的,可自实际缴纳相关税款之日起3年内申请追补享受该政策,退还已缴纳的税款。

(2)应纳税额的计算

应纳税额＝支付单位所支付的金额×适用税率

应该说明的是,在中国境内未设立机构、场所,或者虽设立机构、场所,但取得的所得与其所设机构、场所没有实际联系的非居民企业,适用20%的税率,但实际征税时适用10%的税率。

【例5－5】 某外国公司在中国境内未设立机构、场所,2023年将一项商标使用权提供给中国境内某企业使用,获得特许权使用费180万元。该公司还从中国境内某金融机构取得利息所得20万元。同时,该公司转让了其在中国境内的财产,转让收入为160万元,该财产的净值为120万元。计算该公司2023年度应缴纳的预提所得税。

应缴纳预提所得税＝[(180+20)+(160－120)]×10%
　　　　　　　　＝24(万元)

2. 核定征收情况下应纳税额的计算

(1)核定征收办法下应纳税所得额的确定

非居民企业因会计账簿不健全、资料残缺而难以查账,或者其他原因不能准确计算并据实申报其应纳税所得额的,税务机关有权采取以下方法核定其应纳税所得额:

①按收入总额核定应纳税所得额

这种方法适用于能够正确核算收入或通过合理方法推定收入总额,但不能正确核算成本费用的非居民企业。计算公式如下:

$$应纳税所得额＝收入总额×经税务机关核定的利润率$$

②按成本费用核定应纳税所得额

这种方法适用于能够正确核算成本费用，但不能正确核算收入总额的非居民企业。计算公式如下：

$$应纳税所得额＝成本费用总额÷（1－核定利润率）×核定利润率$$

③按经费支出换算收入核定应纳税所得额

这种方法适用于能够正确核算经费支出总额，但不能正确核算收入总额和成本费用的非居民企业。计算公式如下：

$$应纳税所得额＝本期经费支出额÷（1－核定利润率）×核定利润率$$

④以收入总额的比例核定应纳税所得额

非居民企业在中国境内从事船舶、航空等国际运输业务的，以其在中国境内起运旅客、货物收入总额的5％为应纳税所得额。纳税人的应纳税额，按照每次从中国境内起运旅客、货物出境取得的收入总额，依照1.25％的计征率计算征收企业所得税。

(2)非居民企业利润率标准的确定

税务机关可按照以下标准确定非居民企业的利润率：①从事承包工程作业、设计和咨询劳务的，利润率为15％～30％；②从事管理服务的，利润率为30％～50％；③从事其他劳务或劳务以外的经营活动的，利润率不低于15％。

税务机关有根据认为非居民企业的实际利润率明显高于上述标准的，可以按照比上述标准更高的利润率核定其应纳税所得额。

(四)境外所得抵免税额的计算

1.境外所得的范围

企业取得下列所得，已在境外缴纳和间接负担的所得税税额，可以从其当期应纳税额中抵免：

(1)居民企业来源于中国境外的应税所得。

(2)非居民企业在中国境内设立机构、场所，取得发生在中国境外但与该机构、场所有实际联系的应税所得。

(3)居民企业从其直接或者间接控制的外国企业分得的来源于中国境外的股息、红利等权益性投资收益，外国企业在境外实际缴纳的所得税税额中属于该项所得负担的部分，可以作为该居民企业的可抵免境外所得税税额，在规定的抵免限额内抵免。

2.境外应纳税所得额的确定

企业应就其按照《企业所得税法实施条例》规定确定的中国境外所得(境外税前所得)，按以下规定计算境外应纳税所得额：

(1)居民企业在境外投资设立不具有独立纳税地位的分支机构，其来源于境外的所得，以境外收入总额扣除与取得境外收入有关的各项合理支出后的余额为应纳税所得额。各项收入、支出按《企业所得税法》及《企业所得税法实施条例》的有关规定确定。

居民企业在境外设立不具有独立纳税地位的分支机构取得的各项境外所得，无论是否汇回中国境内，均应计入该企业所属纳税年度的境外应纳税所得额。

（2）居民企业应就其来源于境外的股息、红利等权益性投资收益，以及利息、租金、特许权使用费、转让财产等收入，扣除按照《企业所得税法》及《企业所得税法实施条例》等规定计算的与取得该项收入有关的各项合理支出后的余额为应纳税所得额。来源于境外的股息、红利等权益性投资收益，应按被投资方做出利润分配决定的日期确认收入实现；来源于境外的利息、租金、特许权使用费、转让财产等收入，应按有关合同约定应付交易对价款的日期确认收入实现。

（3）非居民企业在境内设立机构、场所的，应就其发生在境外但与境内所设机构、场所有实际联系的各项应税所得，比照第（2）项的规定计算相应的应纳税所得额。

（4）在计算境外应纳税所得额时，企业为取得境内、境外所得而在境内、境外发生的共同支出，与取得境外应税所得有关的、合理的部分，应在境内、境外［分国（地区）］应税所得之间，按照合理比例分摊后扣除。

（5）在汇总计算境外应纳税所得额时，企业在境外同一国家（地区）设立不具有独立纳税地位的分支机构，按照《企业所得税法》及《企业所得税法实施条例》的有关规定计算的亏损，不得抵减其境内或他国（地区）的应纳税所得额，但可以用同一国家（地区）其他项目或以后年度的所得按规定弥补。

3. 可抵免境外所得税税额

可抵免境外所得税税额，是指企业来源于中国境外的所得，依照中国境外税收法律以及相关规定，应当缴纳并已经实际缴纳的企业所得税性质的税款，但不包括：（1）按照境外所得税法律及相关规定属于错缴或错征的境外所得税税款；（2）按照税收协定规定不应征收的境外所得税税款；（3）因少缴或迟缴境外所得税而追加的利息、滞纳金或罚款；（4）境外所得税纳税人或者其利害关系人从境外征税主体得到实际返还或补偿的境外所得税税款；（5）按照《企业所得税法》及《企业所得税法实施条例》的规定，已经免征我国企业所得税的境外所得负担的境外所得税税款；（6）按照国务院财政、税务主管部门的有关规定已经从企业境外应纳税所得额中扣除的境外所得税税款。

根据规定，居民企业从与我国政府订立税收协定（或安排）的国家（地区）取得的所得，按照该国（地区）税收法律享受了免税或减税待遇，且该免税或减税的数额按照税收协定规定应视同已缴税额在中国的应纳税额中抵免的，该免税或减税数额可作为企业实际缴纳的境外所得税税额用于办理税收抵免。

4. 境外所得间接负担的税额进行税收抵免的规定

居民企业在按照《企业所得税法》的规定用境外所得间接负担的税额进行税收抵免时，其取得的境外投资收益实际间接负担的税额，是指根据直接或者间接持股方式合计持股20%以上的规定层级的外国企业股份，由此应分得的股息、红利等权益性投资收益中，从最低一层外国企业起逐层计算的属于由上一层企业负担的税额，其计算公式如下：

本层企业缴纳的属于由一家上一层企业负担的税额 ＝（本层企业就利润和投资收益所实际缴纳的税额 ＋ 符合规定的由本层企业间接负担的税额）× 本层企业向一家上一层企业分配的股息（红利）÷ 本层企业所得税后利润额

企业在境外取得的股息所得，在按规定计算该企业境外股息所得的可抵免所得税税额和抵免限额时，由该企业直接或者间接持有20%以上股份的外国企业，限于按照相关规定持股方式确定的五层外国企业:第一层,单一居民企业直接持有20%以上股份的外国企业;第二层至第五层,单一上一层外国企业直接持有20%以上股份,且由该企业直接持有或通过一家或多家符合相关规定持股方式的外国企业间接持有总和达到20%以上股份的外国企业。

5.境外所得的抵免限额

(1)抵免限额的基本规定

抵免限额是指企业来源于中国境外的所得,依照中国税收法律规定计算的应纳税额。企业可以选择按国别(地区)分别计算[分国(地区)不分项]或者不按国别(地区)汇总计算[不分国(地区)不分项]其来源于境外的应纳税所得额,并按照规定的税率,分别计算其可抵免的境外所得税税额和抵免限额。上述方式一经选择,5年内不得改变。计算公式如下:

$$抵免限额 = \frac{中国境内、境外所得依照税收法律规定计算的应纳税总额 \times 来源于某国(地区)的应纳税所得额}{中国境内、境外应纳税所得总额}$$

$$或 = \frac{中国境内、境外所得依照税收法律规定计算的应纳税总额 \times 来源于境外的应纳税所得额}{中国境内、境外应纳税所得总额}$$

上述公式中"中国境内、境外所得依照税收法律规定计算的应纳税总额"的税率,除国务院财政、税务主管部门另有规定外,为25%的企业所得税税率。

(2)税额抵免的扣除方法

在计算实际应抵免的境外已缴纳和间接负担的所得税税额时,企业在境外一国(地区)当年缴纳和间接负担的符合规定的所得税税额低于所计算的该国(地区)抵免限额的,应以该项税额作为境外所得税抵免额从企业应纳税总额中据实抵免;超过抵免限额的,当年应以抵免限额作为境外所得税抵免额进行抵免,超过抵免限额的余额允许从次年起在连续5个纳税年度内,用每年度抵免限额抵免当年应抵税额后的余额进行抵补。

企业选择采用不同于以前年度的方式(以下简称"新方式")计算可抵免境外所得税税额和抵免限额时,对该企业以前年度按照原来规定没有抵免完的余额,可在税法规定结转的剩余年限内,按新方式计算的抵免限额继续结转抵免。

【例5-6】某企业在A、B两国分别设有分支机构,2023年取得境内所得600万元。在A国的分支机构取得生产经营所得60万元,A国税率为20%;在B国的分支机构取得生产经营所得30万元,B国税率为30%。两个分支机构已在A、B两国分别缴纳所得税10万元和9万元。计算该企业2023年汇总在我国应缴纳的企业所得税。

该企业按我国税法计算的境内外所得的应纳税额 = (600+60+30)×25%
$$= 172.5(万元)$$

计算境外所得税的抵免限额:

A国抵免限额 = 172.5×60÷(600+60+30)
$$= 15(万元)$$

B国抵免限额 = 172.5×30÷(600+60+30)
$$= 7.5(万元)$$

确定准予抵免的境外所得税:

A国,因为已纳税额10万元小于抵免限额15万元,所以10万元可全额抵免。

B国,因为已纳税额9万元大于抵免限额7.5万元,所以准予抵免7.5万元;超过限额的

1.5万元2023年不得抵免,只能在以后的5个纳税年度内,用每年度抵免限额抵免当年的应抵税额后的余额抵补。

该企业2023年实际应纳所得税税额＝172.5－10－7.5
$$=155（万元）$$

七、特别纳税调整

特别纳税调整,是指税务机关出于实施反避税目的而对纳税人的特定纳税事项所做的税务调整,包括税务机关对企业的转让定价、预约定价安排、成本分摊协议、受控外国企业、资本弱化以及一般反避税等特别纳税调整事项的管理。

（一）转让定价管理

企业发生关联交易以及税务机关审核、评估关联交易,均应遵循独立交易原则,选用合理的转让定价方法。转让定价方法包括可比非受控价格法、再销售价格法、成本加成法、交易净利润法、利润分割法和其他符合独立交易原则的方法。

1. 可比非受控价格法

可比非受控价格法是指以非关联方之间进行的与关联交易相同或者类似业务活动所收取的价格作为关联交易的公平成交价格的一种方法。

2. 再销售价格法

再销售价格法是指以关联方购进商品再销售给非关联方的价格减去可比非关联交易毛利后的金额作为关联方购进商品的公平成交价格的一种方法。其计算公式如下：

$$公平成交价格=再销售给非关联方的价格×(1-可比非关联交易毛利率)$$
$$可比非关联交易毛利率=可比非关联交易毛利÷可比非关联交易收入净额×100\%$$

3. 成本加成法

成本加成法是指以关联交易发生的合理成本加上可比非关联交易毛利后的金额作为关联交易的公平成交价格的一种方法。其计算公式如下：

$$公平成交价格=关联交易发生的合理成本×(1+可比非关联交易成本加成率)$$
$$可比非关联交易成本加成率=可比非关联交易毛利÷可比非关联交易成本×100\%$$

4. 交易净利润法

交易净利润法是指以可比非关联交易的利润指标确定关联交易利润的一种方法。利润指标包括息税前利润率、完全成本加成率、资产收益率、贝里比率等。具体计算公式如下：

$$息税前利润率=息税前利润÷营业收入×100\%$$
$$完全成本加成率=息税前利润÷完全成本×100\%$$
$$资产收益率=\frac{息税前利润}{(年初资产总额+年末资产总额)÷2}×100\%$$
$$贝里比率=毛利÷(营业费用+管理费用)×100\%$$

5. 利润分割法

利润分割法是指根据企业与其关联方对关联交易合并利润（实际或者预计）的贡献计算各自应当分配的利润额的一种方法。利润分割法主要包括一般利润分割法和剩余利润分割法。

一般利润分割法通常根据关联交易各方所执行的功能、承担的风险和使用的资产,采用符合独立交易原则的利润分割方式,确定各方应当取得的合理利润。当难以获取可比交易信息但能合理确定合并利润时,可以结合实际情况考虑与价值贡献相关的收入、成本、费用、资产、雇员人数等因素,分析关联交易各方对价值做出的贡献,将利润在各方之间进行分配。

剩余利润分割法将关联交易各方的合并利润减去分配给各方的常规利润后的余额作为剩余利润,再根据各方对剩余利润的贡献程度进行分配。

6.其他符合独立交易原则的方法

其他符合独立交易原则的方法主要有成本法、市场法和收益法等资产评估方法,以及其他能够反映利润与经济活动发生地和价值创造地相匹配原则的方法。

成本法是以替代或者重置原则为基础,通过在当前市场价格下创造一项相似资产所发生的支出确定评估标的价值的评估方法。成本法适用于能够被替代的资产的价值评估。

市场法是利用市场上相同或者相似资产的近期交易价格,经过直接比较或者类比分析以确定评估标的价值的评估方法。市场法适用于在市场上能找到与评估标的相同或者相似的非关联可比交易信息时的资产的价值评估。

收益法是通过评估标的未来预期收益的现值来确定其价值的评估方法。收益法适用于企业整体资产和可预期未来收益的单项资产评估。

(二)预约定价安排管理

预约定价安排是指企业就其未来年度关联交易的定价原则和计算方法向税务机关提出申请,与税务机关按照独立交易原则协商、确认后达成的协议。

企业可以向税务机关提出与其关联方之间业务往来的定价原则和计算方法,税务机关与企业协商、确认后,达成预约定价安排。

预约定价安排的谈签与执行经过预备会谈、谈签意向、分析评估、正式申请、协商签署和监控执行6个阶段。预约定价安排包括单边、双边和多边3种类型。

(三)成本分摊协议管理

企业与其关联方共同开发、受让无形资产,或者共同提供、接受劳务发生的成本,在计算应纳税所得额时应当按照独立交易原则进行分摊。

企业可以按照上述规定,按照独立交易原则与其关联方分摊共同发生的成本,达成成本分摊协议。企业与其关联方分摊成本时,应当按照成本与预期收益相配比的原则进行分摊,并在税务机关规定的期限内,按照税务机关的要求报送有关资料。企业与其关联方分摊成本时违反此规定,其自行分摊的成本不得在计算应纳税所得额时扣除。

(四)受控外国企业管理

受控外国企业是指根据《企业所得税法》的规定,由居民企业,或者由居民企业和居民个人控制的设立在实际税负低于《企业所得税法》规定税率水平50%的国家(地区),并非出于合理经营需要对利润不做分配或减少分配的外国企业。

所称"控制",是指在股份、资金、经营、购销等方面构成实质性控制。其中,股份控制是指由中国居民股东在纳税年度的任何一天单层直接或多层间接单一持有外国企业10%以上有表决权股份,且共同持有该外国企业50%以上股份。

中国居民股东多层间接持有股份按各层持股比例相乘计算,中间层持有股份超过50%的,按100%计算。

由居民企业,或者由居民企业和居民个人控制的设立在实际税负明显低于《企业所得税法》规定税率水平的国家(地区)的企业,并非出于合理经营需要对利润不做分配或减少分配的,上述利润中应归属于该居民企业的部分应当计入该居民企业的当期所得。

(五)资本弱化管理

资本弱化是指企业通过加大借贷款(债权性投资)、减少股份资本(权益性投资)比例的方式增加税前扣除,以降低企业税负的一种行为。

1. 准予扣除利息支出的规定

企业实际支付给关联方的利息支出,其接受关联方债权性投资与其权益性投资,国家规定的标准比例:金融企业为5∶1,其他企业为2∶1。

在计算应纳税所得额时,企业实际支付给关联方的利息支出,不超过上述规定的比例的,准予扣除;超过的部分不得在发生当期和以后年度扣除。

企业同时从事金融业务和非金融业务,其实际支付给关联方的利息支出,应按照合理方法分开计算;没有按照合理方法分开计算的,一律按其他企业的比例计算准予税前扣除的利息支出。

企业如果能够按照《企业所得税法》及《企业所得税法实施条例》的有关规定提供相关资料,并证明相关交易活动符合独立交易原则,或者该企业的实际税负不高于境内关联方的,其实际支付给境内关联方的利息支出在计算应纳税所得额时准予扣除。

2. 不得扣除利息支出的计算

不得在计算应纳税所得额时扣除的利息支出,应按以下公式计算:

不得扣除的利息支出=年度实际支付的全部关联方利息×(1-标准比例÷关联债资比例)

关联债资比例是企业从其全部关联方接受的债权性投资占企业接受的权益性投资的比例。关联债权投资包括关联方以各种形式提供担保的债权性投资。关联债资比例的具体计算方法如下:

关联债资比例=年度各月平均关联债权投资之和÷年度各月平均权益投资之和

各月平均关联债权投资=(关联债权投资月初账面余额+关联债权投资月末账面余额)÷2

各月平均权益投资=(权益投资月初账面余额+权益投资月末账面余额)÷2

权益投资为企业资产负债表所列示的所有者权益金额。如果所有者权益小于实收资本(股本)与资本公积之和,则权益投资为实收资本(股本)与资本公积之和;如果实收资本(股本)与资本公积之和小于实收资本(股本)金额,则权益投资为实收资本(股本)金额。

企业自关联方取得的不符合规定的利息收入,应按照有关规定缴纳企业所得税。

八、企业所得税的征收管理

(一)纳税期限

企业所得税按年计征,分月或分季预缴,年终汇算清缴,多退少补。企业所得税的纳税年度自公历1月1日起至12月31日。企业在一个纳税年度的中间开业,或者终止经营活动,使该纳税年度的实际经营期不足12个月的,应当以其实际经营期为一个纳税年度;企业依法清算时,应当以清算期间为一个纳税年度。

企业应当自年度终了之日起5个月内向税务机关报送年度企业所得税纳税申报表,并汇算清缴,结清应缴应退税款。

企业在年度中间终止经营活动的,应当自实际经营终止之日起60日内,向税务机关办理当期企业所得税汇算清缴。

(二)纳税地点

居民企业以企业登记注册地为纳税地点,但登记注册地在境外的,以实际管理机构所在地为纳税地点。企业登记注册地,是指企业依照国家有关规定登记注册的住所地。

居民企业在中国境内设立不具有法人资格的营业机构的,应当汇总计算并缴纳企业所得税。企业汇总计算并缴纳企业所得税时,应当统一核算应纳税所得额,具体办法由国务院财政、税务主管部门另行制定。

非居民企业在中国境内设立的机构、场所来源于中国境内的所得以及发生在中国境外但与其所设机构、场所有实际联系的所得,以机构、场所所在地为纳税地点。

非居民企业在中国境内设立两个或两个以上机构、场所的,经税务机关审核批准,可以选择由其主要机构、场所汇总缴纳企业所得税。

非居民企业在中国境内未设立机构、场所,或者虽设立机构、场所,但取得的所得与其所设机构、场所没有实际联系的,其来源于中国境内的所得以扣缴义务人所在地为纳税地点。

(三)纳税申报

企业应当自月份或者季度终了之日起15日内向税务机关报送预缴企业所得税纳税申报表,预缴税款。

企业在报送企业所得税纳税申报表时,应当按规定附送财务会计报告和其他有关资料。

企业应当在办理注销登记前,就其清算所得向税务机关申报并依法缴纳企业所得税。

企业在纳税年度内,无论盈利或亏损,都应当按照《企业所得税法》规定的期限,向税务机关报送预缴企业所得税纳税申报表、年度企业所得税纳税申报表、财务会计报告和税务机关规定应当报送的其他有关资料。企业因不可抗力,不能按期办理纳税申报的,可按照《税收征收管理法》及其实施细则的规定,办理延期纳税申报。

第二节 个人所得税

一、个人所得税概述

个人所得税是以个人(自然人)取得的各项应税所得为征税对象征收的一种税。

我国的个人所得税开征于1980年。近年来,随着我国经济的不断发展和人民生活水平的不断提高,我国个人所得税法先后进行过7次修正和完善。现行我国个人所得税的法律依据是2018年8月31日第十三届全国人民代表大会常务委员会第五会议第七次修正,自2019年1月1日起施行的《中华人民共和国个人所得税法》(以下简称《个人所得税法》),以及 2018 年 12 月 18 日第四次修订公布的《中华人民共和国个人所得税法实施条例》（以下简称《个人所得税法实施条例》）。

二、个人所得税的征税对象、纳税人和税率

（一）个人所得税的征税对象

个人所得税的征税对象就是个人取得的各种应税所得。我国现行《个人所得税法》规定的应税所得包括以下 9 类：

1.工资、薪金所得

工资、薪金所得是指个人因任职或者受雇取得的工资、薪金、奖金、年终加薪、劳动分红、津贴、补贴以及与任职或者受雇有关的其他所得。

一般来说，工资、薪金所得属于非独立个人劳动所得。所谓"非独立个人劳动"，是指个人所从事的由他人指定、安排并接受管理的劳动，工作或服务于公司、工厂、行政事业单位的人员（私营企业主除外）均为非独立劳动者。个人从上述单位取得的劳动报酬是以工资、薪金的形式体现的。在这类报酬中，工资和薪金的收入主体略有差异。通常情况下，把直接从事生产经营或服务的劳动者（工人）的收入称为"工资"，即所谓"蓝领阶层"所得；而将从事社会公职或管理活动的劳动者（公职人员）的收入称为"薪金"，即所谓"白领阶层"所得。

除工资、薪金以外，奖金、年终加薪、劳动分红、津贴、补贴也被确定为工资、薪金范畴。其中，年终加薪、劳动分红不分种类和取得情况，一律按工资、薪金所得课税，津贴、补贴等则有例外。根据我国目前个人收入的构成情况，规定对于一些不属于工资、薪金性质的补贴、津贴或者不属于纳税人本人工资、薪金所得项目的收入，免征个人所得税，这些项目包括：（1）独生子女补贴；（2）执行公务员工资制度未纳入基本工资总额的补贴、津贴差额和家属成员的副食品补贴；（3）托儿补助费；（4）差旅费津贴、误餐补助。其中，误餐补助是指按照财政部规定，个人因公在城区、郊区工作，不能在工作单位或返回就餐，确实需要在外就餐的，根据实际误餐顿数，按规定的标准领取的误餐费。单位以误餐补助名义发给职工的补助、津贴不包括在内。

奖金是指所有具有工资性质的奖金，免税奖金的范围在税法中另有规定。

依法批准设立的非营利性研发机构和高等学校，根据《中华人民共和国促进科技成果转化法》规定，从职务科技成果转化收入中给予科技人员的现金奖励，可减按 50% 计入科技人员当月工资、薪金所得，依法缴纳个人所得税。非营利性研发机构和高等学校包括国家设立的科研机构和高校、民办非营利性科研机构和高校。

企事业单位和个人按照国家规定的比例缴付的基本养老保险费、基本医疗保险费、失业保险费、住房公积金，不计入工资、薪金所得；超过规定标准缴付的部分，应计入缴付当期的工资、薪金所得。

出租汽车经营单位对出租车驾驶员采取单车承包或承租方式运营，出租车驾驶员从事客货运营取得的收入，按工资、薪金所得征税。

2.劳务报酬所得

劳务报酬所得是指个人从事劳务取得的所得，包括从事设计、装潢、安装、制图、化验、测试、医疗、法律、会计、咨询、讲学、翻译、审稿、书画、雕刻、影视、录音、录像、演出、表演、广告、展览、技术服务、介绍服务、经纪服务、代办服务以及其他劳务取得的所得。

劳务报酬所得是个人对外提供的劳务和服务性活动而取得的所得。这种劳务和服务是个人因其自身能力而对外提供的知识性、技术性、艺术性、体力性、中介性劳动的业务活动，一般不涉及商品、货物的销售和流转。

一般以是否存在雇佣与被雇佣关系来区分劳务报酬所得与工资、薪金所得。劳务报酬所得是个人独立从事某种技艺、独立提供某种劳务而取得的报酬，与支付报酬的单位不存在雇佣与被雇佣关系；而工资、薪金所得是个人非独立劳动，从所在单位领取的报酬，与支付报酬的单位存在雇佣与被雇佣关系。

对商品营销活动中，企业和单位对营销成绩突出的非雇员以培训班、研讨会、工作考察等名义组织旅游活动，通过免收差旅费、旅游费对个人实行的营销业绩奖励（包括实物、有价证券等），应根据所发生费用的全额作为该营销人员当期的劳务收入，按照"劳务报酬所得"项目征收个人所得税，并由提供上述费用的企业和单位代扣代缴。

个人兼职取得的收入，应按照"劳务报酬所得"项目缴纳个人所得税。

个人担任公司董事、监事，且不在公司任职、受雇的情形，属于劳务报酬性质，应按照"劳务报酬所得"项目缴纳个人所得税。个人在公司（包括关联公司）任职、受雇，兼任董事、监事的，应将董事会费、监事费与个人工资收入合并，统一按"工资、薪金所得"项目缴纳个人所得税。

3. 稿酬所得

稿酬所得是指个人因其作品以图书、报刊等形式出版、发表而取得的所得。这里所说的"作品"，包括文学作品、书画作品、摄影作品，以及其他作品。

稿酬是使用者使用受法律保护的作品，支付给作者和其他版权所有者经济报酬的一种方式，是作者对其作品享有非人身财产权的重要内容，也称作"稿费"。

对报纸、杂志、出版社等单位的职员在本单位的刊物上发表作品、出版图书取得所得，按下列规定征收个人所得税：

（1）任职、受雇于报纸、杂志等单位的记者、编辑等专业人员，因在本单位的报纸、杂志上发表作品而取得的所得，属于因任职、受雇而取得的所得，应与其当月工资收入合并，按"工资、薪金所得"项目征税。

（2）除上述专业人员以外，其他人员在本单位的报纸、杂志上发表作品取得的所得，应按"稿酬所得"项目征税。

（3）出版社的专业作者撰写、编写或翻译的作品，由本社以图书形式出版而取得的稿费收入，应按"稿酬所得"项目计算缴纳个人所得税。

作者去世后，对取得其遗作稿酬的个人，按"稿酬所得"征收个人所得税。

4. 特许权使用费所得

特许权使用费所得是指个人提供专利权、商标权、著作权、非专利技术以及其他特许权的使用权取得的所得；提供著作权的使用权取得的所得，不包括稿酬所得。

专利权，是指由国家专利主管机关依法授予专利申请人或其权利继承人在一定期间对某项发明创造享有的专有利用的权利。专利权是工业产权的一部分，具有专有性、地域性和时间性。

商标权,是指商标注册人依照法律规定取得的对其注册商标在核定商品上的独占使用权。商标权也是一种工业产权,可以依法取得、转让、许可使用、继承、丧失、请求排除侵害。

著作权,即版权,是指作者对其创作的文学、艺术和科学作品依法享有的某些特殊权利。著作权是公民的一项民事权利,既具有人身权性质,也具有财产权性质,主要包括发表权、署名权、修改权、保护权和获得报酬权。

非专利技术,是指除专利技术以外的专有技术。这类技术大多尚处于保密状态,仅为特定人知晓并占有。

对于作者将自己的文学作品手稿原件或复印件公开拍卖(竞价)取得的所得,属于提供著作权的使用所得,应按"特许权使用费所得"项目征税。个人取得特许权的经济赔偿收入应按"特许权使用费所得"应税项目缴纳个人所得税,税款由支付赔款的单位或个人代扣代缴。

编剧从电视剧的制作单位取得剧本使用费,不再区分剧本的使用方是否为其任职单位,统一按"特许权使用费所得"项目计征个人所得税。

5. 经营所得

经营所得包括以下四项内容:一是个体工商户从事生产经营活动取得的所得,个人独资企业投资人、合伙企业的个人合伙人来源于境内注册的个人独资企业、合伙企业生产经营的所得;二是个人依法从事办学、医疗、咨询以及其他有偿服务活动取得的所得;三是个人对企业、事业单位承包经营、承租经营以及转包、转租取得的所得;四是个人从事其他生产经营活动取得的所得。

在执行中,应当注意以下问题:

(1)个体工商户和从事生产经营的个人,取得与生产经营活动无关的其他各项应税所得,应分别按照其他应税项目的有关规定计税。如取得银行存款的利息所得、对外投资取得的股息所得,应按"利息、股息、红利所得"项目单独计税。

(2)个人因从事彩票代销业务而取得的所得,或者从事个体出租车运营的出租车驾驶员取得的收入,按"经营所得"项目缴纳个人所得税。这里所说的"从事个体出租车运营",包括出租车属个人所有,但挂靠出租汽车经营单位或企事业单位,驾驶员向挂靠单位缴纳管理费的,或出租汽车经营单位将出租车所有权转移给驾驶员的。

(3)个人独资企业、合伙企业的个人投资者以企业资金为本人、家庭成员及其相关人员支付与企业生产经营无关的消费性支出及购买汽车、住房等财产性支出,视为企业对个人投资者的利润分配,并入投资者个人的生产经营所得,依照"经营所得"项目计征个人所得税。

(4)创业投资企业个人合伙人所得税政策问题。

创业投资企业(含创业投资基金,以下统称"创投企业")可以选择按单一投资基金核算或者按创投企业年度所得整体核算,对其个人合伙人来源于创投企业的所得计算个人所得税应纳税额。

创投企业选择按单一投资基金核算的,其个人合伙人应从该基金分得的股权转让所得和股息红利所得,按照20%的税率计算缴纳个人所得税。单一投资基金核算,是指单一投资基金(包括不以基金名义设立的创投企业)在一个纳税年度内从不同创业投资项目取得的股权

转让所得和股息红利所得,按下述方法分别核算纳税:

①股权转让所得。单个投资项目的股权转让所得,按年度股权转让收入扣除对应股权原值和转让环节合理费用后的余额计算,股权原值和转让环节合理费用的确定方法,参照股权转让所得个人所得税有关政策的规定执行。单一投资基金的股权转让所得,按一个纳税年度内不同投资项目的所得和损失相互抵减后的余额计算。余额大于或等于零的,即确认为该基金的年度股权转让所得;余额小于零的,该基金年度股权转让所得按零计算且不能跨年结转。

个人合伙人按照其应从基金年度股权转让所得中分得的份额计算其应纳税额,并由创投企业在次年3月31日前代扣代缴个人所得税。如符合《财政部 税务总局关于创业投资企业和天使投资个人有关税收政策的通知》(财税〔2018〕55号)规定条件的,则创投企业的个人合伙人可以按照被转让项目对应投资额的70%抵扣其应从基金年度股权转让所得中分得的份额后再计算其应纳税额;当期不足以抵扣的,不得向以后年度结转。

②股息、红利所得。单一投资基金的股息、红利所得,以其来源于所投资项目分配的股息、红利收入以及其他固定收益类证券等收入的全额计算。

个人合伙人按照其应从基金股息、红利所得中分得的份额计算其应纳税额,并由创投企业按次代扣代缴个人所得税。

创投企业选择按年度所得整体核算的,其个人合伙人应从创投企业取得的所得,按照"经营所得"项目、5%～35%的超额累进税率计算缴纳个人所得税。

创投企业年度所得整体核算,是指将创投企业以每一纳税年度的收入总额减除成本、费用以及损失后,计算应分配给个人合伙人的所得。如符合《财政部 税务总局关于创业投资企业和天使投资个人有关税收政策的通知》规定条件的,创投企业个人合伙人可以按照被转让项目对应投资额的70%抵扣其可以从创投企业分得的经营所得后再计算其应纳税额。年度核算亏损的,准予按有关规定向以后年度结转。

按照"经营所得"项目计税的个人合伙人,没有综合所得的,可依法减除基本减除费用、专项扣除、专项附加扣除以及国务院确定的其他扣除。从多处取得经营所得的,应汇总计算个人所得税,只减除一次上述费用和扣除。

创投企业选择按单一投资基金核算或按创投企业年度所得整体核算后,3年内不能变更。

6. 利息、股息、红利所得

利息、股息、红利所得是指个人拥有债权、股权等而取得的利息、股息、红利所得。利息,是指个人拥有债权而取得的利息,包括存款利息、贷款利息和各种债券的利息。按税法规定,个人取得的利息所得,除国债和国家发行的金融债券利息外,应当依法缴纳个人所得税。从2008年10月9日起,储蓄存款利息所得暂免征收个人所得税。股息、红利,是指个人拥有股权而取得的股息、红利。按照一定的比率对每股发给的息金,叫"股息";公司、企业应分配的利润,按股份分配的叫"红利"。股息、红利所得,除另有规定外,都应当缴纳个人所得税。

除个人独资企业、合伙企业以外的其他企业的个人投资者,以企业资金为本人、家庭成员及其相关人员支付与企业生产经营无关的消费性支出及购买汽车、住房等财产性支出,视为企业对个人投资者的红利分配,依照"利息、股息、红利所得"项目计征个人所得税。

在纳税年度内,个人投资者从其投资企业(个人独资企业、合伙企业除外)借款,在该纳税年度终了后既不归还,又未用于企业生产经营的,其未归还的借款可视为企业对个人投资者的红利分配,依照"利息、股息、红利所得"项目计征个人所得税。

7. 财产租赁所得

财产租赁所得是指个人出租不动产、机器设备、车船以及其他财产取得的所得。

个人取得的财产转租收入,属于"财产租赁所得"的征税范围,由财产转租人纳税。在确认纳税人时,应以产权凭证为依据;对无产权凭证的,由主管税务机关根据实际情况确定。产权所有人死亡,在未办理产权继承手续期间,该财产出租而有租金收入的,以领取租金的个人为纳税人。

房地产开发公司与商店购买者个人签订协议,以优惠价格出售其开发的商店给购买者个人,购买者个人在一定期限内必须将购买的商店无偿提供给房地产开发公司对外出租使用。该行为实质上是购买者个人以所购商店交由房地产公司出租而取得的房屋租赁收入支付了部分购房价款。根据《个人所得税法》的有关规定,对购买者个人少支出的购房价款,应视同个人财产租赁所得,按照"财产租赁所得"项目征收个人所得税。每次财产租赁所得的收入,按照少支出的购房价款和协议规定的租赁月份数平均计算确定。

8. 财产转让所得

财产转让所得是指个人转让有价证券、股权、合伙企业中的财产份额、不动产、机器设备、车船以及其他财产取得的所得。

在现实生活中,个人进行的财产转让主要是个人财产所有权的转让。财产转让实际上是一种买卖行为,当事人双方通过签订、履行财产转让合同,形成财产买卖的法律关系,使出让财产的个人从对方取得价款(收入)或其他经济利益。财产转让所得因其性质的特殊性,需要单独列举项目征税。对个人取得的各项财产转让所得,除股票转让所得外,都要征收个人所得税。

个人因各种原因终止投资、联营、经营合作等行为,从被投资企业或合作项目、被投资企业的其他投资者以及合作项目的经营合作人取得股权转让收入、违约金、补偿金、赔偿金及以其他名目收回的款项等,均属于个人所得税的应税收入,应按照"财产转让所得"项目适用的规定计算缴纳个人所得税。

9. 偶然所得

偶然所得是指个人得奖、中奖、中彩以及其他偶然性质的所得。得奖,是指个人参加各种评比、有奖竞赛活动,取得名次获得的奖金;中奖、中彩,是指个人参加各种有奖活动,如有奖销售、有奖储蓄、有奖发票、购买彩票等,经过规定程序,抽中、摇中号码而取得的奖金。

个人参加有奖储蓄取得的各种形式的中奖所得,属于机遇性的所得,按照"偶然所得"项目征收个人所得税。

外商投资企业在购买内资企业经营资产过程中向内资企业自然人股东支付的不竞争款项,属于个人因偶然因素取得的一次性所得,应按照"偶然所得"项目计算缴纳个人所得税。

不竞争款项是指资产购买方企业与资产出售方企业的自然人股东之间在资产购买交易中,通过签订保密和不竞争协议等方式,约定资产出售方企业的自然人股东在交易完成后一定期限内,承诺不从事有市场竞争的相关业务,并负有相关技术资料的保密义务,资产购买方企业则在约定期限内,按一定方式向资产出售方企业的自然人股东支付的款项。

企业在销售商品(产品)和提供服务过程中向个人赠送礼品,属于下列情形之一的,不征收个人所得税:(1)企业通过价格折扣、折让方式向个人销售商品(产品)和提供服务;(2)企业在向个人销售商品(产品)和提供服务的同时给予赠品,如通信企业对个人购买手机赠话费、入网费,或者购话费赠手机等;(3)企业对累积消费达到一定额度的个人按消费积分反馈礼品。但是,企业对累积消费达到一定额度的顾客给予额外抽奖机会,个人的获奖所得按照"偶然所得"项目缴纳个人所得税。

个人为单位或他人提供担保获得的收入,按照"偶然所得"项目计算缴纳个人所得税。

房屋产权所有人将房屋产权无偿赠与他人的,受赠人因无偿受赠房屋而取得的受赠收入,按照"偶然所得"项目计算缴纳个人所得税。

房屋产权所有人将房屋产权无偿赠与他人,受赠人因无偿受赠房屋而取得的受赠收入,按规定符合以下情形的,对当事双方不征收个人所得税:(1)房屋产权所有人将房屋产权无偿赠与配偶、父母、子女、祖父母、外祖父母、孙子女、外孙子女、兄弟姐妹;(2)房屋产权所有人将房屋产权无偿赠与对其承担直接抚养或者赡养义务的抚养人或者赡养人;(3)房屋产权所有人死亡,依法取得房屋产权的法定继承人、遗嘱继承人或者受遗赠人。

企业在业务宣传、广告等活动中,随机向本单位以外的个人赠送礼品(包括网络红包),以及企业在年会、座谈会、庆典和其他活动中向本单位以外的个人赠送礼品,个人取得的礼品收入按照"偶然所得"项目计算缴纳个人所得税,但企业赠送的具有价格折扣或折让性质的消费券、代金券、抵用券、优惠券等礼品除外。

个人取得的所得,难以界定应纳税所得项目的,由主管税务机关确定。

(二)个人所得税的纳税人

个人所得税的纳税人,包括中国公民、个体工商户以及在中国有所得的外籍人员(包括无国籍人员,下同)和中国香港、澳门、台湾同胞。上述纳税人依据住所和居住时间两个标准,分为居民纳税人和非居民纳税人,分别承担不同的纳税义务。

1.居民纳税人

居民纳税人负无限纳税义务,其所取得的应纳税所得,不论是来源于中国境内还是来源于中国境外,都要在中国纳税。所谓"居民纳税人",是指在中国境内有住所或者无住所而在中国境内居住累计满183日的个人。

所称"在中国境内有住所"的个人,是指因户籍、家庭、经济利益关系,而在中国境内习惯性居住的个人。习惯性居住是判定纳税义务人是居民或非居民的一个法律意义上的标准,不是指实际居住或在某一个特定时期的居住地。因学习、工作、探亲、旅游等而在中国境外居住的,在其原因消除之后,必须回到中国境内居住的个人,中国即该纳税人习惯性居住地。对于境外个人仅因学习、工作、探亲、旅游等而在中国境内居住,待上述原因消除后该境外个人仍然回到境外居住的,其习惯性居住地不在境内,即使该境外个人在境内购买住房,也不会被认定为在境内有住所的个人。

在中国境内无住所的个人,在中国境内居住累计满183日的年度连续不满6年的,经向主管税务机关备案,其来源于中国境外且由境外单位或者个人支付的所得,免予缴纳个人所得税;在中国境内居住累计满 183 日的任一年度中有一次离境超过 30 日的,其在中国境内居住累计满 183 日的年度的连续年限重新起算。

无住所个人一个纳税年度在中国境内累计居住满 183 日的,如果此前 6 年在中国境内每年累计居住天数都满 183 日而且没有任何一年单次离境超过 30 日,则该纳税年度来源于中国境内、境外的所得应当缴纳个人所得税;如果此前 6 年的任一年在中国境内累计居住天数不满 183 日或者单次离境超过 30 日,则该纳税年度来源于中国境外且由境外单位或者个人支付的所得,免予缴纳个人所得税。

所称"此前 6 年",是指该纳税年度的前一年至前六年的连续 6 个年度,此前 6 年的起始年度自 2019 年(含)以后年度开始计算。

无住所个人一个纳税年度内在中国境内的累计居住天数,按照个人在中国境内累计停留的天数计算。在中国境内停留的当天满 24 小时的,计入中国境内居住天数,在中国境内停留的当天不足 24 小时的,不计入中国境内居住天数。

所称"中国境内",是指中国大陆地区,目前不包括港澳台地区。

2. 非居民纳税人

在中国境内无住所又不居住,或者无住所且一个纳税年度内在中国境内居住累计不满 183 日的个人,为非居民个人。非居民个人从中国境内取得的所得,依照《个人所得税法》的规定缴纳个人所得税。

非居民纳税人是指习惯性居住地不在中国境内,而且不在中国居住,或者在一个纳税年度内在中国境内居住累计不满 183 日的个人。在现实生活中,习惯性居住地不在中国境内的个人,只有外籍人员、华侨或中国香港、澳门和台湾同胞。因此,非居民纳税人,实际上是一个纳税年度内没有在中国境内居住,或者在中国境内居住累计不满 183 日的外籍人员、华侨或中国香港、澳门和台湾同胞。

在中国境内无住所的个人,在一个纳税年度内在中国境内居住累计不超过 90 日的,其来源于中国境内的所得,由境外雇主支付并且不由该雇主在中国境内的机构、场所负担的部分,免予缴纳个人所得税。

在一个纳税年度内,在境内累计居住不超过 90 日的非居民个人,仅就归属于境内工作期间并由境内雇主支付或者负担的工资、薪金所得计算缴纳个人所得税。

在一个纳税年度内,在境内累计居住超过 90 日但不满 183 日的非居民个人,取得归属于境内工作期间的工资、薪金所得,应当计算缴纳个人所得税;其取得归属于境外工作期间的工资、薪金所得,不征收个人所得税。

非居民纳税人承担有限纳税义务,仅就其来源于中国境内的所得向中国纳税。

思政知识窗

中国式现代化与个人所得税制度优化

实现全体人民共同富裕,需着力解决各类分配问题。由于税收的基本职能是分配收入,税法是典型的"分配法",通过各类税制的完善,特别是个人所得税制度的优化,会有助于促进分配问题的解决,因此,应将保障和促进共同富裕,推进包容性发展,作为未来税制改进的重要方向和基本路径。

个人所得税制度应全面体现税收公平原则,在国家与国民之间以及国民(纳税人)相互之间进行税负的公平分配。如果纳税人的负担过重,未能真正量能课税,就会损害其发展能力,影响经济社会发展,阻碍共同富裕;如果在纳税人之间存在横向或纵向的税负不公,就同样会影响分配正义和共同富裕。因此,个人所得税制度作为促进公平分配的重要手段,需保持其"良法"性质,才可能有效解决相关分配问题,实现分配领域的"善治"。

运用良好的个人所得税制度,持续解决再分配和第三次分配问题,有助于优化分配结构,缩小分配差距,促进共同富裕。个人所得税作为直接税,其制度设计会直接影响国家与国民的利益分配,以及纳税人对国家税制的认知,关乎分配正义和税收公平。因此,实现全体人民共同富裕的中国式现代化,需要个人所得税制度的保障和促进。

基于中国式现代化对个人所得税制度提出的新要求,应结合分配结构存在的问题及其对共同富裕的影响,持续完善个人所得税制度的课税要素结构,提升其促进公平分配和共同富裕的功能。这是个人所得税制度优化的重要方向和基本路径。把握目标与手段、结构与功能的紧密关联,有助于明晰个人所得税制度乃至整体税制对实现共同富裕、推动中国式现代化的重要功用。

依循税收法定、税收公平、税收效率等基本原则,根据经济发展的阶段,结合公平分配和共同富裕的现实需要,持续完善个人所得税立法。由此推而广之,鉴于各类税法制度对实现共同富裕均有其重要影响,应围绕国家现代化的总体目标,厘清"提高直接税比重""扩大中等收入群体"等具体目标,并基于"结构优化"的主线,持续推进公平分配,完善税收立法,逐步实现税收法治的现代化,为中国式现代化提供有力的制度保障。

资料来源:张守文.中国式现代化与个人所得税制度优化[J].税务研究,2023(5):5—12.

(三)个人所得税的税率

《个人所得税法》对不同所得项目规定了超额累进税率和比例税率两种形式。

1.综合所得适用的超额累进税率

(1)居民个人综合所得七级超额累进税率

该税率适用于居民个人综合所得,税率为3%~45%,见表5—3。

表5—3 个人所得税税率表一
(居民个人综合所得适用)

级 数	全年应纳税所得额	税率(%)	速算扣除数(元)
1	不超过36 000元的	3	0
2	超过36 000元至144 000元的部分	10	2 520
3	超过144 000元至300 000元的部分	20	16 920
4	超过300 000元至420 000元的部分	25	31 920
5	超过420 000元至660 000元的部分	30	52 920

续表

级 数	全年应纳税所得额	税率(%)	速算扣除数(元)
6	超过 660 000 元至 960 000 元的部分	35	85 920
7	超过 960 000 元的部分	45	181 920

注：本表所称"全年应纳税所得额"，是指依照《个人所得税法》的规定，居民个人以每一纳税年度综合所得收入额减除费用 6 万元、专项扣除、专项附加扣除和依法确定的其他扣除后的余额。

(2)非居民个人综合所得七级超额累进税率

该税率适用于非居民个人综合所得，税率为 3%～45%，如表 5－4 所示。

表 5－4　　　　　　　　　　　个人所得税税率表二
（非居民个人工资、薪金所得，劳务报酬所得，稿酬所得，特许权使用费所得适用）

级 数	全月应纳税所得额	税率(%)	速算扣除数(元)
1	不超过 3 000 元的	3	0
2	超过 3 000 元至 12 000 元的部分	10	210
3	超过 12 000 元至 25 000 元的部分	20	1 410
4	超过 25 000 元至 35 000 元的部分	25	2 660
5	超过 35 000 元至 55 000 元的部分	30	4 410
6	超过 55 000 元至 80 000 元的部分	35	7 160
7	超过 80 000 元的部分	45	15 160

注：本表所称"全月应纳税所得额"，是指依照《个人所得税法》的规定，非居民个人每月所得（每次）收入额减除规定费用后的余额。

2.经营所得适用的超额累进税率

该税率适用于纳税人经营所得，税率为 5%～35%，见表 5－5。

表 5－5　　　　　　　　　　　个人所得税税率表三
（经营所得适用）

级 数	全年应纳税所得额	税率(%)	速算扣除数(元)
1	不超过 30 000 元的	5	0
2	超过 30 000 元至 90 000 元的部分	10	1 500
3	超过 90 000 元至 300 000 元的部分	20	10 500
4	超过 300 000 元至 500 000 元的部分	30	40 500
5	超过 500 000 元的部分	35	65 500

注：本表所称"全年应纳税所得额"，是指以每一纳税年度的收入总额减除成本、费用、损失后的余额。

3.其他所得的适用税率

财产租赁所得，财产转让所得，利息、股息、红利所得，偶然所得，适用 20% 的比例税率。

对个人转让新三板挂牌公司原始股取得的所得，按照"财产转让所得"项目，适用 20% 的比例税率征收个人所得税。

对个人按照市场价格出租住房取得的所得,减按10%的税率征收个人所得税。

三、个人所得税的税收优惠

《个人所得税法》《个人所得税法实施条例》以及财政部、国家税务总局制定的若干规定对个人所得项目有减税和免税的规定。

(一)个人所得税的免税优惠

有下列情形之一的,免征个人所得税:

(1)省级人民政府、国务院部委、中国人民解放军军以上单位,以及外国组织、国际组织颁发的科学、教育、技术、文化、卫生、体育、环境保护等方面的奖金。

(2)国债和国家发行的金融债券利息。国债利息,是指个人持有中华人民共和国财政部发行的债券而取得的利息。国家发行的金融债券利息,是指个人持有经国务院批准发行的金融债券而取得的利息。

(3)按照国家统一规定发给的补贴、津贴。按照国家统一规定发给的补贴、津贴,是指按照国务院规定发给的政府特殊津贴、院士津贴,以及国务院规定免予缴纳个人所得税的其他补贴、津贴。

(4)福利费、抚恤金、救济金。福利费,是指根据国家有关规定,从企业、事业单位、国家机关、社会组织提留的福利费或者工会经费中支付给个人的生活补助费。救济金,是指各级人民政府民政部门支付给个人的生活困难补助费。

(5)保险赔款。

(6)军人的转业费、复员费、退役金。

(7)按照国家统一规定发给干部、职工的安家费、退职费、基本养老金或者退休费、离休费、离休生活补助费。

(8)依照有关法律规定应予免税的各国驻华使馆、领事馆的外交代表、领事官员和其他人员的所得。这是指依照《中华人民共和国外交特权与豁免条例》和《中华人民共和国领事特权与豁免条例》的规定免税的所得。

(9)中国政府参加的国际公约、签订的协议中规定免税的所得。

(10)国务院规定的其他免税所得。该项免税规定由国务院报全国人民代表大会常务委员会备案。

(二)个人所得税的减税优惠

有下列情形之一的,减征个人所得税:

(1)残疾、孤老和烈属的所得。

(2)因严重自然灾害而造成重大损失的。

上述减税项目的减征具体幅度和期限,由省、自治区、直辖市人民政府规定,并报同级人民代表大会常务委员会备案。

国务院可以规定其他减税情形,报全国人民代表大会常务委员会备案。

(三)个人所得税的暂免征税优惠

有下列情形之一的,暂免征收个人所得税:

(1)外籍个人以非现金形式或实报实销形式取得的住房补贴、伙食补贴、搬迁费、洗衣费。

(2)外籍个人按合理标准取得的境内、境外出差补贴。

(3)外籍个人取得的探亲费、语言训练费、子女教育费等,经当地税务机关审核批准为合理的部分。可以享受免征个人所得税优惠待遇的探亲费,仅限于外籍个人在我国的受雇地与其家庭所在地(包括配偶或父母居住地)之间搭乘交通工具且每年不超过2次的费用。

(4)个人领取原提存的住房公积金、医疗保险金、基本养老保险金。

(5)生育妇女按照县级以上人民政府根据国家有关规定制定的生育保险办法取得的生育津贴、生育医疗费或其他属于生育保险性质的津贴、补贴。

(6)对达到离休、退休年龄,但确因工作需要,适当延长离休、退休年龄的高级专家(指享受国家发放的政府特殊津贴的专家、学者),其在延长离休、退休期间的工资、薪金所得,视同退休金、离休工资,免征个人所得税。

(7)个人取得的教育储蓄存款利息。

(8)个人举报、协查各种违法、犯罪行为而获得的奖金。

(9)个人办理代扣代缴税款手续,按规定取得的扣缴手续费。

(10)个人转让自用达5年以上,并且是唯一的家庭生活用房取得的所得。

(11)外籍个人从外商投资企业取得的股息、红利所得。

(12)符合下列条件之一的外籍专家取得的工资、薪金所得:①根据世界银行专项贷款协议,由世界银行直接派往我国工作的外国专家;②联合国组织直接派往我国工作的专家;③为联合国援助项目来华工作的专家;④援助国派往我国专为该国无偿援助项目工作的专家;⑤根据两国政府签订的文化交流项目来华工作2年以内的文教专家,其工资、薪金所得由该国负担的;⑥根据我国大专院校的国际交流项目来华工作2年以内的文教专家,其工资、薪金所得由该国负担的;⑦通过民间科研协定来华工作的专家,其工资、薪金所得由该国政府机构负担的。

(13)对个人购买福利彩票、赈灾彩票、体育彩票,一次中奖收入在1万元以下的(含1万元),暂免征收个人所得税;超过1万元的,全额征收个人所得税。

(14)个人取得单张有奖发票奖金不超过800元(含800元)的,暂免征收个人所得税;个人取得单张有奖发票奖金超过800元的,应全额按照《个人所得税法》规定的"偶然所得"项目征收个人所得税。

(15)以下情形的房屋产权无偿赠与,对当事双方不征收个人所得税:①房屋产权所有人将房屋产权无偿赠与配偶、父母、子女、祖父母、外祖父母、孙子女、外孙子女、兄弟姐妹;②房屋产权所有人将房屋产权无偿赠与对其承担直接抚养或者赡养义务的抚养人或者赡养人;③房屋产权所有人死亡,依法取得房屋产权的法定继承人、遗嘱继承人或者受遗赠人。

(16)境外个人投资者投资经国务院批准对外开放的中国境内原油等货物期货品种取得的所得。[①]

(17)自2018年11月1日(含)起,个人转让新三板挂牌公司非原始股取得的所得。

[①] 《关于延续实施支持原油等货物期货市场对外开放个人所得税政策的公告》(财政部 税务总局 中国证监会公告2023年第26号),本公告执行至2027年12月31日。

(18)个人持有挂牌公司的股票,持股期限超过1年的,对股息、红利所得暂免征收个人所得税。

(19)易地扶贫搬迁贫困人口按规定取得的住房建设补助资金、拆旧复垦奖励资金等与易地扶贫搬迁相关的货币化补偿和易地扶贫搬迁安置住房。

(20)符合地方政府规定条件的城镇住房保障家庭从地方政府领取的住房租赁补贴。

(21)创业投资企业和天使投资个人的税收优惠。

有限合伙制创业投资企业(以下简称"合伙创投企业")采取股权投资方式直接投资于初创科技型企业满2年的,该合伙创投企业的合伙人分别按以下方式处理:①法人合伙人可以按照对初创科技型企业投资额的70%抵扣法人合伙人从合伙创投企业分得的所得;当年不足以抵扣的,可以在以后纳税年度结转抵扣。②个人合伙人可以按照对初创科技型企业投资额的70%抵扣个人合伙人从合伙创投企业分得的经营所得;当年不足以抵扣的,可以在以后纳税年度结转抵扣。

天使投资个人采取股权投资方式直接投资于初创科技型企业满2年的,可以按照投资额的70%抵扣转让该初创科技型企业股权取得的应纳税所得额;当期不足以抵扣的,可以在以后取得转让该初创科技型企业股权的应纳税所得额时结转抵扣。

天使投资个人投资多家初创科技型企业的,对其中办理注销清算的初创科技型企业,天使投资个人对其投资额的70%尚未抵扣完的,可自注销清算之日起36个月内抵扣天使投资个人转让其他初创科技型企业股权取得的应纳税所得额。

(22)个人按照《关于开展个人税收递延型商业养老保险试点的通知》的规定,领取的税收递延型商业养老保险的养老金收入,其中25%的部分予以免税,其余75%的部分按照10%的比例税率计算缴纳个人所得税,税款计入"工资、薪金所得"项目,由保险机构代扣代缴后,在个人购买税收递延型商业养老保险的机构所在地办理全员全额扣缴申报。

(23)内地个人投资者通过沪港通、深港通投资香港联交所上市股票取得的转让差价所得和通过基金互认买卖香港基金份额取得的转让差价所得。

(24)一个纳税年度内在船航行时间累计满183天的远洋船员,其取得的工资、薪金收入减按50%计入应纳税所得额,依法缴纳个人所得税。

(25)自2024年1月1日至2025年12月31日,对出售自有住房并在现住房出售后1年内在市场重新购买住房的纳税人,对其出售现住房已缴纳的个人所得税予以退税优惠。其中,新购住房金额大于或等于现住房转让金额的,全部退还已缴纳的个人所得税;新购住房金额小于现住房转让金额的,按新购住房金额占现住房转让金额的比例退还出售现住房已缴纳的个人所得税。

(26)符合地方政府规定条件的城镇住房保障家庭从地方政府领取的住房租赁补贴。

四、个人所得税应纳税额的计算

(一)居民个人综合所得应纳税额的计算

居民个人的全年综合所得在计算应纳个人所得税时,适用七级超额累进税率,应纳税额的计算公式如下:

应纳税额＝全年应纳税所得额×适用税率－速算扣除数
＝（全年收入额－60 000－社会保障费用、住房公积金费用－享受的专项附加扣除
－享受的其他扣除）×适用税率－速算扣除数

居民个人取得股票期权、股票增值权、限制性股票、股权奖励等股权激励（以下简称"股权激励"），符合财政部、国家税务总局有关规定的，不并入当年综合所得，全额单独适用综合所得税税率表计算纳税。居民个人一个纳税年度内取得两次以上（含两次）股权激励的，应全部合并股权激励收入。应纳税额的计算公式如下：

应纳税额＝股权激励收入×适用税率－速算扣除数

1. 收入额

收入额是指在一个纳税年度内工资、薪金总额与劳务报酬所得、稿酬所得、特许权使用费所得减除20%的费用后的余额之和，其中，稿酬所得的收入额减按70%计算。

劳务报酬所得、稿酬所得、特许权使用费所得，属于一次性收入的，以取得该项收入为一次；属于同一项目连续性收入的，以一个月内取得的收入为一次。

2. 基本费用扣除

基本费用扣除是指纳税人为维持基本生计而发生的支出允许在缴纳个人所得税前扣除的固定额度。按照规定，对居民综合所得涉及的个人生计费用，采取定额扣除的办法，减除的费用标准为60 000元/年（5 000元/月）。

3. 专项扣除

专项扣除包括居民个人按照国家规定的范围和标准缴纳的基本养老保险、基本医疗保险、失业保险等社会保险费和住房公积金。

4. 专项附加扣除

专项附加扣除包括子女教育、继续教育、住房贷款利息或者住房租金、赡养老人、大病医疗、3岁以下婴幼儿照护等支出。

（1）子女教育

纳税人的子女接受全日制学历教育的相关支出，按照每个子女每月2 000元的标准定额扣除。

学历教育包括义务教育（小学、初中教育）、高中阶段教育（普通高中、中等职业、技工教育）、高等教育（大学专科、大学本科、硕士研究生、博士研究生教育）。年满3岁至小学入学前处于学前教育阶段的子女，按上述规定执行。

父母，是指生父母、继父母、养父母。子女，是指婚生子女、非婚生子女、继子女、养子女。父母之外的其他人担任未成年人的监护人的，比照上述规定执行。

纳税人享受符合规定的子女教育专项附加扣除的计算时间为学前教育阶段，即子女年满3周岁当月至小学入学前一月；学历教育为子女接受全日制学历教育入学的当月至全日制学历教育结束的当月。

学历教育期间，包含因病或其他非主观原因休学但学籍保留的休学期间，以及施教机构按规定组织实施的寒暑假等假期。

父母可以选择由其中一方按扣除标准的100%扣除，也可以选择由双方分别按扣除标准

的50%扣除,具体扣除方式在一个纳税年度内不能变更。

(2)继续教育

纳税人在中国境内接受学历(学位)继续教育的支出,在学历(学位)教育期间按照每月400元定额扣除。同一学历(学位)继续教育的扣除期限不能超过48个月。纳税人接受技能人员职业资格继续教育、专业技术人员职业资格继续教育的支出,在取得相关证书的当年,按照3 600元定额扣除。

个人接受本科及以下学历(学位)继续教育,符合有关规定扣除条件的,可以选择由其父母扣除,也可以选择由其本人扣除。

纳税人享受符合规定的学历(学位)继续教育专项附加扣除的计算时间为在中国境内接受学历(学位)继续教育入学的当月至学历(学位)继续教育结束的当月,同一学历(学位)继续教育的扣除期限最长不得超过48个月;技能人员职业资格继续教育、专业技术人员职业资格继续教育为取得相关证书的当年。

学历(学位)继续教育的期间,包含因病或其他非主观原因休学但学籍保留的休学期间,以及施教机构按规定组织实施的寒暑假等假期。

(3)住房贷款利息

纳税人本人或者其配偶单独或者共同使用商业银行或者住房公积金个人住房贷款为本人或者其配偶购买中国境内住房,发生的首套住房贷款利息支出,在实际发生贷款利息的年度,按照每月1 000元的标准定额扣除,扣除期限最长不超过240个月。纳税人只能享受一次首套住房贷款的利息扣除。

首套住房贷款是指购买住房享受首套住房贷款利率的住房贷款。

经夫妻双方约定,可以选择由其中一方扣除,具体扣除方式在一个纳税年度内不能变更。

夫妻双方婚前分别购买住房发生的首套住房贷款,其贷款利息支出,婚后可以选择其中一套购买的住房,由购买方按扣除标准的100%扣除,也可以由夫妻双方对各自购买的住房分别按扣除标准的50%扣除,具体扣除方式在一个纳税年度内不能变更。

纳税人享受符合规定的住房贷款利息专项附加扣除的计算时间为贷款合同约定开始还款的当月至贷款全部归还或贷款合同终止的当月,扣除期限最长不得超过240个月。

(4)住房租金

纳税人在主要工作城市没有自有住房而发生的住房租金支出,可以按照以下标准定额扣除:①直辖市、省会(首府)城市、计划单列市以及国务院确定的其他城市,扣除标准为每月1 500元。②除第①项所列城市以外,市辖区户籍人口超过100万人的城市,扣除标准为每月1 100元;市辖区户籍人口不超过100万人的城市,扣除标准为每月800元。

纳税人的配偶在纳税人的主要工作城市有自有住房的,视同纳税人在主要工作城市有自有住房。夫妻双方主要工作城市相同的,只能由一方扣除住房租金支出。

主要工作城市是指纳税人任职受雇的直辖市、计划单列市、副省级城市、地级市(地区、州、盟)全部行政区域范围;纳税人无任职受雇单位的,为受理其综合所得汇算清缴的税务机关所在城市。

市辖区户籍人口,以国家统计局公布的数据为准。

住房租金支出由签订租赁住房合同的承租人扣除。

纳税人及其配偶在一个纳税年度内不能同时分别享受住房贷款利息和住房租金专项附加扣除。

纳税人享受符合规定的住房租金专项附加扣除的计算时间为租赁合同（协议）约定的房屋租赁期开始的当月至租赁期结束的当月；提前终止合同（协议）的，以实际租赁期限为准。

(5) 赡养老人

纳税人赡养一位及以上被赡养人的赡养支出，统一按照以下标准定额扣除：①纳税人为独生子女的，按照每月 3 000 元的标准定额扣除；②纳税人非独生子女的，由其与兄弟姐妹分摊每月 3 000 元的扣除额度，每人分摊的额度不能超过每月 1 500 元，可以由赡养人均摊或者约定分摊，也可以由被赡养人指定分摊。约定或者指定分摊的，须签订书面分摊协议，指定分摊优先于约定分摊。具体分摊方式和额度在一个纳税年度内不能变更。

被赡养人是指年满 60 周岁的父母，以及子女均已去世的年满 60 周岁的祖父母、外祖父母。

纳税人享受符合规定的赡养老人专项附加扣除的计算时间为被赡养人年满 60 周岁的当月至赡养义务终止的年末。

(6) 大病医疗

在一个纳税年度内，纳税人发生的与基本医保相关的医药费用支出，扣除医保报销后个人负担（医保目录范围内的自付部分）累计超过 15 000 元的部分，由纳税人在办理年度汇算清缴时，在 80 000 元限额内据实扣除。

纳税人发生的医药费用支出可以选择由本人或者其配偶扣除，未成年子女发生的医药费用支出可以选择由其父母一方扣除。纳税人及其配偶、未成年子女发生的医药费用支出，按《个人所得税专项附加扣除暂行办法》第十一条的规定分别计算扣除额。

纳税人享受符合规定的大病医疗专项附加扣除的计算时间为医疗保障信息系统记录的医药费用实际支出的当年。

(7) 3 岁以下婴幼儿照护

纳税人享受符合规定的 3 岁以下婴幼儿照护专项附加扣除的计算时间为婴幼儿出生的当月至年满 3 周岁的前一个月。婴幼儿子女包括婚生子女、非婚生子女、养子女、继子女等受到本人监护的 3 岁以下婴幼儿。

纳税人照护 3 岁以下婴幼儿子女的相关支出，按照每个婴幼儿每月 2 000 元的标准定额扣除。

父母可以选择由其中一方按扣除标准的 100% 扣除，也可以选择由双方分别按扣除标准的 50% 扣除，具体扣除方式在一个纳税年度内不能变更。继父母、养父母、父母之外的其他人担任未成年人的监护人的，可以比照执行。

5. 依法确定的其他扣除

依法确定的其他扣除，包括个人缴付符合国家规定的企业年金、职业年金，个人购买符合国家规定的商业健康保险、税收递延型商业养老保险的支出，以及国务院规定可以扣除的其他项目。

根据规定,自2022年1月1日起,对个人向个人养老金账户缴费购买的养老金,按照12 000元/年的限额标准,在综合所得或经营所得中据实扣除。

【例5—7】 假定某居民个人纳税人为独生子女,2023年缴完社会保障基金和住房公积金后,共取得税前工资收入20万元、劳务报酬2万元、稿酬1万元。该纳税人有两个小孩且均由其扣除子女教育专项附加,该纳税人的父母健在且均已年满60岁。计算该居民当年应纳个人所得税税额。

$$\text{全年应纳税所得额} = 200\,000 + 20\,000 \times (1-20\%) + 10\,000 \times 70\% \times (1-20\%)$$
$$- 60\,000 - 24\,000 \times 2 - 36\,000$$
$$= 77\,600(\text{元})$$

$$\text{应纳税额} = 77\,600 \times 10\% - 2\,520$$
$$= 5\,240(\text{元})$$

(二)经营所得应纳税额的计算

经营所得应纳税额的计算公式如下:

$$\text{应纳税额} = \text{应纳税所得额} \times \text{适用税率} - \text{速算扣除数}$$

$$\text{或} = (\text{全年收入额} - \text{成本、费用以及损失}) \times \text{适用税率} - \text{速算扣除数}$$

对个体工商户经营所得年应纳税所得额不超过200万元的部分,在现行优惠政策基础上,减半征收个人所得税。个体工商户不区分征收方式,均可享受该优惠政策。

个体工商户在预缴税款时即可享受该优惠政策,其年应纳税所得额暂按截至本期申报所属期末的情况进行判断,并在年度汇算清缴时按年计算,多退少补。若个体工商户从两处以上取得经营所得,则需在办理年度汇总纳税申报时合并个体工商户经营所得年应纳税所得额,重新计算减免税额,多退少补。

个体工商户按照以下方法计算减免税额:

$$\text{减免税额} = \left(\begin{array}{c}\text{个体工商户经营所得应}\\\text{纳税所得额不超过200}\\\text{万元部分的应纳税额}\end{array} - \text{其他政策}\atop\text{减免税额} \times {\text{个体工商户经营所}\atop\text{得应纳税所得额不}\atop\text{超过200万元部分}} \div {\text{经营所得应}\atop\text{纳税所得额}}\right) \times 50\%$$

1. 个体工商户应纳税额的计算

个体工商户应纳税额的计算,以权责发生制为原则,属于当期的收入和费用,无论款项是否收付,均作为当期的收入和费用;不属于当期的收入和费用,即使款项已经在当期收付,也不作为当期的收入和费用;财政部、国家税务总局另有规定的除外。基本规定如下:

(1)计税基本规定

①个体工商户的生产经营所得,以每一纳税年度的收入总额减除成本、费用、税金、损失、其他支出以及允许弥补的以前年度亏损后的余额为应纳税所得额。

②个体工商户从事生产经营以及与生产经营有关的活动(以下简称"生产经营")取得的货币形式和非货币形式的各项收入为收入总额,包括销售货物收入、提供劳务收入、转让财产收入、利息收入、租金收入、接受捐赠收入、其他收入。

上述所称"其他收入",包括个体工商户资产溢余收入、逾期1年以上的未退包装物押金收入、确实无法偿付的应付款项、已作为坏账损失处理后又收回的应收款项、债务重组收入、补贴收入、违约金收入、汇兑收益等。

③成本,是指个体工商户在生产经营活动中发生的销售成本、销货成本、业务支出以及其他耗费。

④费用,是指个体工商户在生产经营活动中发生的销售费用、管理费用和财务费用,已经计入成本的有关费用除外。

⑤税金,是指个体工商户在生产经营活动中发生的除个人所得税和允许抵扣的增值税以外的各项税金及其附加。

⑥损失,是指个体工商户在生产经营活动中发生的固定资产和存货的盘亏、毁损、报废损失,转让财产损失,坏账损失,自然灾害等不可抗力因素造成的损失以及其他损失。

个体工商户发生的损失,减除责任人赔偿和保险赔款后的余额,参照财政部、国家税务总局有关企业资产损失税前扣除的规定扣除。

个体工商户已经作为损失处理的资产,在以后纳税年度又全部收回或者部分收回时,应当计入收回当期的收入。

⑦其他支出,是指除成本、费用、税金、损失外,个体工商户在生产经营活动中发生的与生产经营活动有关的合理支出。

⑧个体工商户发生的支出应当区分收益性支出和资本性支出。收益性支出在发生当期直接扣除;资本性支出应当分期扣除或者计入有关资产成本,不得在发生当期直接扣除。

⑨个体工商户的下列支出不得扣除:个人所得税税款;税收滞纳金;罚金、罚款和被没收财物的损失;不符合扣除规定的捐赠支出;赞助支出;用于个人和家庭的支出;与取得生产经营收入无关的其他支出;国家税务总局规定不准扣除的支出。

⑩对于个体工商户的生产经营活动,应当分别核算生产经营费用和个人、家庭费用。对于生产经营与个人、家庭生活混用而难以分清的费用,其40%视为与生产经营有关的费用,准予扣除。

⑪个体工商户在纳税年度发生的亏损,准予向以后年度结转,用以后年度的生产经营所得弥补,但结转年限最长不得超过5年。

(2)扣除项目及标准

①个体工商户实际支付给从业人员的合理的工资、薪金支出,准予扣除。

个体工商户业主的费用扣除标准统一确定为60 000元/年。

个体工商户业主的工资、薪金支出不得税前扣除。

②个体工商户按照国务院有关主管部门或者省级人民政府规定的范围和标准为其业主和从业人员缴纳的基本养老保险费、基本医疗保险费、失业保险费、生育保险费、工伤保险费和住房公积金,准予扣除。

个体工商户为从业人员缴纳的补充养老保险费、补充医疗保险费,分别在不超过从业人员工资总额5%标准内的部分据实扣除;超过部分,不得扣除。

个体工商户业主本人缴纳的补充养老保险费、补充医疗保险费,以当地(地级市)上一年度社会平均工资的3倍为计算基数,分别在不超过该计算基数5%标准内的部分据实扣除;超过部分,不得扣除。

③除个体工商户依照国家有关规定为特殊工种从业人员支付的人身安全保险费和财政

部、国家税务总局规定可以扣除的其他商业保险费外,个体工商户业主本人或者为从业人员支付的商业保险费,不得扣除。

④个体工商户在生产经营活动中发生的合理的、不需要资本化的借款费用,准予扣除。

⑤个体工商户在生产经营活动中向金融企业借款的利息支出,以及向非金融企业和个人借款的利息支出,不超过按照金融企业同期同类贷款利率计算的数额的部分,准予扣除。

⑥个体工商户向当地工会组织拨缴的工会经费、实际发生的职工福利费支出、职工教育经费支出分别在工资、薪金总额的2%、14%、2.5%的标准内据实扣除。

职工教育经费的实际发生数额超出规定比例,当期不能扣除的数额,准予在以后纳税年度结转扣除。

个体工商户业主本人向当地工会组织缴纳的工会经费、实际发生的职工福利费支出、职工教育经费支出,以当地(地级市)上一年度社会平均工资的3倍为计算基数,在2%、14%、2.5%的标准内据实扣除。

⑦个体工商户每一纳税年度发生的与其生产经营活动直接相关的广告费和业务宣传费,不超过当年销售(营业)收入15%的部分,可以据实扣除;超过部分,准予在以后纳税年度结转扣除。

⑧个体工商户发生的与其生产经营活动有关的业务招待费,按照实际发生额的60%扣除,但最高不得超过当年销售(营业)收入的5‰。

业主自申请营业执照之日起至开始生产经营之日所发生的业务招待费,按照实际发生额的60%计入个体工商户的开办费。

⑨个体工商户按照规定缴纳的摊位费、行政性收费、协会会费等,按实际发生数额扣除。

⑩个体工商户根据生产经营活动的需要租入固定资产支付的租赁费,按照以下方法扣除:以经营租赁方式租入固定资产发生的租赁费支出,按照租赁期限均匀扣除;以融资租赁方式租入固定资产发生的租赁费支出,按照规定构成融资租入固定资产价值的部分应当提取折旧费用,分期扣除。

⑪个体工商户参加财产保险,按照规定缴纳的保险费,准予扣除。

⑫个体工商户发生的合理的劳动保护支出,准予扣除。

⑬个体工商户在货币交易中,以及纳税年度终了时将人民币以外的货币性资产、负债按照期末即期人民币汇率中间价折算为人民币时产生的汇兑损失,除已经计入有关资产成本的部分外,准予扣除。

⑭个体工商户通过公益性社会团体或者县级以上人民政府及其部门,用于《中华人民共和国公益事业捐赠法》规定的公益事业的捐赠,捐赠额不超过其应纳税所得额30%的部分可以据实扣除。

财政部、国家税务总局规定可以全额在税前扣除的捐赠支出项目,按有关规定执行。

⑮个体工商户研究开发新产品、新技术、新工艺所发生的开发费用,以及研究开发新产品、新技术而购置单台价值在10万元以下的测试仪器和试验性装置的购置费,准予直接扣除;单台价值在10万元以上(含10万元)的测试仪器和试验性装置,按固定资产管理,其费用不得在当期直接扣除。

⑯个体工商户使用或者销售存货,按照规定计算的存货成本,准予在计算应纳税所得额时扣除。

⑰个体工商户转让资产,该项资产的净值准予在计算应纳税所得额时扣除。

【例 5—8】 某酒楼为个体经营,账册较齐全,2023 年 12 月的经营情况和个体老板的其他所得如下:

(1)12 月份营业额为 150 000 元,购进各种原料、酒水的费用为 35 800 元,缴纳房租、水电费、煤气费 23 600 元,缴纳城市维护建设税等税费 6 000 元,支付厨师、服务员工资 20 000 元,提取设备折旧费 2 000 元,被工商局罚款 3 000 元,其他管理费 5 800 元,本月购进一辆汽车价值 8 万元,个体老板每月从酒楼预支工资 2 800 元。

(2)1—11 月累计应纳税所得额为 125 000 元,已预缴所得税 32 000 元。

(3)本月从外地某股份制企业分回股息 10 000 元。

(4)个体老板 4 年前购买的原价 20 万元的一套住房(不是唯一住房)售价 28 万元,支付中介费、流转税金共 0.5 万元。

要求:计算该酒楼 2023 年 12 月的应纳个人所得税。

(1)生产经营所得应纳税额的计算:

12 月应纳税所得额=150 000−35 800−23 600−6 000−20 000−2 000−5 800−3 500
=53 300(元)

全年应纳税所得额=53 300+125 000
=178 300(元)

全年应纳税额=178 300×35%−14 750
=47 655(元)

12 月应纳税额=47 655−32 000
=15 655(元)

(2)其他所得应纳税额的计算:

股息所得应纳税额=10 000×20%
=2 000(元)

财产转让所得应纳税额=(280 000−200 000−5 000)×20%
=15 000(元)

应纳个人所得税合计=15 655+2 000+15 000
=32 655(元)

2.个人独资企业和合伙企业应纳税额的计算

个人独资企业和合伙企业每一纳税年度的收入总额减除成本、费用、损失后的余额,作为投资者个人的生产经营所得,按照《个人所得税法》的"经营所得"应税项目计算征收个人所得税。合伙企业的合伙人是自然人的,缴纳个人所得税;合伙企业的合伙人是法人和其他组织的,缴纳企业所得税。

个人独资企业和合伙企业对外投资分回的利息或者股息、红利,不并入企业的收入,而应单独作为投资者个人取得的利息、股息、红利所得,按"利息、股息、红利所得"项目计算缴纳个人所得税。以合伙企业名义对外投资分回利息或者股息、红利的,应按照有关规定确定各个投资者的利息、股息、红利所得,分别按"利息、股息、红利所得"项目计算缴纳个人所得税。

残疾人员投资兴办或参与投资兴办个人独资企业和合伙企业的,残疾人员取得的生产经营所得,符合各省、自治区、直辖市人民政府规定的减征个人所得税条件的,经本人申请、主管税务机关审核批准,可按各省、自治区、直辖市人民政府规定减征的范围和幅度,减征个人所得税。

(1)查账征收应纳税额的计算

①合伙企业的合伙人确定应纳税所得额的原则

合伙企业生产经营所得和其他所得采取"先分后税"的计算方法。合伙企业的合伙人按照下列原则确定应纳税所得额:合伙企业的合伙人以合伙企业的生产经营所得和其他所得,按照合伙协议约定的分配比例确定应纳税所得额;合伙协议未约定或者约定不明确的,以全部生产经营所得和其他所得,按照合伙人协商决定的分配比例确定应纳税所得额;协商不成的,以全部生产经营所得和其他所得,按照合伙人实缴出资比例确定应纳税所得额;无法确定出资比例的,以全部生产经营所得和其他所得,按照合伙人数量平均计算每个合伙人的应纳税所得额。

合伙协议不得约定将全部利润分配给部分合伙人。

②税前扣除的规定

第一,个人独资企业和合伙企业投资者的生产经营所得依法计征个人所得税时,个人独资企业和合伙企业投资者本人的费用扣除标准统一确定为60 000元/年,即5 000元/月。投资者的工资不得在税前扣除。

投资者兴办两家或两家以上企业的,准予扣除的投资者个人费用,由投资者选择在其中一家企业的生产经营所得中扣除。

第二,投资者及其家庭发生的生活费用不允许在税前扣除。投资者及其家庭发生的生活费用与企业生产经营费用混合在一起并且难以划分的,全部视为投资者个人及其家庭发生的生活费用,不允许在税前扣除。

第三,企业生产经营和投资者及其家庭生活共用的固定资产难以划分的,由主管税务机关根据企业的生产经营类型、规模等具体情况,核定准予在税前扣除的折旧费用的数额或比例。

第四,个人独资企业和合伙企业向其从业人员实际支付的合理的工资、薪金支出,允许在税前据实扣除。

第五,个人独资企业和合伙企业拨缴的工会经费、发生的职工福利费、职工教育经费支出分别在工资、薪金总额2%、14%、2.5%的标准内据实扣除。

第六,个人独资企业和合伙企业每一纳税年度发生的广告费和业务宣传费用不超过当年销售(营业)收入15%的部分,可据实扣除;超过部分,准予在以后纳税年度结转扣除。

第七,个人独资企业和合伙企业每一纳税年度发生的与其生产经营业务直接相关的业务招待费支出,按照发生额的60%扣除,但最高不得超过当年销售(营业)收入的5‰。

第八,企业计提的各种准备金不得扣除。

第九,企业的年度亏损,允许用本企业下一年度的生产经营所得弥补,下一年度的生产经营所得不足以弥补的,允许逐年延续弥补,但最长不得超过5年。

投资者兴办两家或两家以上企业的,企业的年度经营亏损不能跨企业弥补。

实行查账征税方式的个人独资企业和合伙企业改为核定征税方式后,在查账征税方式下认定的年度经营亏损未弥补完的部分,不得继续弥补。

第十,投资者来源于中国境外的生产经营所得,已在境外缴纳所得税的,可以按照《个人所得税法》的有关规定计算扣除已在境外缴纳的所得税。

【例5-9】 陈先生与合伙人在A市共同兴办了一家合伙企业甲,出资比例为5:5。陈先生向其主管税务机关报送了2023年度的所得税申报表、会计决算报表以及预缴个人所得税纳税凭证。该合伙企业的年度会计报表显示:合伙企业2023年度的主营业务收入为70万元,其他业务收入为10万元,营业成本为43万元,税金及附加为4万元,销售费用为15.5万元,管理费用为8.5万元,其中包括业务招待费1.35万元,营业外支出为5万元,利润总额为9万元。经税务部门审核,发现如下问题:

(1)合伙企业在2023年度给每位合伙人支付工资4.8万元,已列支。

(2)合伙企业每季度末向每位合伙人预付股利0.5万元,已列支。

(3)销售费用账户列支广告费2.5万元和业务宣传费0.5万元。

(4)其他业务收入是合伙企业甲从被投资企业分回的红利。

(5)营业外支出账户中包括合伙企业被工商管理部门处以的罚款2万元。

陈先生在B市另有乙合伙企业,按投资比例分得的2023年度应纳税所得额为6.4万元。经税务机关审核无纳税调整事项。陈先生选择从甲企业中扣除投资者费用。

要求:根据以上资料计算合伙企业甲的应纳税所得额,以及陈先生2023年度全年应缴纳的个人所得税。

(1)甲合伙企业应纳税所得额计算如下:

广告费和业务宣传费扣除限额=70×15%

=10.5(万元)

实际支出额低于限额,不需要调增应纳税所得额,可税前列支的广告费和业务宣传费为3万元。

业务招待费扣除限额=70×5‰

=0.35(万元)

按实际业务招待费的60%计算=1.35×60%

=0.81(万元)

比较上述计算结果,业务招待费可扣除0.35万元,实际支出额为1.35万元,高于扣除限额,应调增所得额1万元。

甲合伙企业应纳税所得额=9+4.8×2+0.5×4×2+1+2-10

=15.6(万元)

(2)陈先生应纳个人所得税计算如下:

陈先生在甲企业的经营所得应纳税所得额=15.6×50%-0.5×12

$$=1.8(万元)$$

2023年度汇总计算的应纳税所得额＝6.4＋1.8

$$=8.2(万元)$$

全年应缴税额＝8.2×10％－0.15＋10×50％×20％

$$=1.67(万元)$$

(2)核定征收应纳税额的计算

①核定征收的范围

有下列情形之一的,主管税务机关应采取核定征收方式征收个人所得税:企业依照国家有关规定应当设置但未设置账簿的;企业虽设置账簿,但账目混乱或者成本资料、收入凭证、费用凭证残缺不全,难以查账的;纳税人发生纳税义务,未按照规定的期限办理纳税申报,经税务机关责令限期申报,逾期仍不申报的。

②核定征收方式

核定征收方式包括定额征收、核定应税所得率征收以及其他合理的征收方式。

实行核定应税所得率征收方式的,纳所得税税额的计算公式如下:

应纳所得税税额＝应纳税所得额×适用税率

应纳税所得额＝收入总额×应税所得率

或＝成本费用支出额÷(1－应税所得率)×应税所得率

应税所得率应按规定的标准执行。企业经营多业的,无论其经营项目是否单独核算,均应根据其主营项目确定其适用的应税所得率。实行核定征税的投资者,不能享受个人所得税的优惠政策。个人所得税核定征收应税所得率见表5－6。

表5－6　　　　　　　　　　个人所得税核定征收应税所得率

行　业	应税所得率
工业、交通运输业、商业	5％～20％
建筑业、房地产开发业	7％～20％
饮食服务业	7％～25％
娱乐业	20％～40％
其他行业	10％～30％

(三)财产租赁所得应纳税额的计算

财产租赁所得,每次收入不超过4 000元的,减除费用800元;每次收入4 000元以上的,减除20％的费用,其余额为应纳税所得额。财产租赁所得以一个月内取得的收入为一次。

个人出租房屋的个人所得税应税收入不含增值税,计算房屋出租所得可扣除的税费不包括出租缴纳的增值税。个人转租房屋的,其向房屋出租方支付的租金及增值税税额在计算转租所得时予以扣除。

在计算财产租赁所得个人所得税时,允许依次税前扣除以下三项费用:(1)扣除财产租赁过程中缴纳的税费;(2)扣除个人向出租方支付的租金;(3)扣除由纳税人负担的出租财产实际开支的修缮费用。

减除规定费用的扣除标准如下:(1)如果扣除前三项后的余额不超过 4 000 元,就减去 800 元的法定扣除费用,其余额为应纳税所得额;(2)如果扣除前三项后的余额超过 4 000 元,就减去 20%的法定扣除费用,其余额为应纳税所得额。

在确定税前扣除项目时,还需特别注意以下几点:

一是允许扣除的修缮费用以每次 800 元为限,一次扣除不完的,准许在下一次继续扣除,直至扣完。

二是个人将承租房屋转租取得的租金收入,属于个人所得税应税所得,应按"财产租赁所得"项目计算缴纳个人所得税。取得转租收入的个人向房屋出租方支付的租金,凭房屋租赁合同和合法支付凭据,允许在计算个人所得税时从该项转租收入中扣除。

三是除法定扣除费用外,其他税前扣除项目均需提供合法支付凭证。其中,税前扣除有关税费的,应提供缴纳税费的完税(缴款)凭证;税前扣除修缮费的,需提供有效、准确的支付凭证,证明属于由纳税人负担的该出租财产实际开支的修缮费用;税前扣除租金的,应提供房屋租赁合同及支付给出租方的合法支付凭证。

财产租赁所得应纳税额的计算公式如下:

$$\text{每次(月)收入不足 4 000 元的应纳税额} = [\text{每次(月)收入额} - \text{准予扣除项目} - \text{修缮费用} - 800] \times 20\%$$

$$\text{每次(月)收入超过 4 000 元的应纳税额} = [\text{每次(月)收入额} - \text{准予扣除项目} - \text{修缮费用}] \times (1-20\%) \times 20\%$$

对个人按市场价格出租的居民住房取得的所得,暂减按 10%的税率征收个人所得税。

【例 5-10】 王某在 2023 年 9 月将面积为 150 平方米的自有门面房出租给张某作为经营场所,租期为 1 年。王某每月取得租金收入 8 500 元,全年租金收入为 102 000 元。计算王某全年租金收入应缴纳的个人所得税。

每月应纳个人所得税税额 = 8 500×(1-20%)×20%

= 1 360(元)

全年应纳个人所得税税额 = 1 360×12

= 16 320(元)

在本例中,王某出租的为门面房,因此,按 20%计算缴纳个人所得税;如果出租的是住房,则应按 10%计算缴纳个人所得税。此外,本例在计算个人所得税时未考虑其他税费,如果对租金收入计征增值税、房产税、城市维护建设税和教育费附加等,则还应将它们从税前收入中扣除,再计算应缴纳的个人所得税。

假定本例中,当年 10 月份因下水道堵塞而找人维修,发生修理费用 500 元,有维修部门的正式发票,则 10 月份和全年的应纳个人所得税税额如下:

10 月份应纳个人所得税税额 = (8 500-500)×(1-20%)×20%

= 1 280(元)

全年应纳个人所得税税额 = 1 360×11+1 280

= 16 240(元)

本例中,如果 10 月份发生的修理费用为 1 000 元,则 10 月份计税时只能扣除 800 元,剩余的 200 元可在下个月继续扣除。

（四）财产转让所得应纳税额的计算

财产转让所得按照一次转让财产的收入额减除财产原值和合理费用后的余额计算个人所得税。

个人转让房屋的个人所得税应税收入不含增值税，其取得房屋时所支付价款中包含的增值税计入财产原值，计算转让所得时可扣除的税费不包括本次转让缴纳的增值税；免征增值税的，确定计税依据时，成交价格、租金收入、转让房地产取得的收入不扣减增值税税额。

财产转让所得中允许减除的"合理费用"，是指卖出财产时按照规定支付的有关税费，包括城市维护建设税、教育费附加、土地增值税、印花税、中介服务费、资产评估费、住房装修费、住房贷款利息、手续费、公证费等。

1. 支付的住房装修费用

纳税人能提供实际支付装修费用的税务统一发票，并且发票上所列付款人姓名与转让房屋产权人一致的，经税务机关审核，其转让的住房在转让前实际发生的装修费用，可在以下规定比例内扣除：(1)已购公有住房、经济适用房的最高扣除限额为房屋原值的15%；(2)商品房及其他住房的最高扣除限额为房屋原值的10%。纳税人原购房为装修房，即合同注明房价款中含有装修费（铺装了地板、装配了洁具、厨具等）的，不得重复扣除装修费用。

2. 支付的住房贷款利息

纳税人出售以按揭贷款方式购置的住房的，其向贷款银行实际支付的住房贷款利息，凭贷款银行出具的有效证明据实扣除。

3. 支付的手续费、公证费等

纳税人按照有关规定实际支付的手续费、公证费等，凭有关部门出具的有效证明据实扣除。

财产转让所得应纳税额的计算公式如下：

$$应纳税额 = (每次收入额 - 财产原值 - 合理税费) \times 20\%$$

【例5—11】 中国公民黄某将自建一幢住房转让给刘某，已知房屋建造价格为500 000元，支付转让过程中的其他费用50 000元，转让价格为800 000元，按规定支付房屋交易过程中的相关税费55 000元。计算黄某应缴纳的个人所得税。

应纳税所得额 = 800 000 - (500 000 + 50 000) - 55 000
　　　　　　 = 195 000（元）

应纳个人所得税 = 195 000 × 20%
　　　　　　　 = 39 000（元）

（五）利息、股息、红利所得应纳税额的计算

利息、股息、红利所得以个人每次取得的收入额为应纳税所得额，不得从收入额中扣除任何费用。每次收入是指支付单位或个人每次支付利息、股息、红利时，个人所取得的收入。

在计算利息、股息、红利所得的应纳税额时，需要注意以下问题：

(1)股份制企业在分配股息、红利时，以股票形式向股东个人支付应得的股息、红利（派发红股），应以派发红股的股票票面金额为收入额，计征个人所得税。股份制企业用资本公积金转增股本，不属于股息、红利性质的分配，对个人取得的转增股本数额，不作为个人所得，不征

收个人所得税;用盈余公积金派发红股属于股息、红利性质的分配,对个人取得的红股数额,应作为个人所得征税。

(2)个人从公开发行和转让市场取得的上市公司股票,持股期限在1个月以内(含1个月)的,其股息、红利所得全额计入应纳税所得额;持股期限在1个月以上至1年(含1年)的,暂减按50%计入应纳税所得额;个人从公开发行和转让市场取得的上市公司股票,持股期限超过1年的,股息、红利所得暂免征收个人所得税。

(3)个人持有挂牌公司的股票,持股期限在1个月以内(含1个月)的,其股息、红利所得全额计入应纳税所得额;持股期限在1个月以上至1年(含1年)的,其股息、红利所得暂减按50%计入应纳税所得额;个人持有挂牌公司的股票,持股期限超过1年的,对股息、红利所得暂免征收个人所得税。

(4)证券投资基金从上市公司分配取得股息、红利所得,减按50%计算应纳税所得额。

(5)对个人投资者持有铁路债券取得的利息收入,减按50%计入应纳税所得额计算征收个人所得税。

利息、股息、红利所得应纳税额的计算公式如下:

$$应纳税额=每次收入额×适用税率$$

【例5-12】 李某当月取得单位集资款的利息收入15 000元,因持有某上市公司股票(持股期限为2个月)而取得股息收入30 000元。计算李某应纳个人所得税。

应纳税额=15 000×20%+30 000×50%×20%
　　　　=6 000(元)

(六)偶然所得应纳税额的计算

偶然所得以个人每次收入额为应纳税所得额,不得扣除任何费用。其计算公式如下:

$$应纳税额=应纳税所得额(每次收入额)×20\%$$

【例5-13】 胡某参加上港商场举办的有奖竞猜促销活动并中奖,获一台价值19 000元的笔记本电脑,计算胡某应纳个人所得税。

应纳税额=19 000×20%
　　　　=3 800(元)

(七)特殊情况的应纳税额的计算

1.个人取得全年一次性奖金的应纳税额的计算

全年一次性奖金,是指行政机关、企事业单位等扣缴义务人根据其全年经济效益和对雇员全年工作业绩的综合考核情况,向雇员发放的一次性奖金。

全年一次性奖金也叫"年终奖",但不限于年终发放,可以是一年发放一次的综合性奖金,包括年终加薪、实行年薪制和绩效工资办法的单位根据考核情况兑现的年薪和绩效工资。中央企业负责人取得年度绩效薪金延期兑现收入和任期奖励,符合《国家税务总局关于中央企业负责人年度绩效薪金延期兑现收入和任期奖励征收个人所得税问题的通知》规定的,在2027年12月31日前参照执行。

居民个人取得全年一次性奖金,符合《国家税务总局关于调整个人取得全年一次性奖金等计算征收个人所得税方法问题的通知》规定的,在2027年12月31日前,不并入当年综合所得,以全年一次性奖金收入除以 12 个月得到的数额,依据按月换算后的综合所得税率表,确定适用税率和速算扣除数,单独计算纳税。其计算公式如下:

应纳税额＝全年一次性奖金收入×适用税率－速算扣除数

居民个人取得全年一次性奖金,也可以选择并入当年综合所得计算纳税。

计算全年一次性奖金应纳个人所得税税额时,还应注意下列问题:

一是全年一次性奖金在计算应纳税额时,不得另外扣除费用,而应直接将其作为应纳税所得额计算应纳税额。

二是在一个纳税年度内,对每一个纳税人,全年一次性奖金的计税办法只允许采用一次(不得采用两次以上)。

三是严格区分全年一次性奖金与其他工资性奖金。其他工资性奖金是指雇员取得的除全年一次性奖金以外的其他各种名目的奖金,包括考勤奖、加班奖、季度奖、半年奖、先进奖等。其他工资性奖金在计算个人所得税时,一律与当月工资、薪金收入合并,按规定缴纳个人所得税。

【例 5－14】 李某 2023 年就职于一家互联网公司,采用"底薪＋年终奖金"薪酬制度。全年取得扣除"三险一金"等专项扣除后的应税收入额 90 000 元,允许扣除的专项附加扣除额为 24 000 元,年度内取得一次性奖金 350 000 元,没有其他收入和扣除项目。计算李某应纳个人所得税税额。

(1)选择一次性奖金单独计税:

年度综合所得应纳税额＝[90 000－(60 000＋24 000)]×3%
$\qquad$＝180(元)

一次性奖金应纳税额＝350 000×25%－2 660
$\qquad$＝84 840(元)

全年李某应缴纳个人所得税＝180＋84 840
$\qquad$＝85 020(元)

(2)选择并入当年度综合所得计税:

合并计税的年度综合所得＝(90 000＋350 000)－60 000－24 000
$\qquad$＝356 000(元)

全年应纳税额＝356 000×25%－31 920
$\qquad$＝57 080(元)

比较结果显示,选择并入当年度综合所得计税可以少缴 27 940 元。这主要是一次性奖金与综合所得适用的速算扣除数差异、适用税率对冲以及计算公式导致变量的叠加结果。综合所得处于较低档级、一次性奖金处于较高档级时,优先选择合并计税。

2.两人以上共同取得同一项目收入的应纳税额的计算

两人以上共同取得同一项目收入的,应当对每个人取得的收入分别按照《个人所得税法》的规定计算纳税,如共同编著一本书、共同参加一场演出等,对每个人取得的收入分别按照规定减除费用后计算纳税,即实行"先分、后扣、再缴税"的办法。

【例 5－15】 某大学 5 位教师某月共同编写出版一本教材,总稿酬为 24 000 元,其中主编一人得主编费 4 000 元,其余稿酬 5 人平分。假定不考虑 5 位教师的其他综合所得,计算 5 位教师应预缴的个人所得税。

人均稿酬＝(24 000－4 000)÷5
　　　　＝4 000(元)
主编应预缴个人所得税＝[(4 000＋4 000)×(1－20%)]×70%×10%×－210
　　　　＝238(元)
其余 4 人各自应预缴个人所得税＝4 000×(1－20%)×70%×3%
　　　　＝67.2(元)

3.有捐赠扣除的应纳税额的计算

个人将其所得通过中华人民共和国境内公益性社会组织、县级以上人民政府及其部门等国家机关,向教育、扶贫、济困等公益慈善事业的捐赠(以下简称"公益捐赠"),捐赠额未超过纳税人申报的应纳税所得额 30%的部分,可以从其应纳税所得额中扣除;国务院规定对公益慈善事业捐赠实行全额税前扣除的,从其规定。

所称"境内公益性社会组织",包括依法设立或登记并按规定条件和程序取得公益性捐赠税前扣除资格的慈善组织、其他社会组织和群众团体;所称"应纳税所得额",是指计算扣除捐赠额之前的应纳税所得额。

个人通过公益性群众团体用于符合法律规定的公益慈善事业的捐赠支出,准予按税法规定在计算应纳税所得额时扣除。所称"公益慈善事业",应当符合《中华人民共和国公益事业捐赠法》第三条对公益事业范围的规定或者《中华人民共和国慈善法》第三条对慈善活动范围的规定。所称"公益性群众团体",包括依照《社会团体登记管理条例》的规定不需进行社团登记的人民团体以及经国务院批准免于登记的社会团体,且按规定条件和程序已经取得公益性捐赠税前扣除资格。

个人捐赠住房作为公租房,符合税收法律、法规规定的,对其公益性捐赠支出未超过其申报的应纳税所得额 30%的部分,准予从其应纳税所得额中扣除。

(1)公益慈善事业捐赠的具体规定

①公益捐赠支出金额的确定。

个人发生的公益捐赠支出金额,按照以下规定确定:捐赠货币性资产的,按照实际捐赠金额确定;捐赠股权、房产的,按照个人持有股权、房产的财产原值确定;捐赠除股权、房产以外的其他非货币性资产的,按照非货币性资产的市场价格确定。

②居民个人公益捐赠支出的扣除。

居民个人按照以下规定扣除公益捐赠支出:

居民个人发生的公益捐赠支出可以在财产租赁所得、财产转让所得、利息股息红利所得、偶然所得(以下统称"分类所得")、综合所得或者经营所得中扣除。当期一个所得项目扣除不完的公益捐赠支出,可以按规定在其他所得项目中继续扣除。

居民个人发生的公益捐赠支出,在综合所得、经营所得中扣除的,扣除限额分别为当年综合所得、当年经营所得应纳税所得额的 30%;在分类所得中扣除的,扣除限额为当月分类所得应纳税所得额的 30%。

居民个人根据各项所得的收入、公益捐赠支出、适用税率等情况,自行决定在综合所得、分类所得、经营所得中扣除的公益捐赠支出的顺序。

③居民个人公益捐赠支出在综合所得中的扣除。

居民个人在综合所得中扣除公益捐赠支出的,应按照以下规定处理:

居民个人取得工资薪金所得的,可以选择在预扣预缴时扣除,也可以选择在年度汇算清缴时扣除。

居民个人选择在预扣预缴时扣除的,应按照累计预扣法计算扣除限额,其捐赠当月的扣除限额为截至当月累计应纳税所得额的30%(全额扣除的从其规定,下同)。个人从两处以上取得工资、薪金所得的,选择其中一处扣除,选择后当年不得变更。

居民个人取得劳务报酬所得、稿酬所得、特许权使用费所得的,预扣预缴时不扣除公益捐赠支出,统一在汇算清缴时扣除。

居民个人取得全年一次性奖金、股权激励等的所得,且按规定采取不并入综合所得而单独计税方式处理的,公益捐赠支出的扣除按照分类所得的扣除规定处理。

④居民个人公益捐赠支出在分类所得中的扣除。

居民个人发生的公益捐赠支出,可在捐赠当月取得的分类所得中扣除。当月分类所得应扣除未扣除的公益捐赠支出,可以按照以下规定追补扣除:

扣缴义务人已经代扣但尚未解缴税款的,居民个人可以向扣缴义务人提出追补扣除申请,退还已扣税款。

扣缴义务人已经代扣且解缴税款的,居民个人可以自公益捐赠之日起90日内提请扣缴义务人向征收税款的税务机关办理更正申报追补扣除,税务机关和扣缴义务人应当予以办理。

居民个人自行申报纳税的,可以自公益捐赠之日起90日内向主管税务机关办理更正申报追补扣除。

居民个人捐赠当月有多项多次分类所得的,应先在其中一项一次分类所得中扣除。已经在分类所得中扣除的公益捐赠支出,不再调整到其他所得中扣除。

⑤公益捐赠支出在经营所得中的扣除。

在经营所得中扣除公益捐赠支出,应按以下规定处理:

个体工商户发生的公益捐赠支出,在其经营所得中扣除。

个人独资企业、合伙企业发生的公益捐赠支出,其个人投资者应当按照捐赠年度合伙企业的分配比例(个人独资企业的分配比例为100%)计算归属于每一个人投资者的公益捐赠支出,个人投资者应将其归属的个人独资企业、合伙企业的公益捐赠支出和本人需要在经营所得扣除的其他公益捐赠支出合并,在其经营所得中扣除。

在经营所得中扣除公益捐赠支出的,既可以选择在预缴税款时扣除,也可以选择在汇算清缴时扣除。

经营所得采取核定征收方式的,不扣除公益捐赠支出。

⑥非居民个人发生的公益捐赠支出,未超过其在公益捐赠支出发生的当月应纳税所得额30%的部分,可以从其应纳税所得额中扣除;扣除不完的公益捐赠支出,可以在经营所得中继

续扣除。

非居民个人按规定可以在应纳税所得额中扣除公益捐赠支出而未实际扣除的,可按照规定追补扣除。

⑦国务院规定对公益捐赠全额税前扣除的,按照规定执行。个人同时发生按30%扣除和全额扣除的公益捐赠支出,自行选择扣除次序。

⑧公益性社会组织、国家机关在接受个人捐赠时,应当按照规定开具捐赠票据;个人索取捐赠票据的,应予以开具。

个人发生公益捐赠时不能及时取得捐赠票据的,可以暂时凭公益捐赠银行支付凭证扣除,并向扣缴义务人提供公益捐赠银行支付凭证复印件。个人应自捐赠之日起90日内向扣缴义务人补充提供捐赠票据,如果个人未按规定提供捐赠票据,则扣缴义务人应在30日内向主管税务机关报告。

机关、企事业单位统一组织员工开展公益捐赠的,纳税人可以凭汇总开具的捐赠票据和员工明细单扣除。

⑨个人通过扣缴义务人享受公益捐赠扣除政策,应当告知扣缴义务人符合条件可扣除的公益捐赠支出的金额,并提供捐赠票据的复印件,其中,捐赠股权、房产的,还应出示财产原值证明,扣缴义务人应当按照规定在预扣预缴、代扣代缴税款时予扣除,并将公益捐赠扣除金额告知纳税人。

个人自行办理或扣缴义务人为个人办理公益捐赠扣除的,应当在申报时一并报送"个人所得税公益慈善事业捐赠扣除明细表"。个人应留存捐赠票据,留存期限为5年。

(2)应纳税额的计算

有捐赠扣除的应纳税额按下列步骤计算:

第一步,计算捐赠申报的应纳税所得额。

第二步,计算捐赠扣除限额。

$$捐赠扣除限额＝申报的应纳税所得额×30\%$$

如果纳税人的实际捐赠额小于或等于捐赠扣除限额,则其实际捐赠额可全额扣除;如果纳税人的实际捐赠额大于捐赠扣除限额,则只能按捐赠扣除限额扣除。

值得注意的是,个人的下列公益性捐赠可在计算应纳税所得额时全额扣除:①个人通过非营利性的社会团体和国家机关向红十字事业的捐赠;②个人通过非营利性的社会团体和国家机关向农村义务教育的捐赠;③个人通过非营利性的社会团体和国家机关向公益性青少年活动场所(包括新建)的捐赠。

第三步,确定准予扣除的捐赠额。比较扣除限额与实际发生的公益救济性捐赠,从低确定。

第四步,计算应纳税额。

$$应纳税额＝(申报的应纳税所得额－准予扣除的捐赠额)×适用税率$$
$$或＝(申报的应纳税所得额－准予扣除的捐赠额)×适用税率－速算扣除数$$

【例5－16】 中国公民陈某2023年扣除"三险一金"后的工资收入为250 000元,假定没有专项附加扣除和其他扣除。当年陈某通过希望工程基金会向希望工程捐赠10 000元,通过民政局向贫困地区捐赠 15 000 元,直接向当地敬老院捐赠 5 000 元。计算陈某 2023 年应纳的个人所得税。

申报的应纳税所得额 = 250 000 - 60 000
= 190 000(元)

捐赠扣除限额 = 190 000 × 30%
= 57 000(元)

准予扣除的捐赠额 = 15 000 + 10 000
= 25 000(元)

应纳税额 = (190 000 - 25 000) × 20% - 16 920
= 16 080(元)

4.有境外缴纳税额抵免的应纳税额的计算

居民个人从中国境外取得的所得,可以从其应纳税额中抵免已在境外缴纳的个人所得税税额,但抵免额不得超过该纳税人境外所得依照我国税法规定计算的应纳税额。

已在境外缴纳的个人所得税税额,是指居民个人来源于中国境外的所得,依照该所得来源国家(地区)的法律应当缴纳并且实际已经缴纳的所得税税额。

纳税人境外所得依照我国税法规定计算的应纳税额是居民个人抵免已在境外缴纳的综合所得、经营所得以及其他所得的所得税税额的限额(以下简称"抵免限额")。除国务院财政、税务主管部门另有规定外,来源于中国境外一个国家(地区)的综合所得抵免限额、经营所得抵免限额以及其他所得抵免限额之和,为来源于该国家(地区)所得的抵免限额。

居民个人在中国境外一个国家(地区)实际已经缴纳的个人所得税税额低于依照前款规定计算的来源于该国家(地区)所得的抵免限额的,应当在中国缴纳差额部分的税款;超过来源于该国家(地区)所得的抵免限额的,其超过部分不得在本纳税年度的应纳税额中抵免,但是可以在以后纳税年度来源于该国家(地区)所得的抵免限额的余额中补扣,补扣期限最长不得超过 5 年。

我国的个人所得税境外抵免采取分国分项计算并汇总确定限额,分国不分项抵免境外已纳税额。

(1)综合所得抵免限额

居民个人从中国境内和境外取得的综合所得,应当合并按照我国个人所得税综合所得税率计算应纳税额。对境外某国家(地区)的抵免限额,按照居民个人从该国家(地区)取得的综合所得占全部境内、境外综合所得的比重,配比计算抵免限额。其计算公式如下:

$$\begin{matrix}某境外国家(地区)\\抵免限额\end{matrix} = \begin{matrix}境内、境外全部综\\合所得应纳税额\end{matrix} \times \left[\begin{matrix}某国家(地区)境外\\综合所得收入额\end{matrix} \div \left(\begin{matrix}境内综合所\\得收入额\end{matrix} + \begin{matrix}全部境外综合\\所得收入额\end{matrix}\right)\right]$$

(2)经营所得抵免限额

居民个人从中国境内和境外取得的经营所得,应当合并按照我国个人所得税经营所得税率计算应纳税额。对境外某国家(地区)的抵免限额,按照居民个人从该国家(地区)取得的经营所得占全部境内、境外经营所得的比重,配比计算抵免限额。其计算公式如下:

$$\begin{matrix}某境外国家(地区)\\抵免限额\end{matrix} = \begin{matrix}境内、境外全部经\\营所得应纳税额\end{matrix} \times \left[\begin{matrix}某国家(地区)境外\\经营所得收入额\end{matrix} \div \left(\begin{matrix}境内经营所\\得收入额\end{matrix} + \begin{matrix}全部境外经营\\所得收入额\end{matrix}\right)\right]$$

(3)其他所得项目抵免限额

居民个人从中国境内和境外取得的其他所得,应当分别单独按照我国个人所得税适用税率计算应纳税额。对境外某国家(地区)的抵免限额,为来源于境外某国家(地区)的其他所得项目按《个人所得税法》的规定计算的应纳税额。其计算公式如下:

$$某境外国家(地区)抵免限额=境外其他项目所得×适用税率$$

【例5-17】 居民张某是我国境内甲公司职员,2023年全年取得甲公司支付工资收入200 000元,2023年5月从A国取得特许权使用费收入50 000元。2023年8月,张某的一本著作被境外B国出版社出版,取得稿酬所得折合人民币80 000元;10月,其又在C国取得利息收入2 000元。张某已分别按A国、B国和C国税法的规定缴纳了个人所得税10 000元、9 600元和300元,并已提供完税凭证原件。张某2023年有一独生子女在上小学五年级,父母均超过60岁,申报全年可扣除的专项附加扣除有两项,子女教育扣除2 000元/月,赡养老人扣除3 000元/月。假定不考虑专项扣除和依法确定的其他扣除,计算2023年张某汇算清缴应补(退)的个人所得税税额。

(1)境内外全部综合所得应纳个人所得税税额:

来源于境内工资收入额=200 000(元)

来源于A国的特许权使用费收入额=50 000×(1-20%)
=40 000(元)

来源于B国的稿酬收入额=80 000×(1-20%)×70%
=44 800(元)

全部综合所得收入额=200 000+40 000+44 800
=284 800(元)

2023年综合所得的应纳税所得额=284 800-60 000-5 000×12
=164 800(元)

境内、境外全部综合所得应纳税额=164 800×20%-16 920
=16 040(元)

(2)境外其他项目所得应纳个人所得税税额:

2023年境外其他所得应纳税额=2 000×20%
=400(元)

(3)2023年在境内预缴个人所得税税额:

2023年预缴税额=(200 000-60 000-5 000×12)×10%-2 520
=5 480(元)

(4)张某在A国、B国和C国所得税抵免限额:

来自A国所得的抵免限额=16 040×(40 000÷284 800)
=2 252.81(元)

张某在A国缴纳的个人所得税10 000元高于抵免限额,因此,按抵免限额2 252.81元抵免。

来自B国所得的抵免限额=16 040×(44 800÷284 800)

$$=2\,523.15(元)$$

张某在 B 国缴纳的个人所得税 9 600 元高于抵免限额，因此，按抵免限额 2 523.15 元抵免。

来自 C 国所得的抵免限额$=2\,000\times20\%$

$$=400(元)$$

张某在 C 国实际缴纳的税款低于抵免限额，因此，按实际缴纳税额 300 元抵免。

(5)汇算清缴应补税额：

应补税额$=16\,040+400-5\,480-2\,252.81-2\,523.15-300$

$$=5\,884.04(元)$$

五、个人所得税的征收管理

(一)代扣代缴

代扣代缴是指税收法律、行政法规已经明确规定负有扣缴义务的单位和个人在支付款项时，代税务机关从支付给负有纳税义务的单位和个人的收入中扣留并向税务机关解缴的行为。

居民个人取得综合所得，按年计算个人所得税；有扣缴义务人的，由扣缴义务人按月或者按次预扣预缴税款。

非居民个人取得工资、薪金所得，劳务报酬所得，稿酬所得和特许权使用费所得，有扣缴义务人的，由扣缴义务人按月或者按次代扣代缴税款，不办理汇算清缴。

扣缴义务人支付利息、股息、红利所得，财产租赁所得，财产转让所得或者偶然所得时，应当依法按次或者按月代扣代缴税款。

扣缴义务人向个人支付(包括现金支付、汇拨支付、转账支付和以有价证券、实物以及其他形式支付)应税款项时，应当依照《个人所得税法》的规定预扣或者代扣税款，按时缴库，并专项记载备查。

非居民个人在一个纳税年度内税款扣缴方法保持不变，达到居民个人的条件时，应当告知扣缴义务人基础信息变化情况，年度终了后按照对居民个人的有关规定办理汇算清缴。

扣缴义务人依法履行代扣代缴义务，纳税人不得拒绝；纳税人拒绝的，扣缴义务人应当及时报告税务机关。

扣缴义务人首次向纳税人支付所得时，应当按照纳税人提供的纳税人识别号等基础信息，填写"个人所得税基础信息表(A 表)"，并于次月扣缴申报时向税务机关报送。

扣缴义务人对纳税人向其报告的相关基础信息的变化情况，应当于次月扣缴申报时向税务机关报送。

对扣缴义务人按照规定扣缴的税款，按年付给 2%的手续费，不包括税务机关、司法机关等查补或者责令补扣的税款。税务机关付给扣缴义务人手续费，应当填开退还书，扣缴义务人凭退还书，按照国库管理有关规定办理退库手续。

(二)纳税申报

1.扣缴纳税申报

扣缴义务人应当按照国家规定办理全员全额扣缴申报，并向纳税人提供其个人所得和已扣缴税款等信息。

全员全额扣缴申报,是指扣缴义务人在代扣税款的次月15日内,向主管税务机关报送其支付所得的所有个人的有关信息、支付所得数额、扣除事项和数额、扣缴税款的具体数额和总额以及其他相关涉税信息资料。

实行个人所得税全员全额扣缴申报的应税所得包括:(1)工资、薪金所得;(2)劳务报酬所得;(3)稿酬所得;(4)特许权使用费所得;(5)利息、股息、红利所得;(6)财产租赁所得;(7)财产转让所得;(8)偶然所得。

扣缴义务人每月或者每次预扣、代扣的税款,应当在次月15日内缴入国库,并向税务机关报送"扣缴个人所得税申报表"。

扣缴义务人未将扣缴的税款解缴入库的,不影响纳税人按照规定申请退税,税务机关应当凭纳税人提供的有关资料办理退税。

2.自行纳税申报

(1)自行纳税申报的范围

有下列情形之一的,纳税人应当依法办理纳税申报:①取得综合所得,需要办理汇算清缴;②取得应税所得,没有扣缴义务人;③取得应税所得,扣缴义务人未扣缴税款;④取得境外所得;⑤因移居境外而注销中国户籍;⑥非居民个人在中国境内从两处以上取得工资、薪金所得;⑦国务院规定的其他情形。

纳税人可以采用远程办税端、邮寄等方式申报,也可以直接到主管税务机关申报。

纳税人办理自行纳税申报时,应当一并报送税务机关要求报送的其他有关资料。

(2)自行纳税申报的地点

①需要办理汇算清缴的纳税人,应当在取得所得的次年3月1日至6月30日,向任职、受雇单位所在地主管税务机关办理纳税申报。纳税人有两处以上任职、受雇单位的,选择向其中一处任职、受雇单位所在地主管税务机关办理纳税申报;纳税人没有任职、受雇单位的,向户籍所在地或经常居住地主管税务机关办理纳税申报。

纳税人办理综合所得汇算清缴,应当准备与收入、专项扣除、专项附加扣除、依法确定的其他扣除、捐赠、享受税收优惠等相关的资料,并按规定留存备查或报送。

②纳税人取得经营所得,按年计算个人所得税,由纳税人在月度或季度终了后15日内,向经营管理所在地主管税务机关办理预缴纳税申报。在取得所得的次年3月31日前,向经营管理所在地主管税务机关办理汇算清缴;从两处以上取得经营所得的,选择向其中一处经营管理所在地主管税务机关办理年度汇总申报。

③纳税人取得应税所得,扣缴义务人未扣缴税款的,应当区别以下情形办理纳税申报:

居民个人取得综合所得的,按照自行申报的地点第①条办理。

非居民个人取得工资、薪金所得,劳务报酬所得,稿酬所得,特许权使用费所得的,应当在取得所得的次年6月30日前,向扣缴义务人所在地主管税务机关办理纳税申报。有两个以上扣缴义务人均未扣缴税款的,选择向其中一处扣缴义务人所在地主管税务机关办理纳税申报。非居民个人在次年6月30日前离境(临时离境除外)的,应当在离境前办理纳税申报。

纳税人取得利息、股息、红利所得,财产租赁所得,财产转让所得和偶然所得的,应当在取得所得的次年6月30日前,按相关规定向主管税务机关办理纳税申报。税务机关通知限期缴纳的,纳税人应当按照期限缴纳税款。

④居民个人从中国境外取得所得的,应当在取得所得的次年3月1日至6月30日,向中国境内任职、受雇单位所在地主管税务机关办理纳税申报;在中国境内没有任职、受雇单位的,向户籍所在地或中国境内经常居住地主管税务机关办理纳税申报;户籍所在地与中国境内经常居住地不一致的,选择其中一地的主管税务机关办理纳税申报;在中国境内没有户籍的,向中国境内经常居住地主管税务机关办理纳税申报。

⑤纳税人因移居境外而注销中国户籍的,应当在申请注销中国户籍前,向户籍所在地主管税务机关办理纳税申报,进行税款清算。

纳税人在注销户籍年度取得综合所得的,应当在注销户籍前,办理当年综合所得的汇算清缴,并报送"个人所得税年度自行纳税申报表"。尚未办理上一年度综合所得汇算清缴的,应当在办理注销户籍纳税申报时一并办理。

纳税人在注销户籍年度取得经营所得的,应当在注销户籍前,办理当年经营所得的汇算清缴,并报送"个人所得税经营所得纳税申报表(B表)"。从两处以上取得经营所得的,还应当一并报送"个人所得税经营所得纳税申报表(C表)"。尚未办理上一年度经营所得汇算清缴的,应当在办理注销户籍纳税申报时一并办理。

纳税人在注销户籍当年取得利息、股息、红利所得,财产租赁所得,财产转让所得和偶然所得的,应当在注销户籍前,申报当年上述所得的完税情况,并报送"个人所得税自行纳税申报表(A表)"。

纳税人有未缴或者少缴税款的,应当在注销户籍前,结清欠缴或未缴的税款。纳税人存在分期缴税且未缴纳完毕的情况的,应当在注销户籍前,结清尚未缴纳的税款。

纳税人办理注销户籍纳税申报时,需要办理专项附加扣除、依法确定的其他扣除的,应当向税务机关报送"个人所得税专项附加扣除信息表""商业健康保险税前扣除情况明细表""个人税收递延型商业养老保险税前扣除情况明细表"等。

⑥非居民个人在中国境内从两处以上取得工资、薪金所得的,应当在取得所得的次月15日内,向其中一处任职、受雇单位所在地主管税务机关办理纳税申报。

(三)纳税期限

居民个人取得综合所得,按年计算个人所得税;有扣缴义务人的,由扣缴义务人按月或者按次预扣预缴税款;需要办理汇算清缴的,应当在取得所得的次年3月1日至6月30日办理汇算清缴。

纳税人取得经营所得,按年计算个人所得税,由纳税人在月度或者季度终了后15日内向税务机关报送纳税申报表并预缴税款,在取得所得的次年3月31日前办理汇算清缴。

纳税人取得应税所得没有扣缴义务人的,应当在取得所得的次月15日内向税务机关报送纳税申报表,并缴纳税款。

纳税人取得应税所得,扣缴义务人未扣缴税款的,纳税人应当在取得所得的次年6月30日前缴纳税款;税务机关通知限期缴纳的,纳税人应当按照期限缴纳税款。

居民个人从中国境外取得所得的,应当在取得所得的次年3月1日至6月30日申报纳税。

非居民个人在中国境内从两处以上取得工资、薪金所得的,应当在取得所得的次月 15 日内申报纳税。

纳税人因移居境外而注销中国户籍的,应当在注销中国户籍前办理税款清算。

扣缴义务人每月或者每次预扣、代扣的税款,应当在次月 15 日内缴入国库,并向税务机关报送扣缴个人所得税申报表。

(四)汇算清缴

取得综合所得需要办理汇算清缴的情形包括:(1)从两处以上取得综合所得,且综合所得年收入额减除专项扣除后的余额超过 6 万元;(2)取得劳务报酬所得、稿酬所得、特许权使用费所得中一项或者多项所得,且综合所得年收入额减除专项扣除的余额超过 6 万元;(3)纳税年度内预缴税额低于应纳税额;(4)纳税人申请退税。

2024 年 1 月 1 日至 2027 年 12 月 31 日居民个人取得的综合所得,年度综合所得收入不超过 12 万元且需要汇算清缴补税的,或者年度汇算清缴补税金额不超过 400 元的,居民个人可免于办理个人所得税综合所得汇算清缴;居民个人取得综合所得时存在扣缴义务人未依法预扣预缴税款情形的除外。

纳税人申请退税,应当提供其在中国境内开设的银行账户,并在汇算清缴地就地办理税款退库。

居民个人办理年度综合所得汇算清缴时,应当依照《个人所得税法》的规定计算劳务报酬所得、稿酬所得、特许权使用费所得的收入额,并入年度综合所得计算应纳税款,多退少补。

纳税人取得经营所得,按年计算个人所得税,由纳税人在月度或者季度终了后 15 日内向税务机关报送纳税申报表并预缴税款,在取得所得的次年 3 月 31 日前办理汇算清缴。

纳税人可以委托扣缴义务人或者其他单位和个人办理汇算清缴。

汇算清缴的具体办法由国务院税务主管部门制定。

(五)特别纳税调整

有下列情形之一的,税务机关有权按照合理方法进行纳税调整:(1)个人与其关联方之间的业务往来不符合独立交易原则而减少本人或者其关联方应纳税额,且无正当理由;(2)居民个人控制的,或者居民个人和居民企业共同控制的设立在实际税负明显偏低的国家(地区)的企业,无合理经营需要,对应当归属于居民个人的利润不做分配或者减少分配;(3)个人实施其他不具有合理商业目的的安排而获取不当税收利益。

税务机关依照上述规定做出纳税调整,需要补征税款的,应当补征税款,并依法加收利息。利息应当按照税款所属纳税申报期最后一日中国人民银行公布的与补税期间同期的人民币贷款基准利率计算,自税款纳税申报期满次日起至补缴税款期限届满之日按日加收。纳税人在补缴税款期限届满前补缴税款的,利息加收至补缴税款之日。

(六)非居民个人和无住所居民个人的相关征管规定

1.关于非居民个人和无住所居民个人预计境内居住时间的规定

非居民个人和无住所居民个人(以下统称"无住所个人")在一个纳税年度内首次申报时,应当根据合同约定等情况预计一个纳税年度内境内居住天数以及在税收协定规定的期间境内停留天数,按照预计情况计算缴纳税款。实际情况与预计情况不符的,分别按照以下规定处理：

（1）无住所个人预先判定为非居民个人，因延长居住天数达到居民个人条件的，一个纳税年度内税款扣缴方法保持不变，年度终了后按照居民个人有关规定办理汇算清缴；但该个人在当年离境且预计年度内不再入境的，可以选择在离境前办理汇算清缴。

（2）无住所个人预先判定为居民个人，因缩短居住天数而不能达到居民个人条件的，自不能达到居民个人条件之日起至年度终了15日内，应当向主管税务机关报告，按照非居民个人重新计算应纳税额，申报补缴税款，不加收税收滞纳金；需要退税的，按照规定办理。

（3）无住所个人预计一个纳税年度境内居住天数累计不超过90日，但实际累计居住天数超过90日的，或者对方税收居民个人预计在税收协定规定的期间境内停留天数不超过183日，但实际停留天数超过183日的，待达到90日或者183日的月度终了后15日内，应当向主管税务机关报告，就以前月份的工资、薪金所得重新计算应纳税款，并补缴税款，不加收税收滞纳金。

2.关于无住所个人境内雇主报告境外关联方支付工资、薪金所得的规定

无住所个人在境内任职、受雇取得来源于境内的工资、薪金所得，凡境内雇主与境外单位或者个人存在关联关系，将本应由境内雇主支付的工资、薪金所得部分或者全部由境外关联方支付的，无住所个人可以自行申报缴纳税款，也可以委托境内雇主代为缴纳税款。无住所个人未委托境内雇主代为缴纳税款的，境内雇主应当在相关所得支付当月终了后15日内向主管税务机关报告相关信息，包括境内雇主与境外关联方对无住所个人的工作安排、境外支付情况以及无住所个人的联系方式等信息。

本章小结

企业所得税是对我国境内的企业和其他取得收入的组织的生产经营所得和其他所得征收的一种税。企业所得税的纳税人分为居民企业和非居民企业，居民企业承担无限纳税义务，非居民企业承担有限纳税义务。

企业所得税实行25%的比例税率，对符合条件的小型微利企业实行20%的优惠税率，对国家需要重点扶持的高新技术企业实行15%的优惠税率。

企业所得税的计税依据为应纳税所得额，应纳税所得额是指企业每一纳税年度的收入总额减除不征税收入、免税收入、各项扣除以及允许弥补的以前年度亏损后的余额。在计算应纳税所得额时，企业财务会计处理办法与税收法律、行政法规的规定不一致的，应当依照税收法律、行政法规的规定计算。企业取得的境外所得已在境外缴纳的所得税税额，可以从其当期应纳税额中抵免，抵免限额为境外所得依照我国税法规定计算的应纳税额；超过抵免限额的部分，可以在以后5个年度内，用每年度抵免限额抵免当年应抵税额后的余额进行抵补。

企业所得税实行按年计算、分月或分季预缴、年终汇算清缴、多退少补的缴税方法。

个人所得税的纳税人分为居民纳税人和非居民纳税人，居民纳税人承担无限纳税义务，非居民纳税人承担有限纳税义务。

个人所得税的征税对象包括：工资、薪金所得；经营所得；劳务报酬所得；稿酬所得；特许

权使用费所得;财产租赁所得;财产转让所得;利息、股息、红利所得;偶然所得9项所得。

居民个人取得上述第一项至第四项所得统称为"综合所得",按纳税年度合并计算个人所得税;非居民个人取得上述第一项至第四项所得,按月或者按次分项计算个人所得税。纳税人取得第五项至第九项所得,依照《个人所得税法》的规定分别计算个人所得税。

个人所得税设置超额累进税率和比例税率。其中,超额累进税率又分为七级超额累进税率和五级超额累进税率,分别适用于综合所得和经营所得,其他个人所得适用20%的比例税率。

居民个人的综合所得以每一纳税年度的收入额减除费用60 000元以及专项扣除、专项附加扣除和依法确定的其他扣除后的余额为应纳税所得额。

专项扣除包括居民个人按照国家规定的范围和标准缴纳的基本养老保险、基本医疗保险、失业保险等社会保险费和住房公积金等。专项附加扣除包括子女教育、继续教育、大病医疗、住房贷款利息、住房租金、赡养老人、3岁以下婴幼儿照护等支出。

复习思考题

1. 哪些项目不允许在企业所得税前扣除?
2. 企业的不征税收入和免税收入有哪些?
3. 企业的境外所得已缴纳税款如何进行抵免?
4. 如何划分个人所得税的居民纳税人和非居民纳税人?
5. 计算个人所得税应纳税所得额时,费用扣除是如何规定的?

第六章　创业：财产行为税类涉税实务

本章导读

财产行为税是以房产、车船和特定行为为征税对象所征收的一类税。这类税收直接调节社会财富，征收比例的高低对我们的生活会产生直接的影响。创业过程中会涉及缴纳房产税、车船税、契税和印花税这四种财产行为税，全面知晓这四种税的现行税收政策规定，可以降低或避免创业过程中缴纳财产行为税方面的税收风险。通过学习，掌握房产税、车船税、契税和印花税税制要素的具体规定，以及应纳税额的计算和征收管理。

第一节　房产税

一、房产税概述

房产税是以房屋为征税对象，以房屋的计税余值或租金收入为计税依据，向房产所有人或经营人征收的一种财产税。

中华人民共和国成立后，中央人民政府政务院于1951年8月颁布了《中华人民共和国城市房地产税暂行条例》，规定对城市中的房屋及占地合并征收房产税和地产税，称为"城市房地产税"。1973年简化税制，把对企业征收的这个税种并入了工商税。对房地产管理部门和个人房屋以及外资企业、中外合资经营企业、中外合作经营企业的房屋，继续保留征收城市房地产税。1984年10月，国务院在推行第二步利改税和改革工商税制时，确定恢复征收房产税。1986年9月15日，国务院正式颁布《中华人民共和国房产税暂行条例》（以下简称《房产税暂行条例》），同年10月1日正式实施。自此，对国内的单位和个人在全国范围内全面征收房产税，城市房地产税只对外商投资企业、外国企业和外籍人员征收。2008年12月31日，国务院公布第546号令，自2009年1月1日起废止《中华人民共和国城市房地产税暂行条例》，外商投资企业、外国企业和外籍人员依照《房产税暂行条例》缴纳房产税。

二、房产税税制要素

（一）房产税的征税对象

房产税以房屋为征税对象。房屋是指有屋面和围护结构（有墙或两边有柱），能够遮风挡雨,可供人们在其中生产、工作、学习、娱乐、居住或储藏物资的场所,包括与房屋不可分割的附属设备或一般不单独计算价值的配套设施,如取暖、通风、卫生、照明、煤气、排水设施、各种管线等。

独立于房屋之外的建筑物,如围墙、烟囱、水塔、变电塔、油池、油柜、酒窖、酒精池、糖蜜池、室外游泳池、玻璃暖房、砖瓦石灰窑以及各种油气罐等,不属于房产。

(二)房产税的征税范围

《房产税暂行条例》规定,房产税在城市、县城、建制镇和工矿区征收。因此,房产税的征税范围为城市、县城、建制镇和工矿区。

城市是指国务院批准设立的市,包括市区、郊区和市辖县县城,但不包括农村。

县城是指未设立建制镇的县人民政府所在地。

建制镇是指经省、自治区、直辖市人民政府批准设立的建制镇,但不包括所辖的行政村。

工矿区是指工商业比较发达、人口比较集中、符合国务院规定的建制镇标准,但尚未设立建镇制的大中型工矿企业所在地。开征房产税的工矿区须经省、自治区、直辖市人民政府批准。

(三)房产税的纳税人

《房产税暂行条例》规定,房产税以在征税范围内的房屋产权所有人为纳税人。

产权属国家所有的,由经营管理单位纳税;产权属集体和个人所有的,由集体单位和个人纳税。

产权出典的,由承典人纳税。所称"产权出典",是指产权所有人将房屋、生产资料等产权,在一定期限内典当给他人使用而取得资金的一种融资业务。

产权所有人、承典人不在房屋所在地的,或者产权未确定及租典纠纷未解决的,由房产代管人或者使用人纳税。

无租使用房产管理部门、免税单位及纳税单位房产的,应由使用人代为缴纳房产税。

产权所有人,简称"产权人""业主",是指拥有房产的单位和个人,即房产使用、收益、出卖、赠送等权利归其所有。承典人,是指以押金形式并付出一定费用,在一定期限内享有房产使用和收益的人。代管人,是指接受产权所有人、承典人的委托代为管理房产或虽未受委托而在事实上已代管房产的人。使用人,是指直接使用房产的人。我国房产税内外统一后,外商投资企业、外国企业和外籍个人也是房产税的纳税人。

(四)房产税的税率

房产税采用比例税率。依据房产计税余值计税的,税率为1.2%;依据房产租金收入计税的,税率为12%。

从2008年3月1日起,对个人出租住房,不区分用途,其租金收入按4%的税率征收房产税。

对企事业单位、社会团体以及其他组织向个人、专业化规模化住房租赁企业出租住房的,减按4%的税率征收房产税。企事业单位、社会团体以及其他组织向个人、专业化规模化住房租赁企业出租利用非居住存量土地和非居住存量房屋(含商业办公用房、工业厂房改造后出租用于居住的房屋)建设的保障性租赁住房,比照适用上述房产税政策。

(五)房产税的减免税规定

根据《房产税暂行条例》及有关规定,房产税的减免税情况主要包括:

(1)国家机关、人民团体、军队自用的房产免征房产税。但上述单位的出租房产以及非自身业务使用的生产、营业用房,不属于免税范围。自用房产是指这些单位自身的办公用房和公务用房。

(2)由国家财政部门拨付事业经费的单位自用的房产。学校、医疗卫生单位、托儿所、幼儿园、敬老院、文化、体育、艺术这些实行全额或差额预算管理的事业单位所有的,本身业务范围内使用的房产免征房产税。但上述单位的附属工厂、商店、招待所等不属于单位公务、业务用房,应照章纳税。

(3)宗教寺庙、公园、名胜古迹自用的房产免征房产税,但其附设的营业单位,如影剧院、饮食部、茶社、照相馆等所使用的房产及出租的房产不在免税范围之内。

(4)个人所有非营业用的房产免征房产税。个人所有的非营业用房,主要是指居民住房,不分面积多少,一律免缴房产税。但个人拥有的营业用房或者出租的房产,应照章纳税。

(5)企业办的各类学校、医院、托儿所、幼儿园自用的房产,可以比照由国家财政部门拨付事业经费的单位自用的房产,免征房产税。

(6)经有关部门鉴定,对毁损不堪居住的房屋和危险房屋,在停止使用后,可免征房产税。

(7)对微利企业和亏损企业的房产,依照规定应征收房产税,以促进企业改善经营管理,提高经济效益,但为了照顾企业的实际负担能力,可由地方根据实际情况在一定期限内暂免征收房产税。

(8)凡是在基建工地为基建工地服务的各种工棚、材料棚、休息棚、办公室、食堂、茶炉房、汽车房等临时性房屋,不论是施工企业自行建造的还是由基建单位出资建造交施工企业使用的,在施工期间一律免征房产税。

(9)房屋大修停用在半年以上的,经纳税人申请,税务机关审核,在大修期间可免征房产税。

(10)老年服务机构自用的房产暂免征收房产税。老年服务机构是指专门为老年人提供生活照料、文化、护理、健康等多方面服务的福利性、非营利性的机构,如老年社会福利院、敬老院(养老院)、老年服务中心、老年公寓等。

(11)对按政府规定价格出租的公有住房和廉租住房,包括企业和自收自支事业单位向职工出租的单位自有住房、房管部门向居民出租的公有住房、落实私房政策中带户发还产权并以政府规定租金标准向居民出租的私有住房等,暂免征收房产税。

(12)对廉租住房经营管理单位按照政府规定价格向规定保障对象出租廉租住房的租金收入,免征房产税。

(13)对行使国家行政管理职能的中国人民银行总行(含国家外汇管理局)所属分支机构自用的房产,免征房产税。

(14)对商品储备管理公司及其直属库承担商品储备业务自用的房产、土地,免征房产税。

(15)高校学生公寓免征房产税。

(16)国家机关、军队、人民团体、财政补助事业单位、居民委员会、村民委员会拥有的体育场馆,用于体育活动的房产,免征房产税。

(17)经费自理事业单位、体育社会团体、体育基金会、体育类民办非企业单位拥有并运营管理的体育场馆,同时符合下列条件的,其用于体育活动的房产,免征房产税:①向社会开放,用于满足公众体育活动需要;②体育场馆取得的收入主要用于场馆的维护、管理和事业发展;③拥有体育场馆的体育社会团体、体育基金会及体育类民办非企业单位,除当年新设立或登记的以外,前一年度登记管理机关的检查结论为"合格"。

(18)企业拥有并运营管理的大型体育场馆,其用于体育活动的房产,减半征收房产税。

(19)自2023年1月1日至2027年12月31日,对增值税小规模纳税人、小型微利企业和个体工商户减半征收房产税。

(20)对公租房免征房产税。

(21)对农产品批发市场、农贸市场专门用于经营农产品的房产,暂免征收房产税。对同时经营其他产品的农产品批发市场和农贸市场使用的房产,按其他产品与农产品交易场地面积的比例确定征免房产税。

(22)对向居民供热收取采暖费的供热企业,为居民供热所使用的厂房免征房产税;对供热企业的其他厂房,应当按照规定征收房产税。

对专业供热企业,按其向居民供热取得的采暖费收入占全部采暖费收入的比例,计算免征的房产税。

对兼营供热企业,视其供热所使用的厂房与其他生产经营活动所使用的厂房是否可以区分,按照不同方法计算免征的房产税。可以区分的,对其供热所使用厂房,按向居民供热取得的采暖费收入占全部采暖费收入的比例,计算免征的房产税。难以区分的,对其全部厂房,按向居民供热取得的采暖费收入占其营业收入的比例,计算免征的房产税。

对自供热单位,按向居民供热建筑面积占总供热建筑面积的比例,计算免征供热所使用的厂房的房产税。

(23)对饮水工程运营管理单位自用的生产、办公用房产,免征房产税。对既向城镇居民供水,又向农村居民供水的饮水工程运营管理单位,依据向农村居民供水量占总供水量的比例免征房产税;无法提供具体比例或所提供数据不实的,不得享受此税收优惠政策。

三、房产税应纳税额的计算

(一)计税依据的确定

房产税实行从价计征和从租计征两种方法,其计税依据分别为房产余值和房屋的租金收入。

1. 经营自用房屋的计税依据

对纳税人经营自用房屋,采用从价计征的办法,其计税依据为房屋原值一次性减除10%～30%的损耗价值以后的余额,具体减除幅度以及是否区别房屋新旧程度分别确定减除幅度,由各省、自治区、直辖市人民政府规定。

(1)房产原值实际上就是房产的造价或购置价格。对依照房产原值计税的房产,不论是否记载在会计账簿"固定资产"科目中,均应按照房屋原价计算缴纳房产税。房屋原价应根据国家有关会计制度的规定进行核算。对纳税人未按国家会计制度的规定核算并记载的,应按规定予以调整或重新评估。没有记载房屋原价的,应由房屋所在地的税务机关参考同类房屋的价值核定。

(2)房产原值应包括与房屋不可分割的各种附属设备或一般不单独计算价值的配套设

施,主要有暖气、卫生、通风、照明、煤气等设备;各种管线,如蒸汽、石油、给水排水等管道及电力、电信、电缆导线;电梯、升降机、过道、晒台;等等。属于房屋附属设备的水管、下水道、暖气管、煤气管等,应从最近的探视井或三通管起计算原值;电灯网、照明线从进线盒连接管起计算原值。

(3)纳税人对房屋进行改建、扩建的,要相应增加房产的原值。

(4)凡以房屋为载体,不可随意移动的附属设备和配套设施,如给排水、采暖、消防、中央空调、电气及智能化楼宇设备等,无论会计核算中是否单独记账与核算,都应计入房产原值,计征房产税。

(5)对于更换房屋附属设备和配套设施的,在将其价值计入房产原值时,可扣减原来相应设备和设施的价值;对附属设备和配套设施中易损坏、需要经常更换的零配件,更新后不再计入房产原值,原零配件的原值也不扣除。

(6)对按照房产原值计税的房产,无论会计上如何核算,房产原值均应包含地价,包括为取得土地使用权而支付的价款、开发土地发生的成本费用等。宗地容积率低于0.5的,按房产建筑面积的2倍计算土地面积,并据此确定计入房产原值的地价。

2.出租房屋的计税依据

纳税人出租房屋,采用从租计征的办法,其计税依据为不含增值税的房屋租金收入。租金收入是房屋产权所有人出租房产使用权所取得的报酬,包括货币收入和实物收入。对以劳务或其他形式作为报酬抵付房租收入的,应根据当地同类房产的租金水平,确定一个标准租金金额从租计征。

纳税人对个人出租房屋的租金收入申报不实或申报数与同一地段同类房屋的租金收入相比明显不合理的,税务部门可以按照《税收征收管理法》的有关规定,采取科学合理的方法核定其应纳税款,具体办法由各省、自治区、直辖市税务机关结合当地实际情况制定。

3.投资联营和融资租赁房产的计税依据

(1)对投资联营的房产,应区别确定房产税的计税依据。对于以房产投资联营、投资者参与投资利润分红、共担风险的,以房产余值作为计税依据计征房产税;对于以房产投资、收取固定收入、不承担联营风险的,实际是以联营名义取得房产租金,应根据《房产税暂行条例》的有关规定由出租方按租金收入计缴房产税。

(2)对融资租赁房屋,租赁费包括购进房屋的价款、手续费、借款利息等,与一般房屋出租的"租金"内涵不同,且租赁期满后,当承租方偿还最后一笔租赁费时,房屋产权要转移到承租方。这实际是一种变相的分期付款购买固定资产的形式,所以在计征房产税时,应以房产余值计算征收,至于租赁期内房产税的纳税人,由当地税务机关根据实际情况确定。

4.居民住宅区内业主共有的经营性房产的计税依据

对居民住宅区内业主共有的经营性房产,由实际经营(包括自营和出租)的代管人或使用人缴纳房产税。其中:自营的,依照房产原值减除10%~30%后的余值计征,没有房产原值或不能将业主共有房产与其他房产的原值准确划分开的,由房产所在地税务机关参照同类房产核定房产原值;出租的,依照租金收入计征。

(二)应纳税额的计算

根据规定,房产税应纳税额的计算方法有以下两种:

1. 从价计征的计算

$$应纳税额 = 应税房产原值 \times (1 - 扣除比例) \times 1.2\%$$

2. 从租计征的计算

$$应纳税额 = 年租金收入 \times 12\%(或 4\%)$$

【例 6-1】 某股份有限公司在其所在城市市区有 3 幢房屋,其中 2 幢用于本公司生产经营,房产账面原值共 1 000 万元,年中对这 2 幢房屋进行装修,花费了 100 万元,还有一幢房屋的账面价值为 300 万元,租给某私营企业,年不含增值税的租金收入为 35 万元。已知该市规定允许按房产原值一次性扣除 30%,计算该股份有限公司应纳的房产税。

自用房屋应纳房产税税额 $= [(1\,000 + 100) \times (1 - 30\%)] \times 1.2\%$
$= 9.24(万元)$

租金收入应纳房产税税额 $= 35 \times 12\%$
$= 4.2(万元)$

该股份有限公司应纳房产税总额 $= 9.24 + 4.2$
$= 13.44(万元)$

四、房产税的征收管理

(一)纳税义务发生时间

纳税人将原有房产用于生产经营,自生产经营当月起缴纳房产税。

纳税人自行新建房屋用于生产经营,自建成的次月起缴纳房产税。

纳税人委托施工企业建设的房屋,自办理验收手续的次月起缴纳房产税。

纳税人购置新建商品房,自房屋交付使用的次月起缴纳房产税。

纳税人购置存量房,自办理房屋权属转移、变更登记手续,房地产权属登记机关签发房屋权属证书的次月起缴纳房产税。

纳税人出租、出借本企业建造的商品房,自房屋使用或交付的次月起缴纳房产税。

房地产开发企业自用、出租、出借本企业建造的商品房,自房屋使用或交付的次月起缴纳房产税。

纳税人因房产的实物或权利状态发生变化而依法终止房产税纳税义务的,其应纳税款的计算应截至房产的实物或权利状态发生变化的当月月末。

(二)纳税期限

房产税实行按年计算、分期缴纳的征收方法,具体纳税期限由省、自治区、直辖市人民政府确定。一般按季度或半年征收一次,在季度或半年内规定某一月份征收,一般上半年在 3 月份缴纳一次,下半年在 9 月份缴纳一次,每次征收期为 1 个月。

(三)纳税地点

房产税在房产所在地缴纳。房产不在同一地方的纳税人,应按房产的坐落地点分别向房产所在地的税务机关纳税。

第二节 车船税

一、车船税概述

车船税是指以中华人民共和国境内的车辆、船舶为征税对象,向车辆、船舶的所有人或者管理人征收的一种税。

1986年9月15日,国务院发布了《中华人民共和国车船使用税暂行条例》,从1986年10月1日起在全国施行,但对外商投资企业和外国企业仍依照《中华人民共和国车船使用牌照税暂行条例》的规定征收车船使用牌照税。2006年12月27日,国务院发布了《中华人民共和国车船税暂行条例》,自2007年1月1日起开征车船税,以取代原车船使用牌照税和车船使用税。现行车船税的法律规范是2011年2月25日第十一届全国人民代表大会常务委员会第十九次会议通过的《中华人民共和国车船税法》(以下简称《车船税法》),2011年11月23日国务院第一百八十二次常务会议通过的《中华人民共和国车船税法实施条例》(自2012年1月1日起施行)。国家税务总局于2015年11月26日发布《车船税管理规程(试行)》,自2016年1月1日起施行。

二、车船税税制要素

(一)车船税的征税范围

车船税的征税范围为"车船税税目税额表"规定的车辆和船舶。这里所称"车辆""船舶",是指依法应当在车船登记管理部门登记的机动车辆和船舶,或者依法不需要在车船登记管理部门登记的在单位内部场所行驶或者作业的机动车辆和船舶。

1.车辆

依据"车船税税目税额表"的规定,应税的车辆分为乘用车、商用车(分为客车和货车,货车包括半挂牵引车、三轮汽车和低速载货汽车)、挂车、其他车辆(包括专用作业车、轮式专用机械车,不包括拖拉机)、摩托车。

乘用车,是指在设计和技术特性上主要用于载运乘客及其随身行李、核定载客人数包括驾驶员在内不超过9人的汽车。

商用车,是指除乘用车外,在设计和技术特性上用于载运乘客、货物的汽车,划分为客车和货车。

客货两用车,又称"多用途货车",是指在设计和结构上主要用于载运货物,但在驾驶员座椅后带有固定或折叠式座椅,可运载3人以上乘客的货车。客货两用车依照货车的计税单位和年基准税额计征车船税。

半挂牵引车,是指装备有特殊装置、用于牵引半挂车的商用车。

三轮汽车,是指最高设计车速不超过每小时50千米、具有三个车轮的货车。

低速载货汽车,是指以柴油机为动力、最高设计车速不超过每小时70千米、具有四个车轮的货车。

挂车,是指就其设计和技术特性,需由汽车或者拖拉机牵引才能正常使用的一种无动力的道路车辆。

专用作业车,是指在其设计和技术特性上用于特殊工作的车辆。

对于在设计和技术特性上用于特殊工作,并配备专用设备或器具的汽车,应认定为专用作业车,如汽车起重机、消防车、混凝土泵车、清障车、高空作业车、洒水车、扫路车等。以载运人员或货物为主要目的的专用汽车不属于专用作业车,如救护车。

轮式专用机械车,是指有特殊结构和专门功能、装有橡胶车轮,可以自行行驶、最高设计车速大于每小时20千米的轮式工程机械车。

摩托车,是指无论采用何种驱动方式,最高设计车速均大于每小时50千米,或者使用内燃机,其排量大于50毫升的两轮或者三轮车辆。

2. 船舶

船舶,是指各类机动、非机动船舶以及其他水上移动装置,但是船舶上装备的救生艇筏和长度小于5米的艇筏除外。船舶分为机动船舶(包括拖船、非机动驳船)和游艇。

机动船舶,是指用机器推进的船舶。

拖船,是指专门用于拖(推)动运输船舶的专业作业船舶。

非机动驳船,是指在船舶登记管理部门登记为驳船的非机动船舶。

游艇,是指具备内置机械推进动力装置,长度在90米以下,主要用于游览观光、休闲娱乐、水上体育运动等活动,并应当具有船舶检验证书和适航证书的船舶。

境内单位和个人租入外国籍船舶的,不征收车船税。境内单位和个人将船舶出租到境外的,应依法征收车船税。

(二)车船税的纳税人

按照规定,车船的所有人或者管理人是车船税的纳税义务人。其中,所有人是指在我国境内拥有车船的单位和个人;管理人是指对车船具有管理权或者使用权、不具有所有权的单位。单位是指行政机关、事业单位、社会团体以及各类企业;个人是指我国境内的居民和外籍个人。

按规定,从事机动车第三者责任强制保险业务的保险机构为机动车车船税的扣缴义务人,应当在收取保险费时依法代收车船税,并出具代收税款凭证。

(三)车船税的税率

车船税实行幅度定额税率,即对征税的车船规定单位幅度税额。车船税的税目和税额见表6—1,具体适用税额由省、自治区、直辖市人民政府在规定的税额幅度内确定。

表6—1　　　　　　　　　　车船税税目税额表

税 目		计税单位	年基准税额	备 注
乘用车[按发动机汽缸容量(排气量)分档]	1.0升(含)以下的	每 辆	60～360元	核定载客人数9人(含)以下
	1.0升以上至1.6升(含)的		300～540元	
	1.6升以上至2.0升(含)的		360～660元	
	2.0升以上至2.5升(含)的		660～1 200元	
	2.5升以上至3.0升(含)的		1 200～2 400元	
	3.0升以上至4.0升(含)的		2 400～3 600元	
	4.0升以上的		3 600～5 400元	

续表

税 目		计税单位	年基准税额	备 注
商用车	客 车	每 辆	480~1 440元	核定载客人数9人以上,包括电车
	货 车	整备质量每吨	16~120元	包括半挂牵引车、三轮汽车和低速载货汽车等
挂 车		整备质量每吨	按照货车税额的50%计算	
其他车辆	专用作业车	整备质量每吨	16~120元	不包括拖拉机
	轮式专用机械车			
摩托车		每 辆	36~180元	
船 舶	机动船舶	净吨位每吨	3~6元	拖船、非机动驳船分别按照机动船舶税额的50%计算
	游 艇	艇身长度每米	600~2 000元	

注:

(1)机动船舶具体适用税额:①净吨位小于或者等于200吨的,每吨3元;②净吨位201~2 000吨的,每吨4元;③净吨位2 001~10 000吨的,每吨5元;④净吨位10 001吨及以上的,每吨6元。拖船按照发动机功率每1 000瓦折合净吨位0.67吨,计算征收车船税。

(2)游艇具体适用税额:①艇身长度不超过10米的,每米600元;②艇身长度超过10米但不超过18米的,每米900元;③艇身长度超过18米但不超过30米的,每米1 300元;④艇身长度超过30米的,每米2 000元;⑤辅助动力帆艇,每米600元。

(四)车船税的减免税规定

1. 法定减免

下列车船免征车船税:

(1)捕捞、养殖渔船,是指在渔业船舶登记管理部门登记为捕捞船或者养殖船的船舶。

(2)军队、武装警察部队专用的车船,是指按照规定在军队、武装警察部队车船登记管理部门登记,并领取军队、武警牌照的车船。

(3)警用车船,是指公安机关、国家安全机关、监狱、劳动教养管理机关、人民法院、人民检察院领取警用牌照的车辆和执行警务的专用船舶。

(4)依照法律规定应当予以免税的外国驻华使领馆、国际组织驻华代表机构及其有关人员的车船。

(5)悬挂应急救援专用号牌的国家综合性消防救援车辆和国家综合性消防救援专用船舶。

(6)经批准临时入境的外国车船和中国香港特别行政区、澳门特别行政区、台湾地区的车船。

2. 特定减免

(1)按照规定缴纳船舶吨税的机动船舶,自《车船税法》实施之日起5年内免征车船税。

(2)依法不需要在车船登记管理部门登记的机场、港口、铁路站场内部行驶或者作业的车船,自《车船税法》实施之日起5年内免征车船税。

(3)对节能汽车,减半征收车船税。减半征收车船税的节能乘用车应是获得许可在中国境内销售的排量为1.6升以下(含1.6升)的燃用汽油、柴油的乘用车(含非插电式混合动力、双燃料和两用燃料乘用车),综合工况燃料消耗量应符合规定标准。

减半征收车船税的节能商用车应是获得许可在中国境内销售的燃用天然气、汽油、柴油的轻型和重型商用车(含非插电式混合动力、双燃料和两用燃料轻型和重型商用车),燃用汽油、柴油的轻型和重型商用车综合工况燃料消耗量应符合规定标准。

(4)对新能源车船,免征车船税。免征车船税的新能源汽车是指纯电动商用车、插电式(含增程式)混合动力汽车、燃料电池商用车。纯电动乘用车和燃料电池乘用车不属于车船税的征税范围,对其不征车船税。

免征车船税的新能源汽车应是获得许可,在中国境内销售的纯电动商用车、插电式(含增程式)混合动力汽车、燃料电池商用车;符合新能源汽车产品技术标准;通过新能源汽车专项检测,符合新能源汽车标准;新能源汽车生产企业或进口新能源汽车经销商在产品质量保证、产品一致性、售后服务、安全监测、动力电池回收利用等方面符合相关要求。

免征车船税的新能源船舶应符合船舶的主推进动力装置为纯天然气发动机。发动机采用微量柴油引燃方式且引燃油热值占全部燃料总热值的比例不超过5%的,视同纯天然气发动机。

(5)对受严重自然灾害影响而纳税困难以及有其他特殊原因确需减税、免税的,可以减征或者免征车船税,具体办法由国务院规定并报全国人民代表大会常务委员会备案。

(6)省、自治区、直辖市人民政府根据当地实际情况,可以对公共交通车船,农村居民拥有并主要在农村地区使用的摩托车、三轮汽车和低速载货汽车定期减征或者免征车船税。

(7)境内单位和个人租入外国籍船舶的,不征收车船税。

(8)国家综合性消防救援车辆由部队号牌改挂应急救援专用号牌的,一次性免征改挂当年的车船税。

三、车船税应纳税额的计算

(一)计税依据的确定

按照车船的种类,车船税采用辆、净吨位、整备质量、艇身长度4种计税依据。

乘用车、商用车客车、摩托车的计税依据为辆。

商用车货车、挂车、专用作业车、轮式专用机械车的计税依据为整备质量吨数。整备质量是指汽车完全装备好的质量,包括润滑油、燃料、随车工具、备胎等所有装置的质量。纳税人无法提供车辆整备质量信息的,整备质量按照总质量与核定载重质量的差额计算。这里所称"总质量",是指汽车装备齐全,并按规定装满客(包括驾驶员)、货时的质量。

机动船舶、拖船、非机动驳船的计税依据为净吨位。净吨位是指按船舶丈量法规规定的船内封闭处的总容积(总吨位)减去驾驶室、轮机间、业务办公室、燃料舱、物料房、压舱间、卫生设备及船员住室等占用容积所剩余的吨位,即实际载货或载客的吨位。1吨位等于2.83立方米。

游艇的计税依据为艇身长度(总长)。

车船税所涉及的排气量、整备质量、核定载客人数、净吨位、千瓦、艇身长度,以车船登记管理部门核发的车船登记证书或者行驶证所载数据为准。

依法不需要办理登记的车船和依法应当登记而未办理登记或者不能提供车船登记证书、行驶证的车船,以车船出厂合格证明或者进口凭证标注的技术参数、数据为准;不能提供车船出厂合格证明或者进口凭证的,由主管税务机关参照国家相关标准核定;没有国家相关标准的,参照同类车船核定。

(二)应纳税额的计算

车船税实行从量定额计税方法。其应纳税额根据不同类型的车船及其适用的计税标准分别计算。具体的计算方法如下:

乘用车应纳税额＝乘用车辆数×适用年税额
商用车客车应纳税额＝商用车客车辆数×适用年税额
商用车货车应纳税额＝整备质量吨数×适用年税额
专用作业车应纳税额＝整备质量吨数×适用年税额
轮式专用机械车应纳税额＝整备质量吨数×适用年税额
摩托车应纳税额＝摩托车辆数×适用年税额
机动船舶应纳税额＝船舶净吨位×适用年税额
游艇应纳税额＝艇身长度米数×适用年税额

整备质量、净吨位、艇身长度等计税单位,有尾数的,一律按照含尾数的计税单位据实计算车船税应纳税额;计算得出的应纳税额小数点后超过两位的,可四舍五入保留两位小数。

乘用车以车辆登记管理部门核发的机动车登记证书或者行驶证书所载的排气量毫升数确定税额区间。

【例6-2】 某公司拥有商用车货车8辆,每辆自重吨数均为5吨;另拥有商用车客车3辆,均为45座。已知该车船税的年税额,商用车货车为每吨80元,商用车客车为每辆880元。计算该公司应缴纳的车船税。

商用车货车应纳税额＝5×8×80
　　　　　　　　　＝3 200(元)
商用车客车应纳税额＝3×880
　　　　　　　　　＝2 640(元)
该公司应纳车船税总额＝3 200＋2 640
　　　　　　　　　　＝5 840(元)

四、车船税的征收管理

(一)纳税义务发生时间

车船税纳税义务发生时间为取得车船所有权或者管理权的当月,即以购买车船的发票或者其他证明文件所载日期的当月作为车船税的纳税义务发生时间,或者以实际控制和管理车船的当月作为车船税纳税义务的发生时间。对无法提供车船购置发票的,主管税务机关有权核定其纳税义务发生时间。

购置的新车船,购置当年的应纳税额自纳税义务发生的当月起按月计算。应纳税额为年应纳税额除以12再乘以应纳税月份数。

在一个纳税年度内,已完税的车船被盗抢、报废、灭失的,纳税人可以凭有关管理机关出具的证明和完税凭证,向纳税所在地的主管税务机关申请退还自被盗抢、报废、灭失月份起至该纳税年度终了期间的税款。

已办理退税的被盗抢车船失而复得的,纳税人应当从公安机关出具相关证明的当月起计算缴纳车船税。

已缴纳车船税的车船在同一纳税年度内办理转让过户的,不另纳税,也不退税。

(二)税款征收

车船税按年申报,分月计算,一次性缴纳,具体申报纳税期限由省、自治区、直辖市人民政府规定。

纳税人向税务机关申报车船税,税务机关应当受理,并向纳税人开具含车船信息的完税凭证。税务机关征收车船税的,应当严格依据车船登记地确定征管范围。依法不需要办理登记的车船,应当依据车船的所有人或管理人所在地确定征管范围。车船登记地或车船所有人或管理人所在地以外的车船税,税务机关不应征收。

保险机构应当在收取机动车第三者责任强制保险费时依法代收车船税,并将注明已收税款信息的机动车第三者责任强制保险单及保费发票作为代收税款凭证。

保险机构应当按照本地区车船税代收代缴管理办法规定的期限和方式,及时向保险机构所在地的税务机关办理申报、结报手续,报送代收代缴税款报告表和投保机动车缴税的明细信息。

对已经向主管税务机关申报缴纳车船税的纳税人,保险机构在销售机动车第三者责任强制保险时,不再代收车船税,但应当根据纳税人的完税凭证原件,将车辆的完税凭证号和出具该凭证的税务机关名称录入交强险业务系统。

对出具税务机关减免税证明的车辆,保险机构在销售机动车第三者责任强制保险时,不代收车船税,保险机构应当将减免税证明号和出具该证明的税务机关名称录入交强险业务系统。

纳税人对保险机构代收代缴税款数额有异议的,可以直接向税务机关申报缴纳,也可以在保险机构代收代缴税款后向税务机关提出申诉,税务机关应在接到纳税人申诉后按照本地区代收代缴管理办法规定的受理程序和期限进行处理。

在车船税联网征收系统已上线地区,税务机关应当及时将征收信息、减免税信息、保险机构和代征单位汇总解缴信息等传递至车船税联网征收系统,与税源数据库中的历史信息进行比对核验,实现税源数据库数据的实时更新、校验、清洗,以确保车船税足额收缴。

税务机关可以根据有利于税收管理和方便纳税的原则,委托交通运输部门的海事管理机构等单位在办理车船登记手续或受理车船年度检验信息报告时代征车船税,同时向纳税人出具代征税款凭证。

代征单位应当根据委托代征协议约定的方式、期限及时将代征税款解缴入库,并向税务机关提供代征车船的明细信息。

代征单位对出具税务机关减免税证明或完税凭证的车船,不再代征车船税。代征单位应当记录上述凭证的凭证号和出具该凭证的税务机关名称,并将上述凭证的复印件存档备查。

公安、交通运输、农业、渔业等车船登记管理部门、船舶检验机构和车船税扣缴义务人的行业主管部门,应当在提供车船的有关信息等方面协助税务机关,加强对车船税的征收管理。

车辆所有人或者管理人在申请办理车辆相关登记、定期检验手续时,应当向公安机关交通管理部门提交依法纳税或者免税证明。公安机关交通管理部门核查后办理相关手续。

(三)纳税地点

纳税人自行申报缴纳车船税的,纳税地点为车船登记地的主管税务机关所在地;依法不需要办理登记的车船,纳税地点为车船的所有人或者管理人主管税务机关所在地;扣缴义务人代收代缴车船税的,纳税地点为扣缴义务人所在地。

第三节 契 税

一、契税概述

契税是指在土地、房屋权属发生转移变动时,向产权承受人征收的一种财产税。

中华人民共和国成立后,政务院于1950年4月发布了《中华人民共和国契税暂行条例》,规定对土地、房屋的买卖、典当、赠与和交换征收契税。社会主义改造完成后,国家调整了土地、房屋管理政策,同时对《中华人民共和国契税暂行条例》进行了修改,规定对公有单位承受土地、房屋免征契税,使得契税的征收范围大为缩小。实行改革开放后,国家重新调整了土地、房屋管理政策,房地产市场逐步得到恢复和发展。为适应形势的发展,从1990年开始,全国契税工作全面恢复。国务院于1997年7月7日发布了《中华人民共和国契税暂行条例》,同年10月1日起在全国范围内实施。2020年8月11日第十三届全国人民代表大会常务委员会第二十一次会议通过《中华人民共和国契税法》,自2021年9月1日起施行。

二、契税税制要素

(一)契税的征税范围

契税的征税范围为发生土地使用权和房屋所有权权属转移的土地和房屋。

转移土地、房屋权属是指下列行为:(1)土地使用权出让;(2)土地使用权转让,包括出售、赠与、互换,不包括土地承包经营权和土地经营权的转移;(3)房屋买卖、赠与、互换。

以作价投资(入股)、偿还债务、划转、奖励等方式转移土地、房屋权属的,应当按规定征收契税。

发生下列情形,土地、房屋权属转移的,承受方应当依法缴纳契税:(1)因共有不动产份额变化的;(2)因共有人增加或者减少的;(3)因人民法院、仲裁委员会的生效法律文书或者监察机关出具的监察文书等因素而发生土地、房屋权属转移的。

(二)契税的纳税人

在中华人民共和国境内转移土地、房屋权属,承受的单位和个人为契税的纳税人。

(三)契税的税率

契税实行3%~5%的幅度比例税率。对个人购买保障性住房,减按1%的税率征收契税。

契税的具体适用税率由省、自治区、直辖市人民政府在上述规定的税率幅度内提出，报同级人民代表大会常务委员会决定，并报全国人民代表大会常务委员会和国务院备案。

省、自治区、直辖市可依照上述规定的程序对不同主体、不同地区、不同类型住房的权属转移确定差别税率。

（四）契税的减免税规定

1.下列情形免征契税

(1)国家机关、事业单位、社会团体、军事单位承受土地、房屋权属用于办公、教学、医疗、科研、军事设施。

(2)非营利性的学校、医疗机构、社会福利机构承受土地、房屋权属用于办公、教学、医疗、科研、养老、救助。

(3)承受荒山、荒地、荒滩土地使用权用于农、林、牧、渔业生产。

(4)婚姻关系存续期间夫妻之间变更土地、房屋权属。

(5)法定继承人通过继承承受土地、房屋权属。

(6)依照法律规定应当予以免税的外国驻华使馆、领事馆和国际组织驻华代表机构承受土地、房屋权属。

(7)夫妻因离婚分割共同财产而发生土地、房屋权属变更。

(8)城镇职工按规定第一次购买公有住房。

公有制单位为解决职工住房而采取集资建房方式建成的普通住房或由单位购买的普通商品住房，经县级以上地方人民政府房改部门批准，按照国家房改政策出售给本单位职工的，如属职工首次购买住房，则比照公有住房免征契税。

已购公有住房经补缴土地出让价款成为完全产权住房的，免征契税。

(9)外国银行分行按照《中华人民共和国外资银行管理条例》等相关规定改制为外商独资银行（或其分行），改制后的外商独资银行（或其分行）承受原外国银行分行的房屋权属。

(10)银行业金融机构、金融资产管理公司接收抵债资产。

(11)公租房经营管理单位购买住房作为公租房。

(12)保障性住房经营管理单位回购保障性住房继续作为保障性住房房源。

(13)对为建设饮水工程而承受土地使用权的饮水工程运营管理单位，免征契税。但对既向城镇居民供水，又向农村居民供水的饮水工程运营管理单位，依据向农村居民供水量占总供水量的比例免征契税；无法提供具体比例或所提供数据不实的，不得享受此税收优惠政策。

(14)企业、事业单位改制重组契税的减免规定：

①企业按照《中华人民共和国公司法》有关规定整体改制，包括非公司制企业改制为有限责任公司或股份有限公司，有限责任公司变更为股份有限公司，股份有限公司变更为有限责任公司，原企业投资主体存续并在改制（变更）后的公司中所持股权（股份）比例超过75%，且改制（变更）后公司承继原企业权利、义务的，对改制（变更）后公司承受原企业土地、房屋权属，免征契税。

②事业单位按照国家有关规定改制为企业，原投资主体存续并在改制后企业中出资（股

权、股份)比例超过50%的,对改制后企业承受原事业单位土地、房屋权属,免征契税。

③两家或两家以上公司,依照法律规定、合同约定,合并为一家公司,且原投资主体存续的,对合并后的公司承受原合并各方土地、房屋权属,免征契税。

④公司依照法律规定、合同约定分立为两个或两个以上与原公司投资主体相同的公司,对分立后公司承受原公司土地、房屋权属,免征契税。

⑤企业依照有关法律法规的规定实施破产,债权人(包括破产企业职工)承受破产企业抵偿债务的土地、房屋权属,免征契税;对非债权人承受破产企业土地、房屋权属,凡按照《中华人民共和国劳动法》等国家有关法律法规政策妥善安置原企业全部职工规定,与原企业全部职工签订服务年限不少于3年的劳动用工合同的,对其承受所购企业土地、房屋权属,免征契税;与原企业超过30%的职工签订服务年限不少于3年的劳动用工合同的,减半征收契税。

⑥对承受县级以上人民政府或国有资产管理部门按规定进行行政性调整、划转国有土地、房屋权属的单位,免征契税;同一投资主体内部所属企业之间土地、房屋权属的划转,包括母公司与其全资子公司之间,同一公司所属全资子公司之间,同一自然人与其设立的个人独资企业、一人有限公司之间土地、房屋权属的划转,免征契税;母公司以土地、房屋权属向其全资子公司增资,视同划转,免征契税。

⑦经国务院批准实施债权转股权的企业,对债权转股权后新设立的企业承受原企业的土地、房屋权属,免征契税。

⑧在股权(股份)转让中,单位、个人承受公司股权(股份),公司土地、房屋权属不发生转移,不征收契税。

根据国民经济和社会发展的需要,国务院对居民住房需求保障、企业改制重组、灾后重建等情形可以规定免征或者减征契税,报全国人民代表大会常务委员会备案。

2.省、自治区、直辖市决定下列情形免征或者减征契税

(1)因土地、房屋被县级以上人民政府征收、征用,重新承受土地、房屋权属。

(2)因不可抗力而灭失住房,重新承受住房权属。

免征或者减征契税的具体办法由省、自治区、直辖市人民政府提出,报同级人民代表大会常务委员会决定,并报全国人民代表大会常务委员会和国务院备案。

纳税人改变有关土地、房屋的用途,或者有其他不再属于规定的免征、减征契税情形的,应当缴纳已经免征、减征的税款。

三、契税应纳税额的计算

(一)计税依据的确定

1.计税依据的一般规定

(1)土地使用权出让、出售,房屋买卖,为土地、房屋权属转移合同确定的成交价格,包括应交付的货币以及实物、其他经济利益对应的价款。

(2)土地使用权互换、房屋互换,为所互换的土地使用权、房屋价格的差额。

(3)土地使用权赠与、房屋赠与以及其他没有价格的转移土地、房屋权属行为,为税务机关参照土地使用权出售、房屋买卖的市场价格依法核定的价格。

纳税人申报的成交价格、互换价格差额明显偏低且无正当理由的,由税务机关依照《税收征收管理法》的规定核定。税务机关依法核定计税价格,应参照市场价格,采用房地产价格评估等合理方法确定。

以作价投资(入股)、偿还债务等应交付经济利益的方式转移土地、房屋权属的,参照土地使用权出让、出售或房屋买卖确定契税的适用税率、计税依据等。

以划转、奖励等没有价格的方式转移土地、房屋权属的,参照土地使用权或房屋赠与确定契税的适用税率、计税依据等。

2.计税依据的具体规定

(1)以划拨方式取得的土地使用权,经批准改为以出让方式重新取得该土地使用权的,应由该土地使用权人以补缴的土地出让价款为计税依据缴纳契税。

(2)先以划拨方式取得土地使用权,后经批准转让房地产,划拨土地性质改为出让的,承受方应分别以补缴的土地出让价款和房地产权属转移合同确定的成交价格为计税依据缴纳契税。

(3)先以划拨方式取得土地使用权,后经批准转让房地产,划拨土地的性质未发生改变的,承受方应以房地产权属转移合同确定的成交价格为计税依据缴纳契税。

(4)土地使用权及所附建筑物、构筑物等(包括在建的房屋、其他建筑物、构筑物和其他附着物)转让的,计税依据为承受方应交付的总价款。

(5)土地使用权出让的,计税依据包括土地出让金、土地补偿费、安置补助费、地上附着物和青苗补偿费、征收补偿费、城市基础设施配套费、实物配建房屋等应交付的货币、实物、其他经济利益对应的价款。

(6)房屋附属设施(包括停车位、机动车库、非机动车库、顶层阁楼、储藏室及其他房屋附属设施)与房屋为同一不动产单元的,计税依据为承受方应交付的总价款,并适用与房屋相同的税率;房屋附属设施与房屋为不同不动产单元的,计税依据为转移合同确定的成交价格,并按当地确定的适用税率计税。

(7)承受已装修房屋的,应将包括装修费用在内的费用计入承受方应交付的总价款。

(8)土地使用权互换、房屋互换,互换价格相等的,互换双方的计税依据为零;互换价格不相等的,以其差额为计税依据,由支付差额的一方缴纳契税。

(9)契税的计税依据不包括增值税,具体情形如下:①土地使用权出售、房屋买卖,承受方计征契税的成交价格不含增值税;实际取得增值税发票的,成交价格以发票上注明的不含税价格确定。②土地使用权互换、房屋互换,契税的计税依据为不含增值税价格的差额。③税务机关核定的契税计税价格为不含增值税价格。

土地、房屋权属转让方免征增值税的,承受方计征契税的成交价格不扣减增值税税额。

(二)应纳税额的计算

契税应纳税额的计算公式如下:

$$契税应纳税额 = 计税依据 \times 税率$$

应纳税额以人民币计算。转移土地、房屋权属以外汇结算的,应按照纳税义务发生日中国人民银行公布的人民币市场汇率中间价折合成人民币计算。

【例6-3】 居民刘某将其闲置的一套住房卖给居民陈某,协议不含增值税成交价格为300 000元;另外,居民刘某还将一套现住房与居民李某进行交换,刘某现住房价值为400 000元,李某的住房价值为500 000元。假设刘某和李某均不满足享受增值税优惠的条件,按个人适用的5%的增值税征收率征收增值税,当地根据规定授权确定的契税税率为3%。计算刘某、陈某和李某分别应纳的契税。

陈某应纳契税＝300 000×3%
　　　　　　＝9 000(元)
刘某应纳契税＝100 000÷(1＋5%)×3%
　　　　　　＝2 857.14(元)

李某不需要缴纳契税。

【例6-4】 2023年10月,王女士从开发商(该开发商适用的增值税税率为9%)购买了一套附带车位的住房,合同总价款为500万元,其中,车位价款为20万元。已知王女士所在地确定的住房契税税率为3%,非住房契税税率为4%。假设王女士购买的房屋不符合享受税收优惠的情形,其车位与住房登记在同一份不动产产权证上,且对应唯一的不动产单元号。计算王女士10月份应缴纳的契税。

王女士应纳契税＝500÷(1＋9%)×3%
　　　　　　　＝13.76(万元)

四、契税的征收管理

(一)纳税义务发生时间

契税的纳税义务发生时间为纳税人签订土地、房屋权属转移合同的当日,或者纳税人取得其他具有土地、房屋权属转移合同性质的凭证的当日。

因人民法院、仲裁委员会的生效法律文书或者监察机关出具的监察文书等而发生土地、房屋权属转移的,纳税义务发生时间为法律文书等生效的当日。

因改变土地、房屋用途等情形而应当缴纳已经减征、免征的契税的,纳税义务发生时间为改变有关土地、房屋用途等情形的当日。

因改变土地性质、容积率等土地使用条件而需补缴土地出让价款,应当缴纳契税的,纳税义务发生时间为改变土地使用条件的当日。

发生上述情形,按规定不再需要办理土地、房屋权属登记的,纳税人应自纳税义务发生之日起90日内申报缴纳契税。

(二)纳税申报

纳税人应当在依法办理土地、房屋权属登记手续前申报缴纳契税。契税申报以不动产单元为基本单位。

纳税人办理纳税事宜后,税务机关应当开具契税完税凭证。纳税人办理土地、房屋权属登记,不动产登记机构应当查验契税完税、减免税凭证或者有关信息;未按照规定缴纳契税的,不动产登记机构不予办理土地、房屋权属登记。

在依法办理土地、房屋权属登记前,权属转移合同、权属转移合同性质的凭证不生效、无效、被撤销或者被解除的,纳税人可以向税务机关申请退还已缴纳的税款,税务机关应当依法办理。

税务机关应当与相关部门建立契税涉税信息共享和工作配合机制。自然资源、住房和城乡建设、民政、公安等相关部门应当及时向税务机关提供与转移土地、房屋权属有关的信息,协助税务机关加强对契税的征收管理。

各地税务机关应与当地房地产管理部门加强协作,采用不动产登记、交易和缴税一窗受理等模式,持续优化契税申报缴纳流程,共同做好契税征收与房地产管理衔接工作。

(三)纳税地点

契税纳税人应向土地、房屋所在地的税务机关办理纳税申报事宜。

(四)退税管理

纳税人缴纳契税后发生下列情形的,可依照有关法律、法规申请退税:(1)因人民法院判决或者仲裁委员会裁决导致土地、房屋权属转移行为无效、被撤销或者被解除,且土地、房屋权属变更至原权利人的;(2)在出让的土地使用权交付时,因容积率调整或实际交付面积小于合同约定面积而需退还土地出让价款的;(3)在新建商品房交付时,因实际交付面积小于合同约定面积而需返还房价款的。

第四节 印花税

一、印花税概述

印花税是以在中华人民共和国境内的经济活动和经济交往中书立的应税凭证和证券交易为征税对象所征收的一种税。印花税是一种具有行为税性质的凭证税,凡发生书立应税凭证和证券交易的行为,就必须依法履行纳税义务。印花税因其一般采用在应税凭证上粘贴印花税票的方法缴纳税款而得名。

中华人民共和国成立以后,政务院于1950年发布《中华人民共和国印花税暂行条例》,在全国范围内开征印花税;1958年简化税制时,将印花税并入工商统一税,印花税不再单设税种征收。党的十一届三中全会以后,在经济活动中依法书立、领受各种经济凭证已成为普遍现象,重新开征印花税不仅是必要的,而且具备了一定的条件。国务院于1988年8月6日颁布《中华人民共和国印花税暂行条例》,自同年10月1日起施行。2021年6月10日第十三届全国人民代表大会常务委员会第二十九次会议通过《中华人民共和国印花税法》(以下简称《印花税法》),自2022年7月1日起施行。

二、印花税税制要素

(一)印花税的征税范围

印花税的征税范围为在中华人民共和国境内书立应税凭证和证券交易,具体征税范围如下:

1. 应税凭证

应税凭证,是指"印花税税目税率表"列明的合同、产权转移书据和营业账簿。

(1)合同

合同包括借款合同、融资租赁合同、买卖合同、承揽合同、建设工程合同、运输合同、技术合同、租赁合同、保管合同、仓储保管合同、财产保险合同。

企业之间书立的确定买卖关系、明确买卖双方权利义务的订单、要货单等单据,且未另外书立买卖合同的,应当按规定缴纳印花税。

发电厂与电网之间、电网与电网之间书立的购售电合同,应当按买卖合同税目缴纳印花税。

下列凭证不属于印花税的征收范围:①人民法院的生效法律文书,仲裁机构的仲裁文书,监察机关的监察文书;②县级以上人民政府及其所属部门按照行政管理权限征收、收回或者补偿安置房地产书立的合同、协议或者行政类文书;③总公司与分公司、分公司与分公司之间书立的作为执行计划使用的凭证。

(2)产权转移书据

产权转移书据包括土地使用权出让书据,土地使用权、房屋等建筑物和构筑物所有权转让书据(不包括土地承包经营权和土地经营权转移),股权转让书据(不包括应缴纳证券交易印花税的),商标专用权、著作权、专利权、专有技术使用权转让书据。

(3)营业账簿

营业账簿属于财务会计账簿,是指单位或者个人按照财务会计制度的要求设置的、用于记载生产经营活动的财务会计账册。按照《印花税法》的规定,目前只对资金账簿反映生产经营单位"实收资本"和"资本公积"的金额征收印花税,对其他营业账簿不征收印花税。

2. 证券交易

证券交易,是指转让在依法设立的证券交易所、国务院批准的其他全国性证券交易场所交易的股票和以股票为基础的存托凭证。

(二)印花税的纳税人

在中华人民共和国境内书立应税凭证、进行证券交易的单位和个人,为印花税的纳税人;证券交易印花税对证券交易的出让方征收,不对受让方征收。

在中华人民共和国境外书立、在境内使用应税凭证的单位和个人,也是印花税的纳税人。

书立应税凭证的纳税人,为对应税凭证有直接权利义务关系的单位和个人;采用委托贷款方式书立借款合同的纳税人,为受托人和借款人,不包括委托人;按"买卖合同"或者"产权转移书据"税目缴纳印花税的拍卖成交确认书的纳税人,为拍卖标的的产权人和买受人,不包括拍卖人。

(三)印花税的税率

现行印花税采用比例税率,具体税目和税率见表6—2。

(四)印花税的减免税规定

1. 下列免征或减征印花税:(1)应税凭证的副本或者抄本;(2)依照法律规定应当予以免税的外国驻华使馆、领事馆和国际组织驻华代表机构为获得馆舍而书立的应税凭证;(3)中国人民解放军、中国人民武装警察部队书立的应税凭证;(4)农民、家庭农场、农民专业合作社、农村集体经济组织、村民委员会购买农业生产资料或者销售农产品书立的买卖合同和农业保险合同;(5)无息或者贴息借款合同、国际金融组织向中国提供优惠贷款书立的借款合同;

表 6-2　　　　　　　　　　　印花税税目税率表

税 目		税 率	备 注
合同（书面合同）	借款合同	借款金额的 0.5‰	指银行业金融机构、经国务院银行监督管理机构批准设立的其他金融机构与借款人（不包括同业拆借）签订的借款合同
	融资租赁合同	租金的 0.5‰	
	买卖合同	价款的 3‰	指动产买卖合同（不包括个人书立的动产买卖合同）
	承揽合同	报酬的 3‰	
	建设工程合同	价款的 3‰	
	运输合同	运输费用的 3‰	指货运合同和多式联运合同（不包括管道运输合同）
	技术合同	价款、报酬或者使用费的 3‰	不包括专利权、专有技术使用权转让书据
	租赁合同	租金的 1‰	
	保管合同	保管费的 1‰	
	仓储合同	仓储费的 1‰	
	财产保险合同	保险费的 1‰	不包括再保险合同
产权转移书据	土地使用权出让书据	价款的 5‰	转让包括买卖（出售）、继承、赠与、互换、分割
	土地使用权、房屋等建筑物和构筑物所有权转让书据（不包括土地承包经营权和土地经营权转移）	价款的 5‰	
	股权转让书据（不包括应缴纳证券交易印花税的）	价款的 5‰	
	商标专用权、著作权、专利权、专有技术使用权转让书据	价款的 3‰	
营业账簿		实收资本（股本）、资本公积合计金额的 2.5‰	
证券交易		成交金额的 1‰	

注：自 2023 年 8 月 28 日起，证券交易印花税实施减半征收。

(6)财产所有权人将财产赠与政府、学校、社会福利机构、慈善组织书立的产权转移书据；(7)非营利性医疗卫生机构采购药品或者卫生材料书立的买卖合同；(8)个人与电子商务经营者订立的电子订单；(9)金融机构与小型企业、微型企业签订的借款合同。

2. 对银行业金融机构、金融资产管理公司接收、处置抵债资产过程中涉及的合同、产权转移书据和营业账簿免征印花税，对合同或产权转移书据其他各方当事人应缴纳的印花税照章征收。

3. 自 2023 年 1 月 1 日至 2027 年 12 月 31 日，对增值税小规模纳税人、小型微利企业和个体工商户减半征收印花税(不含证券交易印花税)。

4. 对公租房经营管理单位免征建设、管理公租房涉及的印花税。在其他住房项目中配套建设公租房,按公租房建筑面积占总建筑面积的比例免征建设、管理公租房涉及的印花税。

5. 公租房经营管理单位购买住房作为公租房,免征印花税。

6. 对公租房租赁双方免征签订租赁协议涉及的印花税,免征印花税。

7. 对商品储备管理公司及其直属库营业账簿免征印花税;对其承担商品储备业务过程中书立的买卖合同免征印花税,对合同其他各方当事人应缴纳的印花税照章征税。

8. 对与高校学生签订的高校学生公寓租赁合同,免征印花税。

9. 对饮水工程运营管理单位为建设饮水工程取得土地使用权而签订的产权转移书据,以及与施工单位签订的建设工程合同,免征印花税。但对既向城镇居民供水,又向农村居民供水的饮水工程运营管理单位,依据向农村居民供水量占总供水量的比例免征印花税;无法提供具体比例或所提供数据不实的,不得享受此税收优惠政策。

10. 对保障性住房经营管理单位与保障性住房相关的印花税,以及保障性住房购买人涉及的印花税予以免征。在商品住房等开发项目中配套建造保障性住房的,依据政府部门出具的相关材料,可按保障性住房建筑面积占总建筑面积的比例免征印花税。

11. 对保险保障基金公司的下列应税凭证,免征印花税:(1)新设立的营业账簿;(2)在对保险公司进行风险处置和破产救助过程中签订的产权转移书据;(3)在对保险公司进行风险处置过程中与中国人民银行签订的再贷款合同;(4)以保险保障基金自有财产和接收的受偿资产与保险公司签订的财产保险合同。

对与保险保障基金公司签订上述产权转移书据或应税合同的其他当事人照章征收印花税。

根据国民经济和社会发展的需要,国务院对居民住房需求保障、企业改制重组、破产、支持小微企业发展等情形可以规定减征或者免征印花税,报全国人民代表大会常务委员会备案。

三、印花税应纳税额的计算

(一)计税依据确定的一般规定

1. 应税合同的计税依据为合同所列金额,不包括列明的增值税税款。
2. 应税产权转移书据的计税依据为产权转移书据所列金额,不包括列明的增值税税款。
3. 应税营业账簿的计税依据为账簿记载的实收资本(股本)、资本公积合计金额。
4. 证券交易的计税依据为成交金额。

应税合同、产权转移书据未列明金额的,印花税的计税依据按照实际结算的金额确定。

计税依据按照上述规定仍不能确定的,按照书立合同、产权转移书据时的市场价格确定;依法应当执行政府定价或者政府指导价的,按照国家有关规定确定。

证券交易无转让价格的,按照办理过户登记手续时该证券前一个交易日收盘价计算确定计税依据;无收盘价的,按照证券面值计算确定计税依据。

(二)计税依据确定的具体规定

同一应税合同、应税产权转移书据中涉及两方以上纳税人,且未列明纳税人各自涉及金额的,以纳税人平均分摊的应税凭证所列金额(不包括列明的增值税税款)确定计税依据。

应税合同、应税产权转移书据所列的金额与实际结算金额不一致,不变更应税凭证所列金额的,以所列金额为计税依据;变更应税凭证所列金额的,以变更后的所列金额为计税依据。已缴纳印花税的应税凭证,变更后所列金额增加的,纳税人应当就增加部分的金额补缴印花税;变更后所列金额减少的,纳税人可以就减少部分的金额向税务机关申请退还或者抵缴印花税。

因应税凭证列明的增值税税款计算错误而导致应税凭证的计税依据减少或者增加的,纳税人应当按规定调整应税凭证列明的增值税税款,重新确定应税凭证计税依据。已缴纳印花税的应税凭证,调整后计税依据增加的,纳税人应当就增加部分的金额补缴印花税;调整后计税依据减少的,纳税人可以就减少部分的金额向税务机关申请退还或者抵缴印花税。

纳税人转让股权的印花税计税依据,按照产权转移书据所列的金额(不包括列明的认缴后尚未实际出资的部分)确定。

境内的货物多式联运,采用在起运地统一结算全程运费的,以全程运费作为运输合同的计税依据,由起运地运费结算的双方缴纳印花税;采用分程结算运费的,以分程的运费作为计税依据,分别由办理运费结算的各方缴纳印花税。

(三)应纳税额的计算

印花税的应纳税额按照计税依据乘以适用税率计算。其计算公式如下:

应纳税额＝印花税的计税依据×适用税率

同一应税凭证载有两个以上税目事项并分别列明金额的,按照各自适用的税目、税率分别计算应纳税额;未分别列明金额的,从高适用税率。

同一应税凭证由两方以上当事人书立的,按照各自涉及的金额分别计算应纳税额。

已缴纳印花税的营业账簿,以后年度记载的实收资本(股本)、资本公积合计金额相比已缴纳印花税的实收资本(股本)、资本公积合计金额增加的,按照增加部分计算应纳税额。

【例6—5】 某食品公司与其他企业订立转移商标专用权书据1份,所载金额为90万元;订立产品买卖合同1份,所载金额为50万元;订立借款合同1份,所载金额为80万元;企业的营业账簿中"实收资本""资本公积"为600万元。计算该公司应缴纳的印花税税额。

公司订立商标专用权书据应纳税额＝900 000×3‰
　　　　　　　　　　　　　＝270(元)

公司订立买卖合同应纳税额＝500 000×3‰
　　　　　　　　　　＝150(元)

公司订立借款合同应纳税额＝800 000×0.5‰
　　　　　　　　　　＝40(元)

公司记载资金的账簿应纳税额＝6 000 000×2.5‰
　　　　　　　　　　　＝1 500(元)

该食品公司应纳印花税税额＝270+150+40+1 500
　　　　　　　　　　　＝1 960(元)

四、印花税的征收管理

(一)纳税义务发生时间

印花税的纳税义务发生时间为纳税人书立应税凭证或者完成证券交易的当日。证券交易印花税扣缴义务发生时间为证券交易完成的当日。

(二)纳税地点

纳税人为单位的,应当向其机构所在地的主管税务机关申报缴纳印花税;纳税人为个人的,应当向应税凭证书立地或者纳税人居住地的主管税务机关申报缴纳印花税。

不动产产权发生转移的,纳税人应当向不动产所在地的主管税务机关申报缴纳印花税。

纳税人为境外单位或者个人,在境内有代理人的,以其境内代理人为扣缴义务人。境外单位或者个人的境内代理人应当按规定扣缴印花税,向境内代理人机构所在地(居住地)的主管税务机关申报解缴税款。

纳税人为境外单位或者个人,在境内没有代理人的,纳税人应当自行申报缴纳印花税。境外单位或者个人可以向资产交付地、境内服务提供方或者接受方所在地(居住地)、书立应税凭证的境内书立人所在地(居住地)主管税务机关申报缴纳;涉及不动产产权转移的,应当向不动产所在地主管税务机关申报缴纳。

证券登记结算机构为证券交易印花税的扣缴义务人,应当向其机构所在地的主管税务机关申报解缴税款以及银行结算的利息。

(三)纳税期限

印花税按季、按年或者按次计征。实行按季、按年计征的,纳税人应当自季度、年度终了之日起 15 日内申报缴纳税款;实行按次计征的,纳税人应当自纳税义务发生之日起 15 日内申报缴纳税款。

应税合同、产权转移书据的印花税可以按季或者按次申报缴纳,应税营业账簿的印花税可以按年或者按次申报缴纳,具体纳税期限由各省、自治区、直辖市、计划单列市税务局结合征管实际确定。

境外单位或者个人的应税凭证印花税可以按季、按年或者按次申报缴纳,具体纳税期限由各省、自治区、直辖市、计划单列市税务局结合征管实际确定。

证券交易印花税按周解缴。证券交易印花税的扣缴义务人应当自每周终了之日起 5 日内申报解缴税款以及银行结算的利息。

(四)税款缴纳办法

印花税可以采用粘贴印花税票或者由税务机关依法开具其他完税凭证的方式缴纳。

印花税票粘贴在应税凭证上的,由纳税人在每枚税票的骑缝处盖戳注销或者画销。

印花税票由国务院税务主管部门监制。

未履行的应税合同、产权转移书据,已缴纳的印花税不予退还及抵缴税款;纳税人多贴的印花税票,不予退税及抵缴税款。

本章小结

房产税是以房屋为征税对象,按房屋的计税余值或不含增值税的租金收入,向房产所有人或经营人征收的一种财产税。我国房产税的征税范围仅限于城市、县城、建制镇和工矿区的房屋。房产税实行从价计征和从租计征两种计税方法。对经营自用的房产,以房产原值一次减除10%~30%的损耗价值以后的余额为计税依据,按1.2%征税。对出租的应税房产,以租金收入为计税依据,按12%征税。房产税实行按年征收,分期缴纳。

车船税是指以中华人民共和国境内的车辆、船舶为征税对象,向车辆、船舶的所有人或者管理人征收的一种税。车船税的征税范围为应税的车辆、船舶,其中,车辆分为乘用车、商用车客车、商用车货车、挂车、其他车辆专用作业车、其他车辆轮式专用机械车、摩托车;船舶分为机动船舶(包括拖船、非机动驳船)和游艇。按照车船的种类,车船税采用辆、净吨位、整备质量、艇身长度4种计税依据。

契税是指在土地、房屋权属发生转移变动时,向产权承受人征收的一种财产税。契税的计税依据为土地、房屋不含增值税的成交价格,税率为3%~5%,由省、自治区、直辖市人民政府在规定的幅度内按照本地区的实际情况确定,并报财政部和国家税务总局备案。

印花税是以在中华人民共和国境内的经济活动和经济交往中书立的应税凭证和证券交易为征税对象所征收的一种税。在中华人民共和国境内书立应税凭证、进行证券交易的单位和个人,以及在中华人民共和国境外书立在境内使用的应税凭证的单位和个人均为印花税的纳税人。印花税采用比例税率,实行从价定率征收方式。

复习思考题

1. 房产税的计税依据如何确定?
2. 车船税的具体征税范围是什么?计税依据是如何规定的?
3. 契税的征税范围是什么?
4. 印花税的征税范围是什么?
5. 印花税的计税依据是如何确定的?

第七章 创业:资源税类涉税实务

本章导读

本章所称"资源税",是以土地资源和烟叶资源为征税对象所征收的一类税。这类税收与企业生产经营有直接联系,是企业经营基础成本的重要构成部分。创业者在从事生产经营过程中会涉及缴纳土地增值税、城镇土地使用税、烟叶税和资源税四种对资源课税的税种,全面知晓这四种税的现行税收政策规定,可以避免在缴纳资源税方面的税收风险。通过学习,掌握土地增值税、城镇土地使用税、烟叶税和资源税税制要素的具体规定,以及应纳税额的计算和征收管理。

第一节 土地增值税

一、土地增值税概述

土地增值税是对有偿转让国有土地使用权、地上建筑物及其附着物产权,取得增值收入的单位和个人征收的一种税。

自中华人民共和国成立以来,我国虽然开征过一些土地税,如契税、城市房地产税、房产税、土地使用税等,但这些税种都带有行为税的特点,其调节房地产市场的力度有限。国务院于1993年12月13日发布了《中华人民共和国土地增值税暂行条例》(以下简称《土地增值税暂行条例》),决定自1994年1月1日起在全国开征土地增值税。2011年1月8日,国务院对《土地增值税暂行条例》进行了修订。

二、土地增值税税制要素

(一)土地增值税的征税范围

土地增值税对以出售或者其他方式有偿转让国有土地使用权、地上建筑物及其附着物(以下简称"转让房地产")并取得收入的行为征税,不包括以继承、赠与方式无偿转让房地产的行为。

1. 转让国有土地使用权行为

转让国有土地使用权,是指土地使用者通过出让方式,向政府缴纳了土地出让金,有偿受让土地使用权后,对土地进行通水、通电、通路和平整土地等土地开发但不进行房产开发,而是将"生地"变为"熟地"后将土地使用权再转移的行为。

所称"国有土地使用权",是指土地使用人根据国家法律、合同等规定,对国家所有的土地享有的使用权利。土地增值税只对企业、单位和个人等经济实体转让国有土地使用权的行为征税。转让集体土地使用权和出让国有土地使用权的行为不属于土地增值税的征税范围。

2.转让地上建筑物和其他附着物行为

所称"地上建筑物",是指建于土地上的一切建筑物,包括地上地下的各种附属设施,如厂房、仓库、商店、医院、住宅、地下室、围墙、烟囱、电梯、中央空调和管道等。

所称"附着物",是指附着于土地上的不能移动、一经移动即遭损坏的种植物、养殖物及其他物品。

3.存量房地产的买卖行为

存量房地产,是指已经建成并已投入使用的房产,其房屋所有人将房屋产权和土地使用权一并转让给其他单位和个人。

4.土地使用者处置土地使用权行为

土地使用者转让、抵押或置换土地,无论其是否取得了该土地的使用权属证书,无论其在转让、抵押或置换土地过程中是否与对方当事人办理了土地使用权属证书变更登记手续,只要土地使用者享有占用、使用、收益或处分该土地的权利,具有合同等证据表明其实质转让、抵押或置换了土地并取得了相应的经济利益,土地使用者及其对方当事人就应当依照规定缴纳土地增值税。

(二)土地增值税的纳税人

土地增值税的纳税人是转让国有土地使用权及地上一切建筑物和其附着物产权,并取得收入的单位和个人。单位包括各类企业、事业单位、国家机关、社会团体及其他组织。个人包括个体经营者和其他个人。

(三)土地增值税的税率

由于土地增值税的主要目的在于抑制房地产的投机、炒卖活动,限制滥占耕地的行为,并适当调节纳税人的收入分配,保障国家权益,因此,我国采用了四级超率累进税率的形式。具体见表7—1。

表7—1　　　　　　　　　　土地增值税超率累进税率表

级次	增值额与扣除项目金额的比率	税率(%)	速算扣除系数(%)
1	不超过50%的部分	30	0
2	超过50%~100%的部分	40	5
3	超过100%~200%的部分	50	15
4	超过200%的部分	60	35

(四)土地增值税的减免税规定

1.纳税人建造普通标准住宅出售,增值额未超过扣除项目金额20%的,免征土地增值税;增值额超过扣除项目金额20%的,应就其全部增值额计税。

这里所说的"普通标准住宅",是指按所在地一般民用住宅标准建造的居住用住宅。高级公寓、别墅、小洋楼和度假村等不属于普通标准住宅。普通标准住宅与其他住宅的具体划分界限由各省、自治区、直辖市人民政府规定。①

对于纳税人既建普通标准住宅又从事其他房地产开发的,应分别核算增值额;不分别核算增值额或不能准确核算增值额的,其建造的普通标准住宅不能适用这一免税规定。

2. 国家建设需要依法征用、收回的房地产,免征土地增值税。

这里所说的"国家建设需要依法征用、收回的房地产",是指因城市市政规划、国家建设的需要而被政府批准征用的房产或收回的土地使用权。因城市市政规划、国家建设的需要而搬迁,由纳税人自行转让原房地产的,比照有关规定免征土地增值税。

3. 对企事业单位、社会团体以及其他组织转让旧房作为廉租住房、经济适用住房房源,且增值额未超过扣除项目金额 20% 的,免征土地增值税。

4. 对个人销售住房,暂免征收土地增值税。

5. 对企事业单位、社会团体以及其他组织转让旧房作为改造安置住房房源或公租房房源,且增值额未超过扣除项目金额 20% 的,免征土地增值税。

6. 个人因工作调动或改善居住条件而转让原自用住房,经向税务机关申报核准,凡居住满 5 年或 5 年以上的,免征土地增值税;居住满 3 年而未满 5 年的,减半征收土地增值税;居住未满 3 年的,按规定计征土地增值税。

7. 企事业单位、社会团体以及其他组织转让旧房作为保障性住房房源且增值额未超过扣除项目金额 20% 的,免征土地增值税。

8. 企业改制重组土地增值税减免税规定。

(1) 企业按照《中华人民共和国公司法》有关规定整体改制,包括非公司制企业改制为有限责任公司或股份有限公司,有限责任公司变更为股份有限公司,股份有限公司变更为有限责任公司,对改制前的企业将国有土地使用权、地上的建筑物及其附着物(以下称"房地产")转移、变更到改制后的企业,暂不征收土地增值税。

(2) 按照法律规定或者合同约定,两家或两家以上企业合并为一家企业,且原企业投资主体存续的,对原企业将房地产转移、变更到合并后的企业,暂不征收土地增值税。

(3) 按照法律规定或者合同约定,企业分设为两家或两家以上与原企业投资主体相同的企业,对原企业将房地产转移、变更到分立后的企业,暂不征收土地增值税。

(4) 单位、个人在改制重组时以房地产作价入股进行投资,对其将房地产转移、变更到被投资的企业,暂不征收土地增值税。

上述改制重组土地增值税减免税政策不适用于房地产转移任意一方为房地产开发企业的情形。

---

① 根据《国务院办公厅转发建设部等七部门关于做好稳定住房价格工作的意见的通知》(国办发〔2005〕26号),享受优惠政策的住房原则上应同时满足以下条件:住宅小区建筑容积率在 1.0 以上,单套建筑面积在 120 平方米以下,实际成交价格低于同级别土地上住房平均交易价格 1.2 倍以下。各省、自治区、直辖市要根据实际情况,制定本地区享受优惠政策普通住房的具体标准。允许单套建筑面积和价格标准适当浮动,但向上浮动的比例不得超过上述标准的 20%。

三、土地增值税应纳税额的计算

(一)计税依据的确定

土地增值税以纳税人转让房地产所取得的增值额为计税依据。转让房地产的增值额,是指纳税人转让房地产的收入减除税法规定的扣除项目金额后的余额。按照规定,扣除项目涉及的增值税进项税额,允许在销项税额中计算抵扣的,不计入扣除项目;不允许在销项税额中计算抵扣的,可以计入扣除项目。计算公式如下:

$$土地增值额 = 转让房地产收入 - 扣除项目金额$$

1. 转让房地产收入的确定

纳税人转让房地产所取得的不含增值税收入,包括货币收入、实物收入和其他收入在内的全部价款及有关的经济利益,不允许从中减除任何成本费用。适用增值税一般计税方法的纳税人,其转让房地产的土地增值税应税收入不含增值税销项税额;适用简易计税方法的纳税人,其转让房地产的土地增值税应税收入不含增值税应纳税额。

对取得的实物收入,要按收入时的市场价格折算成货币收入;对取得的无形资产收入,要进行专门的评估,在确定其价值后折算成货币收入。

对取得的收入为外国货币的,应当以取得收入当天或当月1日国家公布的市场汇价折合成人民币据以计算土地增值税。当月以分期收款方式取得的外币收入,也应按实际收款日或收款当月1日国家公布的市场汇价折合成人民币。

对于县级及县级以上人民政府要求房地产开发企业在售房时代收的各项费用,如果代收费用是计入房价向购买方一并收取的,则可作为转让房地产所取得的收入计税;如果代收费用未计入房价,而是在房价之外单独收取的,则可以不作为转让房地产收入。

对于代收费用作为转让收入计税的,在计算扣除项目金额时,可予以扣除,但不允许作为加计20%扣除的基数;对于代收费用未作为房地产收入计税的,在计算增值额时不允许扣除代收费用。

2. 准予扣除项目金额的确定

在确定房地产转让的增值额和计算应纳土地增值税时,允许从房地产转让收入总额中扣除的项目及其金额有以下六类:

(1)取得土地使用权所支付的金额

取得土地使用权所支付的金额,是指纳税人为取得土地使用权所支付的地价款与按国家统一规定缴纳的有关费用之和。取得土地使用权所支付的金额可以有以下三种形式:以出让方式取得土地使用权的,为支付的土地出让金;以行政划拨方式取得土地使用权的,为转让土地使用权时按规定补缴的出让金;以转让方式取得土地使用权的,为支付的地价款。

按国家统一规定缴纳的有关费用,是指纳税人在取得土地使用权过程中为办理有关手续,按国家规定缴纳的有关登记、过户手续费和契税。

(2)房地产开发成本

房地产开发成本,是指纳税人开发房地产项目实际发生的成本。这些成本允许按实际发生数扣除,主要包括土地征用及拆迁补偿费、前期工程费、建筑安装工程费、基础设施费、公共配套设施费、开发间接费用等。

①土地征用及拆迁补偿费,包括土地征用费、耕地占用税、劳动力安置费,以及有关地上、地下附着物拆迁补偿的净支出、安置动迁用房支出等。

②前期工程费,包括规划、设计、项目可行性研究,以及水文、地质、勘察、测绘、"三通一平"等支出。

③建筑安装工程费,是指以出包方式支付给承包单位的建筑安装工程费,以及以自营方式发生的建筑安装工程费。

④基础设施费,包括开发小区内道路、供水、供电、供气、排污、排洪、通信、照明、环卫、绿化等工程发生的支出。

⑤公共配套设施费,包括不能有偿转让的开发小区内公共配套设施发生的支出。

⑥开发间接费用,是指直接组织、管理开发项目发生的费用,包括工资、职工福利费、折旧费、修理费、办公费、水电费、劳动保护费、周转房摊销等。

(3)房地产开发费用

房地产开发费用,是指与房地产开发项目有关的销售费用、管理费用、财务费用。根据会计制度的规定,与房地产开发有关的费用直接计入当年损益,不按房地产项目进行归集或分摊。为了便于计算操作,对有关费用的扣除,尤其是财务费用中数额较大利息支出的扣除,按下列标准执行:

①利息支出能够按转让房地产项目计算分摊利息并提供金融机构证明的,允许据实扣除,但最高不能超过按商业银行同期贷款利率计算的金额。利息支出以外的其他房地产开发费用,按取得土地使用权支付的金额与房地产开发成本金额之和,在5%以内计算扣除。

房地产开发费用＝分摊的利息支出＋(取得土地使用权支付的金额＋房地产开发成本)×5%

②利息支出不能按转让房地产项目计算分摊或不能提供金融机构证明的,利息支出不能单独计算,而应并入房地产开发费用一并计算扣除。在这种情况下,"房地产开发费用"的计算方法是,按取得土地使用权支付的金额与房地产开发成本金额之和,在10%以内计算扣除。计算扣除的具体比例由省、自治区、直辖市人民政府规定。

房地产开发费用＝(取得土地使用权支付的金额＋房地产开发成本)×10%

企业全部使用自有资金,没有利息支出的,按照以上方法计算扣除。

③房地产开发企业既向金融机构借款,又有其他借款的,其房地产开发费用计算扣除时不能同时适用上述①、②项所述办法。

④土地增值税清算时,已经计入房地产开发成本的利息支出,应调整至财务费用计算扣除。

此外,财政部、国家税务总局还对扣除项目金额中利息支出的计算问题做了两点专门规定:一是利息的上浮幅度按国家的有关规定执行,超过上浮幅度的部分不允许扣除;二是超过贷款期限的利息部分和加罚的利息不允许扣除。

(4)与转让房地产有关的税金

这是指在转让房地产时缴纳的印花税、城市维护建设税。教育费附加也可视同税金扣除。

允许扣除的印花税,是指在转让房地产时缴纳的印花税。房地产开发企业在转让房地产时缴纳的印花税,按照会计制度的规定计入管理费用,已相应予以扣除,印花税不再单独扣除。房地产开发企业以外的其他纳税人在计算土地增值税时,允许扣除在转让房地产环节缴纳的印花税。

房地产开发企业实际缴纳的城市维护建设税、教育费附加,凡能够按清算项目准确计算的,允许据实扣除;凡不能按清算项目准确计算的,则按该清算项目预缴增值税时实际缴纳的城市维护建设税、教育费附加扣除。其他转让房地产行为的城市维护建设税、教育费附加比照执行。

对于个人购入房地产再转让的,其在购入环节缴纳的契税,由于已经包含在旧房及建筑物的评估价格中,因此,计征土地增值税时,不能作为与转让房地产有关的税金扣除。

(5)财政部确定的其他扣除项目

对房地产开发的纳税人可按"取得土地使用权所支付金额"与"房地产开发成本"的金额之和,加计20%扣除。在此,应当指出的是,此规定只适用于从事房地产开发的纳税人,除此之外的其他纳税人不适用。这样规定的目的是抑制炒买炒卖房地产投机行为,保护正常开发投资者的积极性。

对于县级及县级以上人民政府要求房地产开发企业在售房时代收的各项费用,可以根据代收费用是否计入房价和是否作为转让收入,确定能否扣除。

①如果代收费用计入房价向购买方一并收取的,则可作为转让房地产所取得的收入计税。相应地,在计算扣除项目金额时,代收费用可以扣除,但不得作为加计20%扣除的基数。

②如果代收费用未计入房价而单独收取的,则可以不作为转让房地产的收入,在计算扣除项目金额时,代收费用也不能扣除。

(6)旧房及建筑物的评估价格

纳税人转让旧房的,应以房屋及建筑物的评估价格、取得土地使用权所支付的地价款和缴纳的有关费用以及在转让环节缴纳的税金作为扣除项目金额计征土地增值税。

旧房及建筑物的评估价格,是指在转让已使用的房屋及建筑物时,由政府批准设立的房地产评估机构评定的重置成本价乘以成新度折扣率后的价格。评估价格须经当地税务机关确认。其计算公式如下:

$$评估价格 = 重置成本价 \times 成新度折扣率$$

转让旧房及建筑物的评估价格、取得土地使用权所支付的地价款、按国家统一规定缴纳的有关费用以及在转让环节缴纳的税金,可以在计征土地增值税时扣除。对取得土地使用权时未支付地价款或不能提供已支付地价款的凭据的,在计征土地增值税时不允许扣除。

纳税人在转让旧房及建筑物时,因纳税而需要对房地产进行评估,其支付的评估费用允许在计算土地增值税时扣除。但是,对纳税人因隐瞒、虚报房地产成交价等情形而按房地产评估价格计算征收土地增值税时发生的评估费用,不允许在计算土地增值税时扣除。

纳税人转让旧房及建筑物的,凡不能提供评估价格,但能提供购房发票的,其扣除项目包括按照经税务机关确定的购房发票所载金额每年加计5%扣除金额[①]、与转让房地产有关的

---

① 提供的购房凭据为增值税普通发票的,按发票所载价税合计金额从购买年度起至转让年度每年加计5%计算。提供的购房发票为增值税专用发票的,按发票所载不含增值税金额加上不允许抵扣的增值税进项税额,并从购买年度起至转让年度加计5%计算。

税金。其中,"每年"是指购房发票所载日期至售房发票开具之日,每满 12 个月计 1 年;超过 1 年,或未满 12 个月但超过 6 个月的,可视同 1 年。对纳税人购房时缴纳的契税,凡能提供契税完税凭证的,准予作为"与转让房地产有关的税金"扣除,但不能作为加计 5% 的基数。

纳税人转让旧房及建筑物,既没有评估价格又不能提供购房发票的,由税务机关核定征收。

3. 其他规定

(1) 按评估价格计算征收

纳税人有下列情形之一的,按照房地产评估价格计算征收:①隐瞒、虚报房地产成交价格的;②提供扣除项目金额不实的;③转让房地产的成交价格低于房地产评估价格,又无正当理由的。

(2) 处理办法

①隐瞒、虚报房地产成交价格,应由评估机构参照同类房地产的市场交易价格进行评估。税务机关根据评估价格确定转让房地产的收入。

②提供扣除项目金额不实的,应由评估机构按照房屋重置成本价乘以成新度折扣率计算的房屋成本价和取得土地使用权时的基准地价进行评估。税务机关根据评估价格确定扣除项目金额。

③转让房地产的成交价格低于房地产评估价格,又无正当理由的,由税务机关参照房地产评估价格确定转让房地产的收入。

(二) 应纳税额的计算

土地增值税按照纳税人转让房地产所取得的增值额和规定的税率计算征收。其计算公式如下:

$$应纳税额 = \sum 每级距的增值额 \times 适用税率$$

在实际工作中,一般可以采用速算扣除法计算,即土地增值税税额可按增值额乘以适用的税率减去扣除项目金额乘以速算扣除系数的简便方法计算,其计算公式如下:

$$应纳税额 = 增值额 \times 适用税率 - 扣除项目金额 \times 速算扣除系数$$

具体的计算程序如下:

第一步,确定纳税人转让房地产所取得的收入。

第二步,分项确定准予扣除的项目金额。

第三步,确定土地增值额。

第四步,确定土地增值率。

土地增值率是土地增值额与扣除项目金额之比。用公式表示如下:

$$土地增值率 = 土地增值额 \div 扣除项目金额 \times 100\%$$

第五步,计算应纳土地增值税。根据计算出的土地增值率,查税率表就可确定相应的税率和速算扣除系数。

【例 7—1】 某市房地产开发公司 2022 年 2 月购买土地使用权支付的金额为 300 万元,建造商品房一栋。该公司开发土地和新建房及配套设施的成本为 4 000 万元,财务费用中的利息支出为 200 万元(能提供金融机构的贷款证明且不高于按照商业银行同类同期贷款利率计算的金额)。当地政府规定,其他房地产开发费用的扣除比例为5%。该公司于2023年9月将商品房出售,取得不含增值税的销售收入20 000万元,转让环节缴纳的除增值税以外的有关税费共计1 100万元。该公司应纳土地增值税的计算如下：

(1)转让房地产的收入＝20 000(万元)

(2)准予扣除的项目金额：

购买土地使用权支付的金额＝300(万元)

房地产开发成本＝4 000(万元)

房地产开发费用＝200＋(300＋4 000)×5%
　　　　　　＝415(万元)

与转让房地产有关的税金＝1 100(万元)

加计扣除额＝(300＋4 000)×20%
　　　　＝860(万元)

准予扣除的项目金额合计＝300＋4 000＋200＋215＋860＋1 100
　　　　　　　　　　＝6 675(万元)

(3)土地增值额＝20 000－6 675
　　　　　　＝13 325(万元)

(4)土地增值率＝13 325÷6 675×100%
　　　　　　＝199.63%

(5)应纳土地增值税＝13 325×50%－6 675×15%
　　　　　　　　＝5 661.25(万元)

【例7－2】 某纺织厂建造并出售了一栋写字楼,取得不含增值税收入5 000万元,转让环节缴纳的除增值税以外的有关税费共计277.5万元。该厂为建此楼支付的地价款为600万元,投入的房地产开发成本为1 500万元,房地产开发费用为400万元,其中,利息支出为240万元(能够按转让房地产项目计算分摊并能提供金融机构的贷款证明,但其中有30万元为加罚的利息),其他开发费用为160万元。该厂所在地政府规定的房地产开发费用的计算扣除比例为3%。计算该厂应纳土地增值税。

(1)转让房地产的收入＝5 000(万元)

(2)准予扣除的项目金额：

土地金额＝600(万元)

开发成本＝1 500(万元)

开发费用＝(240－30)＋(600＋1 500)×3%
　　　　＝273(万元)

转让环节缴纳的有关税费＝277.5(万元)

扣除项目金额合计＝600＋1 500＋273＋277.5
　　　　　　　＝2 650.5(万元)

(3)土地增值额＝5 000－2 650.5
　　　　　　＝2 349.5(万元)

(4)土地增值率=2 349.5÷2 650.5×100%
            =88.64%
(5)应纳土地增值税=2 349.5×40%－2 650.5×5%
            =807.275(万元)

【例7-3】 某公司2023年8月转让一栋2018年建造的公寓楼,当时的造价为3 600万元。经房地产评估机构评定,该公寓楼的重置成本价为5 000万元,该楼房为七成新。转让前为取得土地使用权支付的地价款及有关费用为1 500万元(可以提供支付凭证),另支付房地产评估费用4.5万元。转让时取得转让收入6 600万元(不含税),已缴纳了转让环节除增值税以外的有关税金共计366.3万元。计算该公司应缴纳的土地增值税。

(1)转让房地产的收入=6 600(万元)
(2)准予扣除的项目金额:
支付的地价款及有关费用=1 500(万元)
评估价格=5 000×70%
       =3 500(万元)
评估费用=4.5(万元)
转让环节缴纳的有关税金=366.3(万元)
扣除项目金额合计=1 500+3 500+4.5+366.3
              =5 370.8(万元)
(3)土地增值额=6 600－5 370.8
            =1 229.2(万元)
(4)土地增值率=1 229.2÷5 370.8×100%
            =22.89%
(5)应纳土地增值税=1 229.2×30%
                =368.76(万元)

四、土地增值税的征收管理

(一)纳税义务发生时间

1.以一次交割、付清价款方式转让房地产的,在办理过户、登记手续前数日内一次性缴纳全部税额。

2.以分期收款方式转让的,先计算应纳税总额,然后根据合同约定的收款日期和收款比例确定应纳税额。

3.项目全部竣工结算前转让房地产的,分两种情况:

(1)纳税人进行小区开发建设的,其中一部分房地产项目因先行开发已转让出去,但小区内的部分配套设施往往在转让后才建成。在这种情况下,税务机关可以对先行转让的项目,在取得收入时预征土地增值税。

(2)纳税人以预售方式转让房地产的,对在办理结算和转交手续前就取得的收入,税务机关也可以预征土地增值税。具体办法由各省、自治区、直辖市税务局根据当地情况制定。

凡采用预征方法征收土地增值税的,在该项目全部竣工办理清算时,都需要对土地增值税进行清算,根据应征税额和已征税额进行结算,多退少补。

（二）纳税期限

纳税人应自转让房地产合同签订之日起 7 日内,向房地产所在地的主管税务机关办理纳税申报,同时向税务机关提交相关资料。

房地产开发企业应向税务机关提交以下资料:(1)房屋及建筑物产权、土地使用权书;(2)土地使用权转让、房产买卖合同;(3)房地产评估报告;(4)与转让房地产有关的资料。

非房地产开发公司还需要提供与转让房地产有关的税金的完税凭证。纳税人发生下列转让行为的,还应自签订房地产转让合同之日起 7 日内到房地产所在地主管税务机关备案:(1)因国家建设需要依法征用、收回的房地产,纳税人因此得到经济补偿的;(2)因城市实施规划、国家建设的需要而搬迁,由纳税人自行转让其房地产的;(3)转让原自用住房的。

（三）纳税地点

土地增值税的纳税人应向房地产所在地主管税务机关办理纳税申报,并在税务机关核定的期限内缴纳土地增值税。

这里所说的"房地产所在地",是指房地产的坐落地。纳税人转让的房地产坐落在两个或两个以上地区的,应按房地产所在地分别申报纳税。具体有以下两种情况:

第一,纳税人是法人的,当转让的房地产坐落地与其机构所在地或经营所在地一致时,向办理税务登记的原管辖税务机关申报纳税;如果转让的房地产坐落地与其机构所在地或经营所在地不一致,则向房地产坐落地的管辖税务机关申报纳税。

第二,纳税人是自然人的,当转让的房地产坐落地与其居住地一致时,在住所所在地税务机关申报纳税;当转让的房地产坐落地与其居住地不一致时,向办理过户手续所在地的税务机关申报纳税。

第二节　城镇土地使用税

一、城镇土地使用税概述

城镇土地使用税是以国有土地为征税对象,对拥有土地使用权的单位和个人征收的一种税。征收城镇土地使用税有利于促进土地的合理使用,调节土地级差收入,也有利于筹集地方财政资金。

为了加强土地资源的管理,使土地资源得到合理配置和有效使用,国务院于 1988 年 9 月 27 日发布了《中华人民共和国城镇土地使用税暂行条例》,从 1988 年 11 月 1 日起实施。随着我国社会经济的发展,2006 年 12 月 31 日,国务院修订了《中华人民共和国城镇土地使用税暂行条例》,于 2007 年 1 月 1 日起施行。2019 年 3 月 2 日,国务院对《中华人民共和国城镇土地使用税暂行条例》进行了第四次修订。

二、城镇土地使用税税制要素

(一)城镇土地使用税的征税范围

城镇土地使用税的征税范围,包括城市、县城、建制镇和工矿区内的国家所有和集体所有的土地。

上述城市、县城、建制镇和工矿区的确认标准:城市是指国务院批准设立的市,其征税范围包括市区和郊区;县城是指县人民政府所在地,其征税范围为县人民政府所在地的城镇;建制镇是指经省级人民政府批准设立的、符合国务院规定的镇建制标准的镇,其征税范围一般为镇人民政府所在地,但不包括镇政府所在地所辖行政村;工矿区是指工商业比较发达、人口比较集中,但尚未设立建制镇的大中型工矿企业所在地。工矿区的设立须经省、自治区、直辖市人民政府批准。

(二)城镇土地使用税的纳税人

城镇土地使用税的纳税人,是指在城市、县城、建制镇和工矿区范围内使用土地的单位和个人。单位,是指国有企业、集体企业、私营企业、股份制企业、外商投资企业、外国企业、其他企业和事业单位、社会团体、国家机关、军队以及其他单位;个人,是指个体工商户以及其他个人。

在现实经济生活中,使用土地的情况复杂多样,为确保将土地使用税及时、足额地征收入库,将纳税人确定为以下几类:(1)拥有土地使用权的单位和个人;(2)拥有土地使用权的单位和个人不在土地所在地的,其土地的实际使用人和代管人为纳税人;(3)土地使用权未确定或权属纠纷未解决的,以实际使用人为纳税人;(4)土地使用权共有的,共有各方都是纳税人,由共有各方分别纳税;(5)在城镇土地使用税征税范围内,承租集体所有建设用地的,由直接从集体经济组织承租土地的单位和个人缴纳城镇土地使用税。

几个人或几个单位共同拥有一块土地的使用权,这块土地的城镇土地使用税的纳税人应是对这块土地拥有使用权的每一个人或每一个单位。他们应以其实际使用的土地面积占总面积的比例,分别计算缴纳土地使用税。

(三)城镇土地使用税的税率

城镇土地使用税采用定额税率,即采用有幅度的差别税额,按大、中、小城市和县城、建制镇、工矿区分别规定每平方米城镇土地使用税的年应纳税额,具体标准如下:(1)大城市,1.5~30元;(2)中等城市,1.2~24元;(3)小城市,0.9~18元;(4)县城、建制镇、工矿区,0.6~12元。

大、中、小城市以公安部门登记在册的非农业正式户口人数为依据,按照国务院颁布的《中华人民共和国城市规划条例》中规定的标准划分:市区和郊区非农业人口在50万人以上者为大城市;市区和郊区非农业人口在20万~50万人者为中等城市;市区和郊区非农业人口在20万人以下者为小城市。城镇土地使用税的税率见表7—2。

各省、自治区、直辖市人民政府可根据市政建设情况和经济繁荣程度,在规定税额幅度内确定所辖地区的适用税额幅度。经济落后地区,城镇土地使用税的适用税额标准可适当降低,但降低额不得超过上述规定最低税额的30%。经济发达地区的适用税额标准可以适当提高,但须报财政部批准。

表 7—2 城镇土地使用税税率

级　别	人口(人)	每平方米税额(元)
大城市	50 万以上	1.5～30
中等城市	20 万～50 万	1.2～24
小城市	20 万以下	0.9～18
县城、建制镇、工矿区		0.6～12

(四)城镇土地使用税的减免税规定

1. 国家机关、人民团体、军队自用的土地,免征城镇土地使用税。这里所称"自用的土地",是指这些单位本身的办公用地和公务用地。

2. 由国家财政部门拨付事业经费的单位自用的土地,免征城镇土地使用税。这里所称"自用的土地",是指这些单位本身的业务用地,如学校的教学楼、操场、食堂等占用的土地。

3. 宗教寺庙、公园、名胜古迹自用的土地,免征城镇土地使用税。

宗教寺庙自用的土地,是指举行宗教仪式等的用地和寺庙内的宗教人员生活用地。公园、名胜古迹自用的土地,是指供公众参观游览的用地及其管理单位的办公用地。

以上单位的生产经营用地和其他用地,不属于免税范围,应按规定缴纳城镇土地使用税。例如,公园、名胜古迹中附设的营业单位,如影剧院、饮食部、茶社、照相馆等使用的土地。

4. 市政街道、广场、绿化地带等公共用地,免征城镇土地使用税。

5. 直接用于农、林、牧、渔业的生产用地,免征城镇土地使用税。所称"生产用地",是指直接从事种植、养殖、饲养的专业用地,不包括农副产品加工场地和生活、办公用地。

6. 经批准开山填海整治的土地和改造的废弃土地,从使用的月份起免缴城镇土地使用税 5～10 年,具体免税期限由各省、自治区、直辖市税务局在规定的期限内自行确定。

7. 对非营利性医疗机构、疾病控制机构和妇幼保健机构等卫生机构自用的土地,免征城镇土地使用税。

8. 对国家拨付事业经费的企业办的学校、医院、托儿所、幼儿园,其用地能与企业其他用地明确区分的,免征城镇土地使用税。

9. 免税单位无偿使用纳税单位的土地(如公安、海关等单位使用铁路、民航等单位的土地),免征城镇土地使用税。纳税单位无偿使用免税单位的土地,纳税单位应缴纳城镇土地使用税。纳税单位与免税单位共同使用共有使用权土地上的多层建筑,对纳税单位可按其占用的建筑面积占建筑总面积的比例计征城镇土地使用税。

10. 对行使国家行政管理职能的中国人民银行总行(含国家外汇管理局)所属分支机构自用的土地,免征城镇土地使用税。

11. 由财政部另行规定免税的能源、交通、水利用地和其他用地。

12. 对在城镇土地使用税征税范围内单独建造的地下建筑用地,暂按应征税款的 50% 征收城镇土地使用税。

13. 国家机关、军队、人民团体、财政补助事业单位、居民委员会、村民委员会拥有的体育场馆①,用于体育活动的土地,免征城镇土地使用税。

14. 经费自理事业单位、体育社会团体、体育基金会、体育类民办非企业单位拥有并运营管理的体育场馆,同时符合下列条件的,其用于体育活动的土地,免征城镇土地使用税:(1)向社会开放,用于满足公众体育活动需要;(2)体育场馆的收入主要用于场馆的维护、管理和事业发展;(3)拥有体育场馆的体育社会团体、体育基金会及体育类民办非企业单位,除当年新设立或登记的以外,前一年度登记管理机关的检查结论为"合格"。

15. 企业拥有并运营管理的大型体育场馆②,其用于体育活动的土地,减半征收城镇土地使用税。

16. 自 2023 年 1 月 1 日至 2027 年 12 月 31 日,对物流企业自有(包括自用和出租)或承租的大宗商品仓储设施用地,减按所属土地等级适用税额标准的 50% 计征城镇土地使用税。

17. 自 2023 年 1 月 1 日至 2027 年 12 月 31 日,对增值税小规模纳税人、小型微利企业和个体工商户减半征收城镇土地使用税。

18. 对公租房建设期间用地及公租房建成后占地,免征城镇土地使用税。在其他住房项目中配套建设公租房,按公租房建筑面积占总建筑面积的比例免征建设、管理公租房涉及的城镇土地使用税。

19. 对商品储备管理公司及其直属库自用的承担商品储备业务的土地,免征城镇土地使用税。

20. 对农产品批发市场、农贸市场专门用于经营农产品的土地,暂免征收城镇土地使用税。对同时经营其他产品的农产品批发市场和农贸市场使用的土地,按其他产品与农产品交易场地面积的比例确定征免城镇土地使用税。

21. 对向居民供热收取采暖费的供热企业,为居民供热所使用的土地免征城镇土地使用税;对供热企业其他土地,应当按照规定征收城镇土地使用税。

对专业供热企业,按其向居民供热取得的采暖费收入占全部采暖费收入的比例,计算免征的城镇土地使用税。

对兼营供热企业,视其供热所使用的土地与其他生产经营活动所使用的土地是否可以区分,按照不同方法计算免征的城镇土地使用税。可以区分的,对其供热所使用的厂房及土地,按向居民供热取得的采暖费收入占全部采暖费收入的比例,计算免征的城镇土地使用税。难以区分的,对其全部土地,按向居民供热取得的采暖费收入占其营业收入的比例,计算免征的城镇土地使用税。

对自供热单位,按向居民供热建筑面积占总供热建筑面积的比例,计算免征供热所使用土地的城镇土地使用税。

22. 对饮水工程运营管理单位自用的生产、办公用土地,免征城镇土地使用税。但对既向城镇居民供水,又向农村居民供水的饮水工程运营管理单位,依据向农村居民供水量占总供

---

① 体育场馆,是指用于运动训练、运动竞赛及身体锻炼的专业性场所。
② 大型体育场馆,是指由各级人民政府或社会力量投资建设、向公众开放、达到《体育建筑设计规范》(JGJ 31 - 2003)有关规模规定的体育场(观众座位数 20 000 座及以上)、体育馆(观众座位数 3 000 座及以上)、游泳馆、跳水馆(观众座位数 1 500 座及以上)等体育建筑。

水量的比例免征城镇土地使用税；无法提供具体比例或所提供数据不实的，不得享受此税收优惠政策。

23.对城市公交站场、道路客运站场、城市轨道交通系统运营用地，免征城镇土地使用税。

24.对保障性住房项目建设用地免征城镇土地使用税。在商品住房等开发项目中配套建造保障性住房的，依据政府部门出具的相关材料，可按保障性住房建筑面积占总建筑面积的比例免征城镇土地使用税。

三、城镇土地使用税应纳税额的计算

(一)计税依据的确定

城镇土地使用税以纳税人实际占用的土地面积为计税依据，土地面积的计量标准为每平方米。纳税人实际占用的土地面积按下列办法确定：

(1)凡由省、自治区、直辖市人民政府确定的单位组织测定土地面积的，以测定的面积为准。

(2)尚未组织测量，但纳税人持有政府部门核发的土地使用证书的，以证书确认的土地面积为准。

(3)尚未核发土地使用证书的，应由纳税人据实申报土地面积据以纳税的，待核发土地使用证以后再做调整。

(4)对在城镇土地使用税征税范围内单独建造的地下建筑用地，按规定征收城镇土地使用税。其中，已取得地下土地使用权证的，按土地使用权证确认的土地面积计算应征税款；未取得地下土地使用权证或地下土地使用权证上未标明土地面积的，按地下建筑垂直投影面积计算应征税款。地下建筑用地暂按应征税款的50%征收城镇土地使用税。

(二)应纳税额的计算

城镇土地使用税的应纳税额依据纳税人实际占用土地面积和规定的单位税额计算，计算公式如下：

$$应纳税额＝计税土地面积（平方米）×适用税额$$

同一土地的土地使用权由几方共有的，由共有各方按照各自实际使用的土地面积的比例，分别计算其应缴纳的城镇土地使用税。

【例7—4】 某市食品厂实际占地面积为20 000平方米，其中4 000平方米为厂区内的绿化区，2 000平方米为企业自办幼儿园占地。该厂位于中等城市，当地政府核定的土地使用税单位税额为4元/平方米。计算该食品厂全年应纳的城镇土地使用税。

根据税法规定，企业自办幼儿园占用的土地可免缴城镇土地使用税。该食品厂全年应纳的城镇土地使用税计算如下：

$$应纳税额＝(20\ 000－2\ 000)×4$$
$$＝72\ 000(元)$$

四、城镇土地使用税的征收管理

(一)纳税义务发生时间

纳税人购置新建商品房，自房屋交付使用的次月起，缴纳城镇土地使用税。

纳税人购置存量房,自办理房屋权属转移、变更登记手续,房地产权属登记机关签发房屋权属证书的次月起,缴纳城镇土地使用税。

纳税人出租、出借房产,自交付出租、出借房产的次月起,缴纳城镇土地使用税。

房地产开发企业自用、出租、出借本企业建造的商品房,自房屋使用或交付的次月起,缴纳城镇土地使用税。

纳税人新征用的耕地,自批准征用之日起满1年时,开始缴纳城镇土地使用税。

纳税人新征用的非耕地,自批准征用的次月起,缴纳城镇土地使用税。

通过招标、拍卖、挂牌方式取得的建设用地,从合同约定交付土地时间的次月起,缴纳城镇土地使用税;合同未约定交付土地时间的,从合同签订的次月起,缴纳城镇土地使用税。

(二)纳税期限

城镇土地使用税实行按年计算、分期缴纳的征收方法,具体纳税期限由省、自治区、直辖市人民政府确定,一般分别确定按月、季或半年等不同的期限缴纳。

(三)纳税地点

城镇土地使用税在土地所在地缴纳。纳税人使用的土地不属于同一省、自治区、直辖市管辖范围的,由纳税人分别向土地所在地的税务机关缴纳城镇土地使用税;在同一省、自治区、直辖市管辖范围的,纳税人跨地区使用的土地,其纳税地点由各省、自治区、直辖市税务局确定。

思政知识窗

习近平生态文明思想与税制结构优化

生态文明是工业文明发展到一定阶段的产物,是实现人与自然和谐发展的新要求。党的二十大报告强调"中国式现代化是人与自然和谐共生的现代化",明确了生态文明建设在全面建设社会主义现代化国家新征程中的战略性地位,同时要求"优化税制结构",构建高水平社会主义市场经济体制,着力推动高质量发展。

早在2015年,习近平总书记就指出,要"切实把生态文明的理念、原则、目标融入经济社会发展各方面,贯彻落实到各级各类规划和各项工作中"。税收在国家治理中发挥着基础性、支柱性和保障性作用。在推进中国式现代化的背景下,我们必须进一步强化习近平生态文明思想的指导作用,对我国税制结构优化进行再思考,加快完善现代税收制度,构建现代财税体制。

党的十八大以来,习近平总书记多次呼吁各国要在全球生态环境问题上携手共进。他指出,"面对生态环境挑战,人类是一荣俱荣、一损俱损的命运共同体,没有哪个国家能独善其身",世界各国应致力于"同筑生态文明之基,同走绿色发展之路……只有并肩同行,才能让绿色发展理念深入人心、全球生态文明之路行稳致远……中国愿同各国一道,建设美丽地球家园"。在实践层面,我国也一直以"重要的参与者、贡献者、引领者"身份积极参与推动全球环境治理。习近平总书记在倡导与推动国际生态环境保护合作方面提出了许多政策创意,致力于推动形成以发展中国家为核心的全球绿色发展互惠合作机制,以此解决广大发展中国家普遍面临的经济发展与生态环境保护双重目标协同推进的难题,包括在应对全球气候变化上开展"南南合作"、提出"一带一路"绿色发展伙伴关系倡议、倡导多边区域生态环境国际合作等。作为世界碳排放量最大的国家,2020年9月,习近平主席在第七十五届联合国大会上提出"碳达峰、碳中和"的目标愿景,党的二十大也进一步提出要"推进美丽中国建设……推进生态优先、节约集约、绿色低碳发展",积极参与应对气候变化全球治理。

所有这些充分展现了习近平总书记以战略眼光把握全球生态文明态势的高瞻远瞩,充分体现了我国积极应对气候变化、勇于承担环境责任、努力推动构建人类命运共同体的大国担当,也为我国税制结构优化提供了顶层设计思路与总体统筹规划。一方面,要在现有税制结构下探索开征碳税,根据不同行业不同地区设计差别税率,并且协调好国内各税种与碳税之间的关系,充分发挥税收对国内市场主体生态减排行为的调节作用。还要积极探索引入税务工具以解决全球碳排放定价问题,构建碳边境税以平衡各国在碳排放上的权利与义务,协调好不同国家的税收利益。另一方面,要更加积极地参与新的国际税收规则构建,逐步成为国际税收新规则的参与者、制定者,将中国智慧、中国方案融入国际税收新规则。2021年10月,应对经济数字化税收挑战的"双支柱"方案达成全面共识,为解决数字经济背景下跨境税收权益分配不均问题提供了全新的路径,展现了国际税收多边治理模式的活力,也为各国通过多边协商机制解决包括全球气候问题、绿色发展在内的多种现实问题提供了成功范例。

经济增长和生态环境保护的协调推进始终是各国在发展中面临的"两难矛盾"。习近平总书记强调:"既要绿水青山,也要金山银山。宁要绿水青山,不要金山银山,而且绿水青山就是金山银山。"这一科学论断深刻揭示了经济发展与生态环境保护之间的内在辩证关系,强调不能将经济发展与生态环境保护对立起来,要统筹兼顾两者的关系,坚持在发展中保护生态环境,在保护生态环境中发展,正确处理好经济发展与生态环境保护的关系,实现经济社会发展与人口、资源、环境相协调。

我国税制结构优化要以习近平生态文明思想为指导,推进"绿水青山"向"金山银山"转化,使"绿水青山"产生巨大的生态效益、经济效益、社会效益,助力"绿水青山"与"金山银山"之间、经济发展与生态环境保护之间形成良性循环,为实现人与自然和谐共生的中国式现代化贡献税务力量。

资料来源:李春根,王雯.习近平生态文明思想与税制结构优化[J].税务研究,2023(2):17—20.

第三节 烟叶税

一、烟叶税概述

烟叶税是指对在中华人民共和国境内,依照《中华人民共和国烟草专卖法》(以下简称《烟草专卖法》)的规定收购烟叶的单位,就其收购烟叶实际支付的价款总额和规定税率所征收的一种税。

为了充分兼顾地方利益和有利于烟叶产区可持续发展,国务院于2006年4月28日公布《中华人民共和国烟叶税暂行条例》,开征烟叶税,取代原烟叶农业特产农业税。2017年12月27日第十二届全国人民代表大会常务委员会第三十一次会议通过《中华人民共和国烟叶税法》,自 2018 年 7 月 1 日起施行。

二、烟叶税税制要素

(一)烟叶税的征税范围

烟叶税的征税范围为烟叶,包括烤烟叶和晾晒烟叶。其中,晾晒烟叶包括列入各晾晒烟名录的晾晒烟叶和未列入各晾晒烟名录的其他晾晒烟叶。

(二)烟叶税的纳税人

烟叶税的纳税人为在我国境内收购烟叶的单位,具体是指依照《烟草专卖法》的规定有权收购烟叶的烟草公司或者受其委托收购烟叶的单位。

依照《烟草专卖法》查处并没收的违法收购的烟叶,由收购罚没烟叶的单位按照购买金额计算缴纳烟叶税。

(三)烟叶税的税率

烟叶税实行比例税率,税率为 20%。烟叶税的税率调整由国务院决定。

三、烟叶税应纳税额的计算

(一)计税依据的确定

烟叶税的计税依据为纳税人收购烟叶实际支付的价款总额,包括纳税人支付给烟叶生产销售单位和个人的烟叶收购价款和价外补贴。其中,价外补贴统一按烟叶收购价款的 10% 计算。

(二)应纳税额的计算

烟叶税应纳税额按照纳税人收购烟叶实际支付的价款总额和规定的税率计算,计算公式如下:

$$收购烟叶实际支付的价款总额=烟叶收购价款\times(1+10\%)$$
$$应纳税额=收购烟叶实际支付的价款总额\times税率$$

【例 7-5】 某卷烟厂 2023 年 7 月收购一批烟叶用于生产卷烟,该批烟叶的收购价款为 90 万元;另外,以现金形式直接支付烟叶生产者的价外补贴。计算该卷烟厂 7 月份应缴纳的烟叶税税额。

$$收购烟叶实际支付的价款总额=90\times(1+10\%)$$
$$=99(万元)$$
$$应纳烟叶税税额=99\times20\%$$
$$=19.8(万元)$$

四、烟叶税的征收管理

(一)纳税义务发生时间

烟叶税的纳税义务发生时间为纳税人收购烟叶的当天,具体是指纳税人向烟叶销售者付讫收购烟叶款项或者开具收购烟叶凭据的当天。

(二)纳税期限

烟叶税按月计征,纳税人应当于纳税义务发生月终了之日起 15 日内申报并缴纳税款。

(三)纳税地点

纳税人应当向烟叶收购地的主管税务机关申报缴纳烟叶税。

第四节 资源税

一、资源税概述

资源税是对在我国领域和管辖的其他海域开发应税资源的单位和个人课征的一种税,属于对自然资源开发课税的范畴。

1984年9月18日,国务院正式发布了《中华人民共和国资源税条例(草案)》,并从当年10月1日起在全国施行,但其征收范围仅限于原油、天然气、煤炭3种资源。1993年12月25日,国务院颁布了《中华人民共和国资源税暂行条例》,自1994年1月1日起施行。1994年税制改革时,根据普遍征收、级差调节的原则,扩大了对资源税的征税范围,将盐税归并到资源税中,同时提高了征收税额。2011年9月21日,国务院第一百七十三次常务会议通过了《关于修改〈中华人民共和国资源税暂行条例〉的决定》,自2011年11月1日起施行。经国务院批准,自2014年12月1日起实施煤炭资源税从价计征改革,同时调整原油、天然气资源税相关政策。根据党中央、国务院决策部署,自2016年7月1日起全面推进资源税改革,矿产资源税实施从价计征,同时在河北省开展水资源税征收试点。[1] 为推进资源全面节约和循环利用,推动形成绿色发展方式和生活方式,自2017年12月1日起在北京、天津、山西、内蒙古、山东、河南、四川、陕西、宁夏9个省(自治区、直辖市)扩大水资源税改革试点。[2] 2019年8月26日第十三届全国人民代表大会常务委员会第十二次会议通过《中华人民共和国资源税法》(以下简称《资源税法》),自2020年9月1日起施行。

二、资源税税制要素

(一)资源税的征税范围

我国资源税的征税范围包括能源矿产、金属矿产、非金属矿产、水气矿产和盐五大类。

1. 能源矿产

(1)原油,是指开采的天然原油,不包括人造石油。

(2)天然气、页岩气、天然气水合物。

(3)煤,包括原煤和以未税原煤加工的洗选煤。

(4)煤成(层)气。

(5)铀、钍。

(6)油页岩、油砂、天然沥青、石煤。

(7)地热。

2. 金属矿产

(1)黑色金属,包括铁、锰、铬、钒、钛。

(2)有色金属,包括铜、铅、锌、锡、镍、锑、镁、钴、铋、汞;铝土矿;钨;钼;金、银;铂、钯、钌、

---

[1] 《关于全面推进资源税改革的通知》(财税〔2016〕53号)。
[2] 《关于印发〈扩大水资源税改革试点实施办法〉的通知》(财税〔2017〕80号)。

锇、铱、铑；轻稀土；中重稀土；铍、锂、锆、锶、铷、铌、钽、锗、镓、铟、铊、铪、铼、镉、硒、碲。

3. 非金属矿产

(1)矿物类，包括高岭土；石灰岩；磷；石墨；萤石、硫铁矿、自然硫；天然石英砂、脉石英、粉石英、水晶、工业用金刚石、冰洲石、蓝晶石、硅线石（矽线石）、长石、滑石、刚玉、菱镁矿、颜料矿物、天然碱、芒硝、钠硝石、明矾石、砷、硼、碘、溴、膨润土、硅藻土、陶瓷土、耐火粘土、铁矾土、凹凸棒石粘土、海泡石粘土、伊利石粘土、累托石粘土；叶腊石、硅灰石、透辉石、珍珠岩、云母、沸石、重晶石、毒重石、方解石、蛭石、透闪石、工业用电气石、白垩、石棉、蓝石棉、红柱石、石榴子石、石膏；其他粘土（铸型用粘土、砖瓦用粘土、陶粒用粘土、水泥配料用粘土、水泥配料用红土、水泥配料用黄土、水泥配料用泥岩、保温材料用粘土）。

(2)岩石类，包括大理岩、花岗岩、白云岩、石英岩、砂岩、辉绿岩、安山岩、闪长岩、板岩、玄武岩、片麻岩、角闪岩、页岩、浮石、凝灰岩、黑曜岩、霞石正长岩、蛇纹岩、麦饭石、泥灰岩、含钾岩石、含钾砂页岩、天然油石、橄榄岩、松脂岩、粗面岩、辉长岩、辉石岩、正长岩、火山灰、火山渣、泥炭；砂石。

(3)宝玉石类，包括宝石、玉石、宝石级金刚石、玛瑙、黄玉、碧玺。

4. 水气矿产

(1)二氧化碳气、硫化氢气、氦气、氡气。

(2)矿泉水。

5. 盐

(1)钠盐、钾盐、镁盐、锂盐。

(2)天然卤水。

(3)海盐。

纳税人以自采原矿（经过采矿过程采出后未进行选矿或者加工的矿石）直接销售，或者自用于应当缴纳资源税情形的，按照原矿计征资源税。

纳税人以自采原矿洗选加工为选矿产品（通过破碎、切割、洗选、筛分、磨矿、分级、提纯、脱水、干燥等过程形成的产品，包括富集的精矿和研磨成粉、粒级成型、切割成型的原矿加工品）销售，或者将选矿产品自用于应当缴纳资源税情形的，按照选矿产品计征资源税，在原矿移送环节不缴纳资源税。对于无法区分原生岩石矿种的粒级成型砂石颗粒，按照砂石税目征收资源税。

(二)资源税的纳税人

资源税的纳税人是指在中华人民共和国领域和中华人民共和国管辖的其他海域开发应税资源的单位和个人。

纳税人开采或者生产应税产品自用的，应当依照法律规定缴纳资源税；但是，自用于连续生产应税产品的，不缴纳资源税。

纳税人自用应税产品应当缴纳资源税的情形，包括纳税人以应税产品用于非货币性资产交换、捐赠、偿债、赞助、集资、投资、广告、样品、职工福利、利润分配或连续生产非应税产品等。

中外合作开采陆上、海上石油资源的企业依法缴纳资源税。

2011年11月1日前已依法订立中外合作开采陆上、海上石油资源合同的，在该合同有效期内,继续依照国家有关规定缴纳矿区使用费,不缴纳资源税;合同期满后,依法缴纳资源税。

(三)资源税的税率

《资源税法》按原矿和选矿分别设定税率。对原油、天然气、铀、钍、中重稀土、钨、钼等战略资源实行单一比例税率。其他资源实行幅度税率的,其具体适用税率由省、自治区、直辖市人民政府统筹考虑该应税资源的品位、开采条件以及对生态环境的影响等情况,在规定的税率幅度内提出,报同级人民代表大会常务委员会决定,并报全国人民代表大会常务委员会和国务院备案。"资源税税目税率表"见表7—3。

表 7—3 资源税税目税率表

税 目			征税对象	税 率
能源矿产		原油	原矿	6%
		天然气、页岩气、天然气水合物	原矿	6%
		煤	原矿或者选矿	2%~10%
		煤成(层)气	原矿	1%~2%
		铀、钍	原矿	4%
		油页岩、油砂、天然沥青、石煤	原矿或者选矿	1%~4%
		地热	原矿	1%~20%或者每立方米1~30元
金属矿产	黑色金属	铁、锰、铬、钒、钛	原矿或者选矿	1%~9%
	有色金属	铜、铅、锌、锡、镍、锑、镁、钴、铋、汞	原矿或者选矿	2%~10%
		铝土矿	原矿或者选矿	2%~9%
		钨	选矿	6.5%
		钼	选矿	8%
		金、银	原矿或者选矿	2%~6%
		铂、钯、钌、锇、铱、铑	原矿或者选矿	5%~10%
		轻稀土	选矿	7%~12%
		中重稀土	选矿	20%
		铍、锂、锆、锶、铷、铯、铌、钽、锗、镓、铟、铊、铪、铼、镉、硒、碲	原矿或者选矿	2%~10%

续表

税 目			征税对象	税 率
非金属矿产	矿物类	高岭土	原矿或者选矿	1%～6%
		石灰岩	原矿或者选矿	1%～6%或者每吨(或者每立方米)1～10元
		磷	原矿或者选矿	3%～8%
		石墨	原矿或者选矿	3%～12%
		萤石、硫铁矿、自然硫	原矿或者选矿	1%～8%
		天然石英砂、脉石英、粉石英、水晶、工业用金刚石、冰洲石、蓝晶石、硅线石(矽线石)、长石、滑石、刚玉、菱镁矿、颜料矿物、天然碱、芒硝、钠硝石、明矾石、砷、硼、碘、溴、膨润土、硅藻土、陶瓷土、耐火粘土、铁钒土、凹凸棒石粘土、海泡石粘土、伊利石粘土、累托石粘土	原矿或者选矿	1%～12%
		叶腊石、硅灰石、透辉石、珍珠岩、云母、沸石、重晶石、毒重石、方解石、蛭石、透闪石、工业用电气石、白垩、石棉、蓝石棉、红柱石、石榴子石、石膏	原矿或者选矿	2%～12%
		其他粘土(铸型用粘土、砖瓦用粘土、陶粒用粘土、水泥配料用粘土、水泥配料用红土、水泥配料用黄土、水泥配料用泥岩、保温材料用粘土)	原矿或者选矿	1%～5%或者每吨(或者每立方米)0.1～5元
	岩石类	大理岩、花岗岩、白云岩、石英岩、砂岩、辉绿岩、安山岩、闪长岩、板岩、玄武岩、片麻岩、角闪岩、页岩、浮石、凝灰岩、黑曜岩、霞石正长岩、蛇纹岩、麦饭石、泥灰岩、含钾岩石、含钾砂页岩、天然油石、橄榄岩、松脂岩、粗面岩、辉长岩、辉石岩、正长岩、火山灰、火山渣、泥炭	原矿或者选矿	1%～10%
		砂石	原矿或者选矿	1%～5%或者每吨(或者每立方米)0.1～5元
	宝玉石类	宝石、玉石、宝石级金刚石、玛瑙、黄玉、碧玺	原矿或者选矿	4%～20%
水气矿产		二氧化碳气、硫化氢气、氦气、氡气	原矿	2%～5%
		矿泉水	原矿	1%～20%或者每立方米1～30元
盐		钠盐、钾盐、镁盐、锂盐	选矿	3%～15%
		天然卤水	原矿	3%～15%或者每吨(或者每立方米)1～10元
		海盐		2%～5%

纳税人开采或者生产不同税目应税产品的,应当分别核算不同税目应税产品的销售额或者销售数量;未分别核算或者不能准确提供不同税目应税产品的销售额或者销售数量的,从高适用税率。

纳税人开采或者生产同一税目下适用不同税率的应税产品的,应当分别核算不同税率应税产品的销售额或者销售数量;未分别核算或者不能准确提供不同税率应税产品的销售额或者销售数量的,从高适用税率。

(四)资源税的减免税规定

1. 免征资源税

有下列情形之一的,免征资源税:(1)开采原油以及在油田范围内运输原油过程中用于加热的原油、天然气;(2)煤炭开采企业因安全生产需要抽采的煤成(层)气。

2. 减征资源税

(1)从低丰度油气田开采的原油、天然气,减征20%资源税。

低丰度油气田,包括陆上低丰度油田、陆上低丰度气田、海上低丰度油田、海上低丰度气田。陆上低丰度油田是指每平方千米原油可开采储量丰度低于25万立方米的油田;陆上低丰度气田是指每平方千米天然气可开采储量丰度低于2.5亿立方米的气田;海上低丰度油田是指每平方千米原油可开采储量丰度低于60万立方米的油田;海上低丰度气田是指每平方千米天然气可开采储量丰度低于6亿立方米的气田。

(2)高含硫天然气、三次采油和从深水油气田开采的原油、天然气,减征30%资源税。

高含硫天然气,是指硫化氢含量在每立方米30克以上的天然气。

三次采油,是指二次采油后继续以聚合物驱、复合驱、泡沫驱、气水交替驱、二氧化碳驱、微生物驱等方式采油。

深水油气田,是指水深超过300米的油气田。

(3)稠油、高凝油,减征40%资源税。

稠油,是指地层原油黏度大于或等于每秒50毫帕或原油密度大于或等于每立方厘米0.92克的原油。

高凝油,是指凝固点高于40℃的原油。

(4)从衰竭期矿山开采的矿产品,减征30%资源税。

衰竭期矿山,是指设计开采年限超过15年,且剩余可开采储量下降到原设计可开采储量的20%以下或者剩余开采年限不超过5年的矿山。衰竭期矿山以开采企业下属的单个矿山为单位确定。

(5)自2023年1月1日至2027年12月31日,对增值税小规模纳税人、小型微利企业和个体工商户减半征收资源税(不含水资源税)。

(6)对充填开采置换出来的煤炭,减征50%资源税。

(7)对页岩气资源税(按6%的规定税率)减征30%资源税。

根据国民经济和社会发展需要,国务院对有利于促进资源节约集约利用、保护环境等情形,可以规定免征或者减征资源税,报全国人民代表大会常务委员会备案。

3. 省、自治区、直辖市决定免征或者减征资源税

有下列情形之一的,省、自治区、直辖市可以决定免征或者减征资源税:(1)纳税人开采或者生产应税产品的过程中,因意外事故或者自然灾害等原因而遭受重大损失;(2)纳税人开采共伴生矿、低品位矿、尾矿。

上述两项免征或者减征资源税的具体办法,由省、自治区、直辖市人民政府提出,报同级人民代表大会常务委员会决定,并报全国人民代表大会常务委员会和国务院备案。

纳税人的免税、减税项目,应当单独核算销售额或者销售数量;未单独核算或者不能准确提供销售额或者销售数量的,不予免税或者减税。

纳税人开采或者生产同一应税产品同时符合两项或者两项以上减征资源税优惠政策的,除另有规定外,只能选择其中一项执行。

三、资源税应纳税额的计算①

(一)资源税的计税依据

资源税的计税依据为应税产品的销售额或销售数量,各税目的征税对象包括原矿、选矿。资源税实行从价计征和从量计征的征税方式。"资源税税目税率表"中规定可以选择实行从价计征或者从量计征的,具体计征方式由省、自治区、直辖市人民政府提出,报同级人民代表大会常务委员会决定,并报全国人民代表大会常务委员会和国务院备案。

纳税人开采或者生产同一应税产品,其中既有享受减免税政策的,又有不享受减免税政策的,按照免税、减税项目的产量占比等方法分别核算确定免税、减税项目的销售额或者销售数量。

1. 从价定率征收的计税依据

(1)销售额确定的一般规定

资源税应税产品(以下简称"应税产品")的销售额,按照纳税人销售应税产品向购买方收取的全部价款确定,不包括增值税税款。

计入销售额中的相关运杂费用,凡取得增值税发票或者其他合法有效凭据的,均准予从销售额中扣除。相关运杂费用是指应税产品从坑口或者洗选(加工)地到车站、码头或者购买方指定地点的运输费用、建设基金以及随运销产生的装卸、仓储、港杂费用。

(2)特殊情况下销售额的确定

①纳税人申报的应税产品销售额明显偏低且无正当理由的,或者有自用应税产品行为而无销售额的,主管税务机关可以按下列方法和顺序确定其应税产品销售额:

一是按纳税人最近时期同类产品的平均销售价格确定。

二是按其他纳税人最近时期同类产品的平均销售价格确定。

三是按后续加工非应税产品销售价格,减去后续加工环节的成本利润确定。

四是按应税产品的组成计税价格确定。

$$组成计税价格 = 成本 \times (1 + 成本利润率) \div (1 - 资源税税率)$$

上述公式中的成本利润率由省、自治区、直辖市税务机关确定。

五是按其他合理方法确定。

②外购应税产品购进金额、购进数量的扣减。

纳税人外购应税产品与自采应税产品混合销售或者混合加工为应税产品销售的,在计算

---

① 《关于资源税有关问题执行口径的公告》(财政部 税务总局公告2020年第34号),自2020年9月1日起施行。《关于资源税征收管理若干问题的公告》(国家税务总局公告2020年第14号),自2020年9月1日起施行。

应税产品销售额或者销售数量时,准予扣减外购应税产品的购进金额或者购进数量;当期不足以扣减的,可结转下期扣减。纳税人应当准确核算外购应税产品的购进金额或者购进数量;未准确核算的,一并计算缴纳资源税。

纳税人核算并扣减当期外购应税产品购进金额、购进数量,应当依据外购应税产品的增值税发票、海关进口增值税专用缴款书或者其他合法有效凭据。

纳税人以外购原矿与自采原矿混合为原矿销售,或者以外购选矿产品与自产选矿产品混合为选矿产品销售的,在计算应税产品销售额或者销售数量时,直接扣减外购原矿或者外购选矿产品的购进金额或者购进数量。

纳税人以外购原矿与自采原矿混合洗选加工为选矿产品销售的,在计算应税产品销售额或者销售数量时,按照下列方法扣减:

$$\text{准予扣减的外购应税产品购进金额(数量)} = \text{外购原矿购进金额(数量)} \times \left(\frac{\text{本地区原矿适用税率}}{\text{本地区选矿产品适用税率}}\right)$$

不能按照上述方法计算扣减的,按照主管税务机关确定的其他合理方法扣减。

2. 从量定额征收的计税依据

资源税实行从量定额征收的,以应税产品的销售数量为计税依据。应税产品的销售数量包括纳税人开采或者生产应税产品的实际销售数量和自用于应当缴纳资源税情形的应税产品的数量。

(二)资源税应纳税额的计算

1. 从价计征方式应纳税额的计算

资源税实行从价计征的,应纳税额按照应税资源产品的销售额乘以具体适用税率计算。计算公式如下:

$$\text{应纳税额} = \text{销售额} \times \text{适用税率}$$
$$\text{或} = \text{组成计税价格} \times \text{适用税率}$$

【例7—6】 某油田2023年8月份开采原油20 000吨,当月对外销售原油12 000吨,取得不含税销售额4 650万元。当月在采油过程中回收并销售伴生天然气400万立方米,取得不含税销售额65万元。已知该油田原油和天然气的适用税率均为6%。计算该油田的应纳资源税。

销售原油应纳资源税 = 4 650×6%
　　　　　　　　　 = 279(万元)

销售天然气应纳资源税 = 65×6%
　　　　　　　　　　 = 3.9(万元)

该油田8月份应纳资源税合计 = 279+3.9
　　　　　　　　　　　　　 = 282.9(万元)

2. 从量计征方式应纳税额的计算

资源税实行从量计征的,应纳税额按照应税产品的销售数量乘以具体适用税率计算。计算公式如下:

$$\text{应纳税额} = \text{销售数量} \times \text{适用税率}$$

【例7—7】 某砂石开采企业2023年8月销售砂石4 000立方米,已知该砂石开采企业所在地的资源税适用税率为每立方米3元,计算该砂石开采企业8月份应纳的资源税。

该砂石开采企业应纳资源税＝4 000×3
$$=12\ 000(元)$$

四、资源税的征收管理

(一)纳税义务发生时间

纳税人销售应税产品,纳税义务发生时间为收讫销售款或者取得索取销售款凭据的当日;自用应税产品的,纳税义务发生时间为移送应税产品的当日。

(二)纳税期限

资源税按月或者按季申报缴纳;不能按固定期限计算缴纳的,可以按次申报缴纳。

纳税人按月或者按季申报缴纳资源税的,应当自月度或者季度终了之日起15日内,向税务机关办理纳税申报并缴纳税款;按次申报缴纳资源税的,应当自纳税义务发生之日起15日内,向税务机关办理纳税申报并缴纳税款。

(三)纳税地点

纳税人应当向应税产品开采地或者生产地的税务机关申报缴纳资源税。

(四)征收机关

资源税由税务机关依照《资源税法》和《税收征收管理法》的规定征收管理。海上开采的原油和天然气资源税由海洋石油税务管理机构征收管理。税务机关与自然资源等相关部门应当建立工作配合机制,加强对资源税的征收管理。

本章小结

土地增值税是对转让国有土地使用权、地上建筑物及其附着物并取得收入的单位和个人,就其转让房地产所取得的增值额征收的一种税。土地增值税纳税人的范围很广,既包括机关、团体、部队、企事业单位、个体工商户及国内其他单位和个人,也包括外商投资企业、外国企业及外国机构、华侨、港澳台同胞及外国公民等。土地增值税以土地增值额为计税依据,实行四级超率累进税率。

城镇土地使用税是以城镇土地为征税对象,对在城镇范围内拥有土地使用权的单位和个人征收的一种税。征收城镇土地使用税是国家运用经济手段加强城镇土地管理的一项重要措施。城镇土地使用税以纳税人实际占用的土地面积为计税依据,实行定额税率,从量计征。城镇土地使用税实行按年计算、分期缴纳的征收方法。

烟叶税是对在我国境内收购烟叶的单位,就其收购烟叶实际支付的价款总额和规定的税率计算征收的一种税。烟叶税的征税对象为烟叶,包括晾晒烟叶和烤烟叶。其计税依据为纳税人收购烟叶实际支付的价款总额。烟叶税实行比例税率,税率为20%。烟叶税的应纳税额按照纳税人收购烟叶实际支付的价款总额和规定的税率计算。

资源税是对在我国领域和管辖的其他海域开发应税资源的单位和个人课征的一种税。资源税的征税范围包括能源矿产、金属矿产、非金属矿产、水气矿产和盐五大类。资源税按原矿和选矿分别设定税率，对原油、天然气、铀、钍、中重稀土、钨、钼等战略资源实行单一比例税率，对其他资源实行幅度税率。资源税的计税依据为应税产品的销售额或销售数量，实行从价计征和从量计征的征税方式。

复习思考题

1. 土地增值税的扣除项目有哪些？
2. 计算土地增值税时，可扣除的与转让房地产有关的税金包括哪些？
3. 土地增值税的征税范围是什么？
4. 城镇土地使用税的纳税人有哪些？
5. 如何确定烟叶税的计税依据？
6. 资源税的征税范围是什么？

第八章 创业：特定目的税类涉税实务

本章导读

特定目的税是为了达到特定目的，对特定对象和特定行为所征收的一类税。这类税收与国家筹集特定专项资金或调节某些特定行为有直接联系，与社会环境密切相关。创业过程中会涉及缴纳耕地占用税、车辆购置税、环境保护税和城市维护建设税四种特定目的税，全面知晓这四种税的现行税收政策规定，可以避免在缴纳特定目的税方面的税收风险。通过学习，掌握耕地占用税、车辆购置税、环境保护税和城市维护建设税税制要素的具体规定，以及应纳税额的计算和征收管理。

第一节 耕地占用税

一、耕地占用税概述

耕地占用税是对占用耕地建房或者从事非农业建设的单位和个人，按其实际占用的耕地面积征收的一种税。

1987年4月1日，国务院发布了《中华人民共和国耕地占用税暂行条例》。随着我国社会经济的发展，2007年12月1日，国务院修订了《中华人民共和国耕地占用税暂行条例》，于2008年1月1日起施行。为了规范和加强耕地占用税管理，提高耕地占用税管理水平，国家税务总局于2016年1月15日发布《耕地占用税管理规程(试行)》。为了合理利用土地资源，加强土地管理和保护耕地，《中华人民共和国耕地占用税法》(以下简称《耕地占用税法》)于2018年12月29日第十三届全国人民代表大会常务委员会第七次会议通过，于2019年9月1日起施行。

二、耕地占用税税制要素

(一)耕地占用税的征税范围

按照规定，占用耕地建设建筑物、构筑物或者从事非农业建设，以及占用园地、林地、草地、农田水利用地、养殖水面、渔业水域滩涂以及其他农用地建设建筑物、构筑物或者从事非农业建设的，应缴纳耕地占用税。

占用耕地建设农田水利设施,以及占用园地、林地、草地、农田水利用地、养殖水面、渔业水域滩涂和其他农用地建设直接为农业生产服务的生产设施[①],不缴纳耕地占用税。

属于耕地占用税征税范围的耕地主要包括:(1)耕地,是指用于种植农作物的土地。(2)园地,包括果园、茶园、橡胶园、其他园地。其他园地包括种植桑树、可可、咖啡、油棕、胡椒、药材等其他多年生作物的园地。(3)林地,包括乔木林地、竹林地、红树林地、森林沼泽、灌木林地、灌丛沼泽、其他林地,不包括城镇、村庄范围内的绿化林木用地,铁路、公路征地范围内的林木用地,以及河流、沟渠的护堤林用地。其他林地包括疏林地、未成林地、迹地、苗圃等林地。(4)草地,包括天然牧草地、沼泽草地、人工牧草地,以及用于农业生产并已由相关行政主管部门发放使用权证的草地。(5)农田水利用地,包括农田排灌沟渠及相应附属设施用地。(6)养殖水面,包括人工开挖或者天然形成的用于水产养殖的河流水面、湖泊水面、水库水面、坑塘水面及相应附属设施用地。(7)渔业水域滩涂,包括专门用于种植或者养殖水生动植物的海水潮浸地带和滩地,以及用于种植芦苇并定期进行人工养护管理的苇田。

纳税人因建设项目施工或者地质勘查临时占用耕地[②],应当依照规定缴纳耕地占用税。纳税人在批准临时占用耕地期满之日起1年内依法复垦,恢复种植条件的,全额退还已经缴纳的耕地占用税。

因挖损、采矿塌陷、压占、污染等损毁耕地的,应依照规定缴纳耕地占用税;自自然资源、农业农村等相关部门认定损毁耕地之日起3年内依法复垦或修复,恢复种植条件的,全额退还已经缴纳的耕地占用税。

(二)耕地占用税的纳税人

在中华人民共和国境内占用耕地建设建筑物、构筑物或者从事非农业建设的单位和个人,为耕地占用税的纳税人。

经批准占用耕地的,纳税人为农用地转用审批文件中标明的建设用地人;农用地转用审批文件中未标明建设用地人的,纳税人为用地申请人,其中用地申请人为各级人民政府的,由同级土地储备中心、自然资源主管部门或政府委托的其他部门、单位履行耕地占用税申报纳税义务。

未经批准占用耕地的,纳税人为实际用地人。

(三)耕地占用税的税率

耕地占用税实行地区差别幅度定额税率。根据人均耕地面积的多少划分4类地区,分别按占用耕地的平方米规定有幅度的税额。人均耕地面积越少,单位税额越高。耕地占用税税额见表8—1。

---

① 直接为农业生产服务的生产设施,是指直接为农业生产服务而建设的建筑物和构筑物,具体包括:储存农用机具和种子、苗木、木材等农业产品的仓储设施;培育、生产种子、种苗的设施;畜禽养殖设施;木材集材道、运材道;农业科研、试验、示范基地;野生动植物保护、护林、森林病虫害防治、森林防火、木材检疫的设施;专为农业生产服务的灌溉排水、供水、供电、供热、供气、通信基础设施;农业生产者从事农业生产必需的食宿和管理设施;其他直接为农业生产服务的生产设施。

② 临时占用耕地,是指经自然资源主管部门批准,在一般不超过2年内临时使用耕地并且没有修建永久性建筑物的行为。

表 8—1 耕地占用税税额

地区(以县、自治县、不设区的市、市辖区为单位)	每平方米幅度税额
人均耕地不超过 1 亩的地区	10～50 元
人均耕地超过 1 亩但不超过 2 亩的地区	8～40 元
人均耕地超过 2 亩但不超过 3 亩的地区	6～30 元
人均耕地超过 3 亩的地区	5～25 元

在人均耕地低于 0.5 亩的地区,省、自治区、直辖市可以根据当地经济发展情况,适当提高耕地占用税的适用税额,但提高的部分不得超过按照"人均耕地超过 1 亩但不超过 2 亩的地区,每平方米为 8 元至 40 元"确定的适用税额的 50%。

占用基本农田的,应当按照《耕地占用税法》第四条第二款或者第五条确定的当地适用税额,加按 150% 征收。

占用园地、林地、草地、农田水利用地、养殖水面、渔业水域滩涂以及其他农用地建设建筑物、构筑物或者从事非农业建设的,适用税额可以适当低于本地区按照《耕地占用税法》第四条第二款确定的适用税额,但降低的部分不得超过 50%。具体适用税额由省、自治区、直辖市人民政府提出,报同级人民代表大会常务委员会决定,并报全国人民代表大会常务委员会和国务院备案。

各地区耕地占用税的适用税额,由省、自治区、直辖市人民政府根据人均耕地面积和经济发展等情况,在规定的税额幅度内提出,报同级人民代表大会常务委员会决定,并报全国人民代表大会常务委员会和国务院备案。各省、自治区、直辖市耕地占用税适用税额的平均水平,不得低于"各省、自治区、直辖市耕地占用税平均税额表"(见表 8—2)规定的平均税额。

表 8—2 各省、自治区、直辖市耕地占用税平均税额表

地　区	每平方米平均税额(元)
上海	45
北京	40
天津	35
江苏、浙江、福建、广东	30
辽宁、湖北、湖南	25
河北、安徽、江西、山东、河南、重庆、四川	22.5
广西、海南、贵州、云南、陕西	20
山西、吉林、黑龙江	17.5
内蒙古、西藏、甘肃、青海、宁夏、新疆	12.5

(四)耕地占用税的减免税规定

下列情形免征或者减征耕地占用税:(1)军事设施、学校、幼儿园、社会福利机构、医疗机构占用耕地,免征耕地占用税。(2)铁路线路、公路线路、飞机场跑道、停机坪、港口、航道、水利工程占用耕地,减按每平方米 2 元的税额征收耕地占用税。(3)农村居民在规定用地标准以内占用耕地新建自用住宅,按照当地适用税额减半征收耕地占用税;其中,农村居民经批准搬迁,新建自用住宅占用耕地不超过原宅基地面积的部分,免征耕地占用税。(4)农村烈士遗

属、因公牺牲军人遗属、残疾军人以及符合农村最低生活保障条件的农村居民,在规定用地标准以内新建自用住宅,免征耕地占用税。(5)自2023年1月1日至2027年12月31日,对增值税小规模纳税人、小型微利企业和个体工商户减半征收耕地占用税。

根据国民经济和社会发展的需要,国务院可以规定免征或者减征耕地占用税的其他情形,报全国人民代表大会常务委员会备案。

在农用地转用环节,用地申请人能证明建设用地人符合《耕地占用税法》第七条第一款规定的免税情形的,免征用地申请人的耕地占用税;在供地环节,建设用地人使用耕地的用途符合《耕地占用税法》第七条第一款规定的免税情形的,由用地申请人和建设用地人共同申请,按退税管理的规定退还用地申请人已经缴纳的耕地占用税。

三、耕地占用税应纳税额的计算

(一)计税依据的确定

耕地占用税以纳税人实际占用的应税土地面积(包括经批准占用面积和未经批准占用面积)为计税依据,以平方米为单位,按所占土地当地的适用税额计税,实行一次性征收。

(二)应纳税额的计算

耕地占用税以纳税人实际占用的耕地面积为计税依据,按照规定的适用税额一次性征收。其计算公式如下:

$$应纳税额=应税土地面积×适用税额$$

【例8—1】 某商业企业经批准占用农田3 000平方米建造一个仓库,本地区耕地占用税的单位税额为每平方米30元。计算该企业应纳的耕地占用税。

该企业应纳耕地占用税=3 000×30
　　　　　　　　　　=90 000(元)

四、耕地占用税的征收管理

(一)纳税义务发生时间

耕地占用税的纳税义务发生时间为纳税人收到自然资源主管部门办理占用耕地手续的书面通知的当日。

未经批准占用耕地的,耕地占用税纳税义务发生时间为自然资源主管部门认定的纳税人实际占用耕地的当日。

因挖损、采矿塌陷、压占、污染等损毁耕地的纳税义务发生时间为自然资源、农业农村等相关部门认定损毁耕地的当日。

纳税人改变原占地用途,需要补缴耕地占用税的,其纳税义务发生时间为改变用途的当日,具体如下:经批准改变用途的,纳税义务发生时间为纳税人收到批准文件的当日;未经批准改变用途的,纳税义务发生时间为自然资源主管部门认定纳税人改变原占地用途的当日。

(二)纳税申报地点

纳税人占用耕地,应当在耕地所在地申报纳税。纳税人应当自纳税义务发生之日起30日内申报缴纳耕地占用税。

纳税人改变原占地用途,不再属于免征或减征情形的,应自改变用途之日起30日内申报补缴税款,补缴的税款按改变用途的实际占用耕地面积和改变用途时当地的适用税额计算。

(三)税款征收

耕地占用税由税务机关负责征收。税务机关应当与相关部门建立耕地占用税涉税信息共享机制和工作配合机制。县级以上地方人民政府自然资源、农业农村、水利等相关部门应当定期向税务机关提供农用地转用、临时占地等信息,包括农用地转用信息、城市和村庄集镇按批次建设用地转而未供信息、经批准临时占地信息、改变原占地用途信息、未批先占农用地查处信息、土地损毁信息、土壤污染信息、土地复垦信息、草场使用和渔业养殖权证发放信息等,协助税务机关加强对耕地占用税的征收管理。

纳税人占地类型、占地面积和占地时间等纳税申报数据材料以自然资源等相关部门提供的相关材料为准;未提供相关材料或者材料信息不完整的,经主管税务机关提出申请,由自然资源等相关部门自收到申请之日起30日内出具认定意见。

税务机关发现纳税人的纳税申报数据资料异常或者纳税人未按照规定期限申报纳税的,可以提请相关部门复核,相关部门应当自收到税务机关的复核申请之日起30日内向税务机关出具复核意见。

纳税人的纳税申报数据资料异常或者纳税人未按照规定期限申报纳税的,包括下列情形:(1)纳税人改变原占地用途,不再属于免征或者减征耕地占用税情形,未按照规定进行申报的;(2)纳税人已申请用地但尚未获得批准,先行占地开工,未按照规定进行申报的;(3)纳税人实际占用耕地面积大于批准占用耕地面积,未按照规定进行申报的;(4)纳税人未履行报批程序擅自占用耕地,未按照规定进行申报的;(5)其他应提请相关部门复核的情形。

第二节 车辆购置税

一、车辆购置税概述

车辆购置税是以在中国境内购置规定车辆为课税对象,在特定环节向车辆购置者征收的一种税。

2000年10月22日国务院颁布《中华人民共和国车辆购置税暂行条例》,该规定于2001年1月1日起施行。2014年11月25日国家税务总局发布了《车辆购置税征收管理办法》,该办法自2015年2月1日起实施。为进一步提升车辆购置税的法律层级,强化车辆购置税征收管理,2018年12月29日第十三届全国人民代表大会常务委员会第七次会议通过《中华人民共和国车辆购置税法》,自2019年7月1日起施行。

二、车辆购置税的法律要素

(一)车辆购置税的征税范围

车辆购置税的征税范围为在中华人民共和国境内购置汽车、有轨电车、汽车挂车、排气量超过150毫升的摩托车(以下统称"应税车辆")。购置,是指以购买、进口、自产、受赠、获奖或者其他方式取得并自用应税车辆的行为。具体规定如下：

1. 汽车

汽车包括各类汽车。

2. 有轨电车

有轨电车是指以电能为动力，在轨道上行驶的公共车辆。

3. 汽车挂车

(1)全挂车：无动力设备、独立承载、由牵引车辆牵引行驶的车辆。

(2)半挂车：无动力设备、与牵引车辆共同承载、由牵引车辆牵引行驶的车辆。

4. 摩托车

这里是指排气量超过150毫升的摩托车。

地铁、轻轨等城市轨道交通车辆，装载机、平地机、挖掘机、推土机等轮式专用机械车，以及起重机（吊车）、叉车、电动摩托车，不属于应税车辆。

(二)车辆购置税的纳税人

在中华人民共和国境内购置应税车辆的单位和个人，为车辆购置税的纳税人。

已经办理免税、减税手续的车辆因转让、改变用途等原因，发生转让行为的，受让人为车辆购置税的纳税人；未发生转让行为的，车辆所有人为车辆购置税的纳税人。

(三)车辆购置税的税率

车辆购置税实行单一比例税率，税率为10%。

(四)车辆购置税的减免税规定

1. 依照法律规定应当予以免税的外国驻华使馆、领事馆和国际组织驻华机构及其有关人员自用的车辆，免征车辆购置税。

2. 中国人民解放军和中国人民武装警察部队列入装备订货计划的车辆，免征车辆购置税。

3. 悬挂应急救援专用号牌的国家综合性消防救援车辆，免征车辆购置税。

4. 设有固定装置的非运输专用作业车辆，免征车辆购置税。

5. 城市公交企业购置的公共汽电车辆，免征车辆购置税。其中的城市公交企业，是指由县级以上（含县级）人民政府交通运输主管部门认定的，依法取得城市公交经营资格，为公众提供公交出行服务，并纳入《城市公共交通管理部门与城市公交企业名录》的企业；公共汽电车辆，是指按规定的线路、站点票价营运，用于公共交通服务，为运输乘客设计和制造的车辆，包括公共汽车、无轨电车和有轨电车。

6. 国务院规定予以免税的其他情形：(1)防汛部门和森林消防部门用于指挥、检查、调度、报汛（警）、联络的由指定厂家生产的设有固定装置的指定型号的车辆。(2)回国服务的在外留学人员用现汇购买一辆自用国产小汽车[①]。(3)长期来华定居专家[②]进口一辆自用小汽

[①] 所称销售发票，是指农业生产者销售自产农产品适用免征增值税政策而开具的普通发票。纳税人从批发、零售环节购进适用免征增值税政策的蔬菜、部分鲜活肉蛋而取得的普通发票，不得作为计算抵扣进项税额的凭证。

[②] 根据财政部、国家税务总局《关于收购烟叶支付的价外补贴进项税额抵扣问题的通知》（财税〔2011〕21号）规定，烟叶收购单位收购烟叶时，按照国家有关规定以现金形式直接补贴烟农的生产投入补贴，属于农产品买价，应与烟叶收购价格在同一张农产品收购发票或者销售发票上分别注明；否则，生产投入补贴不得计算增值税进项税额进行抵扣。

车。(4)中国妇女发展基金会"母亲健康快车"项目的流动医疗车。(5)对购置日期在2024年1月1日至2025年12月31日期间的新能源汽车免征车辆购置税,其中,每辆新能源乘用车免税额不超过3万元;对购置日期在2026年1月1日至2027年12月31日期间的新能源汽车减半征收车辆购置税,其中,每辆新能源乘用车减税额不超过1.5万元。①(6)对购置挂车减半征收车辆购置税。这里所称"挂车",是指由汽车牵引才能正常使用且用于载运货物的无动力车辆。

根据国民经济和社会发展的需要,国务院可以规定减征或者其他免征车辆购置税的情形,报全国人民代表大会常务委员会备案。

(五)车辆购置税的退税

纳税人将已征车辆购置税的车辆退回车辆生产企业或者销售企业的,可以向主管税务机关申请退还车辆购置税。退税额以已缴税款为基准,自缴纳税款之日至申请退税之日,每满1年扣减10%。

已征车辆购置税的车辆退回车辆生产或销售企业,纳税人申请退还车辆购置税的,应退税额的计算公式如下:

$$应退税额 = 已纳税额 \times (1 - 使用年限 \times 10\%)$$

应退税额不得为负数。

使用年限是自纳税人缴纳税款之日起至申请退税之日。

三、车辆购置税应纳税额的计算

(一)计税依据的确定

车辆购置税的计税依据是车辆的计税价格。由于应税车辆的来源不同,发生的应税行为不同,因此计税价格的组成也不同。应税车辆的计税价格按照下列规定确定:

1. 购买自用应税车辆计税依据的确定

纳税人购买自用应税车辆的计税价格为纳税人实际支付给销售者的全部价款。实际支付给销售者的全部价款,依据纳税人购买应税车辆时相关凭证载明的价格确定,不包括增值税税款。

2. 进口自用应税车辆计税依据的确定

纳税人进口自用应税车辆的计税价格为关税完税价格加上关税和消费税。

纳税人进口自用应税车辆,是指纳税人直接从境外进口或者委托代理进口自用的应税车辆,不包括在境内购买的进口车辆。

3. 自产自用应税车辆计税依据的确定

纳税人自产自用应税车辆的计税价格,按照同类应税车辆(车辆配置序列号相同的车辆)的销售价格确定,不包括增值税税款;没有同类应税车辆销售价格的,按照组成计税价格确

---

① 购置日期按照机动车销售统一发票或海关关税专用缴款书等有效凭证的开具日期确定。享受车辆购置税减免政策的新能源汽车,是指符合新能源汽车产品技术要求的纯电动汽车、插电式混合动力(含增程式)汽车、燃料电池汽车。新能源汽车产品技术要求由工业和信息化部会同财政部、税务总局根据新能源汽车技术进步、标准体系发展和车型变化情况制定。新能源乘用车,是指在设计、制造和技术特性上主要用于载运乘客及其随身行李和(或)临时物品,包括驾驶员座位在内最多不超过9个座位的新能源汽车。

定。组成计税价格的计算公式如下：

$$组成计税价格＝成本×(1＋成本利润率)$$

属于应征消费税的应税车辆，其组成计税价格中应加计消费税税额。

上述公式中的成本利润率由各省、自治区、直辖市和计划单列市税务局确定。

4. 其他自用应税车辆计税依据的确定

纳税人以受赠、获奖或者其他方式取得自用应税车辆的计税价格，按照购置应税车辆时相关凭证载明的价格确定，不包括增值税税款。

5. 特殊情况下计税价格的确定

(1)免税、减税车辆因转让、改变用途等原因而不再属于免税、减税范围的，纳税人应当在办理车辆转移登记或者变更登记前缴纳车辆购置税。计税价格以免税、减税车辆初次办理纳税申报时确定的计税价格为基准，每满1年扣减10%。

(2)销售方销售"换电模式"新能源汽车时，不含动力电池的新能源汽车与动力电池分别核算销售额并分别开具发票的，依据购车人购置不含动力电池的新能源汽车取得的机动车销售统一发票载明的不含税价作为车辆购置税计税价格。

(3)纳税人申报的应税车辆计税价格明显偏低，又无正当理由的，由税务机关依照《税收征收管理法》的规定核定其应纳税额。

(4)纳税人以外汇结算应税车辆价款的，按照申报纳税之日的人民币汇率中间价折合成人民币计算缴纳税款。

(二)应纳税额的计算

1. 一般规定

车辆购置税的应纳税额按照应税车辆的计税价格乘以税率计算。其计算公式如下：

$$应纳税额＝计税价格×税率$$

【例8—2】 陈某在2023年8月1日购买一辆小轿车(排气量为3.0升)，支付含增值税的车价款232 000元，另支付代收的临时牌照费200元，支付购买工具件和零配件价款3 000元、车辆装饰费800元。计算陈某应缴纳的车辆购置税。

计税价格＝(232 000＋200＋3 000＋800)÷(1＋13%)

＝208 849.56(元)

应纳税额＝208 849.56×10%

＝20 884.96(元)

2. 特殊规定

已经办理免税、减税手续的车辆因转让、改变用途等原因而不再属于免税、减税范围的，其应纳税额的计算公式如下：

$$应纳税额＝初次办理纳税申报时确定的计税价格×(1－使用年限×10\%)×10\%－已纳税额$$

应纳税额不得为负数。

使用年限是自纳税人初次办理纳税申报之日起至不再属于免税、减税范围的情形发生之日。使用年限取整计算，不满1年的不计算在内。

四、车辆购置税的征收管理

(一)纳税义务发生时间

车辆购置税的纳税义务发生时间为纳税人购置应税车辆的当日,具体以纳税人购置应税车辆所取得的车辆相关凭证上注明的时间为准。

已经办理免税、减税手续的车辆因转让、改变用途等原因发生转让行为的,纳税义务发生时间为车辆转让或者用途改变等情形发生之日。

(二)纳税申报

纳税人应当自纳税义务发生之日起60日内申报缴纳车辆购置税。

纳税人应当在向公安机关交通管理部门办理车辆注册登记前缴纳车辆购置税。

公安机关交通管理部门办理车辆注册登记,应当根据税务机关提供的应税车辆完税或者免税电子信息对纳税人申请登记的车辆信息进行核对,核对无误后依法办理车辆注册登记。

税务机关和公安、商务、海关、工业和信息化等部门应当建立应税车辆信息共享和工作配合机制,及时交换应税车辆和纳税信息资料。

(三)纳税地点

车辆购置税由税务机关负责征收。车辆购置税实行一次性征收。购置已征车辆购置税的车辆,不再征收车辆购置税。

纳税人购置应税车辆,应当向车辆登记地的主管税务机关申报缴纳车辆购置税;购置不需要办理车辆登记的应税车辆的,应当向纳税人所在地的主管税务机关申报缴纳车辆购置税。

第三节 环境保护税

一、环境保护税概述

环境保护税是在中华人民共和国领域和中华人民共和国管辖的其他海域,以大气污染物、水污染物、固体废物和噪声为征税对象,直接向环境排放应税污染物的企事业单位和其他生产经营者征收的一种税。

为促使企业加强环境治理、减少污染物排放,2016年12月25日,第十二届全国人民代表大会常务委员会第二十五次会议通过《中华人民共和国环境保护税法》(以下简称《环境保护税法》),该法自2018年1月1日起施行。2017年12月25日,国务院公布《中华人民共和国环境保护税法实施条例》(国令第693号),自2018年1月1日起施行。

思政知识窗

我国绿色税制的发展历程及体系构架

党的二十大对推动绿色发展、促进人与自然和谐共生做出重大战略部署,强调要推进美丽中国建设,加快发展方式绿色转型,完善支持绿色发展的财税、金融、投资、价格政策和标准体系。绿色税制是生态文明制度体系的重要组成部分,是生态文明建设和美丽中国建设的重要助推器。美丽中国呼唤绿色税制。

一、我国绿色税制体系的发展历程

(一)起步阶段(1978—1991年)

改革开放初期,为适应经济体制改革需要,我国通过建立健全涉外税制、国营企业"利改税"、工商税制全面改革等,恢复建立复合税收体系。然而,经济发展和产业转移带来了日益严峻的环境问题。为此,我国于1979年颁布《中华人民共和国环境保护法(试行)》,首开生态环境保护法律制度的先河;1978年试行并于1982年正式实施排污收费制度;1983年12月,全国环境保护第二次会议确定了环境保护是我国必须长期坚持的一项基本国策,随后相继出台《中华人民共和国水污染防治法》(1984年)、《中华人民共和国大气污染防治法》(1987年);至1991年期间,烧油特别税、车船使用税、耕地占用税、资源税、固定资产投资方向调节税等与环境保护相关的税种陆续设立,并体现一定的环境保护意图。

(二)稳进阶段(1992—2012年)

随着改革开放向前推进,为促进完善社会主义市场经济体制,我国不断完善税收制度,建立"分税制"和以流转税为主的税收制度,为全国统一市场的形成和改革开放提供税收支持。在这个阶段,我国环境污染的负外部性加强,能源生产、消费总量激增,环境污染治理投资相应扩大。党的十四大把加强环境保护列为改革开放和现代化建设的任务之一。1992年国务院批准了《中国环境与发展十大对策》,明确提出"按照资源有偿使用的原则,逐步开征资源利用补偿费,并开展对环境税的研究。制定不同行业污染物排放的时限标准,逐步提高排污收费标准"。1994年我国取消了盐税、烧油特别税,将资源税的征收范围扩大至煤炭、天然气、石油等7类;2008年在消费税中增加了航空煤油、石脑油等税目,并提高了成品油消费税税率;2011年,国务院修改了《中华人民共和国资源税暂行条例》,就此开启从价计征和资源税扩围改革的新篇章。党的十八大首次专章论述生态文明建设,把生态文明建设纳入中国特色社会主义事业"五位一体"总体布局,系统破解经济发展与生态保护的协调难题。绿色税制对环境保护的引导作用愈加明显,在对增值税、企业所得税等税种的调整中,不断突出对环境保护行为的鼓励、对污染产品或行为的限制。

(三)提速阶段(2013年以后)

党的十八大以来,我国不断加快推进生态文明顶层设计和制度体系建设步伐,大力推动绿色发展。2013年党的十八届三中全会提出,必须建立系统完整的生态文明制度体系,用制度保护生态环境,要求调整消费税的征收范围、环节、税率,加快推动环境保护费改税,逐步将资源税扩展到占用各种自然生态空间。2015年中共中央、国务院印发《生态文明体制改革总体方案》,明确生态文明体制改革的"四梁八柱"。2018年习近平总书记在全国生态环境保护大会上指出,推进新时代生态文明建设必须遵循"六大原则",加快构建生态文明"五大体系",习近平生态文明思想正式确立。2021年中共中央、国务院发布《关于完整准确全面贯彻新发展理念做好碳达峰碳中和工作的意见》,提出要完善财税价格政策,落实环境保护、节能节水、新能源和清洁能源车船税收优惠,研究碳减排相关税收政策。2022年党的二十大报告提出,完善支持绿色发展的财税、金融、投资、价格政策和标准体系,对发挥财税政策在实现碳达峰、碳中和目标过程中的支撑作用以及促进绿色低碳转型的引导作用提出了新要求。

为助推生态文明建设,我国围绕绿色主题加速推进系列税收改革,相关税收征收依据相继由行政法规上升为法律,税收优惠政策也不断增多。在助力生态涵养方面:2016年开启水资源税改革试点工作,水资源费改税,将地表水和地下水纳入征税范围,适当提高税额标准;2018年发布《中华人民共和国耕地占用税法》,将耕地占用税的征收依据从行政法规上升为法律;2019年发布《中华人民共和国资源税法》,为绿水青山拉起一张坚固的"保护网"。在实现环境治理方面:2018年开始实施《中华人民共和国环境保护税法》,建立了"多排多征、少排少征、不排不征"的税收调节机制。在推动绿色转型方面:发挥消费税"寓限于征"的税制特点,连续提高成品油消费税税额,提高卷烟批发环节消费税税率;对从事符合条件的环境保护、节能节水等项目所得实行企业所得税"三免三减半"优惠;对清洁发展机制基金收入免征企业所得税;对购置用在环境保护、节能节水等专用设备的投资额按一定比例给予企业所得税税额抵免;对综合利用资源生产产品取得的收入在计算企业所得税应纳税所得额时减计收入;对从事污染防治的第三方企业减按15%的税率征收企业所得税;对从事再生资源回收的增值税一般纳税人销售其收购的再生资源,可选择适用简易计税方法依照3%的征收率计缴增值税;对新型墙体材料、风力发电、资源综合利用产品及劳务实行增值税即征即退;对污水处理费免征增值税;等等。

二、我国绿色税制的体系架构

我国将构造系统化、法治化的绿色税收体系作为税收治理体系的重要部分,推动构建多个税种"多税共治"以及税收优惠政策"多策组合"的现代绿色税收治理体系。如今,绿色税制体系雏形初现,即以环境保护税为主体,以资源税、耕地占用税、城镇土地使用税为重点,以消费税、车船税、车辆购置税、烟叶税、增值税、企业所得税、契税等相关税种及有关行政事业性收费为辅助,涵盖资源开采、生产、流通、消费、排放五大环节,包含推进传统税制全面"绿化"转型过程中所征收的各税种及所制定的各项税收优惠政策,具体可概括为"三个层级""四类优惠"。

"三个层级"包括:一是以环境保护税为主体,通过开征环境保护税使排污单位承担必要的污染治理成本,引导提升环境保护意识、减少污染物排放;二是以资源税、耕地占用税和城镇土地使用税为重点,促进资源的合理开发和综合利用,实现对有限自然资源的保护,提高土地使用效率;三是以消费税、车船税、车辆购置税、增值税和企业所得税等为辅助,提高污染行为制造者的税负或给予绿色经济行为相应的税收优惠,引导生产者和消费者选择有利于环境保护、节能减排的生产方式和消费方式。

"四类优惠"包括支持环境保护、促进节能环保、鼓励资源综合利用和推动低碳产业发展四个方面的绿色税收优惠政策,以正向引导推动绿色产业加速发展,加快推进生态文明建设。

资料来源:国家税务总局广东省税务局课题组.构建绿色税制助力建设美丽中国的思考[J].税务研究,2023(5):106—111.

二、环境保护税税制要素

(一)环境保护税的征税范围

环境保护税以企事业单位和其他生产经营者直接向环境排放应税污染物为征税对象,具体征税范围包括大气污染物、水污染物、固体废物和噪声四类。

依法设立的城乡污水集中处理、生活垃圾集中处理场所超过国家和地方规定的排放标准向环境排放应税污染物的,应当缴纳环境保护税。

企事业单位和其他生产经营者贮存或者处置固体废物不符合国家和地方环境保护标准的,应当缴纳环境保护税。

达到省级人民政府确定的规模标准并且有污染物排放口的畜禽养殖场,应当依法缴纳环境保护税。

有下列情形之一的,不属于直接向环境排放污染物,不缴纳相应污染物的环境保护税:(1)企事业单位和其他生产经营者向依法设立的污水集中处理、生活垃圾集中处理场所排放应税污染物的;(2)企事业单位和其他生产经营者在符合国家和地方环境保护标准的设施、场所贮存或者处置固体废物的;(3)依法对畜禽养殖废弃物进行综合利用和无害化处理的。

(二)环境保护税的纳税人

在中华人民共和国领域和中华人民共和国管辖的其他海域,直接向环境排放应税污染物的企事业单位和其他生产经营者为环境保护税的纳税人。

(三)环境保护税的税率

环境保护税采用定额税率。应税大气污染物和水污染物的具体适用税额的确定和调整,由省、自治区、直辖市人民政府统筹考虑本地区环境承载能力、污染物排放现状和经济社会生态发展目标要求,在国家规定的税额幅度内提出,报同级人民代表大会常务委员会决定,并报全国人民代表大会常务委员会和国务院备案。环境保护税的税目和税额具体见表8—3。

表8—3　　　　　　　　　　环境保护税税目税额表

税　目		计税单位	税　额	备　注
大气污染物		每污染当量	1.2~12元	
水污染物		每污染当量	1.4~14元	
固体废物	煤矸石	每吨	5元	
	尾矿	每吨	15元	
	危险废物	每吨	1 000元	
	冶炼渣、粉煤灰、炉渣、其他固体废物(含半固态、液态废物)	每吨	25元	

续表

税　目		计税单位	税　额	备　注
噪声	工业噪声	超标1～3分贝	每月350元	①一个单位边界上有多处噪声超标，根据最高一处超标声级计算应纳税额；沿边界长度超过100米有两处以上噪声超标，按照两个单位计算应纳税额 ②一个单位有不同地点作业场所的，应当分别计算应纳税额，合并计征 ③昼、夜均超标的环境噪声，昼、夜分别计算应纳税额，累计计征 ④声源一个月内超标不足15日的，减半计算应纳税额 ⑤夜间频繁突发和夜间偶然突发厂界超标噪声，按等效声级和峰值噪声两种指标中超标分贝值高的一项计算应纳税额
		超标4～6分贝	每月700元	
		超标7～9分贝	每月1 400元	
		超标10～12分贝	每月2 800元	
		超标13～15分贝	每月5 600元	
		超标16分贝以上	每月11 200元	

(四)环境保护税的减免税规定

1.免征环境保护税的情形

(1)农业生产(不包括规模化养殖)排放应税污染物的,免征环境保护税。

(2)机动车、铁路机车、非道路移动机械、船舶和航空器等流动污染源排放应税污染物的,免征环境保护税。

(3)依法设立的城乡污水集中处理、生活垃圾集中处理场所排放相应应税污染物,不超过国家和地方规定的排放标准的,免征环境保护税。

依法设立的生活垃圾焚烧发电厂、生活垃圾填埋场、生活垃圾堆肥厂,属于生活垃圾集中处理场所,其排放应税污染物不超过国家和地方规定的排放标准的,依法免征环境保护税。纳税人任何一个排放口排放应税大气污染物、水污染物的浓度值,以及没有排放口排放应税大气污染物的浓度值,超过国家和地方规定的污染物排放标准的,依法不予减征环境保护税。

(4)纳税人综合利用的固体废物,符合国家和地方环境保护标准的,免征环境保护税。

(5)国务院批准免税的其他情形。

2.减征环境保护税的情形

(1)纳税人排放应税大气污染物或者水污染物的浓度值①低于国家和地方规定的污染物排放标准30%的,减按75%征收环境保护税。

(2)纳税人排放应税大气污染物或者水污染物的浓度值低于国家和地方规定的污染物排放标准50%的,减按50%征收环境保护税。

(3)纳税人噪声源一个月内累计昼间超标不足15昼或者累计夜间超标不足15夜的,分别减半征收环境保护税。

---

① 应税大气污染物或者水污染物的浓度值,是指纳税人安装使用的污染物自动监测设备当月自动监测的应税大气污染物浓度值的小时平均值再平均所得数值或者应税水污染物浓度值的日平均值再平均所得数值,或者监测机构当月监测的应税大气污染物、水污染物浓度值的平均值。

三、环境保护税应纳税额的计算

(一)计税依据的确定

环境保护税以应税大气污染物、水污染物排放量折合的污染当量数,应税固体废物的排放量和应税噪声分贝数为计税依据,具体按以下规定确定:

1. 应税大气污染物、水污染物的计税依据

应税大气污染物、水污染物的计税依据,按照污染物排放量折合的污染当量数①确定。

应税大气污染物、水污染物的污染当量数,以该污染物的排放量除以该污染物的污染当量值计算。每种应税大气污染物、水污染物的具体污染当量值,依照环境保护税应税污染物和当量值表执行。

每一排放口或者没有排放口的应税大气污染物,按照污染当量数从大到小排序,对前三项污染物征收环境保护税。

每一排放口的应税水污染物,按照环境保护税应税污染物和当量值表,区分第一类水污染物和其他类水污染物,按照污染当量数从大到小排序。对第一类水污染物,按照前五项征收环境保护税;对其他类水污染物,按照前三项征收环境保护税。

在建筑施工、货物装卸和堆存过程中无组织排放应税大气污染物的,按照生态环境部规定的排污系数、物料衡算方法计算应税污染物排放量;不能按照生态环境部规定的排污系数、物料衡算方法计算的,按照省、自治区、直辖市生态环境主管部门规定的抽样测算方法核定计算应税污染物排放量。

省、自治区、直辖市人民政府根据本地区污染物减排的特殊需要,可以增加同一排放口征收环境保护税的应税污染物项目数,报同级人民代表大会常务委员会决定,并报全国人民代表大会常务委员会和国务院备案。

纳税人有下列情形之一的,以其当期应税大气污染物、水污染物的产生量作为污染物的排放量:(1)未依法安装使用污染物自动监测设备或者未将污染物自动监测设备与环境保护主管部门的监控设备联网;(2)损毁或者擅自移动、改变污染物自动监测设备;(3)篡改、伪造污染物监测数据;(4)通过暗管、渗井、渗坑、灌注或者稀释排放以及不正常运行防治污染设施等方式违法排放应税污染物;(5)进行虚假纳税申报。

2. 应税固体废物的计税依据

应税固体废物的计税依据,按照固体废物的排放量(吨)确定。固体废物的排放量为当期应税固体废物的产生量减去当期应税固体废物的贮存量、处置量、综合利用量的余额。

所称"固体废物的贮存量""处置量",是指在符合国家和地方环境保护标准的设施、场所贮存或者处置的固体废物数量;"固体废物的综合利用量",是指按照国务院发展改革、工业和信息化主管部门关于资源综合利用要求以及国家和地方环境保护标准进行综合利用的固体废物数量。

纳税人有下列情形之一的,以其当期应税固体废物的产生量作为固体废物的排放量:

---

① 污染当量,是指根据污染物或者污染排放活动对环境的有害程度以及处理的技术经济性,衡量不同污染物对环境污染的综合性指标或者计量单位。同一介质相同污染当量的不同污染物,其污染程度基本相当。

(1)非法倾倒应税固体废物;(2)进行虚假纳税申报。

3. 应税噪声的计税依据

应税噪声的计税依据,按照超过国家规定标准的分贝数确定。超过国家规定标准的分贝数,是指实际产生的工业噪声与国家规定的工业噪声排放标准限值之间的差值。

4. 应税大气污染物、水污染物、固体废物排放量和噪声分贝数的计算方法与顺序

(1)计算方法与顺序

应税大气污染物、水污染物、固体废物的排放量和噪声分贝数,按照下列方法和顺序计算:

①自动监测。纳税人安装使用符合国家规定和监测规范的污染物自动监测设备的,按照污染物自动监测数据计算。

②监测机构监测。纳税人未安装使用污染物自动监测设备的,按照监测机构出具的符合国家有关规定和监测规范的监测数据计算。

③排污系数和物料衡算方法计算。因排放污染物种类多等原因而不具备监测条件的,按照国务院环境保护主管部门规定的排污系数[①]、物料衡算[②]方法计算。

④核定计算。不能按照第①项至第③项规定的方法计算的,按照省、自治区、直辖市人民政府环境保护主管部门规定的抽样测算的方法核定计算。

纳税人自行对污染物进行监测所获取的监测数据,符合国家有关规定和监测规范的,视同按上述第②项规定的监测机构出具的监测数据。

(2)具体规定

①应税大气污染物和水污染物排放量的监测计算

纳税人委托监测机构对应税大气污染物和水污染物排放量进行监测时,其当月同一个排放口排放的同一种污染物有多个监测数据的,应税大气污染物按照监测数据的平均值计算应税污染物的排放量;应税水污染物按照监测数据以流量为权重的加权平均值计算应税污染物的排放量。在环境保护主管部门规定的监测时限内,当月无监测数据的,可以跨月沿用最近一次的监测数据计算应税污染物排放量。纳入排污许可管理行业的纳税人,其应税污染物排放量的监测计算方法按照排污许可管理的要求执行。

属于排污许可管理的排污单位,适用生态环境部发布的排污许可证申请与核发技术规范中规定的排(产)污系数、物料衡算方法计算应税污染物排放量;排污许可证申请与核发技术规范未规定相关排(产)污系数的,适用生态环境部发布的排放源统计调查制度规定的排(产)污系数方法计算应税污染物排放量。不属于排污许可管理的排污单位,适用生态环境部发布的排放源统计调查制度规定的排(产)污系数方法计算应税污染物排放量。

②应税水污染物污染当量数的计算

应税水污染物的污染当量数,以该污染物的排放量除以该污染物的污染当量值计算。其中,色度的污染当量数,以污水排放量乘以色度超标倍数再除以适用的污染当量值计算;畜禽

---

① 排污系数,是指在正常技术经济和管理条件下,生产单位产品所应排放的污染物量的统计平均值。
② 物料衡算,是指根据物质质量守恒原理,对生产过程中使用的原料、生产的产品和产生的废物等进行测算的一种方法。

养殖业水污染物的污染当量数,以该畜禽养殖场的月均存栏量除以适用的污染当量值计算。畜禽养殖场的月均存栏量按照月初存栏量和月末存栏量的平均数计算。

③应税固体废物排放量的计算

应税固体废物的排放量为当期应税固体废物的产生量减去当期应税固体废物的贮存量、处置量、综合利用量的余额。纳税人应当准确计量应税固体废物的贮存量、处置量和综合利用量;未准确计量的,不得从其应税固体废物的产生量中减去。纳税人依法将应税固体废物转移至其他单位和个人进行贮存、处置或者综合利用的,固体废物的转移量相应计入其当期应税固体废物的贮存量、处置量或者综合利用量;纳税人接收的应税固体废物转移量,不计入其当期应税固体废物的产生量。纳税人对应税固体废物进行综合利用的,应当符合工业和信息化部制定的工业固体废物综合利用评价管理规范。

纳税人应当参照危险废物台账管理要求,建立其他应税固体废物管理台账,如实记录产生固体废物的种类、数量、流向以及贮存、处置、综合利用、接收转入等信息,并将应税固体废物管理台账和相关资料留存备查。

环境保护税应税污染物和当量值见表8—4至表8—8。

表8—4　　　　　　　　　　　　第一类水污染物污染当量值

污染物	污染当量值(千克)
1.总汞	0.000 5
2.总镉	0.005
3.总铬	0.04
4.六价铬	0.02
5.总砷	0.02
6.总铅	0.025
7.总镍	0.025
8.苯并(a)芘	0.000 000 3
9.总铍	0.01
10.总银	0.02

表8—5　　　　　　　　　　　　第二类水污染物污染当量值

污染物	污染当量值(千克)	备　注
11.悬浮物(SS)	4	
12.生化需氧量(BOD_5)	0.5	同一排放口中的化学需氧量、生化需氧量和总有机碳,只征收一项
13.化学需氧量(COD_{cr})	1	
14.总有机碳(TOC)	0.49	
15.石油类	0.1	
16.动植物油	0.16	

续表

污染物	污染当量值(千克)	备　注
17. 挥发酚	0.08	
18. 总氰化物	0.05	
19. 硫化物	0.125	
20. 氨氮	0.8	
21. 氟化物	0.5	
22. 甲醛	0.125	
23. 苯胺类	0.2	
24. 硝基苯类	0.2	
25. 阴离子表面活性剂(LAS)	0.2	
26. 总铜	0.1	
27. 总锌	0.2	
28. 总锰	0.2	
29. 彩色显影剂(CD-2)	0.2	
30. 总磷	0.25	
31. 单质磷(以P计)	0.05	
32. 有机磷农药(以P计)	0.05	
33. 乐果	0.05	
34. 甲基对硫磷	0.05	
35. 马拉硫磷	0.05	
36. 对硫磷	0.05	
37. 五氯酚及五氯酚钠(以五氯酚计)	0.25	
38. 三氯甲烷	0.04	
39. 可吸附有机卤化物(AOX)(以Cl计)	0.25	
40. 四氯化碳	0.04	
41. 三氯乙烯	0.04	
42. 四氯乙烯	0.04	
43. 苯	0.02	
44. 甲苯	0.02	
45. 乙苯	0.02	
46. 邻-二甲苯	0.02	
47. 对-二甲苯	0.02	

续表

污染物	污染当量值(千克)	备 注
48.间-二甲苯	0.02	
49.氯苯	0.02	
50.邻-二氯苯	0.02	
51.对-二氯苯	0.02	
52.对-硝基氯苯	0.02	
53.2,4-二硝基氯苯	0.02	
54.苯酚	0.02	
55.间-甲酚	0.02	
56.2,4-二氯酚	0.02	
57.2,4,6-三氯酚	0.02	
58.邻-苯二甲酸二苯酯	0.02	
59.邻-苯二甲酸二辛酯	0.02	
60.丙烯腈	0.125	
61.总硒	0.02	

表8-6　　　　pH值、色度、大肠菌群数、余氯量水污染物污染当量值

污染物		污染当量值	备 注
1.pH值	①0～1,13～14 ②1～2,12～13 ③2～3,11～12 ④3～4,10～11 ⑤4～5,9～10 ⑥5～6	0.06 吨污水 0.125 吨污水 0.25 吨污水 0.5 吨污水 1 吨污水 5 吨污水	pH值5～6指大于等于5,小于6;pH值9～10指大于9,小于等于10;其余以此类推
2.色度		5 吨水·倍	
3.大肠菌群数(超标)		3.3 吨污水	大肠菌群数和余氯量只征收一项
4.余氯量(用氯消毒的医院废水)		3.3 吨污水	

表8-7　　　　禽畜养殖业、小型企业和第三产业水污染物污染当量值

类　型		污染当量值	备 注
禽畜养殖场	1.牛	0.1头	仅对存栏规模大于50头牛、500头猪、5 000羽鸡鸭等的禽畜养殖场征收
	2.猪	1头	
	3.鸡、鸭等家禽	30羽	
4.小型企业		1.8 吨污水	
5.饮食娱乐服务业		0.5 吨污水	

续表

类　型		污染当量值	备　注
6.医院	消毒	0.14 床	医院病床数大于20张的,按照本表计算污染当量数
		2.8 吨污水	
	不消毒	0.07 床	
		1.4 吨污水	

注:本表仅适用于计算无法进行实际监测或者物料衡算的禽畜养殖业、小型企业和第三产业等小型排污者的水污染物污染当量数。

表8-8　　　　　　　　　　　　大气污染物污染当量值

污染物	污染当量值(千克)
1.二氧化硫	0.95
2.氮氧化物	0.95
3.一氧化碳	16.7
4.氯气	0.34
5.氯化氢	10.75
6.氟化物	0.87
7.氰化氢	0.005
8.硫酸雾	0.6
9.铬酸雾	0.000 7
10.汞及其化合物	0.000 1
11.一般性粉尘	4
12.石棉尘	0.53
13.玻璃棉尘	2.13
14.碳黑尘	0.59
15.铅及其化合物	0.02
16.镉及其化合物	0.03
17.铍及其化合物	0.000 4
18.镍及其化合物	0.13
19.锡及其化合物	0.27
20.烟尘	2.18
21.苯	0.05
22.甲苯	0.18
23.二甲苯	0.27
24.苯并(a)芘	0.000 002

续表

污染物	污染当量值(千克)
25.甲醛	0.09
26.乙醛	0.45
27.丙烯醛	0.06
28.甲醇	0.67
29.酚类	0.35
30.沥青烟	0.19
31.苯胺类	0.21
32.氯苯类	0.72
33.硝基苯	0.17
34.丙烯腈	0.22
35.氯乙烯	0.55
36.光气	0.04
37.硫化氢	0.29
38.氨	9.09
39.三甲胺	0.32
40.甲硫醇	0.04
41.甲硫醚	0.28
42.二甲二硫	0.28
43.苯乙烯	25
44.二硫化碳	20

注:燃烧产生的废气中的颗粒物,按照烟尘征收环境保护税。排放的扬尘、工业粉尘等颗粒物,除可以确定为烟尘、石棉尘、玻璃棉尘、炭黑尘的外,按照一般性粉尘征收环境保护税。

(二)应纳税额的计算

纳税人应按照污染当量数、固体废物排放量和超过国家规定标准的分贝数所对应的具体适用税额计算应纳税额。其计算公式如下:

$$应税大气污染物的应纳税额=污染当量数\times 适用税额$$
$$水污染物的应纳税额=污染当量数\times 适用税额$$
$$应税固体废物的应纳税额=固体废物排放量\times 适用税额$$
$$应税噪声的应纳税额=超过国家规定标准的分贝数\times 适用税额$$

从两个以上排放口排放应税污染物的,对每一排放口排放的应税污染物分别计算征收环境保护税;纳税人持有排污许可证的,其污染物排放口按照排污许可证载明的污染物排放口确定。

应税噪声的应纳税额为超过国家规定标准分贝数对应的具体适用税额。噪声超标分贝数不是整数值的,按四舍五入取整。一个单位的同一监测点当月有多个监测数据超标的,以最高一次超标声级计算应纳税额。声源一个月内累计昼间超标不足15昼或者累计夜间超标不足15夜的,分别减半计算应纳税额。

【例8-3】 某省A企业2023年7月向大气中排放二氧化硫10千克,氮氧化物20千克,一氧化碳300千克,汞及其化合物1千克。大气污染物适用税额为每污染当量1.2元。A企业只有一个排放口,计算该企业7月大气污染物应缴纳的环境保护税。已知相应污染物的污染当量值分别为0.95千克、0.95千克、16.7千克和0.0001千克。

(1)计算各污染物的污染当量数

二氧化硫污染当量数＝10÷0.95
　　　　　　　　　＝10.53
氮氧化物污染当量数＝20÷0.95
　　　　　　　　　＝21.05
一氧化碳污染当量数＝300÷16.7
　　　　　　　　　＝17.96
汞及其化合物污染当量数＝1÷0.0001
　　　　　　　　　　　＝10000

(2)按污染当量数排序

汞及其化合物(10000)＞氮氧化物(21.05)＞一氧化碳(17.96)＞二氧化硫(10.53)。

(3)计算应纳环境保护税

按规定,对排列前三项的污染物征收环境保护税。

汞及其化合物的应纳税额＝10000×1.2
　　　　　　　　　　　＝12000(元)
氮氧化物的应纳税额＝21.05×1.2
　　　　　　　　　＝25.26(元)
一氧化碳的应纳税额＝17.96×1.2
　　　　　　　　　＝21.55(元)
A企业7月应纳环境保护税税额合计＝12000＋25.26＋21.55
　　　　　　　　　　　　　　　＝12046.81(元)

【例8-4】 某省B企业2023年7月向水体直接排放第一类水污染物总汞、总镉、总铬、六价铬、总砷、总铅各1千克;排放其他类水污染物悬浮物(SS)、生化需氧量、总有机碳、氨氮、挥发酚各20千克。水污染物适用税额为每污染当量1.4元。计算B企业7月水污染物应缴纳的环境保护税。第一类水污染物的污染当量值分别为0.0005、0.005、0.04、0.02、0.02、0.025;第二类水污染物的污染当量值分别为4、0.5、0.49、0.8、0.08(单位:千克)。

(1)计算第一类水污染物的污染当量数并排序

总汞污染当量数＝1÷0.0005
　　　　　　　＝2000
总镉污染当量数＝1÷0.005
　　　　　　　＝200

总铬污染当量数＝1÷0.04
　　　　　　　＝25
六价铬污染当量数＝1÷0.02
　　　　　　　　＝50
总砷污染当量数＝1÷0.02
　　　　　　　＝50
总铅污染当量数＝1÷0.025
　　　　　　　＝40

可见，总汞(2 000)＞总镉(200)＞六价铬(50)、总砷(50)＞总铅(40)＞总铬(25)。

(2)计算第一类水污染物应纳环境保护税

按规定，对第一类水污染物中排列前五项的征收环境保护税。

总汞应纳税额＝2 000×1.4
　　　　　　＝2 800(元)
总镉应纳税额＝200×1.4
　　　　　　＝280(元)
六价铬应纳税额＝50×1.4
　　　　　　　＝70(元)
总砷应纳税额＝50×1.4
　　　　　　＝70(元)
总铅应纳税额＝40×1.4
　　　　　　＝56(元)

B企业第一类水污染物应纳环境保护税合计＝2 800＋280＋70＋70＋56
　　　　　　　　　　　　　　　　　　　＝3 276(元)

(3)计算其他类水污染物的污染当量数并排序

悬浮物(SS)污染当量数＝20÷4
　　　　　　　　　　＝5
生化需氧量污染当量数＝20÷0.5
　　　　　　　　　　＝40
总有机碳污染当量数＝20÷0.49
　　　　　　　　　＝40.82
氨氮污染当量数＝20÷0.8
　　　　　　　＝25
挥发酚污染当量数＝20÷0.08
　　　　　　　　＝250

可见，挥发酚(250)＞总有机碳(40.82)＞生化需氧量(40)＞氨氮(25)＞悬浮物(SS)(5)。

(4)计算其他类水污染物应纳环境保护税

根据环境保护税应税污染物和当量值表,对同一排放口中的化学需氧量、生化需氧量和总有机碳,只征收一项,按三者中污染当量数最高的一项收取。因此,其他类水污染物按照挥发酚、总有机碳、氨氮征收环境保护税。

挥发酚应纳税额＝250×1.4
　　　　　　＝350(元)
总有机碳应纳税额＝40.82×1.4
　　　　　　　＝57.15(元)
氨氮应纳税额＝25×1.4
　　　　　　＝35(元)
B企业其他类水污染物应纳环境保护税合计＝350+57.15+35
　　　　　　　　　　　　　　　　　　＝442.15(元)

(5)计算B企业2023年7月共计应纳环境保护税
B企业2023年7月共计应纳环境保护税税额＝3 276+442.15
　　　　　　　　　　　　　　　　　　＝3 718.15(元).

四、环境保护税的征收管理

(一)纳税义务发生时间

环境保护税的纳税义务发生时间为纳税人排放应税污染物的当日。

(二)纳税申报

环境保护税按月计算,按季申报缴纳;不能按固定期限计算缴纳的,可以按次申报缴纳。

纳税人申报纳税时,应当向税务机关报送所排放应税污染物的种类、数量,大气污染物、水污染物的浓度值,以及税务机关根据实际需要要求纳税人报送的其他纳税资料。

纳税人按季申报缴纳的,应当自季度终了之日起15日内向税务机关办理纳税申报并缴纳税款。纳税人按次申报缴纳的,应当自纳税义务发生之日起15日内向税务机关办理纳税申报并缴纳税款。

纳税人应当依法如实办理纳税申报,对申报的真实性和完整性承担责任。

税务机关应当将纳税人的纳税申报数据资料与环境保护主管部门交送的相关数据资料进行比对。

税务机关发现纳税人的纳税申报数据资料异常或者纳税人未按照规定期限办理纳税申报的,可以提请环境保护主管部门复核。环境保护主管部门应当自收到税务机关的数据资料之日起15日内向税务机关出具复核意见。税务机关应当按照环境保护主管部门复核的数据资料,调整纳税人的应纳税额。

(三)税款征收

纳税人应当向应税污染物排放地的税务机关申报缴纳环境保护税。这里所称"应税污染物排放地",是指应税大气污染物、水污染物排放口所在地,应税固体废物产生地和应税噪声产生地。

纳税人跨区域排放应税污染物,税务机关对税收征收管辖有争议的,由争议各方按照有利于征收管理的原则协商解决；不能协商一致的，报请共同的上级税务机关决定。

纳税人申报的污染物排放数据与环境保护主管部门交送的相关数据不一致的，按照环境保护主管部门交送的数据确定应税污染物的计税依据。

环境保护主管部门依照《环境保护税法》和有关环境保护法律、法规的规定负责对污染物的监测管理，环境保护主管部门和税务机关应当建立涉税信息共享平台和工作配合机制。

环境保护主管部门应当将排污单位的排污许可、污染物排放数据、环境违法和受行政处罚情况等环境保护相关信息定期交送税务机关。发现纳税人申报的应税污染物排放信息或者适用的排污系数、物料衡算方法有误的，应当通知税务机关处理。

税务机关应当将纳税人的纳税申报、税款入库、减免税额、欠缴税款以及风险疑点等环境保护税涉税信息定期交送环境保护主管部门。

(四)法律责任

直接向环境排放应税污染物的企事业单位和其他生产经营者，除按照规定缴纳环境保护税外，应当对所造成的损害依法承担责任。

纳税人和税务机关、环境保护主管部门及其工作人员违反《环境保护税法》规定的，依照《税收征收管理法》《环境保护法》和有关法律、法规的规定追究其法律责任。

第四节　城市维护建设税

一、城市维护建设税概述

城市维护建设税是对从事工商经营，缴纳增值税、消费税的单位和个人所征收的一种税。

1985年2月8日国务院颁布《中华人民共和国城市维护建设税暂行条例》(以下简称《城市维护建设税暂行条例》)，并于1985年1月1日起在全国范围内施行。2010年10月18日，国务院发布《关于统一内外资企业和个人城市维护建设税和教育费附加制度的通知》，决定统一内外资企业和个人的城市维护建设税，自2010年12月1日起，外商投资企业、外国企业及外籍个人适用《城市维护建设税暂行条例》。2020年8月11日，中华人民共和国第十三届全国人民代表大会常务委员会第二十一次会议通过了《中华人民共和国城市维护建设税法》(以下简称《城市维护建设税法》)，自2021年9月1日起施行。

二、城市维护建设税税制要素

(一)城市维护建设税的征税范围

城市维护建设税在全国范围内征收，其征税范围与增值税、消费税的征税范围相同，也就是说，只要纳税人缴纳增值税、消费税，除税收政策另有规定外，都要按规定缴纳城市维护建设税。

对进口货物或者境外单位和个人向境内销售劳务、服务、无形资产缴纳的增值税、消费税税额，不征收城市维护建设税。

(二)城市维护建设税的纳税人

在中华人民共和国境内缴纳增值税、消费税的单位和个人，为城市维护建设税的纳税人，应当依照《城市维护建设税法》的规定缴纳城市维护建设税。不论是国有企业、集体企业、私营企业、个体工商户、外商投资企业、外国企业及外籍个人，还是其他单位或个人，只要缴纳了增值税、消费税中的任何一种税，就必须同时缴纳城市维护建设税，就都是城市维护建设税的纳税人。

城市维护建设税的扣缴义务人为负有增值税、消费税扣缴义务的单位和个人，在扣缴增值税、消费税的同时扣缴城市维护建设税。

(三)城市维护建设税的税率

城市维护建设税实行地区差别比例税率。按照纳税人所在地的不同，税率分别规定为7%、5%、1%三个档次。不同地区的纳税人实行不同档次的税率：(1)纳税人所在地在市区的，税率为7%；(2)纳税人所在地在县城、镇的，税率为5%；(3)纳税人所在地不在市区、县城或者镇的，税率为1%。

纳税人所在地，是指纳税人住所地或者与纳税人生产经营活动相关的其他地点，具体地点由省、自治区、直辖市确定。城市维护建设税的适用税率应当按纳税人所在地的规定税率执行。

城市维护建设税的纳税人按所在地在市区、县城、镇和不在上述区域适用不同的税率。市区、县城、镇按照行政区划确定。行政区划变更的，自变更完成当月起适用新行政区划对应的城市维护建设税税率，纳税人在变更完成当月的下一个纳税申报期按新税率申报缴纳。

(四)城市维护建设税的减免税规定

由于城市维护建设税以纳税人依法实际缴纳的增值税、消费税税额为计税依据计算缴纳，因此，当增值税、消费税发生减免税时，城市维护建设税也相应发生减免。

但在特殊情况下，财政部和国家税务总局做出城市维护建设税的减免税规定：(1)对黄金交易所会员单位通过黄金交易所销售且发生实物交割的标准黄金，免征城市维护建设税；(2)对上海期货交易所会员和客户通过上海期货交易所销售且发生实物交割并已出库的标准黄金，免征城市维护建设税；(3)对国家重大水利工程建设基金，免征城市维护建设税；(4)自2023年1月1日至2027年12月31日，对增值税小规模纳税人、小型微利企业和个体工商户减半征收城市维护建设税；(5)实施扶持自主就业退役士兵创业就业的，城市维护建设税减免；(6)实施支持和促进重点群体创业就业的，城市维护建设税减免。

根据国民经济和社会发展的需要，国务院对重大公共基础设施建设、特殊产业和群体以及重大突发事件应对等情形可以规定减征或者免征城市维护建设税，报全国人民代表大会常务委员会备案。

三、城市维护建设税应纳税额的计算

(一)计税依据的确定

城市维护建设税以纳税人依法实际缴纳的增值税、消费税税额(以下简称"两税税额")为计税依据。

依法实际缴纳的两税税额，是指纳税人依照增值税、消费税的相关法律、法规和税收政策规定计算的应当缴纳的两税税额(不含因进口货物或境外单位和个人向境内销售劳务、服务、

无形资产缴纳的两税税额),加上增值税免抵税额,扣除直接减免的两税税额和期末留抵退税退还的增值税税额(以下简称"留抵退税额")后的金额。

直接减免的两税税额,是指依照增值税、消费税的相关法律、法规和税收政策规定,直接减征或免征的两税税额,不包括实行先征后返、先征后退、即征即退办法退还的两税税额。

纳税人自收到留抵退税额之日起,应当在下一个纳税申报期从城市维护建设税计税依据中扣除。

留抵退税额仅允许在按照增值税一般计税方法确定的城市维护建设税计税依据中扣除;当期未扣除完的余额,在以后纳税申报期按规定继续扣除。

对于增值税小规模纳税人更正、查补此前按照一般计税方法确定的城市维护建设税计税依据,允许扣除尚未扣除完的留抵退税额。

(二)应纳税额的计算

城市维护建设税的应纳税额按照计税依据乘以具体适用的税率计算。城市维护建设税纳税人的应纳税额由纳税人实际缴纳的增值税、消费税的税额决定。其计算公式如下:

$$应纳税额 = 计税依据 \times 适用税率$$

【例8—5】 某软件开发有限公司2023年8月经营活动的增值税销项税额为900 000元,当期取得增值税专用发票注明的进项税额为300 000元,上月账面期末留抵税额为300 000元,因符合退还部分行业增值税留抵税额的政策,故已在8月申请退还。假定城市维护建设税税率为7%,计算该公司应缴纳的城市维护建设税税额。

该公司实际缴纳的增值税税额 = 900 000 − 300 000
= 600 000(元)

应缴纳城市维护建设税税额 = (600 000 − 300 000) × 7%
= 21 000(元)

四、城市维护建设税的征收管理

(一)纳税义务发生时间

城市维护建设税的纳税义务发生时间与增值税、消费税的纳税义务发生时间一致,分别与增值税、消费税同时缴纳。同时缴纳,是指在缴纳增值税、消费税时,应当在增值税、消费税的同一缴纳地点、同一缴纳期限内,一并缴纳对应的城市维护建设税。

采用委托代征、代扣代缴、代收代缴、预缴、补缴等方式缴纳增值税、消费税的,应当同时缴纳城市维护建设税。所称"代扣代缴",不含因境外单位和个人向境内销售劳务、服务、无形资产而代扣代缴增值税的情形。

对增值税免抵税额征收的城市维护建设税,纳税人应在税务机关核准免抵税额的下一个纳税申报期内向主管税务机关申报缴纳。

(二)纳税期限

由于城市维护建设税是随增值税和消费税一同缴纳,因此城市维护建设税的纳税期限也同增值税和消费税的纳税期限,分别为1日、3日、5日、10日、15日或者一个月。具体纳税期限由主管税务机关根据纳税人应纳税额的大小分别核定;不能按照固定期限纳税的,可以按次纳税。

（三）纳税地点

由于城市维护建设税与增值税、消费税同时缴纳，因此，纳税人缴纳增值税、消费税的地点就是该纳税人缴纳城市维护建设税的地点。

因纳税人多缴而发生增值税、消费税退税的，同时退还已缴纳的城市维护建设税。

增值税、消费税实行先征后返、先征后退、即征即退的，除另有规定外，不予退还随增值税、消费税附征的城市维护建设税。

本章小结

耕地占用税是对占用耕地建房或者从事非农业建设的单位和个人，按其实际占用的耕地面积征收的一种税。耕地占用税的纳税人是占用耕地建房或者从事非农业建设的单位和个人。耕地占用税实行地区差别幅度定额税率。耕地占用税以纳税人实际占用的耕地面积为计税依据，按照规定的适用税额一次性从量计征。

车辆购置税是对购置的应税车辆向购置者征收的一种税，其征税范围包括汽车、有轨电车、汽车挂车、排气量超过 150 毫升的摩托车。车辆购置税实行从价定率的办法计算应纳税额，计税价格根据不同情况确定，税率为 10%。

环境保护税是在中华人民共和国领域和中华人民共和国管辖的其他海域，以大气污染物、水污染物、固体废物和噪声为征税对象，对直接向环境排放应税污染物的企事业单位和其他生产经营者征收的一种税。环境保护税采用定额税率，以应税大气污染物、水污染物排放量折合的污染当量数，应税固体废物的排放量和应税噪声分贝数为计税依据。

城市维护建设税是对在中华人民共和国境内缴纳增值税、消费税的单位和个人，以实际缴纳的增值税、消费税税额为计税依据征收的一种税。税率根据纳税人所在地区的不同实行差别比例税率。

复习思考题

1. 耕地占用税的征税范围是什么？
2. 如何确定车辆购置税的计税依据？
3. 环境保护税的征税范围是什么？
4. 环境保护税的计税依据是如何确定的？
5. 城市维护建设税的计税依据是如何确定的？

参考文献

[1] 应小陆. 税法[M]. 上海：上海财经大学出版社，2019：31—336.

[2] 中国注册会计师协会. 税法[M]. 北京：中国财政经济出版社，2023：35—466.

[3] 全国税务师职业资格考试教材编写组. 税法（Ⅰ）[M]. 北京：中国税务出版社，2023：54—335.

[4] 全国税务师职业资格考试教材编写组. 税法（Ⅱ）[M]. 北京：中国税务出版社，2023：6—466.

[5] 2022年新的组合式税费支持政策指引[EB/OL]. 国家税务总局网站，2022-07-04. https://www.ctax.org.cn/sssw/fgsd/202207/t20220704_1125688.shtml.

[6] 企业投入基础研究税收优惠政策操作指南[EB/OL]. 国家税务总局网站，2022-10-09. https://www.chinatax.gov.cn/chinatax/n810341/n810825/c101434/c5181967/content.html.

[7] 支持小微企业和个体工商户发展税费优惠政策指引（1.0）[EB/OL]. 国家税务总局网站，2023-03-18. https://www.chinatax.gov.cn/chinatax/n810341/n810825/c101434/c5210955/content.html.

[8] 支持高校毕业生等青年就业创业税收优惠政策指引[EB/OL]. 国家税务总局网站，2023-06-30. https://www.chinatax.gov.cn/chinatax/n810341/n810825/c101434/c5206981/content.html.

[9] 研发费用加计扣除政策执行指引（2.0版）[EB/OL]. 国家税务总局网站，2023-07-07. https://www.chinatax.gov.cn/chinatax/n810341/n810825/c101434/c5208701/content.html.

[10] 支持协调发展税费优惠政策指引[EB/OL]. 国家税务总局网站，2023-07-20. https://www.chinatax.gov.cn/chinatax/n810341/n810825/c101434/c5210010/content.html.

[11] 支持共享发展税费优惠政策指引[EB/OL]. 国家税务总局网站，2023-07-20. https://www.chinatax.gov.cn/chinatax/n810341/n810825/c101434/c5210009/content.html.

[12] 关于进一步落实支持个体工商户发展个人所得税优惠政策有关事项的公告[EB/OL]. 国家税务总局网站，2023-08-02. https://www.chinatax.gov.cn/chinatax/n363/c5210466/content.html.

[13] 财政部、税务总局、人力资源社会保障部、农业农村部关于进一步支持重点群体创业就业有关税收政策的公告[EB/OL]. 国家税务总局网站，2023-08-02. https://www.chinatax.gov.cn/chinatax/n359/c5210491/content.html.

[14] 财政部、税务总局、退役军人事务部关于进一步扶持自主就业退役士兵创业就业有关税收政策的公告[EB/OL]. 国家税务总局网站，2023-08-02. https://www.chinatax.gov.cn/chinatax/n810341/n810825/c101434/c5210492/content.html.